V&R

Alexander Deeg/Stefan Heuser
Arne Manzeschke (Hg.)

Identität

Biblische und theologische Erkundungen

Vandenhoeck & Ruprecht

Biblisch-theologische Schwerpunkte

BAND 30

Bibliografische Information der Deutschen Nationalbibliothek

Die Deutsche Nationalbibliothek verzeichnet diese Publikation in der Deutschen Nationalbibliografie; detaillierte bibliografische Daten sind im Internet über http://dnb.d-nb.de abrufbar.

ISBN 987-3-525-61599-7

Umschlagabbildung: Maske, 2004 © Dietrich Stalmann

Printed in Germany.
Satz: Satzspiegel, Nörten-Hardenberg
Druck und Bindung: Hubert & Co., Göttingen

Gedruckt auf alterungsbeständigem Papier.

Vorwort

„Wir bestehen alle nur aus
buntscheckigen Fetzen,
die so locker
und lose aneinanderhängen,
daß jeder von ihnen jeden
Augenblick flattert, wie er will;
daher gibt es ebenso viele Unterschiede
zwischen uns und uns selbst
wie zwischen uns und den andern."

(Montaigne, Essais, 2,1)

Ausgangspunkt der Überlegungen zu diesem Buch war folgende überraschende Einsicht: Was Montaigne vor über 400 Jahren recht war, ist dem heutigen Nachdenken über Identität noch lange nicht billig. Man muss Montaignes skeptischer Absage an die Illusion fester und selbstbestimmter Identitäten in ihrer Radikalität nicht einmal folgen, um viele der gegenwärtigen Diskurse über christliche, konfessionelle, religiöse, kollektive, individuelle, leibliche, geschlechtliche und nationale Identität weich und unbestimmt, wenn nicht sogar der Sache auf gefährliche Weise abträglich zu finden. Die Sache, um die es geht, ist das Selbst, das Menschen werden und bleiben. In dem Maße, wie Traditionsabbrüche und Identitätsverlust beschworen und gewohnte Identitäten fraglich werden, wächst die Forderung nach Selbstbehauptung und nach der Herausbildung spezifischer Identitäten. Nicht die Besonderheit eines jeden Menschen kommt dann in den Blick, sondern die Identitätsvorstellung, auf die hin Menschen sich ausrichten oder ausgerichtet werden sollen.

Wir haben diese Diskurse genauer in den Blick genommen, um zu vertieften Klärungen zu gelangen. Wir, das ist eine Gruppe von Theologen, die im Verlauf ihrer Arbeit an diesem Thema merkten, dass wir zu einer Forschungsgruppe geworden sind. Bald entstand die Idee, die Diskussionen einer breiteren Öffentlichkeit bekannt zu machen. Wir gewannen weitere Autorinnen und Autoren und den Verlag *Vandenhoeck & Ruprecht* für das Projekt. So gelang es, die Ansätze und Überlegungen in einem Band zusammenzufassen, der das Ziel hat, durch verschiedene Perspektiven auf das Selbst, das Menschen werden und bleiben, zu einer sensibleren Wahrnehmung und theologischen Einordnung unterschiedlicher Weisen der Artikulation von individueller und kollektiver Identität herauszufordern.

Herzlich danken wir allen Autorinnen und Autoren für ihre Beiträge und die jederzeit konstruktive Zusammenarbeit. Ebenso herzlich danken wir dem Verlag *Vandenhoeck & Ruprecht*, allen voran dem Lektor Herrn Jörg Persch sowie Frau Tina Bruns für die vertrauensvolle Kooperation und die Aufnahme unseres Buches in die Reihe „Biblisch-theologische Schwerpunkte".

Erlangen, im September 2006

Alexander Deeg
Stefan Heuser
Arne Manzeschke

Inhalt

Identität – Zur Einleitung

Alexander Deeg/Stefan Heuser
Arne Manzeschke

In Politik, Wirtschaft, Kultur und Kirche wird die Identität von Menschen und von Menschengruppen immer wieder zum Krisenthema. Das allgegenwärtige Suchen und Behaupten von Identität ist das beste Anzeichen dafür, dass sie nicht selbstverständlich ist, weder die Identität eines Einzelnen noch die von Gruppen, Ethnien oder Nationen. Auch Unternehmen, soziale Organisationen und Institutionen wie die Kirchen begeben sich auf die Suche nach Identität. Das bisweilen fieberhafte Verfassen und Implementieren von Leitbildern, um sich selbst und anderen zu sagen, wer man ist und wofür man steht, hinterlässt nicht selten den Eindruck des Brüchigen, Konstruierten und Inszenierten und vermag in den seltensten Fällen zu überzeugen.

Die alte Frage nach „Identität“[1] hat Konjunktur[2] – und zugleich droht der Begriff „Identität“ zum „Plastikwort“[3] zu werden – beliebig biegbar und zu unterschiedlichsten Zwecken einsetzbar. Wie soll Identität verstanden und wie gefüllt werden? Um ein Beispiel zu nennen: In Dänemark hat man einen Kanon aus 180 künstlerischen Werken als Kulturgut dänischer Identität eingeführt, den Einwanderer verbindlich kennen müssen. Nationale dänische Identität soll durch symbolische Repräsentationen und deren möglichst vollständige Aufzählung hergestellt werden. Ähnlich funktionieren diejenigen Fragebögen, die derzeit in manchen Kanzleien

---

1 Vgl. auch das Literaturverzeichnis am Ende dieses Buches.

2 Vgl. Niethammer, Lutz/Doßmann, Axel, Kollektive Identität. Heimliche Quellen einer unheimlichen Konjunktur, Reinbek bei Hamburg 2000.

3 Vgl. Pörksen, Uwe, Plastikwörter. Die Sprache einer internationalen Diktatur, Stuttgart [6]2004.

von deutschen Bundes- und Landesregierungen verfasst werden, um darüber die Identifizierung der Einzubürgernden mit dem neuen Heimatland zu prüfen. Eine Identität, die als Checkliste aufgestellt und entsprechend abgefragt werden soll, ist das Ziel.[4] Hinter den Debatten um die Integration von Fremden in das eigene kulturelle oder politische System, um „Leitkultur“ und ethnische oder nationale Identitätsvorstellungen steht die Frage nach dem *Eigenen*, dem was die Identität ausmacht, und seinem Verhältnis zum *Fremden*, was als nicht-identisch nicht dazu gehört und folglich ausgegrenzt, mindestens abgegrenzt werden muss.

Vielfach erscheinen die gegenwärtigen Debatten um Identität skurril. Und dennoch zeigt sich in den Versuchen, Werte, Leitbilder, „Leitkultur“ oder ähnliche vermeintliche Identitätsmomente *fest*zustellen und abzurufen, eine unhintergehbare Frage, die Frage nämlich, wie Identität erkannt und wie sie Gegenstand von Verständigung werden kann. Wie kommen Menschen zur Erkenntnis dessen, was sie ein Selbst bleiben und werden lässt, und wie teilen sie dies anderen mit? Es geht in den Debatten immer auch um die *Artikulation von Identität* und damit um die kommunikative Praxis, in der Sprache findet, was zu Menschen auf eine unhintergehbare Weise gehört und was sie allererst ein Selbst werden lässt.[5] „Identität ist das, was als – zutreffende – Antwort auf die Frage erteilt wird, wer wir sind.“[6]

Identität ist immer schon da, ein Selbst sind Menschen immer schon – und zugleich werden sie ein Selbst. Viel zu oft läuft dieses Selbstwerden und Selbstsein in anonymen

---

4 Der Kanon ist auf Dänisch als PDF zu finden unter: http://www.kum.dk/sw33509.asp. Zu den Fragen des hessischen Einwanderungstests vgl. http://www.spiegel.de/politik/deutschland/0,1518,406098,00.html.

5 Vgl. Allolio-Näcke, Lars/Kalscheuer, Britta, Doing Identity – Von Transdifferenz und dem alltäglichen Skeptizismus, in: Fitzek, Herbert/Ley, Michael (Hg.), Alltag im Aufbruch. Ein psychologisches Profil der Gegenwartskultur, Gießen 2003, 152–162.

6 Lübbe, Hermann, Zur Identitätspräsentationsfunktion der Historie, in: Marquard, Odo/Stierle, Karlheinz (Hg.), Identität, Poetik und Hermeneutik 8, München 1979, 277–292, 278.

Prozessen. Wichtig für die Debatte um Identität erscheint uns demgegenüber, dass Selbstsein und Selbstwerdung von Menschen explizit zum Thema werden. Es muss gefragt und diskutiert werden, in welchen Lebensvollzügen Menschen Identität gewinnen und bewahren. Eine Leitfrage, die dabei hilft, in der unübersichtlichen Debatte über Identität nicht verloren zu gehen, ist, an welche explizite politische, wirtschaftliche und kulturelle Praxis sich die Erkenntnis und Artikulation von Identität bindet.

Wo Bildung und Bewahrung von Identität demgegenüber in anonymen, undurchsichtigen Prozessen ablaufen, kommt es unweigerlich zur *Krise der Identitäten*. Zu diesen Prozessen gehören die Beschleunigung des sozialen Wandels, die Erweiterung des individuellen Wahrnehmungs- und Aktionsradius durch erhöhte Mobilität und Kommunikationsfähigkeit, die zunehmende Begegnung, Überlagerung und Mischung von ehemals getrennten Kulturen und die Entkoppelung sozialer Abhängigkeiten durch politische oder ökonomische Prozeduren. All das sind Prozesse, die dem Einzelnen (zumindest in der reichen westlichen Welt) ein erhöhtes Maß an Freiheit und Selbstbestimmung eingebracht haben. Damit sind zugleich aber die Anforderungen an die Ausgestaltung dieser eigenen Freiheit gestiegen. Man spricht vom Problem der Anonymisierung und stellt fest, dass diese keineswegs nur auf Großstädte beschränkt ist. Immer mehr Menschen leben als moderne Nomaden in einer post-industriellen Gesellschaft.[7] Lineare Berufsbiographien werden zunehmend durch Projektorientierung und befristete Jobs abgelöst. Man hat gefragt, ob wir nicht immer schon auf der „Suche nach der verlorenen Identität“[8] sind. Max Frisch etwa nimmt seine Leserinnen und Leser bereits 1966 in seinem Roman „Mein Name sei Gantenbein“ auf diese Suche mit.

7 Vgl. Lützeler, Paul-Michael, Nomadentum und Arbeitslosigkeit. Identität in der Postmoderne, in: Postmoderne. Eine Bilanz, Merkur Nr. 594/595, 52, 1998, 908–918.

8 Vgl. Keupp, Heiner, Auf der Suche nach der verlorenen Identität, in: ders., Riskante Chancen. Das Subjekt zwischen Psychokultur und Selbstorganisation – Sozialpsychologische Studien, Heidelberg 1988, 131–151.

„Ich probiere Geschichten an wie Kleider", meint der Protagonist einmal – und spielt (an der Grenze zum Wahnsinn!) mit unterschiedlichsten „Identitäten".[9]

Im Brennpunkt der Debatte um Identität steht heute weniger die vorgegebene, bestimmbare und über eine gesamte Biographie hinweg einheitliche Identität, sondern die fragmentierte, im Übergang befindliche Identität (Wolfgang Welsch) – und damit der spielerische Wechsel und das bunte Patchwork des Verschiedenen. Wurde personale Identität[10] in der Moderne als „Charakter" verstanden, der zwar über die Jahre hinweg Wandlungen – im besten Fall Reifungsprozesse – durchläuft, gleichwohl aber einen festen und unwandelbaren Kern birgt, so wird spätestens in den postmodernen Identitätsdiskursen gerade dieser wesensmäßige Kern bestritten und vom „Verschwinden des Subjekts"[11] als einem Träger von Identität gesprochen. Nicht mehr nur das Reifen und In-die-Tiefe-Wachsen einer Persönlichkeit erscheint danach als Ausweis von Identität, sondern auch die Verbreiterung in der Oberfläche, die Flexibilität und Multioptionalität eines Menschen, der sich auf nichts mehr festlegen lässt, sondern viele Identitäten kultiviert. Was zählt, ist die Fähigkeit, mit vielen Stilen, Charakteren und Identitätsangeboten souverän zu spielen. Stabilität im Sinne einer gewachsenen Identität kann unter postmodernen Bedingungen gerade nicht mehr erstrebenswert sein. Stattdessen geht es um die Wandlungsfähigkeit und Flexibilität gegenüber ständig neuen Rollenkonzepten und -erwartungen im viel verzweigten Netz individueller und institutioneller, formeller und informeller Beziehungen.

Allerdings: Die Leichtigkeit, mit der manche Denker der Postmoderne die alten Identitätskonzepte belächelt und stattdessen das heitere Spiel mit unterschiedlichen Identitäten ausgerufen haben, scheint inzwischen vielfach verloren. Es wird Ernst, wenn viele nicht mitspielen können, weil ih-

---

9 Frisch, Max, Mein Name sei Gantenbein, Frankfurt/M. [28]2004, 20.
10 Vgl. Marquard, Odo/Stierle, Karlheinz (Hg.), Identität (Anm. 6).
11 Vgl. Foucault, Michel, Die Ordnung der Dinge. Eine Archäologie der Humanwissenschaften, Frankfurt/M. [9]1990, bes. 462.

nen dazu die Beteiligungsmöglichkeiten fehlen. Man bastelt sich seine Identität nicht einfach aus verschiedenen interessanten und viel versprechenden Optionen zusammen,[12] sondern unterliegt Zwängen, folgt Leidenschaften – oder lässt andere für sich entscheiden.

Die Pluralisierung und Entgrenzung von Lebens- und Arbeitswelten schafft daher zugleich Freiheit und Zwänge. Je weniger Menschen ihre Identität in begrenzten und definierbaren Lebenszusammenhängen empfangen, desto größer wird die Last, das eigene Leben selbst verantwortet *konstruieren zu müssen*[13] – im soziologischen und psychologischen Vokabular firmiert das unter „Identitätsarbeit".[14] Der Begriff macht auf paradoxale Entwicklungslinien unserer Moderne aufmerksam.[15] Sozialer Wandel lässt sich weder eindeutig als Fortschrittsgeschichte einer „Erziehung des Menschengeschlechts"[16] zum Guten, Wahren und Schönen noch eindeutig als Verfallsgeschichte der Werte und sozialen Bindungen beschreiben. Die Gegenläufigkeit von einer Emanzipation aus überkommenen Bindungen und einer Unterwerfung unter neue gesellschaftliche Zwänge wirkt sich in ihrer Ambivalenz auf die unter diesen Bedingungen zu bewahrende, werdende und zu konstruierende Identität des Einzelnen aus: Das Ich ist nur noch „Fragment"[17] bzw. ein „poröses Ich"[18].

---

12 Vgl. Keupp, Heiner u. a., Identitätskonstruktionen. Das Patchwork der Identitäten in der Spätmoderne, Reinbek 1999.

13 Vgl. Beck, Ulrich/Erdmann Ziegler, Ulf, Eigenes Leben. Ausflüge in die unbekannte Gesellschaft, in der wir leben, München 1997; Beck, Ulrich, Kinder der Freiheit, Frankfurt/M. 1997.

14 Vgl. Keupp, Heiner/Höfer, Renate (Hg.), Identitätsarbeit heute. Klassische und aktuelle Perspektiven der Identitätsforschung, Frankfurt/M. 1997.

15 Honneth, Axel (Hg.), Befreiung aus der Mündigkeit. Paradoxien des gegenwärtigen Kapitalismus, Frankfurt/M./New York 2002.

16 Lessing, Gotthold Ephraim, Die Erziehung des Menschengeschlechts (1780).

17 Vgl. Luther, Henning, Religion und Alltag. Bausteine zu einer Praktischen Theologie des Subjekts, Stuttgart 1992.

18 Feuerbach, Ludwig, WW 9, 151.

Wann immer Traditionen verloren gehen und Lebenswelten zerbrechen, treffen wir auf Menschen und Menschengruppen, denen Identität fehlt oder die auf der Suche nach Identität sind. Menschen ohne Identität, ohne Wurzeln, ohne bestimmte Prägungen und ohne artikulierte Lebensweise sind in Gefahr, sich selbst zu verlieren und anderen Menschen ausgeliefert zu sein. Es ist verhältnismäßig leicht, sie zu manipulieren, zu verbiegen und für fremde Zwecke zu missbrauchen.

Gleichzeitig bringt der Verlust von Traditionen und Lebenswelten auch Menschen und Menschengruppen hervor, die versuchen, ihr Selbst in einer starren, fixierten Identität zu finden und zu konservieren. Solche Menschen tun sich schwer im Zusammenleben mit anderen; sie neigen dazu, sich zu isolieren oder ihre Lebensweise (bisweilen rigoros) auf andere übertragen zu wollen. Das Problem unterschiedlicher politischer, weltanschaulicher oder religiöser Fundamentalismen kann als Problem einer solchermaßen starren, fixierten Identität verstanden werden. Und es verwundert nicht, dass das Wort Identität in vielen Kontexten zu einem Reizwort geworden ist. Philosophen wie Theodor W. Adorno sagen, dass Identität nicht Gegenstand planvollen Handelns werden kann, ohne in die Gefahr zu geraten, manipuliert zu werden. Adorno hat diese Beobachtung als Kritik des identifizierenden und vereinheitlichenden Denkens entfaltet.[19] Seine Warnung vor jeglicher Form von Identitätszwang und formaler Gleichbehandlung wird heute von vielen Denkern geteilt[20] und findet sich in beinahe allen Beiträgen dieses Buches reflektiert.

---

19 Vgl. hierzu beispielsweise die Einleitung in: Adorno, Theodor W., Negative Dialektik, Frankfurt/M. 1975, 15–66. Vgl. zur Interpretation dieses Typs von Identitätskritik Wellmer, Albrecht, Adorno, Anwalt des Nicht-Identischen. Eine Einführung, in: ders., Zur Dialektik von Moderne und Postmoderne. Vernunftkritik nach Adorno, Frankfurt/M. 1985, 135–166.

20 Vor allem die postmoderne Philosophie hat die „Differenz“ und den „Widerspruch“, der nicht verschwindet, anstelle der „Identität“ ins Zentrum ihrer Denkbemühungen gestellt: Vgl. Lyotard, Jean-François, Der Widerstreit, übs. v. Joseph Vogl, München ^{2}1987. Vgl. auch die

Verständigung über Identität tut not. Um sich nicht unabsehbaren Prozessen oder Selbstdefinitionen auszuliefern, ist es wichtig, dass explizit hervortritt, worin Menschen ein Selbst finden und bewahren. In welchen artikulierbaren Lebensvollzügen und Daseinsformen finden, erkunden und testen Menschen ihr Selbst? Welche Rolle für das Selbstsein und Selbstwerden spielen Körper, Leib und Seele als individuelle, existenzielle Medien der Artikulation von Identität? Und inwiefern bilden – neben dieser existenziellen Dimension – die in der Debatte um Identität immer wieder genannten Institutionen wie Ehe und Familie, Beruf und Politik mehr als nur brüchige und ambivalente Residuen von konservativer Identitätsbewahrung? Inwiefern sind sie ansprech- und kritisierbare Orte, an denen Menschen auf bestimmte Weise ein Selbst werden und bleiben? Welche Art von Verständigung und kommunikativer Praxis gehört zur Identitätskonstruktion?

Dieses Buch erkundet, wie die Praxis von Selbstsein und Selbstwerden in existenzieller Perspektive und in ausgewählten Institutionen aussieht. Dabei beziehen wir uns auf die Institution der Kirche als Paradigma einer solchen Praxis. Es geht um Bildung, Kritik und Bewahrung einer Identität, die im Kontext der christlichen Kirchen artikuliert werden kann.

Auch dort ist die Krise der Identität(en) spürbar: Evangelische Landeskirchen fragen, was es bedeutet, heute „evangelisch" zu sein – und finden nur mühsam eine Antwort. Wie Unternehmen und Non-profit-Organisationen entwickeln auch Kirchengemeinden und diakonische Organisationen Leitbilder – mit allen Problemen solcher Prozesse. Die Religionspädagogik bestimmt (christliche) „Identität" als Bildungsziel – und tut sich doch schwer auszusagen, wie die Identität des Christenmenschen und der christlichen Gemeinde bestimmt werden soll.

Verwendung der Kategorie der „Liminalität" statt „Identität" im Beitrag von Alexander Deeg in diesem Band.

Immer wird dabei deutlich, dass christliche oder kirchliche Identität nicht einfach dadurch bestimmt werden kann, dass Gott als Gegenüber des Menschen noch mit in die bestehenden Identitätsverständnisse eingezeichnet wird. Entscheidend erscheint es uns vielmehr, dass artikuliert wird, wie Menschen im Zusammenleben mit anderen zu den Menschen werden, die Gott aus ihnen macht: „Ich bin, was ich werde, durch das, was Gott aus mir macht" – so etwa kann ein Christenmensch in Anlehnung an eine berühmte Formulierung Luthers sein Ich zum Ausdruck bringen.[21] Wer wir sind, lässt sich im Kontext christlichen Glaubens daher nur vorläufig sagen, da unser Leben noch nicht vollendet ist und die Summe (noch) nicht gezogen werden kann. Und doch sind wir genötigt, schon jetzt – gleichsam im Vorgriff auf ein endgültiges (?) Verstehen – Aussagen über unsere Identität zu machen: Das bin ich, diese da oder dieser da! Dieses Hinzeigen, auf das, was ich bin, was mit mir identisch ist, verweist nicht nur in eine noch zu vollziehende und zu verstehende Zukunft, sondern auch in eine Vergangenheit, mit der ich das geworden bin, was ich jetzt bin. Personale Identität ist also unmittelbar mit der Geschichte und den Geschichten eines Menschen verbunden.[22]

Es bleibt die Aufgabe, so unsere These als Herausgeber dieses Bandes, Identität zu artikulieren – eine Identität, die sich nicht dekretieren lässt, die aber auch nicht unausgesprochen bleiben kann, sondern eine Identität, die sich existenziell und institutionell verorten lässt und in der Begegnung zwischen Menschen zum Ausdruck kommt. Die Beiträge dieses Bandes arbeiten dieser Artikulation von Identität auf unterschiedliche Weise zu.

- *Detlef Dieckmann* nimmt sich dieser Frage aus der Perspektive des Alttestamentlers an und zeigt, wie Israel in

21 „[...] homo huius vitae est pura materia Dei ad futurae formae suae vitam", Disputatio de homine, These 35, WA 39 I, 177, 3f.

22 Vgl. Sparn, Walter (Hg.), Wer schreibt meine Lebensgeschichte. Biographie, Autobiographie, Hagiographie und ihre Entstehungszusammenhänge, Gütersloh 1990.

der Krise des babylonischen Exils herausgefordert war, nach sich selbst zu fragen und danach, was es bedeuten kann, nach dem Verlust staatlicher Identität als Volk Gottes zu leben. In Sach 8 und durch eine Relektüre von Gen 12 und Gen 26 aus exilischer Perspektive zeigt sich, dass Gott es ist, der den Fluch verwandelt und dem Volk Israel sein Mit-Sein, seinen Segen zusagt. Auch für die anderen, die Völker um Israel herum, hat dies Bedeutung: Wenn sie Israel segnen, werden sie mit gesegnet sein mit Gottes Volk und so einwandern in Israels Segensgeschichte. Wichtig erscheint die Grundrichtung, die sich damit ergibt: Identität entwickelt Israel nicht aus sich heraus; sie ergibt sich nicht als kollektives Konstrukt, sondern ereignet sich im Zuspruch des Segens durch Gott und in der Partizipation der Völker an Israels Segens-Existenz.

- Auch neutestamentlich ist Identität nicht die Konstruktionsleistung eines sich autonom entwerfenden Christenmenschen oder einer auf sich selbst reflektierenden Gemeinde. Dies zeigt *Theo K. Heckel*, der den paulinischen Texten nachgeht und erkennt, dass die Kurzformel „In Christus"-Sein zur Basis einer Identitätsbestimmung des Einzelnen und der christlichen Gemeinschaft wird. Dies bedeutet nicht, dass Christus damit als verfügbare Basis ‚meiner' Identität fungiert, sondern vielmehr als eigentlicher Akteur verstanden werden muss: „Ich lebe, doch nun nicht ich, sondern Christus lebt in mir" (Gal 2,20), so schreibt Paulus und bindet sein „Ich" an „Christus" und das Leben in ihm, welches wiederum nicht denkbar ist ohne die Gemeinde derer, die „in Christus Jesus" sind – ein unhintergehbares Wechselspiel existenzieller und institutioneller Identität.
- *Stefan Scholz* nimmt weitere neutestamentliche Texte in den Blick: das Matthäus- und Johannesevangelium sowie die Pastoralbriefe. Auf die Frage nach der Bestimmung christlicher Identität geben diese drei Texte höchst divergierende Antworten, was deutlich zeigt, dass christliche Identität schon in neutestamentlicher Zeit nur als eine *Identität im Plural* verstanden werden kann, die sich je nach Situation unterschiedlich artikuliert. Scholz versucht

dabei zu zeigen, dass gesellschaftliche, gemeindliche oder theologische Prägungen sehr viel mehr als individuelle Entscheidungen „Identität" bestimmen und verweist damit auf das Spannungsfeld zwischen selbst- und fremdbestimmter Identität des Christenmenschen.

- *Karin Ulrich-Eschemann* zeigt, dass die Frage „Wer bin ich?" in christlichem Kontext sachgemäß nur beantwortet werden kann, wenn gefragt wird: „Wozu gehöre ich?" und „In welcher Geschichte finde ich meinen Ort?" Damit rückt der Zusammenhang von Identität und Tradition in den Mittelpunkt, und es kommt die Kirche als der Ort in den Blick, an dem sich Menschen gemeinsam in der christlichen Tradition aufhalten. Für Ulrich-Eschemann heißt dies: Die Kirche ist der Ort, an dem nicht etwa eine vorhandene Tradition bewahrt und verteilt, sondern diese im gemeinsamen Leben immer wieder neu konstituiert und geteilt wird. Wie dies konkret geschieht, beleuchtet der Beitrag mit Blick auf den Gottesdienst und den Religionsunterricht.
- Dass die Frage nach der Artikulation religiöser Identität eines der dringenden Probleme im aktuellen gesellschaftlichen und kulturellen Diskurs westlicher Gesellschaften ist, zeigt *Christoph Baumgartner* in seinem Beitrag. Die Diskussionen in den Niederlanden nach der Ermordung des Regisseurs Theo van Gogh 2004, die Proteste in der islamischen Welt gegen die 2005 veröffentlichten Mohammed-Karikaturen, die Reaktionen auf die Rede Papst Benedikts XVI. in Regensburg im Jahr 2006 sowie die Absetzung einer Inszenierung der Mozart-Oper *Idomeneo* vom Spielplan der Deutschen Oper in Berlin im Herbst vergangenen Jahres zeigen, wie prekär das Spannungsfeld von religiöser Identität und dem Recht auf freie Meinungsäußerung geworden ist. Baumgartner interpretiert zunächst Proteste gegen Meinungsäußerungen, die von Gläubigen als beleidigend empfunden werden, als Reaktionen auf Erfahrungen der Missachtung von Überzeugungen, Werten und Symbolen, die für die Bildung und Aufrechterhaltung bestimmter religiöser Identitäten bedeutsam sind. Im Anschluss daran wird das Spannungs-

feld zwischen Meinungsfreiheit und religiöser Identität einer ethischen Analyse unterzogen. Welche Implikationen hat eine Meinungsfreiheit, die auch als beleidigend empfundene Stellungnahmen umfasst, für die Möglichkeiten und Grenzen der Artikulation von Identitäten von Angehörigen religiöser Minderheiten in pluralistischen Gesellschaften?

- Auch *Arne Manzeschke* widmet sich einer Fragestellung, die in den vergangenen Jahren zunehmende Relevanz erlangt hat: Angesichts wachsender Konkurrenz auf dem Markt der sozialen Dienstleister stellt sich das Problem, was eigentlich die „Diakonie“ als evangelischen Mitspieler auf diesem Markt auszeichnet. Gibt es eine spezifisch christliche oder evangelische Identität diakonischer Einrichtungen? Und wenn ja, worin liegt diese? In der je individuellen christlichen Identität der einzelnen Mitarbeiterinnen und Mitarbeiter? In einem gemeinsamen Leitbild? In Standards des helfenden Handelns, die von anderen „Anbietern“ auf dem sozialen Markt so nicht erreicht werden? Oder sind Diakonische Werke und Einrichtungen Sozialkonzerne wie andere auch und lediglich aus historischen Gründen mit den Kirchen verbunden? Manzeschke zeigt am Beispiel der Diakonie, in welcher Weise die Identität sozialer Organisationen insgesamt im Zuge der Ökonomisierung des Sozialen brüchig und fragwürdig geworden ist. Einen Ausweg sieht er darin, dass die Organisationen des Sozialen über einen gesellschaftlichen Aushandlungsprozess eine normative Basis für das Soziale in einer Gesellschaft zu etablieren vermögen, die es ihnen auch strukturell erlaubt, organisational plural und ökonomisch differenziert zu agieren.
- In den letzten Jahren zu Recht kontrovers diskutiert wurde die Frage nach Gender-Identität(en). Wer bin ich – als Mann oder Frau? Inwiefern gilt es, reale oder vermeintliche gesellschaftliche Rollenvorgaben zu akzeptieren und zu internalisieren – oder umgekehrt: mich bewusst von ihnen loszusagen? „Gott schuf sie als Mann und Frau ...“, ja, aber damit fängt präzise das Problem an, mit dem sich *Ruth Hess* auseinander setzt. Auf dem Hintergrund

der neuen Diskussionen zur Gender-Thematik entwirft sie eine eschatologisch konturierte christliche Identität, die die starren Duale (männlich-weiblich!) hinter sich lassen kann: „Hier ist nicht Jude noch Grieche, hier ist nicht Sklave noch Freier, hier ist nicht Mann noch Frau, denn ihr seid allesamt einer in Christus Jesus." (Gal 3,28)

- Arbeit spielt in unserer Gesellschaft eine entscheidende Rolle für das, was Menschen als ihre Identität ansehen. Die Verknüpfung von Arbeit und Identität wird aber spätestens da prekär, wo viele Menschen arbeitslos oder überarbeitet sind. Wie findet Arbeit ihren rechten Ort im Leben jedes Einzelnen und im Zusammenleben der Menschen? Vor diesem Hintergrund fragt *Stefan Heuser*, wie ein spezifisch biblisch-theologischer Beitrag zur Ethik der Arbeit aussehen kann. Biblische Texte reflektieren, wie Menschen von der Sorge frei werden, ihr Selbst durch Arbeit zu erhalten und zu verwirklichen. Dies geschieht, indem menschliche Arbeit auf Gottes zuvorkommendes Handeln bezogen bleibt. Durch diese heilsame Begrenzung von Arbeit in der Institution des Berufs eröffnet sich Menschen eine berufliche Identität: ein Selbst in einem artikulierten beruflichen Kontext, ein Selbst für andere und mit anderen. Angesichts von hoher Arbeitslosigkeit und von problematischen Arbeitsverhältnissen diskutiert Heuser, wie das biblisch-theologische Nachdenken über Arbeit in der gegenwärtigen Debatte über die Gestalt und die Zukunft der Arbeit zur Sprache gebracht werden kann.
- *Joachim Kunstmann* lenkt den Blick auf jenes Feld theologischer Reflexion, in dem das Thema der Identität in den vergangenen Jahren wohl am deutlichsten aufgenommen wurde: die Religionspädagogik. Religiöse Bildung reflektiert die Frage, wie Menschen zur Entfaltung ihrer selbst kommen und zu einer unverwechselbaren Person werden. Gegenüber einem zu einfachen Bild von einer sich in der Jugend entwickelnden Identität, die dann irgendwann ausgeprägt ist, feststeht und nur noch durch unterschiedliche Krisen hindurch bewahrt werden muss, gelte es gegenwärtig von „Identitätsarbeit" zu sprechen, die mit Brüchen und Diskontinuitäten rechnet und ein Leben lang

fortdauert. Welche Bedeutung Religion bei dieser „Identitätsarbeit" spielt und welche Rolle Inszenierungen und Mitspiel-Möglichkeiten für Prozesse partieller religiöser Identifizierung auf Zeit zukommen, macht Kunstmann deutlich.

- Die Frage nach Identität gehört zu den grundlegenden Themen psychologischer Forschung. *Lars Allolio-Näcke* zeigt Linien des psychologischen Identitätsdiskurses auf und führt dabei vor Augen, dass Identität als ein Phänomen verstanden werden muss, das sich im Wechselspiel des Einzelnen und des Kollektivs sowie im Wechselspiel von „Zwang zur Identität" und „Wille zur Identität" entwickelt. Jeder Versuch der Vereindeutigung würde eine unzulässige Reduktion bedeuten. Dies gelte, wie Allolio-Näcke ausführt, auch für das Phänomen der *religiösen* Identität.
- *Julia Helmke* führt die Leserinnen und Leser des Bandes ins Kino. Sie stellt Filme vor, die zeigen, wie Filmemacher mit dem Thema „Identität" und seiner Artikulation umgehen, vor allem aber mit fraglich gewordener, verlorener oder fragmentarischer Identität. Immer wieder deuten sich in Helmkes Ausführungen Gesprächsangebote für die theologische Frage nach Identität an – und es wird deutlich, dass ein cineastisch-theologischer Dialog zur Identität weiterführende Perspektiven bereithält.
- Der Beitrag von *Alexander Deeg* nimmt seinen Ausgang bei der radikalen Hinterfragung des Begriffs der Identität durch die Praktischen Theologen Henning Luther und Manfred Josuttis. Gegenüber dem Begriff der Identität, aber auch gegenüber einem Reden von „Konversion" (Josuttis) profiliert Deeg das Konzept der *Liminalität* (Victor W. Turner; Christian Strecker). Christliche Existenz als Leben auf der Grenze – was dies bedeutet, veranschaulicht eine biblische Meditation und zeigen praktisch-theologische Überlegungen zum Gebet und zur Predigt.
- In einem abschließenden Beitrag versehen wir, die Herausgeber, den Begriff der Identität mit einem deutlichen Fragezeichen. Wir nehmen die Problematik des Redens von Identität erneut in den Blick, zeigen, wie Identität an in-

stitutionelle Orte und zugleich an existenzielle Vollzüge (Körper, Leib, Seele) gebunden ist und schlagen eine Heuristik zum Umgang mit dem Problem der Identität vor. Zwischen Fixierung und Konstruktion, Formalisierung und Artikulation sehen wir das Spannungsfeld aufgespannt, in dem sich „Identität" bewegt. Mit Dietrich Bonhoeffer verweisen wir abschließend darauf, wie sich die Sprache verändert, wenn Gott als Akteur menschlicher Identität ins Spiel kommt und das „einsame Fragen" nach Identität dadurch überwunden wird, dass ein Mensch sein Selbst Gott entgegenstreckt und von ihm eine Antwort erhofft.

Identität in der Krise des Exils

Israels Segens-Existenz nach Sach 8, Gen 12 und Gen 26

Detlef Dieckmann

I. Israels Krise und Neuanfang im Exil

Die Exilszeit stellt in der Geschichte Israels „den tiefsten Einschnitt und den folgenschwersten Umbruch dar, deren Bedeutung für die Folgezeit kaum zu unterschätzen ist. Mit ihr geriet die Religion Israels in die schwerste Krise" (Rainer Albertz).[1] Drastisch wird den Leser/inne/n der Hebräischen Bibel die nationale und religiöse Katastrophe zunächst in den Könige-Büchern vor Augen gestellt: Nachdem Juda eine ruinöse Außenpolitik betrieben und sich gegen das übermächtige Babylon aufgelehnt hat, wurde Jerusalem von den Babyloniern belagert, ausgehungert und schließlich im Sommer 588 eingenommen. Die Besatzer brannten den geplünderten Tempel und den Königspalast nieder, zerstörten die Stadtmauern und deportierten Überlebende,[2] unter ihnen den letzten König Zidkija, dessen Söhne sie vor seinen Augen töteten, bevor sie ihn selbst blendeten und in Ketten nach Babylon führten. Mit dem Fall Jerusalems schien Juda seine staatliche und kultische Integrität vollends verloren zu haben: Es gab kein Königtum mehr, keinen Tempel als Zent-

1 Albertz, Rainer, Die Exilszeit. 6. Jahrhundert v. Chr., Biblische Enzyklopädie 7, Berlin/Köln 2001, 11. Dieser Band bietet eine hervorragende Einführung in die Exilszeit.

2 In der Darstellung der Könige-Bücher blieben nur einige sozial Deklassierte im Land, die keine Rolle spielten. Wahrscheinlich wurde jedoch nicht die gesamte Oberschicht weggeführt. Zum ‚Mythos des leeren Landes' vgl. Barstad, Hans M., The Myth of the Empty Land, SOS 28, Oslo 1996, und Albertz, Die Exilszeit (Anm. 1), 74.

rum des gelebten Glaubens, Israel besaß kein Land[3] mehr und war als Volk zerschlagen. ADONAJ trat offenbar nicht mehr für sein Volk ein, sondern gab es der Vernichtung anheim – das Ende der Geschichte.[4] Auf Israel lag anscheinend kein Segen mehr, sondern es wurde zum Fluch unter den Völkern (Sach 8,13).

Aus heutiger Sicht und mit moderner Begrifflichkeit könnte man sagen, dass „Israel“ als soziale und als theologische Größe durch diese Ereignisse in eine tiefe Identitätskrise gestürzt wurde. Israel geriet in Gefahr, seine großen Erzählungen und mit ihnen sich selbst zu verlieren. Das traditions- und identitätsstiftende Motiv „Volk Gottes“, das sich in Israels theologischen Erzählungen zunehmend herauskristallisiert hatte, wurde von der Realität infrage gestellt. Musste Israel doch befürchten, dass Gott es verloren gegeben hatte. Konnte Israel von sich selbst nach allem, was geschehen war, noch sagen, dass es das Volk Gottes ist? Konnten die anderen Völker noch so über Israel sprechen?

Viele Texte, die früher für vorexilisch gehalten wurden und von der „Identität“ Israels handeln, z. B. die Segenstexte in den Erzelterngeschichten (Gen 12,1–4 u. a.), werden heute vielfach in die exilische oder nachexilische Zeit datiert. Demnach hat erst die Krise des Exils zu einer schriftlichen Verdichtung der „Identität“ Israels geführt. Das heißt: Israel hat nicht nur mit dem Exil seine Identität verloren, sondern erst in diesem unsagbaren Verlust schriftlich formuliert, was seine Identität ausmacht: nämlich ein Gegenüber Gottes zu sein und von den Völkern als Gesegneter und als Segen in der Welt betrachtet zu werden. Das bleibende Gegenüber Gottes und die Auseinandersetzung mit seinen Verheißungen und Widersprüchen war der Haltepunkt, an dem sich die Erzählungen von Israels Identität festgemacht haben. Von dieser Herausbildung und Artikulation einer „Segens-Identität“ mitten in der Krise Israels soll dieser Aufsatz handeln.

---

3 Vgl. z. B. 2 Kön 17,23; 25,21.

4 Zum Begriff des Endes der Geschichte vgl. Noth, Martin, Überlieferungsgeschichtliche Studien, Tübingen [3]1967, 108f.

II. Die exilisch-nachexilische Artikulation der Identität Israels

Ein erstes Beispiel dafür, dass Israel die Exilszeit zu seiner Selbstfindung genutzt hat, bieten die Bücher der Chronik. Hier mischen sich sehr bald in die Klage über den Untergang andere Töne. So entwickeln die Chronikbücher etwa die Deutung, dass der Zusammenbruch Judas von der letzten Generation vor dem Exil verschuldet wurde, die nicht auf das von den Propheten verkündigte Gotteswort gehört und die Weisungen nicht eingehalten hat. Und was vor dem Exil versäumt wurde, muss nun nachgeholt werden – etwa das Sabbat- oder Jobeljahr, das dem Land alle 7 mal 7 Jahre zusteht und ihm in der Vergangenheit vorenthalten wurde. Nun, mit dem Exil wird dem Land nach 2Chron 36,20f diese nicht gewährte Sabbatruhe ersetzt, indem es 70 Jahre brachliegen darf – ein Siebtel der Königszeit von etwa 490 Jahren.[5] Hier hat Israel das Exil als *Sabbat* gedeutet, als eine Phase des Innehaltens und der Selbstklärung. Auch sonst hat Israel den Abbruch des Bisherigen als politischen und theologischen Neuanfang genutzt. Dadurch, dass etwa die offizielle Jerusalemer Königs- und Tempeltheologie keine Rolle mehr spielen konnte, entstand ein Spielraum, der es ermöglichte, von Israel neue Geschichten zu erzählen und so „Israel“ als soziale und theologische Größe neu zu denken.

Diese Suche nach Identität war ein – zwei bis drei Generationen andauernder – Prozess, in dem sich Israel einerseits auf seinen theologischen Kern besann, sich andererseits mit der Außensicht der Völker auseinandersetzte und auch durch die Differenz zu den Völkern definierte. Wie Israel im Wechselspiel zwischen der Orientierung nach Innen und nach Außen nach einer Selbstheit sucht, zeigen jene identitätsstiftenden Merkmale, die wahrscheinlich erst in der Exilszeit gebildet wurden: Das Konzept der Sabbatruhe ebenso wie die Speisegebote, die Zubereitungsbräuche und die Beschneidung. Doch neben solchen Modellen der Unter-

5 Vgl. Williamson, Hugh Godfrey Maturin, 1 and 2 Chronicles, NCBC, London 1982, 418.

scheidung blüht in der Exilszeit eine universalistisch-inkludierende Theologie auf, die nicht nur im äußersten Gegensatz zu der desolaten Lage steht, sondern alle Grenzen des Denkbaren überspringt: Da werden Visionen von geradezu eschatologischen Begegnungen entworfen, in denen die Völker Israel nicht als eine elende, zerstreute Herde, sondern als Segen erkennen und den Wunsch haben, selbst in Israel aufzugehen.

Daran wird deutlich: Das Exil markiert in der Geschichte Israels nicht nur eine tiefe Krise, in der die Religion Israels ihre Identität verlor. Zugleich war dies eine Phase, in der neue, für die Zukunft prägende theologische Konzepte entworfen wurden. Mitten in dieser Krise mit all dem menschlichen Leid entfaltete sich ein ungeahntes literarisch-theologisches Potenzial, das nicht nur die monotheistische Theologie Deuterojesajas, sondern auch universalistische Segens-Utopien entstehen ließ, wie wir sie gleich bei Sacharja kennen lernen werden. So wurde die Exilszeit zu einer Epoche, in der der Grundstein für die „durchgreifendste Erneuerung" der Religion Israels gelegt wurde (Rainer Albertz).[6] Ja, man kann sagen: *Das Exil war nicht nur die schwerste Gefährdung der Identität Israels, sondern zugleich jene Epoche, in der sich die Identität des biblischen Israel erst in der Weise gebildet hat, in der sie uns heute vor Augen steht.*

Das lässt sich gut am Beispiel der Erzelterngeschichten verdeutlichen: In Gen 12ff beginnt die ‚Geschichte Israels' damit, dass Abraham von Gott dazu aufgefordert wird, in ein neues Land zu ziehen, in dem ihm eine reiche Nachkommenschaft versprochen und eine Segens-Existenz in Aussicht gestellt wird. Abraham wird all jenes zugesagt, was später im Exil verloren geht: Land, Nachkommenschaft und Segen. Vor wenigen Jahrzehnten war sich die alttestamentliche Wissenschaft weitgehend darüber einig, dass Gen 12 im Kern auf den – meist ins 10. Jh. v. Chr. datierten – ‚Jahwisten' zurückgeht. Damit wurde behauptet: Die Exilstexte von der Gefährdung Israels blicken nicht nur in den Augen der heu-

6 Albertz, Die Exilszeit (Anm. 1), 11.

tigen *Leser/innen* auf die Verheißungsgeschichte vom Ursprung dieses Volkes zurück, sondern sind *historisch* gesehen lange Zeit nach diesen Gründungserzählungen Israels entstanden.

Nachdem diese Quellenhypothese lange Zeit als selbstverständlich galt, wird sie nunmehr zunehmend in Frage gestellt: Seit etwa 30 Jahren vertreten Bibelwissenschaftler/innen die These, dass ein (z. T. reduzierter) Jahwist in die Exilszeit zu datieren ist[7] bzw. dass die Erzelternerzählungen in der Exilszeit wesentlich ausgebaut wurden.[8] Das würde aber bedeuten: Es ist nicht nur so, dass mit dem Exil all das verloren ging, was lange zuvor Abraham verheißen wurde, sondern literargeschichtlich sind die Verheißungen in dieser Form überhaupt erst im Exil entstanden. In der Exilszeit wurden jene Geschichten vollendet, die die Identität Israels von Abraham her bilden.

Diese neue Blickweise in der literarhistorischen Forschung animiert dazu, nicht nur die Exilstexte mit dem Wissen der früheren Texte der Hebräischen Bibel zu rezipieren, sondern auch umgekehrt die Erzelternerzählungen im Kontext des exilisch-nachexilischen Israel zu lesen. Damit soll nicht behauptet werden, dass *sämtliche* Texte der Erzelternerzählungen aus der exilischen Zeit stammen. Vielmehr soll versucht werden, diese Texte in den exilisch-nachexilischen Rezeptionszusammenhang zu stellen, sie also so zu lesen, wie sie die Menschen dieser Epoche gelesen haben könnten. Dieser Zugang weist Parallelen zu der *relecture* jener Leser/innen auf, die die Hebräische Bibel in

---

7 Van Seters, John, Abraham in History and Tradition, New Haven 1975; Schmid, Hans Heinrich, Der sogenannte Jahwist. Beobachtungen und Fragen zur Pentateuchforschung, Zürich 1976; Köckert, Matthias, Vätergott und Väterverheißungen. Eine Auseinandersetzung mit Albrecht Alt und seinen Erben, FRLANT 142, Göttingen 1988; Levin, Christoph, Der Jahwist, FRLANT 157, Göttingen 1993.

8 Blum, Erhard, Die Komposition der Vätergeschichte, WMANT 57, Neukirchen-Vluyn 1984; Carr, David M., Reading the Fractures of Genesis. Historical and Literary Approaches, Louisville 1996; Fischer, Irmtraud, Die Erzeltern Israels. Feministisch-theologische Studien zu Genesis 12–36, BZAW 222, Berlin 1994.

ihrer kanonischen Gestalt zum wiederholten Mal rezipieren und dabei das Wissen über den weiteren Verlauf der Geschichte Israels in die Lektüre der früheren Texte mitnehmen. Dadurch können Rezipient/innen die Erzelterngeschichten so lesen, dass sie transparent sind auf spätere Ereignisse und Erfahrungen – als würde Gott die Erzeltern auf spätere Geschehnisse vorbereiten.

Im Folgenden soll auf diese Weise Gen 12,1–4 in den Kontext der exilisch-nachexilischen Zeit gestellt werden, wobei ich ein besonderes Augenmerk auf das Thema Segen und das Verhältnis Abraham-Israels zu den Völkern lege. Danach werde ich kurz auf Gen 26 eingehen – einen Text, der in vielerlei Hinsicht zu Gen 12 korrespondiert. Damit aber die exilisch-nachexilische Zeit eine literarische Kontur gewinnt, werde ich mich zuvor mit Sach 8 befassen als einem Text, der durch das Buch Sacharja selbst in die früh-nachexilische Zeit, nämlich in das Jahr 518 v. Chr. datiert wird und in ähnlicher Weise wie Gen 12 und Gen 26 das Thema Segen, das Mitsein Gottes mit Israel und das Verhältnis Israels zu den Völkern thematisiert.

III. Sach 8: Vom Fluch zum Segen

1 Und es erging das Wort ADONAJ ZEVAOTS[9] folgendermaßen:
2 So spricht ADONAJ ZEVAOT:
Ich eifere nun für Zion mit großem Eifer,
und mit großem glühendem Zorn eifere ich um seinetwillen.
3 So spricht ADONAJ ZEVAOT:
Ich bin **umgekehrt** zum Zion und nehme Wohnung mitten
in Jeruschalajim.
Und Jeruschalajim wird genannt werden „Stadt der **Wahrheit/Treue**"
und „Berg ADONAJ ZEVAOTS", „Heiliger Berg".
4 So spricht ADONAJ ZEVAOT:
Forthin werden alte Männer und Frauen auf den Plätzen
Jeruschalajims sitzen –
jeder seinen Stock in der Hand wegen der Fülle der Tage.
5 Und die Plätze der Stadt werden sich mit Jungen und Mädchen
füllen, die im Freien spielen.

9 ADONAJ wird hier als Gott „der Heerscharen" bezeichnet.

6 So spricht ADONAJ ZEVAOT:
Wenn das zu wunderbar ist in den Augen des Restes dieses Volkes
in jenen Tagen,
ist es dann auch zu wunderbar in den Augen ADONAJ ZEVAOTS?
7 So spricht ADONAJ ZEVAOT:
Siehe, ich rette nun mein Volk
aus dem Land des Aufgangs und aus dem Land des Untergangs der Sonne.
8 Und ich werde sie heimbringen, damit sie inmitten Jeruschalajims wohnen.
Und sie werden mir zum Volk, und ich werde ihnen zum Gott,
in **Treue/Wahrheit** und in **Gerechtigkeit**.
9 So spricht ADONAJ ZEVAOT:
Stärkt eure Hände,
die ihr in diesen Tagen diese Worte aus dem Mund der Propheten hört –
seit nun das Fundament des Hauses ADONAJ ZEVAOTS gelegt wurde,
damit der Tempel gebaut wird.
10 Denn vor diesen Tagen gab es keinen Ertrag für die Menschen,
und keinen Ertrag für das Vieh.
Und wer ausging und [wieder] heimkam,
hatte keinen **Frieden** vor dem Bedränger,
ich ließ alle Menschen aufeinander los.
- -
11 Aber jetzt: ich bin nicht mehr so wie in den früheren Tagen
zu dem Rest dieses Volkes, Ausspruch ADONAJ ZEVAOTS.
12 Denn, [ihr] Saat des **Friedens**, der Weinstock wird seine Frucht geben,[10]
das Land gibt seinen Ertrag, und der Himmel gibt seinen Tau,
und den Rest dieses Volkes werde ich all dies erben lassen.
13 Und es wird geschehen: Wie ihr ein **Fluch** gewesen seid
unter den **Völkern**,
Haus Juda und Haus Israel, so werde ich euch retten, damit ihr
ein **Segen seid**.
Fürchtet euch nicht! Stärkt eure Hände!
14 So spricht ADONAJ ZEVAOT:
Wie ich gedachte, euch Böses zu tun, als eure Väter mich zornig
machten, sprach ADONAJ ZEVAOT,
und ich mich nicht beruhigte,
15 so **kehre ich um** und gedenke, in diesen Tagen Jeruschalajim
und dem Haus Juda Gutes zu tun. **Fürchtet euch nicht!**
16 Das sind die Dinge, die ihr tun sollt:
Sagt einander die **Wahrheit**!
In **Wahrheit**, **Recht** und **Frieden** richtet in euren Toren.
17 Und plant in eurem Herzen nichts Böses gegen den anderen,
und liebt keine verlogenen Schwüre. Denn all das hasse ich,
Ausspruch ADONAJS.

---

10 Oder: Denn die Saat des Friedens, der Weinstock, wird seine Frucht geben.

18 Und es erging das Wort ADONAJS an mich folgendermaßen:
19 So spricht ADONAJ ZEVAOT:
Das Fasten des Vierten und das Fasten des Fünften und das Fasten des Siebten und
das Fasten des Zehnten werden für das Haus Juda zum Jubel, zur Freude und zu
frohen Festen. Und liebt die **Wahrheit** und den **Frieden!**
20 So spricht ADONAJ ZEVAOT:
Forthin wird es geschehen, dass die **Völker** kommen
und die Einwohner vieler Städte.
21 Und die Einwohner der einen [Stadt] werden zu [denen] der anderen **gehen** und sagen
– **Gehen**, ja **gehen** wollen wir, um das Angesicht ADONAJS zu erweichen
und um ADONAJ ZEVAOT zu suchen.
– **Gehen** will auch ich!
22 Und es werden viele **Völker** und starke Nationen kommen,
um ADONAJ ZEVAOT in Jeruschalajim zu suchen
und das Angesicht ADONAJS zu erweichen.
23 So spricht ADONAJ ZEVAOT:
An jenen Tagen, da wird es geschehen, dass zehn Männer aus allen Sprachen der
Völker zugreifen und den Zipfel des Gewandes eines judäischen/jüdischen Mannes ergreifen, und sie werden sagen:
Wir wollen mit euch **gehen**, denn wir haben gehört,
dass **Gott mit euch** ist.

Sach 8 gewährt einen Einblick in die Zeit des Übergangs zwischen Exil und dem Wiederaufbau des Tempels.

Der Aufbau des Textes ist leicht zu erkennen: Das Kapitel lässt sich anhand der Wortereignisformel in V. 1 und in V. 18 („Und es erging das Wort ADONAJ ZEVAOTS“) in einen größeren und einen kleineren Teil gliedern. Der erste Teil, der ungefähr 2/3 des Kapitels ausmacht, kann anhand der sog. Botenformel („So spricht ADONAJ ZEVAOT“) in sieben, der zweite Teil des Textes in drei Unterabschnitte aufgeteilt werden. Der erste und der zweite Teil des Kapitels sind vor allem durch die Leitworte *'ämät* (Zuverlässigkeit/Treue/Wahrheit: VV. 3.8.16[2x].19) und *schalom* (Frieden/Wohlergehen: VV. 10.12.16.19) und durch die Nennung der *gojim*, der Völker (VV.13.22.23), miteinander verbunden.

Wenden wir uns zunächst dem ersten Teil VV. 1–17 zu. Die erste Aussage der Gottesrede in V. 2 markiert das Thema: Um Zion geht es im Folgenden, um die Stadt Jerusalem,[11] für die sich ADONAJ leidenschaftlich einsetzen wird. Nach dieser Einleitung folgt die zweite Aussageeinheit V. 3, die durch die Leitworte *schuv* (umkehren) und *'ämät* (Zuverlässigkeit/Treue/Wahrheit) mit dem letzten Unterabschnitt V. 14 korrespondiert, so dass sich diese beiden Verse wie ein Rahmen um das Folgende legen. Gehen wir davon aus, dass die hier Angesprochenen entweder gerade aus Babylon in das geschundene und verwüstete Jerusalem zurückgekehrt sind oder zumindest innerlich noch nicht wieder in Zion angelangt sind. Vielleicht wünschen sie sich, den leichteren Weg zu gehen und in Babylon zu bleiben oder nach Ägypten abzuwandern. Dann lässt sich dieser Text wie eine Werbung ADONAJS für Zion als den neuen Lebensort lesen: ADONAJ selbst kehrt um zur Treue mit seinem Volk und kehrt zurück nach Zion, um inmitten der Seinen zu wohnen. Deshalb kann dieser heilige Berg nach ihm benannt werden, und Jerusalem wird „Stadt der Treue/Zuverlässigkeit" heißen. Wer sich dort niederlässt, lebt in der Nachbarschaft Gottes. Im nächsten Unterabschnitt V. 4 stellt ADONAJ eine Szene vor Augen, die Zion als einen idealen Wohnort erscheinen lässt: Alte Menschen stützen sich wegen der Fülle ihrer Tage auf einen Stock und schauen den spielenden Kindern zu, die die Straßen und Plätze der Stadt füllen. Es wird also wieder Menschen geben, die in Jerusalem alt werden, und es wird zahlreichen Nachwuchs geben, der das Überleben des Volkes sichert. Von diesem urbanen und gleichzeitig geradezu elysischen Bild lässt sich eine Verbindung zu den zentralen Begriffen *säraʿ* (Same/Nachkommenschaft), *schalom* (Frieden/Wohlergehen) und *b^e^rakha* (Segen) in VV. 12f ziehen.

In V. 6 rechnet der Text damit, dass diese Verheißungen in „jenen Tagen" am Ende des Exils allzu unglaublich klingen. Doch ADONAJ hält daran fest, dass er die Übriggebliebenen seines Volkes aus der Zerstreuung, aus Babylon und aus Ägypten nach Jerusalem führt, damit sie wieder zu sei-

11 Da Städte im Hebräischen ein weibliches Geschlecht haben, kann vermutet werden, dass am Ende des Verses die Präposition *l^e^* in Verbindung mit dem femininen Suffix auf die Stadt Jerusalem verweist. Vgl. auch die Einheitsübersetzung.

nem Volk werden und er wieder ihr Gott ist – in beiderseitiger Treue und in Gerechtigkeit. Auffällig ist in diesem wie in den übrigen Versen ein Wortfeld, das Wohnorte und das Wohnen an sich thematisiert: Stadt (Stadt: VV. 3.5.20; Jerusalem: VV. 3.4.8.15.19; Zion/Heiliger Berg: VV. 2.3), Haus (Haus Juda bzw. Haus Israel: VV. 13.15.19; Haus ADONAJ Zevaots: V. 9), Tempel (V. 9); wohnen (von Gott: V. 3, von den Menschen: V. 8.20.21); nach Hause kommen bzw. bringen (VV. 8.10) und bauen (V. 9). Jerusalem wird hier den Heimkehrern als wünschenswerter Lebensort vorgestellt, an dem Gott Wohnung nehmen will und an dem deshalb ein Tempel gebaut werden soll.

Der ausführlichste und gewichtigste Unterabschnitt in diesem ersten Teil, VV. 9–13, ist eingerahmt von der Aufforderung, die Hände zu stärken, um mit dem Wiederaufbau des Tempels zu beginnen. So wie diese Verse den Kern des ersten Abschnitts bilden, soll der zu errichtende Tempel verdeutlichen, was im Zentrum dieses Neuanfangs steht: Die enge Beziehung zwischen Gott und seinem Volk, dem Volk und seinem Gott, der in ihrer Nachbarschaft wohnt. Von dieser Mitte geht Frieden und Segen aus. Die Verse 9–13 sind so aufgebaut, als gäbe es nach V. 10 eine Spiegelachse, die aus der unheilvollen Vergangenheit (V. 10) nun das Gegenteil macht: Während früher die Menschen und die Tiere hungern mussten und sie keinen Frieden vor den Bedrängern hatten, ist Israel nun selbst zur Saat des Friedens geworden. Israels Lebenswelt blüht auf, weil der Tau zuverlässig das Land tränkt und den Weinstock fruchtbar macht. Mit der Vegetation erblüht auch Israel selbst, der Same des Friedens, so dass ihm eine reiche Nachkommenschaft verheißen ist.

Aus diesem neuen Leben wird in dem Moment eine neue Identität, da die Völker an all diesem wahrnehmen, dass Israel nicht mehr wie verflucht ist, nicht mehr gebeutelt und niedergedrückt, sondern aus der Katastrophe errettet wurde und sich zum Segen wandelt. Bemerkenswert in V. 13 ist, dass Israel – durch die seltene Kombination des Substantivs *b^e^rakha* (Segen) mit dem Verb *haja* (werden/sein) – mit dem Segen identifiziert wird. Israel ist von nun an nicht nur ein Gesegneter, sondern selbst der Segen ADONAJS. Darum muss es sich jetzt nicht mehr vor den Völkern oder der Zukunft fürchten und kann gestärkt den Wiederaufbau beginnen.

VV. 14–17 schließt den ersten Teil von Sach 8 ab. In diesem letzten Unterabschnitt verspricht Gott erneut, dass er umkehren wird und seinem Volk nicht mehr Böses zugedenkt, sondern Gutes tut. Diese Verheißung verbindet ADONAJ mit der Aufforderung, dass nun auch die Angeredeten Gutes tun und jene Treue und Wahrheit, zu der Gott sich bekennt, und jenen Frieden, zu dem Gott sie gemacht hat, ebenso wie das Recht in ihrem Leben Realität werden lassen.

Der zweite Teil des Kapitels (VV. 18–23) mag durch seine geringe Länge zunächst wie ein Appendix zum ersten erscheinen. Doch er entwirft für das Volk Israel eine aufregende Vision, die Anlass zu Freude, Jubel und frohen Festen ist (V. 19): Zunächst ermahnt Gott die Israeliten ein weiteres Mal, Wahrheit und Frieden zu lieben, womit er rhetorisch gesehen an das Ende des ersten Teils anknüpft. Was nun folgt, soll unter dem Zeichen der Wahrheit und des Friedens stehen. In den folgenden beiden Abschnitten VV. 20–22 und V. 23 prophezeit ADONAJ, dass jene Völker, denen Israel wie ein Verfluchter erschien (V. 13), sich auf den Weg nach Jerusalem machen werden. Diese – mit dem neuen Leitwort *halakh* (gehen; 4x in V. 21) dargestellte – Wallfahrt steigert sich zu einer immensen Bewegung: Zu der ohnehin schon großen Masse der Völker gesellen sich die „Einwohner vieler Städte" (V. 20), die wiederum von Stadt zu Stadt ziehen, um weitere Menschen für den Weg zu ADONAJ zu begeistern. Die zu Beginn der wörtlichen Rede zweimal erscheinende Wurzel *halakh* („gehen, ja gehen wollen wir") macht die enthusiastische Entschlossenheit der Einladenden deutlich, auf die man nur antworten kann: „Gehen will auch ich". Auf diese Weise werden viele Völker und starke Nationen zu ADONAJ kommen, weil sie ADONAJ suchen und ihn nach dem, was Gottes Volk Israel erlitten hat, nun milde stimmen wollen.

Die stärkste Verdichtung erreicht diese Völkerwallfahrt in der folgenden Szene (V. 23), in der „zehn Männer aus allen Sprachen" die babylonische Sprachverwirrung (Gen 11) aufheben, indem sie sich zu ihrem Wunsch nach Nähe zu Israel bekennen. Wenn diese Männer, die einen Minjan[12] bilden könnten, das Gewand des judäischen bzw. jüdischen Mannes nicht nur ergreifen, sondern inständig fest halten, suggeriert dies, dass sie diese enge Beziehung zu Israel nicht mehr aufgeben wollen. Sie wollen gemeinsam mit Israel gehen, um immer wieder ADONAJ zu suchen, weil sie gehört haben, dass Israel zum Segen geworden und Gott mit seinem Volk ist. Dieser Segen und dieses Mitsein Gottes macht Israel so attraktiv, dass die Völker sich ihm anschließen wollen. So realisiert sich am Ende von Sach 8 der Frieden zwischen den Völkern und Israel und die Treue und Wahrheit nicht nur in der Beziehung zwischen Gott und Israel, sondern auch zwischen den Nicht-Israeliten und dem Volk Gottes.

Es zeigt sich also, dass in beiden Teilen von Sach 8 den Völkern eine entscheidende Rolle bei Israels Suche nach einer neuen Identität zukommt. Haben die Nicht-Israeliten Israel bisher als Verfluchten betrachtet, so erkennen sie in dieser Vision, dass Gott mit Israel ist und sein Volk zum weithin ausstrahlenden Segen gemacht hat. Mehr noch: Die Wahrnehmung der Völker ist mit konstitutiv für diese Segens-Existenz, erst in dieser Wahrnehmung wird Israel wahrhaft zum Segen in der Welt. Diese neue Segens-Identität wirkt derart anziehend, dass die Völker ihre Identität als Nicht-Israeliten aufgeben und in das Gottesvolk eingehen, denselben Gott suchen und so mit ihm identisch werden.

IV. Gen 12: Abraham als Ur- und Vorbild für den Aufbruch ins Land

Eine ähnliche Segens-Theologie wie in Sach 8 begegnet auch in Gen 12. Gen 12 gehört zu jenen Texten, die möglicherweise erst in der exilisch-nachexilischen Zeit entstanden sind

---

12 „Minjan" ist die Bezeichnung für die Mindestzahl von Männern (in Reformkreisen auch Frauen), die für die Feier eines gemeinsamen Gottesdienstes nötig ist. Entsprechend biblischer Aussagen (vgl. vor allem Gen 18,32) sind dies zehn religionsmündige Männer (bzw.: Männer und Frauen).

– oder zumindest in dieser Zeit eine neue Ausprägung oder Bedeutung erhalten haben. Machen wir daher den Versuch und stellen wir Gen 12,1–4, den Beginn der Erzelterngeschichten, probeweise in den Kontext des exilisch-nachexilischen Israels.

1 Und Adonaj sprach zu Avram:
Geh, du, aus deinem Land,
aus deiner Verwandtschaft
und aus dem Haus deines Vaters,
in ein Land, das ich dir zeigen werde.
2 So werde ich dich zu einem großen Volk machen und dich **segnen**.
Und groß machen werde ich deinen Namen,
und **sei** ein **Segen**!
3 Und segnen werde ich, die dich **segnen**,
und wer dich **verflucht**, den werde ich verwünschen.
Und es werden sich in dir **segnen**/durch dich gesegnet/in dir gesegnet
alle Familien der Erde.
4 Und Avram ging, wie ihm Adonaj gesagt hatte, und mit ihm ging Lot.
Avram aber war 75 Jahre alt, als er aus Charan auszog.

Wie könnte Gen 12,1–4 in dieser Krisen-Situation des Exils gelesen worden sein? Vorstellbar wäre, dass die Exilierten Parallelen zwischen ihrer und Abrahams Situation ziehen, sich mit ihm identifizieren und somit direkt angesprochen fühlen. Auch sie sehen sich aufgefordert, nach der Eroberung Babylons durch Kyros, das Land, das inzwischen zu *ihrem* Land geworden ist, wieder zu verlassen. Wegen der vielfachen sozialen Verflechtungen in ihrer neuen Heimat ist das für die Exilierten schmerzhaft.

Will Gott aber die Menschen dazu bewegen, dennoch das Land zu verlassen, muss er zunächst eine Person dazu veranlassen, aufzubrechen – selbst wenn diese Person dabei die eigene Familie zurücklassen müsste. Für diese Person steht Abraham, der aus der – unweit von Babylon gelegenen – Stadt Ur (11,31) fortgeht. Wo das Land ist, in das Abraham gehen soll, sagt Gott in Gen 12 nicht – die Exilierten wissen es. So unkonkret die Angaben zum Land bleiben, so differenziert sind die folgenden Aussagen zu dem Segen, der Abraham Israel versprochen wird. Dem verängstigten, dezimierten Rest Israels wird verheißen, es werde wieder zu einem großen Volk, zu einem Bild des Segens. Israel wird nicht mehr wie ein Fluch erscheinen, sondern als ein Gesegneter erblühen und einen großen Namen unter den Völkern haben. Dieser Ruhm war früher allein den Königen vorbehalten, doch zur königslosen Exilszeit passt es, dass diese Ideologie nun gewissermaßen demokratisiert und auf einen einzelnen Israeliten übertragen wird.[13] V. 2 setzt erstmalig in diesem kurzen Abschnitt eine Instanz außerhalb Israels voraus, die Israels neue Identität erkennt und mit konstituiert. Wie in Sach 8,13 so erscheint auch hier, in der Wendung „Sei sein Segen!", das Substantiv *b^erakha* (Segen) in Verbindung mit dem Verb *haja* (werden/sein) im Imperativ maskulin Singular. Einerseits ist darin die Zusage enthalten, dass Gott Israel segnet und Israel seine neue Identität als Gesegneter, als Segen Gottes gewinnt. Andererseits wird Abraham-Israel damit aufgefordert, auch seinerseits segensreich zu wirken. Diese Aussage beinhaltet also einen Zuspruch wie einen Anspruch, den das exilierte Israel auf sich beziehen kann.

Doch wie sich im Folgenden zeigt, ist für das Verhältnis zwischen Israel und den Völkern sowie für deren Ergehen weniger das Verhalten *Israels*, sondern vielmehr das der *Völker* entscheidend: Wenn die Völker Israel segnen, werden auch sie von Gott gesegnet, wenn sie dagegen Israel verfluchen, werden auch sie verwünscht. Das Ziel ist aber, dass sich alle Familien der Erde in Israel segnen bzw. durch Israel oder in Israel gesegnet werden, dass also der Segen zwischen den Völkern und Israel wächst.

So wie die Völker an Israel handeln, so wird es auch ihnen ergehen – mit dieser Aussage wird den Israeliten verdeutlicht, dass sie von nun an vor den Völkern geschützt werden. Die Exilierten können dies als Zusicherung und als Trost empfinden.

Abraham scheint dieser Verheißung zu glauben und verlässt in der Tat sein Land. Offenbar vertraut er darauf, dass Gott ihn, den 75-Jährigen, mit einer unfruchtbaren Frau verheirateten Kinderlosen zu einem großen Volk machen wird. Er geht das Wagnis ein, in eine unsichere Zukunft zu wandern, hinein in ein unbekanntes Land, das zwar ihm verspro-

---

13 Vgl. Köckert, Vätergott (Anm. 7), 276ff, bes. 294f.

chen, aber bereits von anderen Menschen besiedelt ist (vgl. Gen 12,6). Diejenigen Israeliten, die sich am Ende des Exils mit den staatenlosen Erzeltern identifizieren, können daraus einen Impuls für das Einwandern nach Palästina empfangen: Wenn selbst Abraham, der Gott erst kurz zuvor kennen gelernt hat, mit 75 Jahren ins Land wandert, sollten dann nicht erst recht die restlichen Israeliten, die eine lange Geschichte mit ADONAJ haben, dorthin zurückkehren und darauf hoffen, wieder zu einem großen Volk zu werden? So konnte Abraham in der Exilszeit zum „Ur- und Vorbild"[14] der Rückkehr in die alte Heimat werden.

In Gen 12,1–4 kann sich Israel vergewissern, wie seine Geschichte mit ADONAJ begonnen hat: mit einem Auszugsbefehl, der nicht anders am Ende des Exils gilt. Schon Abraham wurde mit allen Verheißungen und Hoffnungen ausgestattet, die Israel im Exil wieder entdecken konnte und die bis heute und in alle Zeit wichtig bleiben. Nach der Katastrophe konnte sich Israel auf den ersten Anfang mit Abraham besinnen, auf jene Zuversicht gegen allen Anschein, und so in den Erzelterngeschichten nach Hoffnung und Kontinuität suchen. So hat sich Israel im Exil seinen Anfang als Volk neu erzählt, um selbst neu anfangen zu können.

Damit wird in Gen 12,1–4 eine ähnliche Bewegung sichtbar, wie wir sie schon in Sach 8 beobachtet haben: *Israel gewinnt seine neue Identität als Segen Gottes dort, wo die Völker erkennen, dass es nicht mehr verflucht, sondern gesegnet ist. Dadurch wird Israel so attraktiv, dass die Völker schließlich mit Israel gehen, in die Segens-Geschichte dieses Gottesvolkes einwandern, in ihm Segen empfangen.*[15] Gen 12,1–4 lässt sich als Echo auf die Wandlung Israels vom Fluch zum Segen in Sach 8 lesen. In beiden Texten wird den Völkern ein Weg eröffnet, der durch das Tor des Partikularismus in eine universalistische Weite führt.

---

14 Albertz, Die Exilszeit (Anm. 1), 197.

15 Vgl. dazu auch Frettlöh, Magdalene L., Theologie des Segens. Biblische und dogmatische Wahrnehmungen, Gütersloh 1998.

Die Erkenntnis der Völker, dass ADONAJ mit Israel ist, und das Bekenntnis zu dem Wunsch, diesem Volk nahe zu sein, findet einen Widerhall in einem anderem Text, der eng mit Gen 12 verknüpft ist: Der Segens-Geschichte in Gen 26.[16] Protagonist dieser Erzählung ist Abrahams Sohn Isaak, der ebenfalls in mancherlei Hinsicht das Schicksal der Israeliten nach dem Exil widerspiegelt: Isaak kommt in ein Gebiet, in dem früher sein Vater gelebt hat und siedelt zunächst bei einem nichtisraelitischen Volk. Doch dann macht ihn der Segen Gottes derart erfolgreich und reich, dass Neid entsteht und Isaak ausgewiesen wird. Weil Isaak damit den Zugang zu den Brunnen verliert, versucht er, in immer größerer Entfernung von den Nichtisraeliten die Brunnen seines Vaters wieder in Betrieb zu nehmen – scheitert aber am stets neu aufflammenden Konflikt mit den ehemaligen Nachbarn, die ihm nachsetzen und ihm seine Brunnen streitig machen. Als Isaak schließlich einen Brunnen findet, der so abgelegen ist, dass niemand mehr Anspruch auf ihn erhebt, scheinen alle seine Probleme gelöst.

Und doch treibt der Erzähler die Geschichte weiter und lässt Isaak abermals aufbrechen – zu einer Stätte, die sein Vater bereits bewohnt hatte: dem Ort Beer-Scheva. Dort geschieht etwas vollkommen Überraschendes.

26 Und Avimelech **ging** zu ihm von Grar,
und Achusat, von seinen Freunden, und Pichol, der Oberste des Heeres [kamen] mit ihm.
27 Und Jizchak sagte zu ihnen:
Warum seid ihr zu mir gekommen?
Und ihr, ihr hasst mich [doch] und habt mich von euch weggeschickt!
28 Und er [sc. Avimelech] sagte:
Gesehen, ja gesehen haben wir, dass ADONAJ mit dir ist.
Und wir sagten [uns]:
Es sei doch ein Eid zwischen uns beiden, zwischen uns und zwischen dir, so wollen wir doch einen Bund mit dir schließen.

---

16 Vgl. zum Folgenden auch Dieckmann, Detlef, Die Segens-Geschichte in Gen 26, in: BZ 49,2 (2005), 264–274, und ders., Segen für Isaak. Eine rezeptionsästhetische Auslegung von Gen 26 und Kotexten, BZAW 329, Berlin u. a. 2003.

29 [Gott tue dir dies und das an,] wenn du mit uns Übles tust,
so wie wir dich nicht angerührt haben,
und so, wie wir dir nur Gutes getan haben,
und dich in **Frieden** entlassen haben.
Du bist nun der **Gesegnete** ADONAJS.

Erstaunlich ist in diesem Abschnitt nicht nur die positive Wendung im Verhältnis zwischen Isaak und den Nichtisraeliten (wie auch die z. T. euphemistische Redeweise Avimelechs), sondern vor allem die theologische Sprache, die Avimelech benutzt. Zum ersten Mal in der Bibel wird einem Heiden zugetraut, dass er den Eigennamen Gottes, JHWH/ADONAJ, ausspricht. Avimelech kennt nicht nur ADONAJ, sondern hat wie die Völker in Sach 8 erkannt, dass ADONAJ mit Isaak-Israel ist. Darum geht er zu Isaak und wünscht sich mit ihm einen Friedensbund. Der theologische wie narrative Höhepunkt dieser Szene wird dadurch erreicht, dass Avimelech – als wäre er ein theologisch geschulter Priester – Isaak segnet. *Damit spricht Avimelech, der Heide und Theologe aus den Völkern, Isaak als dem Repräsentanten Israels seine Segens-Identität zu.* Hierin wird beispielhaft die Erfüllung dessen vorweggenommen, was in Gen 12,3 verheißen wurde und was Sach 8 als Vision vorstellt: *Israel wird so deutlich zum Segen, dass Nichtisraeliten zu diesem Volk kommen, es segnen und sich mit ihm verbinden wollen.* Das war die Hoffnung, mit der die Exilierten neu beginnen konnten.

VI. Schluss: Die Segens-Existenz Israels

Wir haben gesehen: Als Israel fast vernichtet war, als es befürchten musste, nicht nur das Land und den Tempel, sondern auch die Treue Gottes verloren zu haben, schien es seine Identität als Volk Gottes vollends eingebüßt zu haben. Doch gerade in dieser existenziellen Krise lernte Israel die Verheißungen an die Erzeltern so zu verstehen, wie wir sie in Gen 12 lesen können: als Verheißungen eines eigenen Landes und einer großen Nachkommenschaft, als Zusage von Segen *gegen allen Anschein* (Gen 12,1ff). Im Angesicht der

Katastrophe hörte Israel von Gott, dass die Völker, die Israel beinahe ausgelöscht hätten, eines Tages zu diesem Volk Gottes kommen, um es zu segnen und in Frieden, Recht und Wahrheit mit ihm zu leben (Gen 26/Sach 8). *Erst nach dem Exil wird die ganze Reichweite der Verheißungen an Israel deutlich: Israel ist nicht nur seit Abraham von Gott gesegnet, sondern ist dazu bestimmt, von den Völkern gesegnet und in ihrer Mitte zum Segen zu werden. In dieser Segens-Existenz findet Israel nach dem Exil seine Identität.*

Damit beschreiben diese biblischen Texte nicht nur Israels Identitätsfindung in der Krise des Exils, sondern zeichnen auch *uns* einen Weg vor, der in die Segens-Existenz Israels führt. Wenn wir Israel als Gesegnete ADONAJS erkennen, ihm Segen wünschen und es segnen, wünschen wir uns denselben Segen und finden Eingang in die Segens-Geschichte Israels, die mit Gen 12 begonnen hat. Wenn wir wie in Gen 26 einen Bund mit dem Volk schließen, dem der unverbrüchliche Bund Gottes gilt, werden auch wir Partner in diesem Bund und haben Anteil am Frieden. Uns gilt die Einladung, mit den Jüdinnen und Juden das Angesicht ADONAJS zu suchen (Sach 8,21), mit ihnen den Minjan zu bilden und so eine neue Identität in der Wahrheit, im Frieden und im Segen Gottes zu finden.

Die Identität des Christen bei Paulus

Theo K. Heckel

I. Zum Thema

Paulus schreibt im Galaterbrief: „Ich lebe, doch nun nicht ich, sondern Christus lebt in mir. Denn was ich jetzt lebe im Fleisch, das lebe ich im Glauben an den Sohn Gottes, der mich geliebt hat und sich selbst für mich dahingegeben." (Gal 2,20)

Diese Worte des Apostels zeigen, wie stark Paulus damit ringt, die christliche Identität recht zu fassen. Den Begriff „Identität" bestimme ich mit Worten des Psychoanalytikers Erik H. Erikson (1902–1994) als „die Fähigkeit des Ichs angesichts des wechselnden Schicksals Gleichheit und Kontinuität aufrechtzuerhalten".[1]

Paulus reflektiert in den von ihm erhaltenen Quellen nicht die Identität der Christen oder des einzelnen Christen. Als er seine Briefe in den Jahren zwischen 50 und 60 n. Chr. schreibt, zeigen sich gerade die ersten Abgrenzungen zwischen Juden und der Gruppe, die wir als Christen zu bezeichnen gewöhnt sind. Die Eigenständigkeit dieser Gruppe wird in dieser Zeit den Beteiligten erst bewusst. Die ersten Verfolgungen schon kurz nach der Auferstehung u. a. durch Paulus sind zumindest von Seiten der Verfolger als innerjüdische Reinigung angesehen worden.[2] So dürften auch die Übergrif-

1 Erikson, Erik H., Jugend und Krise, Stuttgart 1970, 82, zit. nach Klessmann, Michael, Art. Identität II, TRE 16 (1987), 28–32, 29, Z. 10f. Umfassend zum Thema: Jenkins, Richard, Social Identity, London/New York 1996.

2 Summarisch Paulus in Selbstzeugnissen: Gal 1,13.23; 1Kor 15,9; Phil 3,6; Einzelheiten über seine Tätigkeit: Apg 8,3; 9,2; 22,4; 26,10f.16; vgl. Schnelle, Udo, Paulus. Leben und Denken, GLB, Berlin 2003, 71–75 (Lit.).

fe gegen die Gemeinden in Judäa und Thessaloniki, wie sie bereits der älteste Paulusbrief bezeugt (1Thess 2,14), zu verstehen sein. Einen Aufruhr in Rom um 48 n. Chr. versteht die römische Verwaltung noch als innerjüdisches Zerwürfnis, so dass Kaiser Claudius per Edikt „Juden" ausweist (Sueton, Claud 24,4). Doch schon gut fünfzehn Jahre später, 64 n. Chr. kann der römische Kaiser offenbar unterscheiden. Die Christen sind für Nero als eigenständige Gruppe immerhin soweit bekannt, dass er speziell diese strafen kann.[3] In der Zeit zwischen diesen genannten Ereignissen verfasst Paulus seine Briefe. Welches Bewusstsein für eine spezifisch christliche Identität zeigt er?

Wenn ich im Folgenden nach der Identität des Christen im paulinischen Verständnis frage, muss ich die eingangs zitierte Definition des Begriffs durch Erikson etwas ausweiten. Denn für Paulus ist das „Ich" des Christen kein statischer Ausgangspunkt, sondern eine Bezugsgröße. Identität konstituiert sich in Bezügen zu anderen Größen. Erst im Gegenüber zu Christus, der Gemeinde und der Geschichte bildet sich die Identität des christlichen „Ich". In diesem Bezugsfeld von Christus, Gemeinde und Geschichte beginnt Paulus, die eigenständige Identität der Christen von der Identität der nächstverwandten Gruppe, dem Volk Israel, abzuheben.

Es geht dabei nicht nur um das persönliche Selbstverständnis des Apostels Paulus, der um seinen Status im Heilsvolk Israel rang und dabei auch angegriffen wurde.[4] Es geht im Folgenden um die überindividuelle Seite des Selbstverständnisses, wie es Paulus in seinen Briefen voraussetzt.

---

3 Tacitus, Ann 15,44,2–5, vgl. Sueton, Nero 16,2. Zur Herausbildung der christlichen Identität im jüdischen Kontext vgl. Lieu, Judith, Impregnable Ramparts and Walls Of Iron: Boundary and Identity in Early ‚Judaism' and ‚Christianity', NTS 48, 2002, 297–313, und monographisch dies., Christian Identity in the Jewish and Graeco-Roman World, Oxford 2004. Sie zeigt, dass oft noch im ausgehenden 1. Jh. die Eigenständigkeit der christlichen Gruppe gegenüber dem Judentum kaum bewusst war.

4 Dazu etwa: Dunn, James D. G., Who did Paul Think He was? A Study of Jewish-Christian Identity, NTS 45, 1999, 174–193.

Die Fragestellung systematisiert konkrete Identitätsmerkmale, die von Paulus in seinen Briefen mehr vorausgesetzt als reflektiert werden. Die Quellenlage zwingt uns auch, viele ehemals sicher gewichtige Momente für die Identitätsbildung auszublenden, weil wir über diese Momente nichts Gesichertes sagen können. Wie weit etwa Paulus und seine Gemeinden in ihrer *praxis pietatis* ihre Identität fanden und festigten, können wir kaum einschätzen, weil wir die religiöse Lebenspraxis des Apostels und seiner Gemeinden zu wenig kennen. So können wir z. B. nicht sagen, ob Paulus und seine Gemeinden Gebete sprachen, die sich von jüdischen Texten signifikant unterschieden.[5] Zwar sind wir über den Abendmahlsritus bei Paulus etwas besser informiert, doch auch für diesen Bereich bleibt es schwer zu sagen, wie weit der Vollzug des Ritus ein wesentliches Moment für die Identitätsfindung darstellte.

Aus den zahlreichen Möglichkeiten, wie sich faktisch die christliche Identität für Paulus und seine Gemeinden festigte, können wir nur die Aspekte bestimmen, die in seinen unbestritten echten Briefen einen Niederschlag gefunden haben. Das heißt, wir können das Identitätsverständnis nur soweit ermitteln, als es aus Worten seiner Briefe herauslesbar ist.

II. Bezeichnungen für die christusgläubigen Menschen bei Paulus

Die Quellen, also die Paulusbriefe, behandeln nicht direkt das Thema der christlichen Identität, aber Paulus benennt und beschreibt christliche Gruppen. Aus diesen Beschreibungen und Bezeichnungen schließe ich zurück auf sein Verständnis der christlichen Identität.

Paulus hat die durch ihn zu Christus bekehrte Gruppe noch nicht „Christen“ bzw. griechisch „Christianer“ genannt. Die Bezeichnung „Christianer“ findet sich erst in neu-

5 Zur Identitätsfindung über Gebete s. Gerhards, Albert/Doeker, Andrea/Ebenbauer, Peter (Hg.), Identität durch Gebet. Zur gemeinschaftsbildenden Funktion institutionalisierten Betens in Judentum und Christentum, Studien zu Judentum und Christentum, Paderborn 2003.

testamentlichen Spätschriften.[6] Paulus kennt sie wohl noch nicht. Statt dieses Wortes verwendet er eine ganze Reihe von Begriffen, die in etwa das bezeichnen, was später lebende Menschen „Christen“ nennen konnten.

Bei den meisten seiner Bezeichnungen nimmt er im Judentum bereits gebräuchliche Selbstbezeichnungen auf und grenzt manchmal je nach Kontext seine Bezeichnungen durch Näherbestimmungen so ein, dass eine besondere Gruppe dadurch hinreichend genau erfasst wird. So redet Paulus meist von der Ekklesia, der eschatologischen Gemeinschaft der Gläubigen, die sich an je einem bestimmten Ort zusammenfindet.[7] Er nennt die einzelnen Christen öfters per Partizip Präsens „Gläubige“ *(pisteuontes)*,[8] gelegentlich auch „Heilige“ *(hagioi)*,[9] „Berufene“ *(klêtoi)*[10] oder „Geliebte“ *(agapêtoi)*, z.B. Röm 1,7; sg. Röm 16,5.8f.12; Phlm 1.16. An wenigen Stellen redet er auch vom „Volk Gottes“ *(laos theou)*[11]. Einzelne Bezeichnungen implizieren die soteriologische Sonderstellung, etwa wenn er von den „Geretteten“ *(sôzomenoi)*[12] oder in Röm 8,14.16 von den „Söhnen/Kindern Gottes“ *(huioi theou/tekna theou)* redet.

---

6 Apg 11,26; 26,28; 1Petr 4,16, und auch bei Profanhistorikern des frühen zweiten Jh. (Tacitus, Ann 15,44,2; Sueton, Caes 6,16,2; Plinius, ep. 10,96f).

7 Grundlegend dazu: Roloff, Jürgen, Die Kirche im Neuen Testament, GNT 10, Göttingen 1993, 96–99.

8 Bauer, Walter, Griechisch-deutsches Wörterbuch zu den Schriften des Neuen Testaments und der frühchristlichen Literatur, hg. v. Kurt u. Barbara Aland, Berlin/New York [6]1988 [Abk.: Wb], s. v. *pisteuô*, 2b, dort Verweise auf Röm 3,22; 1Kor 14,22; 1Thess 1,7, ferner: 1Thess 2,10.13; Gal 3,22; 1Kor 1,21; vgl. den generischen Singular in Röm 1,16.

9 Bauer, Wb s. v. 2dβ, so v. a. in den Briefpräskripten 1Kor 1,2; 2Kor 1,1; Phil 1,1; Röm 1,7.

10 Röm 1,6f; 8,28; 1Kor 1,24, vgl. 1Kor 1,2; vgl. die „Erwählten“ *(eklektoi)* Röm 8,33; 16,13, dort sg. und präzisiert mit „im Herrn“; die „Erwählung“ *(eklogê)* 1Thess 1,4.

11 Der Begriff ist bei Paulus selten, die Sache nicht, vgl. Roloff, Kirche (Anm. 7), 117–121; umfassend: Kraus, Wolfgang, Das Volk Gottes. Zur Grundlegung der Ekklesiologie bei Paulus, WUNT 85, Tübingen 1996.

12 1Kor 1,18; 2Kor 2,15, vgl. Schrage, Wolfgang, Der erste Brief an die Korinther, Bd. 1: 1Kor 1,1–6,11, EKK 7/1, Zürich/Neukirchen-Vluyn 1991, 172f. Das Partizip Präsens verweist ohne genauere Erläuterung

Wohl alle bis jetzt genannten Bezeichnungen könnten auch Juden für sich verwenden. Tatsächlich benützen die Septuaginta oder Paulus einige dieser Bezeichnungen auch für nicht christusgläubige Juden.[13] Meist müht sich auch Paulus wenig darum, die durch ihn bezeichneten Menschen gegenüber Juden zu profilieren. Erst der Kontext macht deutlich, dass Paulus christusgläubige Menschen anspricht. Doch soweit wäre die angesprochene Gruppe noch als Teilmenge der Juden verstehbar. Das Verständnis der Identität wäre noch aus dem Judentum übernommen. Doch dabei bleibt es bei Paulus nicht.

Zumindest einige der durch Paulus als „Gläubige" o. ä. bezeichneten Menschen sind nach jüdischer Perspektive Heiden. Als Heiden allerdings möchte Paulus seine Leute nicht bezeichnet wissen.[14] Diese neue Ausgangslage zwingt ihn indirekt, die Identität seiner „Gruppe" auch gegenüber seinen Volksgenossen neu zu vermessen. Schwerlich gelangt Paulus dabei zu dem Bewusstsein, ein „drittes Geschlecht" neben Juden und Heiden zu statuieren, auch wenn er gelegentlich Heiden und Juden so gegenüberstellt, dass die Christen genau genommen eine dritte Sparte bilden, so etwa 1Kor 1,22–24; 10,32. Aber er verwendet auch eine neue Bezeichnung, die gleichsam terminologisch die „Neuheit" der Christenheit fasst, nämlich dann, wenn er vom Sein „in Christus" spricht. Diese Bezeichnung spiegelt sprachlich das Aufkommen einer christlichen Identität, die nicht mehr einfach als Teilmenge der jüdischen Identität definiert ist. Daher verdient diese Bezeichnung eine genauere Analyse.

---

auf die Gegenwart des Heilsstatus.

13 Z. B. *ho pisteuôn* Jes 28,16LXX, zit. Röm 9,33; 10,11; vgl. das Partizip Glaubende in Röm 4,11; *klêtoi* für nicht christusgläubige Juden: Röm 11,28.

14 Zur Abgrenzung gegenüber den Heiden s. Heckel, Ulrich, Das Bild der Heiden und die Identität der Christen bei Paulus, in: Feldmeier, Reinhard/ders. (Hg.), Die Heiden. Juden, Christen und das Problem des Fremden, WUNT 70, Tübingen 1994, 269–296; Lips, Hermann von, Christen in nichtchristlicher Umwelt. Eine neutestamentliche Perspektive, BThZ 20, 2003, 127–142.

III. Identität „in Christus“

Das Syntagma des „In-Christus-Seins“ durchzieht alle unbestritten echten Paulusbriefe (1Thess, 1/2Kor, Gal, Röm, Phlm und Phil). Die mit diesem Syntagma vorgegebenen Grundgedanken bilden somit gleichsam die Konstante bei der paulinischen Bestimmung der christlichen Identität, die Paulus allerdings im Verlauf seiner Briefe unterschiedlich akzentuiert. Allerdings ist der Grundgedanke nicht ganz leicht zu fassen.[15]

1. Zur sprachlichen Form

Die Wortverbindung „In-Christus-Sein“ *(en christô einai)* hält einen bei Paulus häufig belegbaren Gedanken fest, ohne terminologisch starr fixiert zu sein.[16] Paulus kennt also eine gewisse Formulierungsvarianz. Überwiegend redet er vom Sein *en Christô*, öfters vom Sein *en kyriô*. An beide Bezeichnungen hängt Paulus gelegentlich den Dativ „Jesus“ an, er redet also vom Sein *en kuriô Iêsou* oder vom Sein *en Christô Iêsou*. Von zwei Ausnahmefällen abgesehen findet sich kein Artikel vor „Christus“ oder „Kyrios“.[17] An manchen Stellen ersetzt ein Pronomen mit der Referenz auf Christus bzw. den Herrn die direkte Bezeichnung („wir sind in ihm gerettet“).[18] Eine Bedeutungsnuance zwischen den unterschiedlichen Formulierungen ist kaum auszumachen.[19]

---

15 Schweitzer, Albert, Die Mystik des Apostels Paulus, Tübingen 1930, Neudruck 1981, 3: „Dieses Sein in Christo ist das große Rätsel der Lehre Pauli“.

16 Neuere Zusammenfassungen zum Syntagma „in Christus“ bieten: Roloff, Kirche (Anm. 7), 86–139; Dunn, James D. G., The Theology of Paul the Apostle, Grand Rapids (MI)/Cambridge (UK) 1998, 390–412; Schnelle, Paulus (Anm. 2), 545–549.

17 1Kor 15,22 formuliert die gegenüber gestellten Personen Adam und Christus je mit Artikel; mit Artikel auch 2Kor 2,14.

18 So 1Kor 1,5; 2Kor 1,20; 5,21; 13,4; Phil 3,9.

19 Mit z. B. Schnelle, Udo, Gerechtigkeit und Christusgegenwart, GTA 24, Göttingen ^{2}1983, 117.

Einzelne Stellen erweitern die „in Christus"-Aussage und sind daher gesondert zu betrachten. Für die Frage nach der christlichen Identität sind diese erweiterten Aussagen nicht relevant.[20] Die Varianz in der Ausdrucksweise macht es problematisch, von einer „in Christus-*Formel*" zu reden. Aber hinter den Formulierungen „im Herrn" oder „in Christus" steht ein einheitliches Motiv, mit dem Paulus die besondere Identität der Christen terminologisch fassen kann. Dieses Motiv findet sich in allen unbestritten echten Paulusbriefen im Neuen Testament durchgängig vom ältesten (1Thess 1,1) bis zu den späten Briefen (Röm 8,1; Phil 1,13) insgesamt gut neunzig mal.[21]

Die genaue Herkunft des Motivs lässt sich für uns nicht mehr sicher klären. Fast alle Belege des Motivs im Neuen Testament finden sich im direkten Einflussbereich des Apostels. Die pseudepigraphen Paulusbriefe seiner Schüler bieten knapp dreißig Belege. Außerhalb dieser dreizehn Schriften sind im Neuen Testament noch gerade drei Stellen im 1Petr zu vermerken (3,16; 5,10.14). Dass das Motiv weitgehend auf Paulusbriefe beschränkt ist, ließ immer wieder die Vermutung aufkommen, dass dieses Motiv vom Heidenapostel selbst geprägt wurde. Doch gegen diese Vermutung sind zu Recht Bedenken erhoben worden.

Ähnlich wie beim irdischen Jesus ist es bei Paulus methodisch schwer, die *ipsissima vox* von der Stimme anderer früher Christen abzuheben. Da das Motiv mehrmals im engen Zusammenhang mit vorpaulinisch geprägten Traditionen auftaucht (Gal 3,26–29; 1Kor 1,30; 2Kor 5,17) mag es vor Paulus bereits aufgekommen sein. Da der direkte Pauluseinfluss auf den 1Petr nicht sicher belegbar ist, können auch dessen drei Belegstellen für eine vorpaulinische Herkunft des

20 2Kor 2,10: im Angesicht Christi; im Namen des Herrn Jesu: 1Kor 5,4; 6,11; im Namen Jesu: Phil 2,10; in seinem Blut: Röm 3,25; 5,9; in seinem Leben: Röm 5,10; in den Eingeweiden Christi Jesu: Phil 1,8; zwischengestelltes „denn" *(gar)* in Gal 5,6 rechne ich zu den „in Christus"-Stellen.

21 Ich zähle in den Protopaulinen 54 „in Christus"-Stellen und 34 „im Herrn"-Stellen, dazu kommen die 5 Stellen mit Pronomen.

Syntagmas sprechen.[22] Die motivisch verwandten, aber terminologisch freilich abweichend ausgedrückten Immanenzformulierungen im Corpus Johanneum lassen sich wohl eher als unabhängige Ausprägung eines ähnlichen Gedankens verstehen, denn als abhängige Aufnahme eines paulinischen Gedankens. V. a. weisheitliche Traditionen dürften die johanneischen Immanenzformulierungen ebenso vorbereitet haben wie das paulinische „in Christus"-Motiv. Insgesamt dürfte Paulus mit dem „in Christus"-Motiv einen theologischen Gedanken mehr ausgebaut und weitergeführt, denn erfunden haben.

Er verwendet das Motiv jedenfalls konsistent in seinen Briefen. Das Motiv vom „Sein in Christus" kann Einzelpersonen, Einzelhandlungen oder auch Gruppen qualifizieren. Die Formel beschreibt zwar oft das Christsein der so angeredeten Menschen, doch die Formel zielt mehr auf individuelle Akte der christlichen Betätigung als auf den definierten Status einer Gruppe.[23] So qualifizieren viele Stellen mit dem Motiv nur Einzelzüge, die keine Rückschlüsse auf die christliche Identität zulassen (z. B. 1Thess 4,1: „Wir ermahnen euch im Herrn"). Derartige Stellen übergehe ich im Folgenden. Dagegen qualifiziert das Motiv die christliche Identität an mehreren nun vorzustellenden Stellen in markanter Art und Weise.

2. *Das „in Christus"-Motiv zur Qualifizierung einer Gruppe*

Öfters fügt Paulus das „in Christus"-Motiv an eine Gruppenbezeichnung an. Diese Stellen zeigen, dass Paulus ein Ungenügen verspürte, die überkommenen Ausdrücke allein stehen

---

22 In den Apostolischen Vätern findet sich die Formel fast sicher nur im paulinischen Einflussbereich, etwa 1Clem 32,4; 38,1; Ign. Eph 1,1; Trall 9,2, vgl. Dunn, Theology (Anm. 16), 396 Anm. 35.

23 Vgl. die differenzierte Aufstellung bei Bauer, Wb, s. v. *en* I 5d (523f). Vielleicht zu statisch deutet Bultmann, Rudolf, Theologie des Neuen Testaments, hg. v. Otto Merk, Tübingen [9]1984, 312.329f, das „in Christus" als Ersatz für „christlich", vorsichtig Dunn, Theology (Anm. 16), 399f.

zu lassen. Etwa wenn er die Christen in Judäa benennen will, genügt es ihm nicht, von den Gemeinden *(ekklêsiai)* in Judäa zu reden, es müssen diese „in Christus Jesus“ sein (1Thess 2,14; ähnlich Gal 1,22: *tais ekklêsiais tês Ioudaias tais en Christô)*. Im Philipperbrief redet Paulus ähnlich qualifizierend von den „Heiligen in Christus“ (Phil 1,1) und den „Brüdern im Herrn“ (Phil 1,14). Diese Stellen machen freilich nicht deutlich, *wie* Paulus inhaltlich die Gruppen genauer bestimmen will, wenn er das „in Christus“-Motiv hinzufügt.

Etwas mehr Aufschluss darüber können die Kontexte abgeben, in denen der Apostel die christlichen Gruppen mit dem „in Christus“-Motiv qualifiziert. Die angesprochenen Menschen „stehen im Herrn“ (*stêkete en kyriô*; 1Thess 3,8), „sind in Christus Jesus“ *(hymeis este en Christô Iêsou;* 1Kor 1,30), haben eine besondere Freiheit „in Christus“ (Gal 2,4), sind gerecht gesprochen durch die „in Christus“ wirksame Sühne (Röm 3,24)[24], sie, die in Christus Jesus sind, unterstehen nicht der Verurteilung (durch Gott; Röm 8,1).

Das Motiv gibt zunächst die Bezugsgröße für die christliche Identität ab, die erlaubt, die Gruppe derer, die „in Christus“ sind, von Juden zu unterscheiden. Diese Bezugsgröße ist der auferstandene Christus. So sammelt das Motiv die Gruppe unter dem Aspekt des alle verbindenden Christusbezuges. In der Sache ähnlich bezeichnet Paulus einige wenige Male die Gläubigen als „die zu Christus Gehörigen“.[25] Christliche Identität setzt einen Bezug zu Jesus Christus, dem Gesalbten Gottes voraus. Paulus beschreibt mit diesem Bezug eine gegenwärtige Verbindung zum auferstandenen Christus und nicht etwa nur eine Reminiszenz an den Menschen, der die Gemeinschaft gründete. Theologisch gesprochen heißt dies: Wenn Paulus von Menschen spricht, die „in Christus“ sind, beschreibt er deren Bezug zum auferstande-

24 Röm 3,24: *dikaioumenoi dôrean tê autou chariti dia tês apolytrôseôs tês en Christô Iêsou*. Das Partizip am Satzanfang dürfte etwas hart über *pantes* (3,23) die *pantas tous pisteuontas* (3,22) aufnehmen, vgl. BDR § 468.2 (ohne Nennung von Röm 3,23f).

25 1Kor 3,23; 15,23 *(hoi tou Christou)*; Gal 5,24; vgl. 2Kor 10,7; Bauer, Wb, s. v. *ho* 7.

nen und erhöhten Herrn, nicht zum irdischen Jesus. So ist es kein Zufall, dass der Apostel vom Sein „in Christus" spricht und nicht vom Sein „in Jesus". Ein Sein „in Jesus" gibt es bei Paulus nicht.[26] Somit bestimmt Paulus die Gruppe derer „in Christus" nicht einfach durch ihre geschichtliche Abkunft, sondern durch ihre gegenwärtige und eschatologische Öffnung auf Christus hin.

Mit diesem Bezug zum auferstandenen Christus hin eröffnet sich den Menschen „in Christus" ein Bezug zu Gott. Die Gemeinschaft mit dem auferstandenen Christus ist eine durch Gott erwirkte und getragene Gemeinschaft. Dies wird deutlich in der Briefadresse 1Thess 1,1. Paulus schreibt „an die Gemeinde der Thessalonicher, die in Gott Vater und dem Herrn Jesus Christus ist".[27]

Paulus geht im Allgemeinen von einer 1. Person pl. aus: *wir* sind in Christus. Christsein ist für Paulus zuerst eine Gemeinschaftsangelegenheit, erst davon abgeleitet, gleichsam abstrahiert, lässt sich das Christsein auch individualisieren. 2Kor 5,17 ist nicht individualisierend zu deuten, sondern generisch: Für jeden einzelnen gilt, dass er, soweit er in Christus ist, schon jetzt Anteil hat an der neuen Schöpfung.

Durch diesen Christusbezug beschreibt das Motiv vom „in Christus"-Sein die Identität der christlichen Gruppe. Dass Paulus diese Gruppe als eigenständig versteht, zeigt er, wenn er sie als „die innen" *(hoi esô)* bezeichnet im Gegenüber zu „denen außen" *(hoi exô)*.[28]

Soweit klingt die Bezeichnung so, als ob Paulus mit ihr die Christenheit definiere. Doch dieser abstrakte Begriff der Christenheit ist ihm fremd. Die christliche Gruppe ist für Paulus immer die Ortsgemeinde. So spricht er auffällig oft von den Gemeinden (pl.), wenn mehrere Versammlungen angesprochen sind.[29] Dieser auf die Ortsgemeinde bezogene

---

26 So erst Eph 4,21; vgl. aber bei Paulus: „in Isaak" Röm 9,7 *(en Isaak klêthêsetai soi sperma)*; vgl. Gal 3,8 „in dir" (sc. Abraham).

27 1Thess 1,1: *tê ekklêsia Thessalonikeôn en theô patri kai kyriô Iêsou Christou*, vgl. 2,2; auch 2Kor 5,21.

28 1Thess 4,12; 1Kor 5,12f; Bauer, Wb, s. v. *exô*, 1aβ.

29 Grundlegend: Roloff, Kirche (Anm. 7), 97f.

Sprachgebrauch bei Paulus ist besonders auffällig, weil Paulus von der Sache her gerade durch die Näherbestimmung „im Herrn" zu dem Begriff der einen ökumenischen Kirche hätte kommen können. Alle Christen auf Erden werden ja durch diesen Bezug zusammengefasst. Ebenso könnte die Bezeichnung der „Gemeinde Gottes", die keinen Plural duldet, auf ein ökumenisches Kirchenprogramm hinlenken. Doch Paulus kennt diesen ökumenischen Kirchenbegriff noch nicht.[30] Jede Einzelgemeinde repräsentiert in seinem Sprachgebrauch die „Ekklesia" vollständig, nicht erst deren Verbund. Dieser ortsgemeindliche Zug in der paulinischen Ekklesiologie deutet darauf, dass Paulus für das Wesen der Gemeinde nicht nur den allgemeinen Bezug zum auferstandenen Christus für wesentlich erachtet, sondern noch einen besonderen Bezug, der sich nur ortsgemeindlich verwirklichen lässt. Dies könnte z. B. der Vollzug des Abendmahls sein,[31] vielleicht etwas weiter gefasst die gottesdienstliche Gemeinschaft, paulinisch gesagt, die Zusammenkunft zur Anrufung des Namens des Herrn Jesus Christus.[32] Soweit ist Christsein keine substanzontologisch fassbare Größe, sondern Ereignis in Raum und Zeit.

Die Verwandtschaft zur Rede vom „Soma Christou", also die Rede von einer Ortsgemeinde als Organismus Christi, zielt ebenfalls darauf, den kollektiven Zusammenhalt der Ortsgemeinde festzuhalten. So bezeichnet das „in Christus"-Motiv in eigentümlicher Weise den Christenstand „in diesem Äon".

Identität ohne Uniformierung

Das „in Christus"-Motiv betrachtet alle einzelnen Gemeindeglieder in Hinblick auf ihren Christusbezug und stellt soweit deren Gleichartigkeit heraus. Dieser Christusbezug ega-

30 Die gern als Gegenbeweis angeführten Stellen 1Kor 10,32; 12,28; 15,9; Gal 1,13 in den Protopaulinen sind generisch, nicht ökumenisch zu deuten, gegen z. B. Schrage, Wolfgang, Der erste Brief an die Korinther, Bd. 2: 1Kor 6,12–11,16, EKK 7/2, Zürich/Neukirchen-Vluyn 1995, 475 (Lit.). Erst die Deuteropaulinen beziehen das Wort „Gemeinde" auf die eine weltweite Kirche.

31 So Roloff, Kirche (Anm. 7), 100–102.104.

32 1Kor 1,2; vgl. 1Kor 5,4; Phil 2,10.

lisiert alle innerweltlich sonst bedeutsamen Unterscheidungen. Die weltlichen Unterscheidungskriterien wie männlich/weiblich sind „in Christus“ unbedeutend (1Kor 11,1; Gal 3,28). Dies gilt schon in der Gegenwart, wie es die Formulierung in Gal 3,28 auch sprachlich festhält.[33]

Diese gemeinsame Identitätsstiftung führt bei Paulus nicht zu Uniformierung, sondern setzt aus sich die Vielfalt der unterschiedlichen Gemeindeglieder heraus. Treffend wählt Paulus entsprechend Bilder für die Ortsgemeinde, die sowohl Zusammenhalt wie innere Differenzierung festhalten. Er vergleicht die Gemeinde mit einem Organismus aus vielen, sinnvollerweise unterschiedlichen Gliedern (1Kor 12/Röm 12; vgl. Röm 12,5). Oder er redet von der Gemeinde als dem einen „Bauwerk“ (*oikodomê*) aus unterschiedlichen Baustoffen und Funktionen am Haus (vgl. 1Kor 3,9–16). Die Identität der christlichen Gruppe ist für Paulus relational erschlossen, nicht durch identische Merkmale des Einzelnen festgelegt.

Identität als Wirksphäre

Das Motiv, wonach Menschen „in Christus“ sind, kann Paulus auch umkehren und festhalten, dass Christus in uns ist. Diese Umkehrung ist für das Verständnis der paulinischen Anwendung konstitutiv und sollte nicht als Marginalie heruntergespielt werden. Für Paulus leben nicht nur wir „in Christus“, sondern auch Christus lebt in uns (Gal 2,20; Röm 8,10; 2Kor 13,5, vgl. 2Kor 4,6; Gal 1,16). Diese Umkehrung setzt ein Denken in Wirksphären voraus. Der Auferstandene eröffnet einen Heilsraum, eine Sphäre, in deren Ausstrahlungsbereich die Christen gegenwärtig leben.

Da Paulus ähnlich wie vom Sein in Christus auch vom Sein „im Geist“ oder „im Gesetz“ sprechen kann, ist dieses Denken in Wirksphären nicht eine besondere Christusmystik, sondern eher ein Spezimen paulinischen Denkens. Er denkt von den beiden Enden des Bezugs her, so dass einerseits wir in der Sphäre Christi wohnen, andererseits Christus auch in uns

33 Vgl. Roloff, Kirche (Anm. 7), 94f.

wohnt. Paulus kennt ähnliche Korrespondenzformulierungen auch bei anderen Größen, nämlich bei Gott, dem Geist, dem Gesetz und der Sünde. So heißt es bei Paulus, wir können in der Sphäre Gottes frei reden (1Thess 2,2; vgl. Röm 2,17; 5,11) und es gibt Gott unter uns (1Kor 14,25), sein Geist wohnt in uns (Röm 8,9). Auch der Geist ist für ihn eine Sphäre, in der Christen leben (jemand/wir/ihr im Geist; Röm 2,29; 8,9; 9,1; 14,17; 15,16fin), und der Geist wirkt und wohnt unter den Christenmenschen (Röm 8,11).

Eine ähnliche Korrespondenz gibt es für Paulus beim Gesetz, so dass dies für ihn geradezu als Lebensbereich gelten kann, in dem man leben kann (wir/sie im Gesetz; Röm 2,12) und das Gesetz gibt es in mir (Gesetz in mir; Röm 7,23; vgl. Röm 2,20.23; 3,19). Auch die Sünde versteht Paulus als Sphäre oder Wirkbereich, in dem wir leben (Röm 6,22b), andererseits wirkt die Sünde in mir (Röm 6,22; 7,17.20).

Identität gründet sich somit gleichursprünglich von innen und von außen. Nicht nur ich muss mich einfinden in die größere Gruppe. Identität entsteht nicht nur durch Anpassung an ein vorhandenes größeres Gebilde. Identität wächst auch durch Stärkung der zugeeigneten inneren Wirksphäre. In mir ist der Auferstandene bereits wirksam. Dieser innere Aspekt der Identität ermöglicht das Selbstbewusstsein eines Christen, einer äußerlich mächtigen Gruppe gegenüberzutreten. In den Personen Paulus und Petrus verdichtet sich die innere und äußere Gruppenzugehörigkeit. Paulus als ehemaliger Verfolger kann seinen Bezug zu Jesus Christus nicht leicht historisch legitimieren. Der auferstandene Christus hat ihn zur Verkündigung des Evangeliums berufen und dadurch vom Verfolger zum Verkündiger bekehrt. Diese Bekehrung geht auf ein inneres Geschehen zurück.

Petrus dagegen kann als Begleiter Jesu seinen Bezug zu Jesus geschichtlich legitimieren. Doch ein solcher Nachweis des Christusbezugs ist für Paulus nicht allein relevant. Als es um die Wahrheit des Evangeliums geht, widerspricht Paulus dem Petrus, hier Kefas genannt, er widerstand ihm ins Angesicht (Gal 2,11–14). Es ist die innere Stärkung, die es dem ehemaligen Verfolger Paulus erlaubt, Petrus, dem namhaftesten Begleiter des irdischen Jesus, entgegen zu treten.

Identität und erlebte Welt
Christus „in mir" und wir „in Christus" sind Bezeichnungen einer übergeordneten Wirksphäre, die durch den Auferstandenen qualifiziert ist. Diese Wirksphäre überlagert die allgemein zugängliche Wirklichkeit, ohne sie aufzuheben. Für Paulus zählt das „in Christus"-Sein, aber es zählt eben fast nur in Christus. Zur weltlichen Identitätsabgrenzung kann es daher nicht dienen. Vielleicht das einzige nach außen sichtbare Zeichen dieser Identität in Christus ist die unverkennbare Existenz der Ortsgemeinde. Sie dient dem Apostel schon jetzt als Siegel seines Apostolats (1Kor 9,1); sein Leben „in Christus" wird eher indirekt auch weltlich bekannt (Phil 1,13).[34]

3. *Die innerweltliche Ausprägung des „in Christus"-Motivs*

Albert Schweitzer (1875–1965) redete im Zusammenhang mit dem „in Christus"-Motiv von der „Christus-Mystik" des Apostels: „Der Fundamentalgedanke der paulinischen Mystik lautet: Ich bin in Christo; in ihm erlebe ich mich als ein Wesen, das dieser sinnlichen, sündigen und vergänglichen Welt enthoben ist und bereits der verklärten Welt angehört; in ihm bin ich der Auferstehung gewiß; in ihm bin ich Kind Gottes".[35]

Der Begriff „Mystik" ist für die paulinische Vorstellung wenig glücklich gewählt, denn gemeinhin ist es für mystische Gedanken wichtig, gerade keinen Bezug zu einem geschichtlichen Ereignis außerhalb des Mysten zu haben. Bei Paulus dagegen ist das „in Christus"-Sein eine überindividuelle Gegebenheit, die zudem geschichtlich verankert ist.[36]

---

34 In Phil 1,13 ist das „in Christus" auf das Partizip zu beziehen: „so dass meine Fesseln in Christus offenbar geworden sind im ganzen Prätorium und unter den übrigen allen". Die Luther-Bibel (Rev. 1984) bezieht „in Christus" wohl fälschlich auf die Fesseln und liest: „dass ich meine Fesseln für Christus trage, das ist ... offenbar geworden".

35 Schweitzer, Mystik (Anm. 15), 3, dazu: Gräßer, Erich, Albert Schweitzer als Theologe, BHTh 60, Tübingen 1979, 176–205.

36 Schweitzer, Mystik (Anm. 15), differenziert selbst z. B. 23: „Pauli Mystik ist geschichtlich-kosmisch, die der hellenistischen Mysterienreligionen mythisch".

Die Näherbestimmung der eigenen Gruppe mit dem „in Christus"-Motiv hat bei Paulus eine zeitliche Ausrichtung. Es bestimmt die Gruppe in der gegenwärtigen Weltzeit. Das „in Christus"-Sein hat einen innerweltlichen Anfang. Wiederholt verweist Paulus mit Verben in der Vergangenheitsform des griechischen Aorists auf einen Beginn des Seins in Christus.[37] Da das Motiv auch im Zusammenhang mit vorgeprägtem Formelgut vorkommt (Gal 3,26–28; 1Kor 1,30; 6,11), das die Taufe beschreibt, dürfte dieser Anfang für Paulus mit der Taufe bestimmt sein. Dieser Anfang im Herrn lässt sich für Paulus in die Weltzeit einordnen, das innerweltliche Nacheinander bleibt bestehen (vgl. Röm 16,7). Nach Paulus spannt sich die Identität zwischen zwei geschichtlichen Fixpunkten auf. Sie empfängt ihre Grundlage einerseits aus der Vergangenheit und erfüllt sich andererseits im Eschaton.

Diese doppelte Bestimmung der christlichen Existenz setzt Paulus schon in der Erwählungstheologie voraus, die er um 50 n. Chr. im 1Thess entfaltet. Wie diese Bestimmung der Identität des Einzelnen genauer verstanden werden soll, entfaltet Paulus im 1Thess nur in Grundzügen. Mit dem Stichwort der „Entschlafenen in Christus" (1Thess 4,16; vgl. 1Kor 15,18) benennt er Christen, die zukünftig errettet werden, aber bereits biologisch tot sind. Er erweitert also die christliche Identität über die biologisch feststellbare Existenz hinaus. Worin die Identität des Menschen gegenwärtig festgemacht wird, thematisiert Paulus im Rahmen des 1Thess nicht. An dieser Stelle zwingen ihn wenige Jahre später die Korinther, seine Gedanken zu entfalten.

Identität angesichts des Kreuzes

Im Rahmen der Korintherbriefe, verfasst ca. 54/55 n. Chr., entwickelt Paulus die Erwählungstheologie des 1Thess durch das Wortfeld vom Kreuz zu einer Kreuzestheologie. Das mit dem neuen Wortfeld mitgegebene Gedankengut be-

37 1Kor 1,4: Paulus dankt für „die Gnade Gottes, die euch in Christus gegeben worden ist" *(dotheisê:* Partizip Aorist); 1Kor 1,5: „wir sind in ihm reich gemacht worden" *(eploutisthête)*; Röm 8,2: Es (sc. das Gesetz des Geistes) „machte dich frei" *(êleutherôsen)*.

trifft auch die christliche Identität. Paulus wendet nämlich die Kreuzestheologie so auf die Gläubigen an, dass er den Kreuzestod Jesu zur Lebensmetapher für die Christen macht. Für ihn beschreibt das Kreuz die Gegenwart des christlichen Lebens metaphorisch. Christinnen und Christen werden nicht tatsächlich gekreuzigt, aber sie leiden in dieser Welt wie Jesus am Kreuz. Das *tertium comparationis* ist wohl die Ausgeliefertheit in beiden Fällen. Dabei bindet Paulus die Identität in eigentümlicher Weise an ein vergangenes Geschehen, die Kreuzigung Jesu, die der einzelne in seinem Leben mit spezifischer Verzögerung nachvollzieht.

Die genau durchdachte zeitbestimmende Struktur des „In Christus"-Seins lässt sich an Hand von 2Kor 13,4 gut erläutern.[38] Das Geschick Jesu Christi (Zeile 1 und 2) bezieht sich auf unser Geschick (Zeile 3 und 4).

1. Er (sc. Christus) ist gekreuzigt worden (Aorist) aus Schwachheit,
2. aber er lebt (Präsens) aus der Macht Gottes.
3. ja auch wir sind schwach (Präsens) in ihm
4. und wir werden leben (Futur) mit ihm aus der Macht Gottes auf euch hin.

Mit 13,4 begründet Paulus eine Aussage aus 13,3, worauf ein zweimaliges „denn" (Zeile 1/3) verweist, das ich hier übergehe. Unser Leben „in ihm" (Zeile 3) bezeichnet den gegenwärtigen Christenstand. Das abschließende „auf euch hin" *(eis hymas)* scheint einer eschatologischen Deutung der vierten Zeile zu widersprechen.[39] Doch die Bemerkung bezieht sich nicht auf das vorangehende futurische Verb, sondern qualifiziert die Macht Gottes für/an euch.[40] Gegenwärtig ist nicht das Leben mit ihm (sc. Christus), vielmehr lenkt Paulus zurück zu dem Machterweis in der Rede durch ihn (sc. Christus; 13,3). Gegenwärtig wirkt die Macht Gottes durch die Verkündigung des Paulus an euch.

---

38 Vgl. Heckel, Ulrich, Kraft in Schwachheit, WUNT 2. R., 56, Tübingen 1993, 124–140.

39 So z. B. Gnilka, Joachim, Der Philipperbrief, HThK 10/3, Freiburg [4]1987, 78 (weitere Lit. Anm. 13).

40 Zum Fehlen des Artikels vgl. BDR § 272 Anm. 3; Heckel, Kraft (Anm. 38), 138 Anm. 95.

Christinnen und Christen sind zwar schon gegenwärtig durch die Kreuzigung Jesu mitgeprägt, die für Jesus schon geschehene Auferstehung steht allerdings für sie noch aus: sie *werden* auferweckt werden, wie er schon auferweckt ist. Wir sind mit gekreuzigt mit Christus (Röm 6,4) und werden (!) an seiner Auferstehung teilhaben (6,5.8).

Dieses Nacherleben der Kreuzigung Christi im Leben unterscheidet sich grundlegend vom Nacherleben des Schicksals einer Gottheit, wie es in Mysterienkulten erlebt worden sein mag. Denn dieser Nachvollzug streckt sich überindividuell bis zum Eschaton. Was Jesus schon passiert ist, passiert gegenwärtig den Gläubigen noch in der Welt.

An dieser Stelle wird deutlich, dass eine Wiederholung der Erwählungstheologie in der Auseinandersetzung mit den Korinthern nicht gegriffen hätte. Die Erwählung durch Gott ist vergangen, die Erlösung steht bevor, die dazwischen liegende Zeit, also die Gegenwart, war im 1Thess mit dem Stichwort „Heiligung" gegenüber den individualisierenden Tendenzen der Korinther kaum geschützt. Paulus bemerkt dieses Problem im Dialog mit den Korinthern und entfaltet daher nun seine Theologie, genauer: er unterstreicht das, was man mit Erik Peterson (1890–1960) den „eschatologischen Vorbehalt" nennt.[41] Es geht ihm darum, den neuen Status der Christen (das „Schon") zusammenzudenken mit der im 1Thess herausgestrichenen Hoffnung bei der Parusie im Status des irdischen Lebens.

Sprachlich formuliert Paulus diesen „eschatologischen Vorbehalt" meist dadurch, dass er zum Futur wechselt für die noch ausstehende Hoffnung (so hier: werden wir leben/auferstehen). An wenigen einzelnen Stellen formuliert Paulus seinen eschatologischen Vorbehalt auch in anderer sprachlicher Form: etwa, wenn er dem momentanen „Glauben" das spätere „Schauen" gegenüberstellt (2Kor 5,7) oder unsere Erkenntnis und Prophetie als Stückwerk bezeichnet (1Kor 13,9).

41 Vgl. Theobald, Michael, Der Römerbrief, EdF 294, Darmstadt 2000, 232f.

Paulus hält mit seiner zeitlichen Differenzierung fest, dass das Wesentliche schon geschehen ist, trotzdem steht aber noch etwas aus. Konkret benennt Paulus den Vorbehalt im Zusammenhang der Auferstehungshoffnung, wenn er betont, dass der Tod ein Feind bleibt bis zuletzt (1Kor 15,20–28). Der Tod betrifft den fleischlichen Leib. Wenn der Tod überwunden sein wird, wird der fleischliche Leib verwandelt sein. Soweit bleibt der Leib bedeutsam, denn nur als Mensch aus Leib und Seele dienen wir Gott und den anderen Menschen.

Den zeitlichen Rahmen seiner Darstellung zwischen dem „jetzt schon/dann aber erst recht" deutet Paulus für den gegenwärtigen Status als ein gleichzeitiges Leben in beiden Sphären, die er aber unterschiedlich räumlich zuordnet. In der Gegenwart der/des Getauften wirkt der Geist Gottes *innen* (2Kor 4,16; Röm 12,2). Das Äußere des Menschen, sein Leib, kann nach *außen* wirken. Diese Außenwirkung ist allerdings nicht festgelegt. Sie kann zum Preise Gottes für andere (2Kor 5,6) ausschlagen, aber auch zum Unheil werden (1Kor 6). Mit seiner Bestimmung der von innen nach außen sich durchsetzenden Wirksphäre des Geistes meint Paulus: innen wirkt Gott, damit auch das Äußere verändert werde. Entsprechend problematisiert Paulus eine statische Aufteilung des Menschen in Leib und Seele.[42]

4. Die eschatologische Hoffnung des „mit Christus"-Seins bei Paulus

Für Paulus eröffnet zwar das Sein in Christus die neue Schöpfung (2Kor 5,17), aber wenn er vom Leben nach der Parusie spricht, redet er nicht mehr vom „in Christus"-Sein, sondern vom „mit Christus"-Sein. Dieses sprachliche Indiz verbietet, das „in Christus"-Sein eine eschatologische Be-

---

42 Vgl. Heckel, Theo K., Body and Soul in Saint Paul, in: Wright, John P./Potter, Paul (Hg.), Psyche and Soma. Physicians and Metaphysicians on the Mind-Body Problem from Antiquity to Enlightenment, Oxford 2000, 117–131.

zeichnung zu nennen. Vielmehr löst das „in Christus"-Sein bei Paulus im Eschaton ein „mit Christus"-Sein ab.[43] Die veränderte Partikel deutet einen veränderten Bezug zu Christus an. Das „Durchdringen" mit dem Kraftfeld Christi drückt Paulus in beiden Richtungen mit der Partikel „in" *(en)* aus. Im Eschaton erwartet Paulus den Bezug zu Christus als ein personales Gegenüber, ein Sehen von Angesicht zu Angesicht (1Kor 13,12) oder eben ein „mit Christus"-Sein. Das Bild von der eschatologischen Mahlgemeinschaft (Jes 25,6; äthHen 62,13f; Mt 8,11) mag hier prägend gewirkt haben, vielleicht auch die Sprache der Psalmen.[44]

Einzelaspekte der Gemeinschaft beginnen schon in der Gegenwart des Christen. Paulus formuliert diese Aspekte mit den bei ihm gehäuften Verbkomposita mit der Partikel „mit" *(syn)*: mitsterben, mitfreuen etc.[45] D. h. aber, die bei Paulus so häufigen Verbkomposita mit *„syn"* entsprechen dem „in Christus"-Sein, da sie zumeist das Mitleiden mit Jesus ausdrücken, das der Christ mit durchlebte (Aorist: Röm 6,4.6), gegenwärtig erlebt (Präsens: Röm 8,17; 2Kor 12,26; Phil 3,10; vgl. 2Kor 7,3) und das resultativ aus der Vergangenheit seine Gegenwart prägt (gr. Perfekt: Gal 2,19; Röm 6,5). Manchmal blicken solche Verbkomposita auf zukünftige Erwartungen (Futur: Röm 6,8; Aorist Konjunktiv Röm 8,17fin).

Im Eschaton bleibt eine personale Existenz erhalten, daher redet Paulus vom „mit Christus"-Sein. Wieweit Paulus damit eine sozial gegliederte Erwartung annimmt, ist schwer zu sagen. Immerhin erwartet auch er eine „Basileia", ein Königreich. Das Bild einer reich gegliederten Stadt allerdings

43 1Thess 4,14.17; 5,10; Phil 1,23; 2Kor 4,14; 13,4; Röm 8,32; Röm 6,8b; vgl. Aor. Konj. plus *„syn"*-Verb: Röm 8,17; Phil 3,21. Dazu: Grundmann, Walter, Art. *„syn"*, ThWNT 7 (1964), 766–798, bes. 780–792; Elliger, Winfried, Art. *syn*, EWNT 3 (1983, [2]1992), 697–699. Besonders klar: Conzelmann, Hans, Grundriß der Theologie des Neuen Testaments, Tübingen [6]1997, 235, gegen Schnelle, Gerechtigkeit (Anm. 19), 231 Anm. 76.

44 Vgl. Ps 16,11; LXX: 15,11, vgl. Grundmann, ThWNT 7 (Anm. 43), 779f.

45 Dazu z. B. Grundmann, a. a. O., 786f; Elliger, a. a. O., 699.

hat Paulus selbst noch nicht entwickelt, vielleicht mit der Rede vom „oberen Jerusalem" (Gal 4,26) allerdings impliziert. Es liegt freilich auf seiner Linie, die individuelle Eigenheit im kollektiven Gemeinsamen zu wahren, wenn die Offenbarung und der Hebräerbrief mit dem Bild vom himmlischen Jerusalem die sozial gegliederte Gemeinschaft auch für das Eschaton festhalten.

5. Identität Gottes und die Verheißung für Israel (Röm 9–11)

Im Brief an die Römer, um 56 n. Chr. geschrieben, fragt Paulus nach der gegenwärtigen und zukünftigen Bedeutung der Erwählung Israels, vor allem in Röm 9–11. Paulus entfaltet hier eine eschatologische Identität Israels aus Juden und Heiden über das Modell einer Völkerwallfahrt zum Zion. Das biblische Motiv von der Völkerwallfahrt zum Zion (etwa Jes 2,1–4; Mi 4,1–3) sah vor, dass am Ende der Zeiten auch die nichtisraelitischen Völker sich zum Zion, also nach Jerusalem aufmachen, um von hier Weisung zu erfahren.

Paulus versteht sich als Gehilfe dieser Völkerwallfahrt zum Zion. Mit seiner Mission treibt er gleichsam die Fülle der Heiden zum Zion (Röm 11,25). Das Ende der Zeiten wird der wiederkehrende Christus („Parusiechristus") einleiten. Erst der Parusiechristus wird das Verharren im Unglauben der überwiegenden Mehrzahl der Israeliten aufheben (Röm 11,26–32). Paulus denkt dabei wohl an eine direkte Berufung seiner Volksgenossen, wie sie ihm bei seiner Berufung zum Apostel individuell zuteil wurde.[46]

Diese eschatologische Rettung ganz Israels impliziert, dass Paulus keine innerweltliche Mission an seinen Volksgenossen propagiert. Die eschatologische Rettung impliziert aber auch, dass nach Paulus *vor* dem Eschaton das Gegenüber von Juden und Christen bestehen bleibt. Natürlich hat Paulus, auch als er den Römerbrief schrieb, nicht an viele Jahre

46 So mit Hofius heute zumeist, vgl. Theobald, Römerbrief (Anm. 41), 276–282.

gedacht, während derer dieser Zustand bleiben sollte. Aber seine Sicht fixiert die Schar der Christusgläubigen als eigene Größe in der Gegenwart der noch nicht erlösten Welt. So ermöglicht die sprachliche Vorgabe des Apostels Paulus mit seiner Rede vom „in Christus"-Sein, die Eigenständigkeit der Christen festzuhalten. Mit dieser Vorgabe stehen bald „Christen" und „Juden" als eigenständig bestimmte Gruppen gegenüber.

IV. Die christliche Identität in der Paulusschule (Kol/Eph)

Die Briefe an die Kolosser und Epheser sind durch paulinische Theologie geprägt, sie sind aber nicht vom Apostel selbst verfasst worden. Beide Briefe dürften nach dem Tod des Apostels geschrieben worden sein, der Kolosserbrief vielleicht noch vor dem ersten Jüdischen Krieg (66–70 n. Chr.), der Epheserbrief vor dem Ende des 1. Jh. Diese Deuteropaulinen verbindet vielfältig Wortschatz und Denkart mit dem Apostel, sie werden daher einer „Paulusschule" zugesprochen. Beide Briefe kennen mehrere Homologumena.[47] Und doch verändern gerade die Paulusschüler, denen wir den Kolosser- und den Epheserbrief verdanken, die Aussagen zur christlichen Identität gegenüber ihrem Lehrer Paulus.

1. Die weltweite christliche Identität im Kolosserbrief

Im Kolosserbrief tritt spürbar der zeitliche Bezugsrahmen des „in Christus"-Seins zurück. Dies erklärt sich durch die besondere Problemlage, in die der Paulusschüler schreibt, dem wir den Kolosserbrief verdanken. Der Verfasser setzt sich mit „Gegnern" auseinander, die sich Hilfen suchen, um das Heil zu sichern. Diese Gegner rufen z. B. Zwischenmäch-

47 In die Forschung führt gut ein: Scholtissek, Klaus, in: ders. (Hg.), Christologie in der Paulus-Schule, SBB 181, Stuttgart 2000, 11–36.

te an, etwa Engel (2,18), und beachten auch bestimmte Festzeiten genau.

Der Verfasser des Kolosserbriefs betont dagegen den Geschenkcharakter des vollständigen Heils. Es ist keine Zwischenmacht zur Hilfe nötig. Dazu arbeitet der Kolosserbrief die Präsenz des Heils heraus und widerspricht dabei den Formulierungen des Paulus, mit denen dieser seinen eschatologischen Vorbehalt unterstrich. Im Kolosserbrief heißt es: Ihr *seid* mit auferweckt (2,13; 3,1), während Paulus hervorhob: Wir werden auferweckt werden.

Der Kolosserbrief übergeht den zeitlichen eschatologischen Vorbehalt des Paulus, weil dieser die Gegner darin bestärkt hätte, sich durch Anrufung von Zwischenmächten o. ä. das Heil erst noch zu sichern. Die Sache des eschatologischen Vorbehalts gibt der Kolosserbrief dabei aber nicht auf, er verwandelt nur den zeitlichen eschatologischen Vorbehalt in einen räumlichen Vorbehalt. Daher heißt es, das Heil habe sich noch nicht überall durchgesetzt, es ist gegenwärtig noch nur „oben" (3,1–4); von dort her breitet es sich aus.

In dieser Linie setzt der Kolosserbrief auch einen neuen Akzent in der Ekklesiologie. Er betont die christologischen Vorgaben für die „Kirche" und bindet sie denkbar eng an den Auferstandenen, indem er sie als den Leib Christi bezeichnet (z. B. 1,24). Anders als Paulus ist für den Kolosserbrief die Ekklesia dadurch zunächst die eine weltweite Kirche. Der Leib Christi soll die ganze Welt durchdringen. Kirche und Christus werden als Leib und Haupt des Leibes miteinander verbunden und verschränkt. Diese Verschränkung findet sich so nicht bei Paulus. Statt der einen Ortsgemeinde, die bei Paulus den Leib Christi repräsentiert, steht nun die weltweite Kirche in Verbindung zum Auferstandenen. Die örtliche Suffizienz des Leibes bei Paulus wird nun erst durch die weltweite Kirche erreicht.

Die geschichtliche Linie der Verheißung, mit der sich Paulus Zeit seines Lebens auseinander setzte, thematisiert der Kolosserbrief nicht. In gewisser Weise nimmt er so ein Ergebnis der paulinischen Lösung von Röm 11 auf. Wenn denn erst der Parusiechristus sein Volk erlösen wird, braucht der mit der objektiven Gegenwart des Heils befasste Kolosserbrief dieses Thema nicht eigens aufzunehmen. Anders als Paulus selbst leidet freilich der Verfasser des Briefes nicht darunter, dass die Mehrzahl der Juden den Herrn gegenwärtig ablehnt.

2. *Die weltweite christliche Identität im Epheserbrief*

Der Epheserbrief verwendet u. a. den Kolosserbrief als literarische Vorlage für sein eigenes Schreiben. Er müht sich wie seine Vorlage, die zeitlos objektive Seite des Christusgeschehens darzustellen. Wie der Kolosser- untergräbt der Epheserbrief auch den zeitlichen eschatologischen Vorbehalt des Paulus, wenn er im Aorist davon spricht, dass wir „mit Christus zum Leben erweckt wurden" (Eph 2,5). Der Epheserbrief gliedert die Kirche ein in das „Mysterium" des oberen göttlichen Bereichs. Soweit ersetzt er, ähnlich wie der Kolosserbrief, zeitliche durch räumliche Kategorien. Sein Interesse gilt dabei der dynamischen Durchsetzung der „Fülle" Gottes in der Welt.

Das große Anliegen des Epheserbriefs ist die Einheit der weltweiten Kirche. Die ökumenische Ausrichtung zeigt sich auch bei der Vokabel für „Gemeinde" *(ekklêsia)*, die der Brief durchgängig auf die eine weltweite Kirche bezieht. So ist diese Größe für ihn eine eigenständige Größe, die der Epheserbrief dem Judentum bereits gegenüberstellen kann.

Der Verfasser nimmt das paulinische Thema „Juden und Heiden" zwar auf, aber er ebnet auch den Weg zur Israelvergessenheit der späteren Kirche. Er macht nämlich aus dem *Lebensthema* des Apostels ein *Bild* für die Einheit. Es geht ihm nicht mehr – wie einst dem Paulus – um das Problem des Bundes zwischen Gott und Israel, sondern nur noch um die Einheit der christlichen Gemeinde. Dazu wählt er das ihm durch Paulus überlieferte Bild. Der Epheserbrief beschwört die Einheit der Kirche aus Judenchristen und Heidenchristen. Das Schicksal der nicht christusgläubigen Juden erkennt er nicht einmal als Problem. So erweist der Brief, gerade weil er das paulinisch klingende Problem aufnimmt, wie weit für ihn die Problematik von Röm 9–11 entfernt liegt.[48] Damit teilt er letztlich die Israelvergessenheit der Paulusschule wie der übrigen Theologie. Die Identität der Menschen „in Christus“ knüpft nicht mehr an die Erwählung des Volkes Israel an. Entsprechend werden nun die Christen auch als eigenständige Gruppe neben den Juden erkannt.

V. Ertrag: Die Bedeutung des Paulus für die christliche Identitätsfindung

Paulus gibt mit seiner Bezeichnung des „in Christus“-Seins eine Begrifflichkeit vor, mit der die Christen in ihrer Eigenart auch gegenüber den nicht an Christus glaubenden Juden bezeichnet werden können. Er kann so die Identität der Christen benennen, bevor der Begriff „Christen“ geprägt ist. Bis die eigene Identität der Christen gegenüber den Juden allgemein bewusst wurde, sind lange Trennungsprozesse zu durchlaufen gewesen.[49] Erst im zweiten Jahrhundert dürften diese Identitätsprozesse abgeschlossen worden sein. Die paulinische Rede vom „in Christus“-Sein gibt diesem langen Prozess schon früh die kategorialen Vorgaben, in denen mit zum Teil erheblicher zeitlicher Verzögerung die Differenz der christlichen Gruppe gegenüber dem Judentum erfasst werden konnte. Christsein bedeutet, in der Wirksphäre des auferstandenen Christus zu leben.

Soweit hält noch Paulus den relationalen Charakter der christlichen Identität fest. Wenn wir uns als Christen definieren wollen, ohne vom auferstandenen Christus oder von Gott zu reden, werden wir den Blick für das wesentliche Moment unserer Identität verlieren. Diese Identität bekommen wir zugesprochen. Diese Identität spricht uns letztlich derselbe Gott zu, der Israel erwählte und erlösen wird. Dies

48 Dazu ausführlich Heckel, Theo K., Juden und Heiden im Epheserbrief, in: Karrer, Martin u. a. (Hg.), Kirche und Volk Gottes, FS Jürgen Roloff, Neukirchen-Vluyn 2000, 176–194.

49 Dazu: Wander, Bernd, Trennungsprozesse zwischen Frühem Christentum und Judentum im 1. Jh. n. Chr., TANZ 16, Tübingen [2]1997; Lieu, Identity (Anm. 3), passim.

war das Herzensanliegen des Paulus, das bereits seine Schüler aus den Augen verloren. Über Gott haben wir eine Erwählungsverwandschaft mit den Juden, die uns zwingt, unsere eigenständige Identitätsfindung gegenüber dem Judentum zeitlich zu begrenzen. Wir werden einst „mit Christus“ sein. Also werden wir einst mit diesem wie mit allen anderen Juden leben, die Gott erwählte.

Christliche Identität im Plural

Ein neutestamentlicher Vergleich gemeindlicher Selbstverständnisse

Stefan Scholz

In diesem Beitrag werde ich drei verschiedene neutestamentliche Gemeindekonzepte danach befragen, welche Identitäten sie für ihre Trägerkreise bereitstellen und dadurch ihre Anhängerschaft an sich binden. Dies sind die Evangelien von Matthäus und Johannes sowie die Pastoralbriefe. Vorausblickend kann ich sagen, dass diese Schriften recht unterschiedliche Deutungen dessen geben, was christliche Identität ausmacht. Der Blick in das Neue Testament bietet uns also kein homogenes Programm christlicher Identität, sondern zeigt, wie in den urchristlichen Anfängen christliche Identität an partikulare Vorgaben gebunden war, die sich in Ergänzung, Konkurrenz und gegenseitiger Ausschließung begegneten.

Bevor ich die Gemeindekonzepte des Matthäusevangeliums, des Johannesevangeliums und der Pastoralbriefe mit ihren jeweiligen Identitätsvorgaben darstellen kann, ist es notwendig, den hermeneutischen Weg und die Vorentscheidungen meines Ansatzes zu erklären und auf alternative Möglichkeiten einer neutestamentlichen Annäherung an das Identitätsthema aufmerksam zu machen.

I. Hermeneutische Aspekte zur Rekonstruktion neutestamentlicher Identitäten

Ich verstehe *Identität* hier als einen Pool von Anschauungen, Werten, Normen und Hoffnungen, die in elementarer Weise das Denken und das Verhalten von Menschen bestimmen und dadurch ihr Selbstverständnis konstituieren. Identität antwortet auf die Frage: „Wer bin ich?“[1]

Der Prozess der Identitätsformung kann von zwei Seiten aus beschrieben werden: Geht man vom autonomen Subjekt aus, das selbsttätig und in Freiheit seine individuelle Identität konstruiert, dann kann die Identitätsformung nur durch einen willentlichen Selbstanschluss, d. h. eine aktive Referenz, an bestehende Identitätsangebote oder durch die kreative Schaffung einer eigenen Identitätskonzeption erfolgen. Ich nenne dies die *aktive Identitätsformung*. In einem unversöhnlichen Gegensatz hierzu versteht der Determinismus idealtypisch die Identitätsformung des Subjekts in Abhängigkeit von vorgegebenen Identitätskonzepten, die heteronom auf das Individuum einwirken. Ich nenne dies die *passive Identitätsformung*. Dies Modell lässt in seiner strengen Form keinen Platz für freie Entscheidungen, sondern sieht das Subjekt von einer Macht oder verschiedenen Kräften geformt, die auf das Individuum einwirken und seine Identität konstituieren.

Ich beziehe mich in diesem Beitrag auf das Modell der passiven Identitätsformung und werde dies kurz begründen. Wir nähern uns damit bereits in einem ersten Schritt der Frage an, wie überhaupt Identität historisch-neutestamentlich darstellbar ist.

Die kulturanthropologische Forschung zum Neuen Testament[2] hat deutlich gemacht, dass der Mensch im großkultu-

1 Keupp, Heiner/Höfer, Renate, Vorwort, in: dies., Identitätsarbeit heute. Klassische und aktuelle Perspektiven der Identitätsforschung, stw 1299, Frankfurt/M. 1997, 7–10, 7; vgl. auch die Identitätsvorstellungen der anderen Beiträge in diesem Band.

2 Die Kulturanthropologie untersucht, welche Vorstellungen, Riten und Verhaltenscodices das Denken und Handeln der Menschen bestimmen, die an einem spezifischen Kultursystem partizipieren. Der soziokulturelle Kontext wird dabei vor allem als symbolisch verinnerlichte Norm interpretiert, vgl. zur Kulturanthropologie Vivelo, Frank R., Handbuch Kulturanthropologie. Eine grundlegende Einführung, München 1988. – Zur neutestamentlichen Kulturanthropologie siehe besonders Malina, Bruce J., Die Welt des Neuen Testaments. Kulturanthropologische Einsichten, Stuttgart u. a. [2]1993.

rellen Kontext der mediterranen Antike, also dem Entstehungsraum der neutestamentlichen Texte, nicht als abgegrenztes und autonomes Individuum verstanden wurde, das eigenständig „nach außen“ in Kommunikation tritt, sei es mit seinen Mitmenschen, mit der Natur oder mit den Göttern. Vielmehr wurde der Mensch in der mediterranen Antike vornehmlich als dyadisches Wesen (griechisch *dyos*: zwei/zweifach) gedacht, dessen Identität erst durch Vernetzungen mit den Sozial- und Symbolsystemen geschaffen wird, in denen er sich bewegt oder bewegt wird, und die neben der sichtbaren auch die unsichtbare Welt umfassen.[3] Das Modell der passiven Identitätsformung trägt dieser Beobachtung m. E. besser Rechnung als das Modell der aktiven Identitätsformung. Denn die Identität des mediterran-antiken Menschen ist vor allem durch Rollenzuweisungen, schichtspezifische Verhaltensmuster und vorgegebene Handlungsabläufe bestimmt.[4] Diese Sicht darf allerdings nicht zu schematisch und apodiktisch interpretiert werden. Sie trifft vielmehr ein generelles Verständnis des mediterran-antiken Menschen, welches für aktive Selbst-Konstituierungsprozesse durchlässig bleibt.[5]

Identitäten, wie ich sie hier verstehe, sind den Individuen aufgrund gesamt- und partikulargesellschaftlicher Strukturen, Regelwerke, Traditionen etc. vorgegeben, bemächtigen sich der einzelnen Subjekte und konstituieren dadurch deren Selbstverständnis.

---

3 Im Gegensatz zum – idealiter – individuell-autonomen Subjekt der Neuzeit und Moderne konstituiert sich die Identität des dyadischen Wesens stets in der Relation zu etwas oder jemand anderen. „Diese Person wird sich immer als in Wechselbeziehung mit anderen stehend begreifen, während sie gleichzeitig eine bestimmte soziale Position einnimmt und zwar sowohl horizontal (mit anderen, die den gleichen Status haben, vom Zentrum hin zur Peripherie) als auch vertikal (mit anderen, die sozial über und unter ihr stehen)“ (Malina, Die Welt des Neuen Testaments [Anm. 2], 71).

4 Bruce Malina veranschaulicht dies grundlegend anhand der Einbindung des antik-mediterranen Menschen in die Ehre-Scham-Beziehung, vgl. Malina, Die Welt des Neuen Testaments (Anm. 2), 40–66.

5 Michel Foucault fasst die Momente antiker Selbstkonstituierung als „enkráteia“ zusammen, vgl. Foucault, Der Gebrauch der Lüste. Sexualität und Wahrheit II, stw 717, Frankfurt/M. 1989, 84–103.

Wer oder was produziert im Neuen Testament nun christliche Identitäten? Nahe liegend könnte ein erster Zugang über das Christus-Ereignis versucht werden. Die Evangelien *erzählen* von Jesus Christus.[6] Es ist die Geschichte eines Helden oder Anti-Helden, dessen Leben, Tod und Auferweckung zu einer neuen Identität für die Christus-Anhängerschaft führte. Paulus *deutet* in seinen Briefen Christus als Befreiung von Sünde, Schuld und Tod. Christus bildet gleichsam den Angelpunkt, von dem aus Paulus ein christliches Leben der Versöhnung, der Gotteskindschaft und der Freiheit entwirft. Und die weiteren Schriften des Neuen Testaments, seien es die Apostelgeschichte, die katholischen Briefe oder die Johannesoffenbarung, sind direkt oder über verschlungene Pfade mit der narrativen und argumentierenden Christusinterpretation der Evangelien und des Paulus verbunden. Christus, als Jesus von Nazareth ebenso wie als Sohn Gottes, bildet im Neuen Testament das Grundmoment christlicher Identitätsformung. Wer ich bin, lässt sich in einer sehr allgemeinen Form daher neutestamentlich als erstes durch die Christus-Teilhabe bestimmen.

Zugleich ist die „Christus-Chiffre“ nicht vielmehr als ein „umbrella-term“, d. h. ein Platzhalter oder Integrationsmoment für ganz vielseitige und durchaus widerstreitende Anschauungen. Unterschiedliche neutestamentliche Konzepte schreiben ihr partikulares Verständnis des Christus-Ereignisses inklusive seiner Implikationen für die jeweils eigene Christus-Anhängerschaft fest.[7] Der matthäische Christus ist nicht mit dem paulinischen Christus identisch, der markini-

---

6 Vgl. zum Zusammenhang von Erzählen und kollektiver Identitätsstiftung Müller Funk, Wolfgang, Die Kultur und ihre Narrative. Eine Einführung, Frankfurt/M./New York 2002, 14: „Zweifelsohne sind es die Erzählungen, die kollektiven, nationalen Gedächtnissen zugrunde liegen und Politiken der Identität bzw. Differenz konstituieren. Kulturen sind immer auch als Erzählgemeinschaften anzusehen, die sich gerade im Hinblick auf ihr narratives Reservoir unterscheiden.“

7 Dies hat Ernst Käsemann überzeugend vor Augen geführt; vgl. Käsemann, Begründet der neutestamentliche Kanon die Einheit der Kirchen?, in: ders., Exegetische Versuche und Besinnungen 1, Göttingen 1960, 214–223.

sche nicht mit dem johanneischen u.s.w. Das Christus-Ereignis liegt uns nicht anders denn als erzählte und gedeutete Erinnerungen vor,[8] welche neutestamentlich als Basis und Argument christlicher Lebensentwürfe fungierten. Orte solch erzählter und gedeuteter Erinnerungen[9] sind die kollektiven Zusammenschlüsse, welche sich als gemeinschaftliche Strukturen der Christus-Gruppen organisierten. Die kulturanthropologische Sicht des Menschen als dyadisches Wesen lenkt die Aufmerksamkeit auf diese sozialen Einbindungen. Ich formuliere daher nun anhand des Modells der passiven Identitätsformung:

Der christusgläubige Mensch der neutestamentlichen Zeit erhält durch die textlichen Vorgaben der neutestamentlichen Gemeinden seine (partikular-)christliche Identität. Er empfängt von ihnen normierende Antworten auf seine Frage: „Wer bin ich?“.

Dieser spezifische Zugang zu neutestamentlichen Identitätskonzepten schließt andere Zugänge aus: Ich versuche hier nicht, die Identität Jesu, sein Selbst- und Gottesbewusstsein zu beschreiben.[10] Ebenso untersuche ich nicht die Identität einer konkreten neutestamentlichen Einzelperson, etwa die Identität des Paulus.[11] Mein Zugang ist literatursoziologischer Art, indem ich neutestamentliche Gemeinden anhand ihrer textlichen Programmschriften als Orte der Identitätsformung in Blick nehme und danach befrage, mit welchen Identitätskonzepten sie ihre Anhängerschaft ausstatteten.[12]

---

8 Vgl. Dunn, James D. G., Jesus Remembered, 2 Bd., Grand Rapids (MI)/ Cambridge 2003.

9 Siehe einführend zur kulturellen Gedächtnisforschung Assmann, Aleida, Mnemosyne. Formen und Funktionen der kulturellen Erinnerung, Frankfurt/M. 1991.

10 Siehe hierzu Conzelmann, Hans/Lindemann, Andreas, Arbeitsbuch zum Neuen Testament, UTB 52, Tübingen [12]1998, 487–496.

11 Vgl. Becker, Eve-Marie, Die Person des Paulus, in: Wischmeyer, Oda (Hg.), Paulus. Leben – Umwelt – Werk – Briefe, UTB 2767, Tübingen 2006, 107–119.

12 Vgl. Garleff, Gunnar, Urchristliche Identität in Matthäusevangelium, Didache und Jakobusbrief, BVB 9, Münster 2004, 26–47. – Zur soziologischen Kritik subjektorientierter Identitätskonzepte siehe Bolay, Eberhard/Trieb, Bernhard, Verkehrte Subjektivität. Kritik der indivi-

Ich kann hier nicht auf die neutestamentlichen Schriften und ihre Gemeindebilder insgesamt eingehen,[13] sondern wähle drei profilierte Konzeptionen aus. Dies sind das Matthäusevangelium, das Johannesevangelium und die Pastoralbriefe. Sie formulieren nicht nur ihre gedeutete Botschaft des Christus-Ereignisses, sondern in ihnen finden sich auch zahlreiche Hinweise, wie sie Christ-Sein interpretieren und welche Auswirkungen dies für die einzelnen hat. Ich nehme die Texte in ihrer Endgestalt wahr und übergehe Fragen des Entstehungsprozesses, z. B. literarkritische Probleme,[14] d. h. ich lese die drei Schriften so, wie sie in den Gemeinden als fertig gestellte Texte gelesen und zur kollektiven Identitätsformung[15] eingesetzt werden konnten.[16]

In fünf Schritten versuche ich eine Annäherung an die jeweiligen Identitätskonzeptionen:

a) Wie wird das Verhältnis zur *außergemeindlichen Umwelt* beschrieben?
b) Wie wird die *Verbindung zwischen Christus und den Gemeindegliedern* vorgestellt?
c) Welches *gemeinschaftliche Selbstverständnis* leitet die Identitätsformung?
d) Wie wird die *gemeindliche Frömmigkeit* als Leitbild christlicher Lebenspraxis entfaltet?
e) Welche *Leitfiguren* werden als autorisierte und identitätsbildende Typen eingeführt?

---

duellen Ich-Identität, Frankfurt/M./New York 1988, besonders 223–230.

13 Ich verweise auf die vorzügliche Studie: Roloff, Jürgen, Die Kirche im Neuen Testament, GNT 10, Göttingen 1993.

14 Hierzu zählen vor allem die evtl. Umstellungen und Wachstumsstadien in Joh und die Verflechtung von Mt mit Mk und Q.

15 Zum Begriff der kollektiven Identität vgl. Assmann, Jan, Das kulturelle Gedächtnis. Schrift, Erinnerung und politische Identität in frühen Hochkulturen, München [3]2000, 132 und 144–160.

16 Auf die intertextuellen Bezüge, insbesondere zwischen Joh und den Johannesbriefen sowie zwischen den Past und den orthonymen paulinischen Schriften, kann ich nur ansatzweise eingehen.

II. Gemeindliche Identitätsbildung durch das Matthäusevangelium

„Wer bin ich als Mitglied der matthäischen Gemeinde – welche Identität spricht mir das Matthäusevangelium als Mitglied seiner Gemeinde zu?“

a) Die kulturelle Matrix des Matthäus ist das Juden(christen)tum.[17] Daher sind jüdische Denkschemata nicht nur für die Formung seines Evangeliums konstitutiv, sondern auch von erheblicher Wirkung für seine Prägung christlicher Identität. Bereits zu Beginn des Evangeliums wird der kulturell jüdische Kontext einsehbar. Matthäus beginnt mit einem Stammbaum, der von Abraham über David und die babylonische Gefangenschaft zu Jesus führt (1,1–17). Die Kontinuität mit Israel wird somit an exponierter Stelle im Evangelium festgeschrieben. Eine analoge Funktion haben die zahlreichen Erfüllungszitate.[18] Für das matthäische Verständnis des Christus-Glaubens behält das Gesetz eine zentrale Stellung (5,17), wenngleich Jesus als vollmächtige Auslegungsinstanz gezeichnet (5,21–48) und gemeinsam mit Johannes als Erfüllung des Gesetzes skizziert (3,15) wird. Weiter modifiziert und elementarisiert Matthäus die jüdische Toraobservanz: Gefordert wird die ‚bessere‘ Gerechtigkeit (5,20), und das Gesetz wird in der Goldenen Regel zusammengefasst (7,12).

Trotz der intensiven Verortung des Christusglaubens im Judentum erscheinen die Juden selbst mehrheitlich als disqualifizierte Gruppe. Die Identität der Matthäusgemeinde definiert sich deutlich in ihrer Differenz zum (offiziellen) Judentum. Mit einem Jesaja-Zitat wird die Gottesferne des Volkes ausgesprochen (15,8f). Ebenso überzieht der matthäische Jesus die Städte Galiläas mit Wehe-Rufen und Jerusalem mit Klagen (11,20–24 und 23,37–39). Die Distanzie-

17 Luz, Ulrich, Das Evangelium nach Matthäus (Mt 1–7), EKK I/1, Neukirchen-Vluyn u. a. [5]2002, 84–99.

18 Z. B. 1,22f; 2,15.17f.23; 4,14–16. Zu den Erfüllungszitaten vgl. den ausführlichen Exkurs bei Luz (Anm. 17), 189–199.

rung gipfelt schließlich in der Pilatusszene, in der das Volk bei seiner Votierung für Barabbas ruft: „Sein Blut komme über uns und unsere Kinder“ und sich somit selbst verflucht (27,25).[19]

Matthäus zeigt in narrativer Form, warum die gegenwärtige Gemeinde nicht auf Israel beschränkt sein kann.[20] Da Israel sich mehrheitlich selbst vom Christus-Heil ausgeschlossen hatte, weitete der matthäische Jesus die Verkündigung auf alle Völker aus. Deutlich ausgesprochen wird diese Universalisierung des Christusglaubens allerdings erst in der Schlussszene.[21] Im Missionsbefehl wird den Jüngern vom Auferstandenen aufgetragen: „Mir ist gegeben alle Macht im Himmel und auf Erden. Darum gehet hin und machet zu Jüngern alle Völker“ (28,18.19a).

Christliche Identität behält ihre kulturelle Basis im Judentum, öffnet sich allerdings für die Heiden, wofür die Disqualifizierung der nicht-christlichen Juden erzählstrategisch von grundlegender Bedeutung ist.[22]

b) Der Weg zu Gott führt nach dem Verständnis des Matthäus ausschließlich über Christus (11,27),[23] und der wichtigste Schlüsselbegriff für die gegenwärtige Teilhabe an Christus ist der der Nachfolge. Wiederum liefert der Missionsbefehl am Ende des Evangeliums hierfür die Verste-

---

19 Vgl. Haacker, Klaus, „Sein Blut komme über uns“. Erwägungen zu Matthäus 27,25, in: KuI 1, 1986, 47–50.

20 Die Bewegung von den Juden zu den Heiden klingt bereits in der Episode von den Magiern aus dem Osten proleptisch an (Mt 2,1–12); vgl. Luz (Anm. 17), 156–178.

21 Mt 24,3–15 deutet allerdings bereits als endzeitliches Vorzeichen an, dass das Evangelium vom Reich der ganzen Welt und allen Völkern gepredigt werden wird; vgl. auch Mt 26,13.

22 Vgl. Roloff, Kirche (Anm. 13), 151: „Das Mit-Sein Gottes mit seinem erwählten Volk [= Israel] in Jesus erweist sich als die Krise, die dieses Volk nicht bestanden hat.“ Roloff warnt jedoch vor den nahe liegenden Interpretationen, dies als Enterbung Israels zu verstehen: „Mag sich diese Konsequenz auch aus dem Duktus seiner Darstellung nahe legen, so ist andererseits festzustellen, daß er selbst sie unausgesprochen läßt“ (ebd.).

23 Ebenso Mt 12,30.

hensgrundlage: „Taufet sie auf den Namen des Vaters und des Sohnes und des heiligen Geistes und lehret sie halten alles, was ich euch befohlen habe" (28,19b.20). Die Nachfolge als normative Identität der Jüngerschaft realisiert sich somit in der Observanz der Gebote Jesu. Soteriologie und Ethik bilden eine untrennbare Einheit, und Matthäus lässt – im Gegensatz zu den zahlreichen wirkungsgeschichtlichen Deutungen z. B. der Bergpredigt[24] – keinen Zweifel daran, dass er die Weisungen Jesu nicht nur für erfüllbar hält, sondern dies auch von den Gemeindegliedern erwartet.[25] Die Nachfolge schließt die Möglichkeit von Verfolgungen und Verurteilungen mit ein (10,17–19) und kann sich zu einem „entweder – oder" im Aufruf zum furchtlosen Bekenntnis steigern: „Fürchtet euch nicht vor denen, die den Leib töten, doch die Seele nicht töten können; fürchtet euch aber viel mehr vor dem, der Leib und Seele verderben kann in der Hölle" (10,28).

Die Radikalität der Nachfolgeforderungen zeigt sich besonders deutlich innerhalb der Themenkomplexe Besitz und Familie: Die Nachfolge Jesu nötigt zur Armut. Die Erzählung vom reichen Jüngling (19,16–26) wird durch den Ausspruch pointiert, „es ist leichter, dass ein Kamel durch ein Nadelöhr gehe, als dass ein Reicher ins Reich Gottes komme" (V. 24). Ebenso konkretisiert sich die Nachfolge in einer a-familiaren Haltung,[26] mit welcher der matthäische Jesus auf die Bitte eines Jüngers, der noch seinen Vater begraben möchte, antwortet „Folge mir nach; lass die Toten ihre Toten begraben" (8,22). Die familiäre Einbindung kann als Konkurrenz zur Jesusnachfolge verstanden werden: „Wer Vater oder Mutter mehr liebt als mich, der ist meiner nicht wert; und wer Sohn oder Tochter mehr liebt als mich, der ist meiner nicht wert.

24 Siehe Weder, Hans, Die „Rede der Reden". Eine Auslegung der Bergpredigt heute, Zürich 1985, 17–30.

25 Roloff, Kirche (Anm. 13), 158.

26 Zur soziologischen Verortung der a-familiaren Haltung im Urchristentum siehe Theißen, Gerd, Wanderradikalismus. Literatursoziologische Aspekte der Überlieferung von Worten Jesu im Urchristentum, in: ZThK 79, 1973, 245–271.

Und wer nicht sein Kreuz auf sich nimmt und folgt mir nach, der ist meiner nicht wert" (10,37f).[27] Diese kontrastgesellschaftliche Lebenshaltung erhält ihren christologischen Haftpunkt in Jesu Benennung seiner wahren Verwandten, die nicht mit den leiblichen Verwandten identisch sind (12,46–50). Das konventionelle Familienethos wird durch die Bindung an die wahre Christus-Gruppe ersetzt, die sich matthäisch durch das Tun des Vaterwillens konstituiert.[28]

Das elitäre – nicht der Allgemeingesellschaft zugehörende – Selbstbewusstsein der matthäischen Gemeinde zeigt sich beispielhaft in dem Diktum: „Ihr seid das Salz der Erde – ihr seid das Licht der Welt". Zugleich wird auch dieser Zuspruch mit dem Anspruch verbunden, gute Werke zu tun (5,13f).

Die matthäische Instruktion zur Feindesliebe (5,43–48) verdeutlicht, dass das gute Ethos keineswegs auf die eigene Glaubensgruppe beschränkt sein darf, sondern allen Menschen gilt.[29]

Christliche Identität basiert unverzichtbar auf dem guten Ethos, wie es durch den matthäischen Jesus letztgültig gelehrt worden ist. Die Nachfolge Jesu in Armut, Besitzverzicht, Leidensbereitschaft, möglichen Verfolgungen und Familienlosigkeit gilt als Ideal christlicher Lebensführung.[30]

c) Die Befolgung der Gebote Jesu und die Rettung durch Gott sind allerdings nicht deckungsgleich mit der real existierenden Anhängerschaft Christi. Zur Identität der matthäi-

---

27 Ähnlich Mt 16,24–28.

28 „Siehe da, das ist meine Mutter, und das sind meine Brüder! Denn wer den Willen meines Vaters im Himmel tut, der ist mir Bruder und Schwester und Mutter", Mt 12,49f.

29 Vgl. auch die Szene vom Weltgericht Mt 25,31–46.

30 Roloff liest die matthäische Konzeption stärker als Ausgleich zwischen dem radikalen Ethos der Wandercharismatiker und dem Familienethos der Sesshaften: „Die große literarische Leistung des Matthäus besteht in der Einarbeitung der Logienquelle in die von Markus vorstrukturierte erzählende Jesusüberlieferung. In ihr widerspiegelt sich in gewissem Sinn die Integration der Wanderradikalen in eine sesshaft gewordene Gemeinde samt den damit verbundenen Problemen" (Roloff, Kirche [Anm. 13], 147). Freilich sieht auch Roloff den Verfasser des Matthäusevangeliums dem Kreis der Wanderradikalen zugehörig.

schen Gemeinde gehört eben auch, dass sie ein *corpus permixtum*, d. h. eine Vermengung echter (guter) und falscher (böser) Christen ist.[31] Nicht alle, die „Herr, Herr" sagen, werden auch von Jesus bekannt (7,22f und 25,44). Neben der Vermengung in der eigenen Gemeinde kennt Matthäus vielleicht auch externe Konkurrenz-Gemeinden, welche seiner eigenen Vorstellung der Christusnachfolge zuwiderlaufen. Solch ein Hinweis könnte in der Gerichtsrede Kap. 24 vorliegen: Der matthäische Jesus warnt vor falschen „Christussen" und Menschen, die sagen „Siehe, hier ist der Christus! oder da!" (24,23f).

Christliche Identität hat etwas Uneindeutiges, ist nicht klar definierbar und bleibt auf die eschatologische Verifizierung angewiesen.

d) Die Frömmigkeit der matthäischen Gemeinde zeichnet sich durch eine eigentümliche Scheu vor der Öffentlichkeit aus. Die Verkündigung darf auf keinen Fall durch Prahlen und Selbstreferenzen pervertiert werden! Das Gebet soll in der Abgeschiedenheit der eigenen Kammer erfolgen (6,5–15). Dies schließt zwar gemeinschaftliches Beten keineswegs aus (18,19), unterbindet jedoch das demonstrative Gebet coram publico. Da sich die matthäische Frömmigkeit in Wort und Tat realisiert, findet sich auch eine entsprechende Anweisung für die Spendenpraxis: „Wenn du aber Almosen gibst, so lass deine linke Hand nicht wissen, was die rechte tut, damit dein Almosen verborgen bleibe; und dein Vater, der in das Verborgene sieht, wird dir's vergelten" (6,3f). Gleiches wird für das Fasten ausgesagt: „Wenn du aber fastest, so salbe dein Haupt und wasche dein Gesicht, damit du dich nicht vor den Leuten zeigst mit deinem Fasten, sondern vor deinem Vater, der im Verborgenen ist ..." (6,16–18).

Christliche Identität drängt nach einer Frömmigkeit, die nicht öffentlich zur Schau gestellt wird. Vielmehr soll sich ihre ethische und spirituelle Ausübung – im Gegensatz zur

---

31 Z. B. 7,21–23; 13,3–9 (?); 47–50 (?); 25,1–13. Anders 10,31: „Wer nun mich bekennt vor den Menschen, den will ich auch bekennen vor meinem himmlischen Vater."

Wortverkündigung – dem allgemeingesellschaftlichen Bewusstsein entziehen.

e) Die Person des Petrus bildet die gemeindliche Leitfigur des Matthäusevangeliums. Petrus ist der Fels, auf den Jesus seine Gemeinde bauen will (16,18). Bei der Berufung der zwölf Apostel wird Petrus als erster genannt (10,2), und wiederholt erscheint er als der Jünger, der eine Frage stellt oder Jesus zur Deutung eines Gleichnisses auffordert.[32] Dadurch verkörpert Petrus den idealen Schüler und Jesus-Jünger, der von Jesus unterwiesen und in die Nachfolge gestellt wird.[33]

Zugleich wird Petrus nicht all zu nah an Jesus herangerückt, und gewiss ist er keine Zwischeninstanz im Verhältnis von Jesus zur Gemeinde. Der Seewandel offenbart den Kleinglauben des Petrus (14,22–33), und das Verleugnungsmotiv realisiert die Möglichkeit des Scheiterns (26,30–35 und 69–75). Deutlich wendet sich 23,8 gegen eine hierarchische Kirche und votiert für eine Gemeinschaft von Brüdern: „Aber ihr sollt euch nicht Rabbi nennen lassen, denn einer ist euer Meister; ihr aber seid alle Brüder".[34]

Die Nachfolge wird somit direkt an Jesus gebunden, denn zu Jüngern sollen *alle* Völker gemacht werden (28,19). Es gibt keine Nachfolge Petri, sondern nur eine Nachfolge Jesu. Dies hat eminente Konsequenzen für die matthäische Gemeindekonzeption: Die Verkündigung ist allen Christusanhängern aufgetragen,[35] und ebenso obliegt die Gemeindezucht allgemein den Brüdern (18,15f). Das Mit-Sein Gottes bzw. Christi, wie es zu Beginn des Evangeliums in der Deutung des Immanuelnamens (1,23) und ganz am Schluss in der Beistandsverheißung (28,20) zum Ausdruck kommt, konkretisiert sich in der Gemeinderede an alle Mitglieder: „Wo zwei oder drei versammelt sind in meinem Namen, da bin ich mitten unter ihnen" (18,20).

---

32 Mt 15,15; 18,21; 19,27.

33 Vgl. Luz, Ulrich, Das Evangelium nach Matthäus (Mt 8–12), EKK I/2, Neukirchen-Vluyn u. a. [5]2002, 467–472.

34 Ebenso Mt 20,26f.

35 Vgl. noch einmal die Programmatik in Mt 28,16–20.

Christliche Identität versteht sich – wie im Vorbild der Gestalt des Petrus narrativ entfaltet – in einem unmittelbaren Zugang zu Jesus. Die Verbindung mit Jesus manifestiert sich als Nachfolge und Jüngerschaft, und die christliche Gemeinde organisiert sich als egalitäre Gemeinschaft.[36]

III. Gemeindliche Identitätsbildung durch das Johannesevangelium

„Wer bin ich als Mitglied der johanneischen Gemeinde – welche Identität spricht mir das Johannesevangelium als Mitglied seiner Gemeinde zu?"

a) Die christliche Identität der johanneischen Gemeinde speist sich aus einer ausgeprägten Distanzerfahrung zum offiziellen Judentum, und zugleich wird dieses Differenzbewusstsein in einen universalen Dualismus integriert, der zwischen Licht und Finsternis, Hass und Liebe, Unglaube und Erkenntnis scharf trennt.

Die Weigerung des Volkes, Jesus als Sohn Gottes zu bekennen, wird mit dem Propheten Jesaja als Verstockung gedeutet (12,37–43). Die Juden werden als „Kinder des Teufels" angesprochen und mit Lüge und Mord in Verbindung gebracht (8,37–47).[37] Trotz dieses negativen Blicks auf die Juden hält sich auch im Bewusstsein der johanneischen Gemeinde, dass „das Heil [...] von den Juden" kommt (4,22). Ebenso kann anhand der Gestalt des Pharisäers Nikodemus beispielhaft gezeigt werden, wie sich jüdische Gelehrte interessiert – wenngleich heimlich – Jesus zuwendeten (3,1–21).

Viel entscheidender als die mehrheitlich polemische Sicht der Juden ist die generell-negative Einschätzung der Welt. Sie

---

36 Vgl. zur Identität der matthäischen Gemeinde Garleff, Identität (Anm. 12), 48–88, besonders 75f.

37 Die Tötungsabsicht Jesu wird den Juden generell auch in 5,18 zugesprochen. – Zum Antijudaismus des Johannesevangeliums vgl. Attridge, Harold W., Art. Johannesevangelium, in: RGG[4] IV, Tübingen 2001, 552–562, besonders 556f.

steht dem Christusglauben – trotz der Relation Schöpfer/Schöpfung – ablehnend bis feindlich gegenüber. Programmatisch wird dies im Prolog eingeführt: „Er war in der Welt, und die Welt ist durch ihn geworden, aber die Welt nahm ihn nicht auf. Er kam in sein Eigentum, aber die Seinen nahmen ihn nicht auf“ (1,10f). In der Abschiedsrede spricht Jesus ausführlich und ganz allgemein vom Hass der Welt (15,18–16,4). Zwar erwähnt Johannes in diesem Zusammenhang auch den Ausschluss aus den Synagogen,[38] der Terminus „Kosmos“ (15,18) schließt jedoch eine Eingrenzung auf das Judentum aus.[39] Die Glaubenden gehören nicht zur Welt, vielmehr sind sie durch Jesus der Welt enthoben: „Wäret ihr von der Welt, so hätte die Welt das Ihre lieb. Weil ihr aber nicht von der Welt seid, sondern ich euch aus der Welt erwählt habe, darum hasst euch die Welt“ (15,19). Zugleich werden die Glaubenden in die Welt gesandt (17,18). Im hohepriesterlichen Gebet wird diese Weltdistanzierung als liturgisch inszenierter Wille Jesu kommuniziert: „Ich bitte für sie [die Glaubenden] und bitte nicht für die Welt, sondern für die, die du mir gegeben hast; denn sie sind dein“ (17,9).

Christliche Identität konstituiert sich nicht primär in ihrer Differenz zum jüdischen Volk, sondern in einer absoluten Geschiedenheit von der Welt. Christusliebe und Weltliebe schließen sich daher aus.

b) Für die johanneische Identitätsformung steht außer Frage, dass das Heil einzig über Christus führt: „niemand kommt zum Vater denn durch mich“ (14,6b). Das Verbindungsglied zwischen Christus und seinen Anhängern kann zwar auch über die Nachfolgekonzeption hergestellt werden,[40] der entscheidende Schlüsselbegriff jedoch ist der des Glaubens: „Wahrlich, wahrlich, ich sage euch: Wer glaubt, der hat das

38 Zum Synagogenausschluss vgl. Wengst, Klaus, Das Johannesevangelium. 1. Teilband: Kapitel 1–10, ThK NT 4,1, Stuttgart 2000, 21–26.

39 Zum Kosmosverständnis bei Johannes vgl. Schnelle, Udo, Das Evangelium nach Johannes, ThHK 4, Leipzig [3]2004, 88f.

40 Z. B. 6,2; 13,36f; 21,19f.

ewige Leben“ (6,47). Nach johanneischer Vorstellung bewirkt Gott den menschlichen Glauben.[41] Der Glaube trennt bereits in der Gegenwart zwischen Gericht und Heil (3,18), und der Glaubende ist bereits jetzt „vom Tode zum Leben hindurchgedrungen“ (5,24).

Der Glaubensinhalt entfaltet sich bei Johannes nur am Rand als Gebotsoffenbarung,[42] viel wichtiger ist die Offenbarung der *Person* Jesu als Sohn Gottes (3,17; 5,19 u.v.a.) bzw. als Gott selbst (1,18). Deshalb realisiert sich der Glaube nicht zuerst in Ethik, sondern im Bekenntnis zu Jesus in seiner Einheit mit Gott.[43]

Diese Einheit von Gott und Jesus bildet die entscheidende Voraussetzung für die Einheit von Jesus und den Glaubenden. „Sie sollen alle eins sein. Wie du, Vater, in mir bist und ich in dir, so sollen auch sie in uns eins sein“ (17,21). Worin besteht nun der Wert dieser Einheit? – Hermeneutisch erschließen die johanneischen Ich-bin-Worte die soteriologische Funktion der Vereinigung zwischen Jesus und den Glaubenden:[44]

- Jesus ist das Brot des Lebens (6,35) – Jesus stillt die Sehnsucht der Glaubenden nach Leben.
- Jesus ist das Licht der Welt (8,12) – Jesus versetzt die Glaubenden aus der Finsternis in den Herrschaftsbereich Gottes.

41 Vgl. 6,29; 6,44; 6,65.

42 Z. B. das Liebesgebot 14,34.

43 Das zentrale Interesse des johanneischen Erzählgeschehens liegt in der Präsentation der Einheit von Gott und Jesus. In stark verdichteter Form bringt dies die Logoschristologie des Prologs zum Ausdruck: „Im Anfang war das Wort, und das Wort war bei Gott, und Gott war das Wort“ (1,1). Die gleiche Funktion erfüllen die wiederholt auftretende Reziprozitätsformel (Schema: Gott in Christus und Christus in Gott [z. B. 17,10.21]) und die johanneische Sendungschristologie (Schema: Gott sandte Christus [z. B. 17,23]).

44 Zu den Ich-bin-Worten vgl. Schnelle, Johannes (Anm. 39), 139: „Die ‚Ich-bin-Worte‘ sind ein Zentrum joh. Offenbarungstheologie. In ihnen sagt Jesus aus, wer er ist, was er für die Menschen sein will und wie sie ihn verstehen sollen. In den ‚Ich-bin-Worten‘ verdichten sich in einzigartiger Weise Christologie und Soteriologie.“

- Jesus ist die Tür (10,9) – Jesus eröffnet den Glaubenden die Seligkeit.
- Jesus ist der gute Hirte (10,11) – Jesus gibt sein Leben für die Glaubenden.
- Jesus ist die Auferstehung und das Leben (11,25) – Jesus verleiht den Glaubenden Unsterblichkeit.
- Jesus ist der Weg und die Wahrheit und das Leben (14,6) – Jesus ist der einzige Zugang zu Gott.
- Jesus ist der wahre Weinstock (15,1) – Jesus bildet die Voraussetzung, dass die Glaubenden ethisch handeln können.[45]

Christliche Identität erwächst aus dem Glauben an die sinnerschließende Einheit von Gott und Jesus sowie Jesus und den Glaubenden. Die Person Jesu, wie sie im Johannesevangelium bezeugt ist, wird als der zentrale Offenbarungsinhalt und singuläre Erlösungsweg verstanden.

c) Die johanneische Gemeindeidentität zeichnet sich durch ein ausgeprägt exklusives Bewusstsein aus, welches sich gut anhand der Gliederungskonzeption des Evangeliums darstellen lässt: Auf den Prolog (1,1–19) folgt ein öffentlicher Teil, welcher Jesu Wirken vorwiegend coram publico entfaltet (1,20–12,50). Daran schließt sich ein privater Teil[46] (Abschiedsrede und hohepriesterliches Gebet) an, welcher sich intim zwischen Jesus und seinen Jüngern abspielt (Kap. 13–17). Die Verhaftung, sowie die Passions- und Ostererzählungen bilden den letzten Teil des Evangeliums (Kap. 18–21).

45 Die Ich-bin-Logik kann sich zu einem absoluten „Ich bin“ verselbstständigen (13,19).

46 Ähnlich bezeichnet Thyen, Hartwig, Das Johannesevangelium, HNT 6, Tübingen 2005, 582, diesen Abschnitt als „esoterisches Zwischenspiel“. Wengst, Johannesevangelium (Anm. 38), 33, hingegen folgt Rudolf Bultmanns Zweiteilung des Johannesevangeliums: „Ohne Zweifel liegt zwischen den Kap. 12 und Kap. 13 ein tiefer Einschnitt vor, der das Evangelium in zwei Teile teilt“, ebenso Schnelle, Johannes (Anm. 39), 11. Diese Gliederungsoption verkennt jedoch, dass das öffentliche Wirken Jesu in Kap. 18 fortgesetzt wird.

Der private Teil erzählt Interaktionen zwischen Jesus und den Jüngern, welchen durch die Verortung in einer exklusiven Szene besondere Bedeutung für die Identitätsformung der johanneischen Gruppe zukommt. Was hier gesprochen, geoffenbart oder zelebriert wird, entzieht sich den Augen und Ohren der Ungläubigen, z. T. auch dem Gedächtnis der Konkurrenzevangelien, die davon nicht berichten.[47] Eröffnet wird der private Teil durch die Fußwaschung (13,1–20). Dieser Ritus verkörpert die Liebe, die Jesus seinen Anhängern schenkt und die künftig unter ihnen gelebt werden soll. Zugleich wird die Reinheit aller narrativ bestätigt, indem der eine Unreine – Judas – ausgesondert wird (13,10 und 21–30). Die johanneische Gemeinde kennt aufgrund dieser Reinheitsdeklaration nicht die Vorstellung eines corpus permixtum. Auf die Fußwaschung teilt Jesus das neue Gebot der gegenseitigen Bruderliebe mit. Dieser Liebesprimat schließt keine Feindesliebe mit ein, sondern ist deutlich gruppenbezogen: „Ein neues Gebot gebe ich euch, dass ihr euch untereinander liebt, wie ich euch geliebt habe, damit auch ihr einander liebt" (13,34). Den Anhängern wird der Beistand eines Trösters (Paraklet) verheißen, der „Geist der Wahrheit, den die Welt nicht empfangen kann" (14,17).[48] Die Beziehung zwischen Jesus und den Seinen wird weiter als Freundschaft beschrieben, die in der gegenseitigen Liebe ihren Ausdruck findet (15,14–17) und welcher der Hass der Welt dualistisch gegenüber steht (15,18–16,4). Im abschließenden hohepriesterlichen Gebet wird noch einmal die göttliche Autorität Jesu durch die Einheit mit Gott manifestiert,

---

47 Bei den Synoptikern fehlt die Fußwaschungsszene, die Verherrlichung Jesu mit anschließendem Liebesgebot, der Dialog mit Thomas, die Verheißung des Parakleten, das Bild vom Weinstock, die notwendige Aufforderung zur gegenseitigen Liebe und der anschließende Verweis auf den Hass der Welt, die ‚eigentliche Abschiedsrede' (16,16–33) und das hohepriesterliche Gebet. – Gemeingut von Synoptikern und Johannes ist hingegen der Verrat des Judas und die Ansage der Verleugnung des Petrus.

48 Zur Parakletenvorstellung vgl. Dietzfelbinger, Christian, Der Abschied des Kommenden. Eine Auslegung der johanneischen Abschiedsreden, WUNT 95, Tübingen 1997, 202–226.

welche die feste Basis für den Glauben der Freunde Jesu bildet (17,23).

Christliche Identität weiß in ihrer Einheit mit Jesus um ihre Selbstgenügsamkeit. Sie ist nicht an einem Zusammenleben mit Menschen interessiert, die nicht zur eigenen Glaubensgemeinschaft gehören. Dem eigenen Selbstverständnis, von der Welt und ihrem Hass geschieden zu sein, entspricht die exklusive Liebe zur eigenen Glaubensgruppe.

d) Auch die Frömmigkeitsanleitung wird im Johannesevangelium an den Glauben gebunden, wie er die Einheit von Jesus und Gott zum Inhalt hat. In Abgrenzung zu den Samaritanern, aber auch zu den Juden, weissagt Jesus: „Aber es kommt die Zeit und ist schon jetzt, in der die wahren Anbeter den Vater anbeten werden im Geist und in der Wahrheit; denn auch der Vater will solche Anbeter haben. Gott ist Geist und die ihn anbeten, die müssen ihn im Geist und in der Wahrheit anbeten" (4,23f). Da die Wahrheit und der Geist nach johanneischer Diktion an die Offenbarung der Person Jesu gebunden sind (14,26; 16,4–15), erweist sich nur das gottgefällige Gebet der Glaubenden als möglich und wirksam (14,13f).

Zur christlichen Identität gehört die Überzeugung, dass nur das Gebet der wahren Christusgläubigen von Gott erhört wird.

e) Die Identifikationsfigur des Johannesevangeliums wird durch einen namenlosen Jünger repräsentiert. Er begegnet mehrmals als der Jünger, den Jesus lieb hatte, kurz: der Lieblingsjünger.[49] Er ist es, „der dies alles bezeugt und aufgeschrieben hat, und wir wissen, dass sein Zeugnis wahr ist" (21,24). Durch das Kolpos-Motiv (griechisch *kolpos*: Brust/ Schoß) wird er besonders eng mit Jesus verknüpft:[50]

---

49 13,23; 19,26; 20,2; 21,20. Vgl. Eckle, Wolfgang, Den der Herr liebhatte – Rätsel um den Evangelisten Johannes, Hamburg 1991.

50 Vgl. Bauer, Walter, Griechisch-deutsches Wörterbuch zu den Schriften des Neuen Testaments und der frühchristlichen Literatur, hg. v. Kurt und Barbara Aland, Berlin/New York [6]1988, 898: „das Sein an der Brust [bedeutet] die engste Gemeinschaft".

Wie Jesus als der Sohn Gottes an der Brust Gottes ruht, so lag auch der Jünger, den Jesus lieb hatte, an der Brust Jesu (13,23 und 21,20). Direkt vor seinem Tod am Kreuz spricht Jesus den Lieblingsjünger seiner Mutter als Sohn zu und rückt ihn dadurch auffällig nah an seine eigene Position heran (19,26f).

Die selbstbewusste Identität der johanneischen Gruppe zeigt sich vor allem in der Erzählstrategie zur Konkurrenzsituation zwischen dem Lieblingsjünger und Petrus, welche typologisch das Verhältnis zwischen johanneischem Glauben und Petrus-orientiertem Christentum interpretiert: Petrus muss den Lieblingsjünger bitten, dass er Jesus frage, wer ihn verraten werde (13,21–30). Der Lieblingsjünger gewinnt den Wettlauf mit Petrus zum leeren Grab, lässt Petrus höflich den Vortritt, gewinnt aber ein zweites Mal, als Petrus das Schweißtuch Jesu zwar im Grab entdeckt, der Lieblingsjünger es hingegen nicht nur sieht, sondern eben auch glaubte (20,1–10). „Zwar wird nicht in Frage gestellt, daß Petrus und die übrigen Jünger sich um die Erkenntnis Jesu bemühten und darin auch einigen Fortschritt machten. Aber dieser Erkenntnisweg ist von geradezu quälender Mühsamkeit und immer wieder durch Mißverständnisse blockiert. Von alledem ist der Lieblingsjünger ausgenommen. Sein Erkennen Jesu erscheint mühelos und von fragloser Selbstverständlichkeit“.[51]

In der Gestalt des Lieblingsjüngers spiegelt sich zugleich das Rollenverständnis der johanneischen Gruppenmitglieder. Eine vermittelnde Instanz zwischen Jesus und den Glaubenden ist überflüssig. Das Evangelium als Vergewisserung reicht zur Offenbarungsmitteilung aus.[52] Wie der Lieblingsjünger an der Brust Jesu lag, so haben auch die johanneischen Gruppenmitglieder direkte Verbindung zu Jesus.[53] Nichts anderes drückt sich in den Vorstellungen vom Weinstock und den Reben sowie der Einheit zwischen Jesus und den Glaubenden aus. Die gemeinschaftliche Dimension der

51 Roloff, Kirche (Anm. 13), 299.
52 Vgl. 19,35; 21,24f.
53 Vgl. Schnelle, Johannes (Anm. 39), 244.

Glaubenden untereinander ist dabei deutlich zurückgesetzt, denn die Einheit der Glaubenden (17,21) manifestiert sich ausschließlich als Einheit der Glaubenden mit Jesus bzw. mit Gott. „Bestimmend ist für sie [die Einheit] nämlich ausschließlich *die Vertikale*".[54] Der ekklesia-Begriff kommt im Johannesevangelium nicht vor. Die horizontale Glaubensgruppe bleibt allerdings als Praxisfeld der gebotenen Bruderliebe notwendig.

Christliche Identität wird durch die Gestalt des Lieblingsjüngers vorgebildet. Er bezeugt die Wahrheit und Überlegenheit der eigenen Glaubenskultur und verkörpert die intimindividuelle Einheit zwischen Jesus und den Glaubenden. Das eigene Glaubensleben ist nicht von einer kirchlichen Organisation abhängig, bleibt aber durch die Bruderliebe innerhalb der Freunde Jesu gemeinschaftsfähig.

IV. Gemeindliche Identitätsbildung durch die Pastoralbriefe[55]

„Wer bin ich als Mitglied der Gemeinde der Pastoralbriefe – welche Identität sprechen mir die Pastoralbriefe als Mitglied ihrer Gemeinde zu?"

a) Die gesellschaftliche Realität, welche der Verfasser der Pastoralbriefe vor Augen hat, wird bewusst in einem von der jesuanischen Zeit unterschiedenen Kontext verortet. Die eigene Situation spiegelt sich nicht – wie in den Evangelien – in der Geschichte Jesu wider. Der Glaube wurde bereits in mindestens zwei Generationen weitergegeben (2Tim 1,5), und die Christusgruppe befindet sich im Stadium der Insti-

54 Roloff, Kirche (Anm. 13), 307.

55 Ich setze voraus, dass die Pastoralbriefe pseudonyme Texte sind, d. h. die paulinischen Verfasserangaben nicht mit dem tatsächlichen Absender übereinstimmen; vgl. zur neutestamentlichen Pseudepigraphie die knappe Darstellung von Zimmermann, Ruben, Unecht – und doch wahr? Pseudepigraphie im Neuen Testament als theologisches Problem, in: ZNT 6, 2003, H. 12, 27–38.

tutionalisierung und Stabilisierung. Ämterstrukturen werden ausgebildet (1Tim 3,1–13; Tit 1,5–9) sowie die Glaubenslehre als feste und zu bewahrende Größe dargestellt.[56] Die Verhältnisbestimmung zum Judentum spielt fast keine Rolle, nur wenige und eher zufällig erscheinende jüdische Motive klingen ohne besondere Relevanz und erzählstrategische Bedeutung an. So wird die Reichweite des Gesetzes knapp auf die Ungerechten und Gottlosen begrenzt (1Tim 1,9). Ebenso kurz wird die Moseerzählung angeschnitten, indem aktuelle Irrlehrer mit den Zauberern Jannes und Jambres, den Gegnern des Moses, verknüpft werden (2Tim 3,8). Andererseits werden in Tit 1,10–16 die Gegner der Pastoralbriefe gerade mit jüdischen Attributen versehen.[57]

Die Pastoralbriefe sind nicht an einer stringenten Herleitung oder reflektierten Abgrenzung der christlichen Identität vom Judentum interessiert, sondern an einer Einbettung – Inkulturation – der christlichen Lebensführung in den großkulturellen Wertecodex der griechisch-römischen Antike.[58] Leitbild für diesen Transformationsprozess ist das antike Hauswesen, an welches die Gemeinde Gottes eng orientiert wird (1Tim 3,15).[59] Durch die Angleichung der gemeindlichen Norm an das antike Hauswesen sind wesentliche Implikationen für die christliche Identitätsformung vorgegeben. Die gesamte Ordnung der Gemeinde wird nach den Regeln der antiken Gesellschaftskultur organisiert. Hierzu zählen Hierarchien, eine institutionalisierte Arbeitsteilung und geklärte Verantwortlichkeiten sowie formulierte Rechte

---

56 1Tim 1,18; 6,20; 2Tim 1,14.

57 Vgl. Oberlinner, Lorenz, Antijudaismus in den Pastoralbriefen?, in: Kampling, Rainer (Hg.), „Nun steht aber diese Sache im Evangelium ...“. Zur Frage nach den Anfängen des christlichen Antijudaismus, Paderborn u. a. 1999, 281–299.

58 Dies konnten vor allem sprachwissenschaftliche Untersuchungen zu den Pastoralbriefen deutlich machen, vgl. Schenk, Wolfgang, Die Briefe an Timotheus I und II und an Titus (Pastoralbriefe) in der neueren Forschung (1945–1985), in: ANRW II. 25.4, 1987, 3404–3438, 3409–3411.

59 Vgl. Roloff, Jürgen, Der erste Brief an Timotheus, EKK XV, Neukirchen-Vluyn/Zürich 1988, 211–217.

und Pflichten: Die Gemeindeleiter können Respekt und Gefolgschaft einfordern[60] und die Gemeindeglieder eine getreue Verkündigung,[61] Schutz vor Irrlehrern[62] und Stabilität innerhalb der christlichen Gemeinschaft erwarten[63].

Christliche Identität zeichnet sich durch allgemein-antike paternalistische Abhängigkeiten mit Rechten und Pflichten aus und ist durch klare Aufgabenzuschreibungen gekennzeichnet, wodurch das Zusammenleben innerhalb der christlichen Gemeinde geordnet wird. Christliche Identität hat kein besonderes Interesse an einer spezifischen Verhältnisbestimmung zwischen Judentum und Christentum.

b) Die wesentliche Grundhaltung, in der Christen und Christinnen nach den Vorstellungen der Pastoralbriefe ihre Christusbeziehung kultivieren und gestalten sollen, lässt sich als auf hierarchischem Denken basierender Gehorsam nachzeichnen:[64] Paulus gehorcht dem Befehl Gottes, Apostel Christi zu sein.[65] Timotheus und Titus, die literarischen Adressaten der Pastoralbriefe, sollen die Anweisungen des Paulus befolgen[66] und die realen Adressaten der Pastoralbriefe, d. h. die angesprochenen Amtsträger, sind über die fiktiven Adressaten Timotheus und Titus, ebenfalls zum Gehorsam gegenüber Paulus verpflichtet. Schließlich sind die Gemeindeglieder dem Amtsträger untergeordnet, er soll die Gemeinde ermahnen

60 Z. B. 1Tim 4,11; 2Tim 4,2; Tit 2,1ff.

61 Z. B. 2Tim 3,14–17.

62 Tit 1,10–2,1.

63 1Tim 2,2; 2Tim 2,14; 4,2.

64 Um die streng hierarchisch verlaufende Gehorsamsforderung zu verstehen, ist es notwendig, zwei verschiedene Kommunikationsebenen der Pastoralbriefe zu unterscheiden: Auf der literarisch-erzählenden Ebene schreibt Paulus an seine Missionsmitarbeiter Timotheus und Titus, und auf der real-pragmatischen Ebene schreibt der Verfasser der Pastoralbriefe an die Gemeindeleiter. Beide Ebenen sind durch die pseudepigraphische Fiktion miteinander verwoben, vgl. Merz, Annette, Die fiktive Selbstauslegung des Paulus. Intertextuelle Studien zur Intention und Rezeption der Pastoralbriefe, NTOA 52, Göttingen/Fribourg 2004, besonders 232–242.

65 1Tim 1,1; Tit 1,3.

66 Z. B. 1Tim 1,3; 4,11; 5,21; 6,13; 2Tim 3,14; 4,1.

(z. B. 2Tim 2,14). Auch hier kann die angemessene Reaktion nur im uneingeschränkten Gehorsam bestehen.

Die Vorschriften an die Gemeindeglieder ergehen nicht allgemein und unverbindlich, sondern nach Funktion, Stand und Geschlecht spezifiziert: Männer sollen ohne Zorn und Zweifel beten (2Tim 2,8); Frauen sollen sich zurückhaltend kleiden und ihren Männern unterordnen, Kinder gebären und diese im Glauben erziehen (2Tim 2,9–15); ältere Männer sollen nüchtern bleiben, ehrbar, besonnen, gesund im Glauben, in der Liebe und Geduld (Tit 2,2); ältere Frauen sollen sich so verhalten, wie es den Heiligen geziemt und ebenso nicht der Trunkenheit verfallen (Tit 2,3); Witwen, die als solche geachtet sein wollen, sollen tags und nachts für die Gemeinde beten (1Tim 5,5); junge Männer sollen ihre Frauen und Kinder lieben (Tit 2,4); junge Frauen sollen besonnen, keusch, häuslich und gütig sein (Tit 2,5f), und Sklaven sollen die Wünsche ihrer Herren befriedigen (1Tim 6,1f; Tit 2,9).

Begründet werden diese ethischen Reglementierungen offenbarungstheologisch: „Denn es ist erschienen die heilsame Gnade Gottes allen Menschen und nimmt uns in Zucht, dass wir absagen dem ungöttlichen Wesen und den weltlichen Begierden und besonnen, gerecht und fromm in dieser Welt leben“ (Tit 2,11f). – Ungehorsame Menschen werden hingegen in einer Sinnlinie mit Gottlosen, Totschlägern und Unzüchtigen genannt (1Tim 1,9f).

Trotz dieser erkennbaren ethischen Akzentuierung können die Pastoralbriefe auch auf die paulinische Rechtfertigungsbotschaft zurückgreifen: „Als aber erschien die Freundlichkeit und Menschenliebe Gottes, unseres Heilands, machte er uns selig – nicht um der Werke der Gerechtigkeit willen, sondern nach seiner Barmherzigkeit – durch das Bad der Wiedergeburt und Erneuerung im heiligen Geist“ (Tit 3,4f).

Christliche Identität verwirklicht sich vor allem im Gehorsam gegenüber ethisch-moralischen Anweisungen, wie sie in der Gemeinde als apostolisch autorisierte Paulustraditionen lebendig sind.

c) Da die Pastoralbriefe an einer Inkulturation des Christentums in die griechisch-römische Gesellschaft interessiert sind

(s. o.), wirkt die außerchristliche Umwelt sehr stark auf die eigene Gruppenidentität ein. Zu den Eignungskriterien von Bischöfen gehört, auch bei den Nichtchristen einen guten Ruf zu haben (1Tim 3,7). Die Gebete sollen alle Menschen, Könige und Regenten umfassen (1Tim 2,1f). Im Sinn einer werbenden Lebensführung sollen Christen „der Obrigkeit untertan und gehorsam sein, zu allem guten Werk bereit, niemanden verleumden, nicht streiten, gütig sein, alle Sanftmut beweisen gegen die Menschen“ (Tit 3,1f).

Abgrenzungen und Ausschließungen erfolgen hingegen im innerchristlichen Bereich. Die Pastoralbriefe kämpfen gegen moralisch verwerfliche Menschen[67] und Irrlehrer[68]. Zwischen beiden Gruppen besteht ein sehr enger Zusammenhang,[69] denn in der Denklogik der Pastoralbriefe bilden Orthodoxie und Orthopraxie eine untrennbare Einheit.[70] Das kleine Gleichnis vom Haus mit seinen reinen und unreinen Gefäßen (2Tim 2,20f) formuliert die Vorstellung der Pastoralbriefe, dass die Gemeinde ein *corpus permixtum* ist.

Christliche Identität steht in einem bewussten und intensiven Austausch mit der nichtchristlichen Umwelt, deren Meinung und Anerkennung von besonderer Bedeutung für das eigene Selbstverständnis ist. Der Offenheit zur außerchristlichen Gesellschaft stehen Abgrenzungen zu den Menschen gegenüber, die eine andere christliche Lehre vertreten und den eigenen christlich-moralischen Wertecodex nicht einhalten.

d) Auch die Frömmigkeit der Pastoralbriefe ist durch die enge Verbindung von Glaube und Ethik geprägt. Frömmig-

---

67 Vgl. 1Tim 1,9f; 6,9f; 2Tim 3,2–4; Tit 1,15.

68 1Tim 1,3–7; 4,1–5; 6,3–5; 2Tim 3,5–9; 4,2–4; Tit 1,10–14; 3,9–11.

69 Vgl. 1Tim 6,3–5; 2Tim 3,1–9; Tit 1,15ff.

70 Z. B. 1Tim 6,3–5: „Wenn jemand anders lehrt und bleibt nicht bei den heilsamen Worten unseres Herrn Jesus Christus und bei der Lehre, die dem Glauben gemäß ist, der ist aufgeblasen und weiß nichts, sondern hat die Seuche der Wortgefechte. Daraus entspringen Neid und Hader, Lästerung, böser Argwohn, Schulgezänk solcher Menschen, die zerrüttete Sinne haben und der Wahrheit beraubt sind, die meinen, Frömmigkeit sei ein Geschäft.“

keit, eines der Vorzugsworte der Pastoralbriefe,[71] wird als maßvolle materielle Selbstbeschränkung und tugendhafte Selbstbescheidung konkretisiert (1Tim 6,6–10). Das Ideal der Frömmigkeit entfaltet sich weiter als ein ruhiges und stilles Leben (1Tim 2,2). Frauen sollen ihre Frömmigkeit durch gute Werke anstatt mit Äußerlichkeiten bekunden (1Tim 2,10). Soteriologisch verheißt die Frömmigkeit allen Nutzen im hiesigen und künftigen Leben (1Tim 4,8). Gebete sollen nicht in Zorn und Zweifel geschehen (1Tim 2,8) und können die Gunst der Obrigkeit erwirken (1Tim 2,1–3).

Christliche Identität gestaltet ihre Frömmigkeit als sittsame Lebensführung, welche im Zusammenhang mit dem eigenen aktuellen und ewigen Wohlergehen sowie staatlicher Gunst gesehen wird.

e) Die zentrale Autoritätsinstanz der Pastoralbriefe ist der Apostel Paulus. Er gilt vor allem als wahrhafter Garant der rechten Lehre sowie als Dienstherr und Vorbild der Gemeindeleiter. Paulus ist in das Erlösungswerk Gottes selbst mit einbezogen, indem Christus ihm als ersten Menschen seine Gnade erwiesen hat, damit er das eine Vorbild für alle zukünftig Glaubenden sei (1Tim 1,16). Ebenso ist er der eine Verkündiger und Apostel und Lehrer (2Tim 1,11), welcher dafür einsteht, dass das anvertraute Glaubensgut bewahrt und unverfälscht weitergegeben wird (z. B. 2Tim 1,12–14). Ein außer- bzw. nebenpaulinischer Christusglaube ist daher nicht vorstellbar. Paulus ordnet an, wie man sich in der Gemeinde Gottes verhalten soll (1Tim 3,15). Dies geschieht sehr detailliert und umfasst sämtliche Bereiche der christlichen Alltagskultur (s. o.).

Christliche Identität ist an die bleibende Kontinuität mit dem einen Apostel Paulus gebunden. Er wird nicht nur als der erste von Christus erlöste Mensch erinnert, sondern auch als von Gott autorisierte Instanz anerkannt, die Gemeinden zu unterweisen, zu ermahnen und zu disziplinieren. Alle Ge-

71 Vgl. Roloff, Timotheus (Anm. 59), 117.

meindeleiter unterstehen seinem Vermächtnis[72] *und alle Gemeindeglieder sind verpflichtet, die paulinischen Vorgaben, zu denen auch die Unterwerfung unter die Gemeindeleiter gehört, zu befolgen.*

V. Christliche Identität im Plural. Ergebnisse und Ausblick

Identität ist die Antwort auf die Frage „wer bin ich?“ – Gibt es eine christliche Identität?

Aus neutestamentlicher Sicht muss diese Frage verneint werden, wenn darunter *ein* stringentes Profil zu verstehen ist, das den Christus-Anhängern eine gemeinsame christliche Identität zuschreibt. Ich habe spezifische neutestamentliche Identitätskonstruktionen nachgezeichnet, die sich zwar alle auf das Christus-Ereignis stützen, zugleich aber in ihrer Differenz nicht miteinander harmonisierbar sind:

- Für Matthäus ist die Herkunft aus dem Judentum konstitutiv, für die Pastoralbriefe scheint dies keine Rolle zu spielen. Christliche Identität kann im Verhältnis zum Judentum konstruiert werden, ebenso kann christliche Identität auch darauf verzichten.
- Matthäus spricht vom Primat der Feindesliebe, Johannes kennt nur den Liebeserweis zu den eigenen Mitgläubigen. Christliche Identität zeichnet sich durch die altruistische Liebe zu allen Menschen oder eine exklusive Gruppenbezogenheit aus.
- Die Pastoralbriefe vertreten das häusliche Ehe- und Familienideal, Matthäus wirbt um der Nachfolge Jesu willen für die Familienlosigkeit. Christliche Identität kultiviert sich in der idealen Lebensform Ehe und Familie nach den

72 Die Pastoralbriefe können insgesamt als fiktives Paulusvermächtnis gelesen werden. Insbesondere der 2. Timotheus lässt sich der Gattung Testament zuordnen, vgl. Weiser, Alfons, Der zweite Brief des Timotheus, EKK XVI/1, Neukirchen-Vluyn/Zürich/Düsseldorf 2003, 34–40.

normativen Vorgaben des antiken Hauswesens oder konträr im antigesellschaftlichen Ideal des Familienverzichts.
- Johannes spricht offen vom Hass der Welt und lehnt jede Vermischung zwischen Glaubenden und der ungläubigen Welt ab, die Pastoralbriefe hingegen achten auf eine gute „Außendarstellung“ und Einbettung des Christentums in die allgemein-antike Gesellschaftsordnung. Christliche Identität versteht sich in grundlegender Distanz zur Welt oder als integrativer Teil von ihr.
- Die Gruppenmitglieder des Matthäus und des Johannes werden weitgehend egalitär und antihierarchisch organisiert. Anders pointieren die Pastoralbriefe eine paternalistische und auf Gehorsam basierende Gemeindestruktur. Christliche Identität betont die Gleichberechtigung aller Gemeinschaftsmitglieder oder trennt streng zwischen aktiven Gemeindeleitern und passiven Gemeindegliedern.
- Während das matthäische Christentum in Petrus den zentralen Garanten für die Kontinuität mit der Jesuszeit sieht und dadurch die eigene Glaubenstradition autorisiert, wird diese Konzeption vom Johannesevangelium karikiert, indem nicht Petrus, sondern der Lieblingsjünger als der eigentliche und wahre Zeuge Jesu vorgestellt wird. Andererseits ist für die Pastoralbriefe ein Christentum neben und außerhalb von Paulus kaum vorstellbar. Christliche Identität bezieht sich auf konkurrierende und z. T. sich ausschließende Leit- und Identifikationsfiguren zurück. Petrus, der Lieblingsjünger und Paulus veranschaulichen die unterschiedlichen exklusiven Ableitungen gemeindlicher Selbstverständnisse.

Christliche Identität lässt sich neutestamentlich deshalb nur im Plural darstellen, eine uniformierende Sichtweise neutestamentlicher Identität hingegen verkennt die Divergenz der einzelnen Textprofile. Die Vielzahl unterschiedlicher Identitätskonzepte im Neuen Testament führt nun innerneutestamentlich keineswegs zu einem bekennenden Pluralismus, vielmehr wird die Pluralität als Bedrohung interpretiert und die jeweils „Anderen“ werden als Gegner, Irrlehrer oder zumindest defizitäre Christus-Anhänger angesehen. Neben dem gemeinsamen Rückbezug auf das Christus-Ereignis verbindet die unterschiedlichen neutestamentlichen Identitätskonzepte vor allem ihr identitätsstabilisierendes Abgrenzungsbedürfnis gegenüber all den „Anderen", welche die Christus-Chiffre nicht mit den gleichen Inhalten füllen wie sie selbst.

Hier kann eine Reflexion christlicher Identität kritisch anknüpfen:

Christliche Identität kann nicht *per se* beanspruchen, ein Wertbegriff zu sein. Sie muss vielmehr in ihrer Ambivalenz begriffen werden, wenn christliche Identitätskonstruktionen beispielsweise sowohl antijüdische als auch judenfreundliche oder sowohl emanzipatorische als auch diskriminierende Normen enthalten können. Wer oder was in christliche Identitäten mit einbezogen ist oder ausgeschlossen wird, liegt nicht einfach vor, sondern verdankt sich konkreter, aber auch veränderlicher Setzungen.

Zugleich stellt sich die Frage, wie sich christliche Identität überhaupt angesichts eines fehlenden gemeinsamen Nenners in der urchristlichen Anfangszeit begründen lässt. Eine biblizistische Normierung[73] genehmer neutestamentlicher Identitätsprogramme muss scheitern, da sie sich der hermeneutischen Aufgabe verweigert, die textliche Pluralität zu reflektieren. Aber auch ein genereller Verzicht auf christliche Identitäten würde nur die einzelnen Konturen christlicher Lebenskulturen auflösen. Ich schlage deshalb vor, den *konstruktionistischen Charakter* christlicher Identitäten noch deutlicher als bisher herauszuarbeiten, den Gedanken einer überzeitlichen und somit der Geschichtlichkeit enthobenen christlichen Identität zu verabschieden und die kontextuelle und jeweils historisch bedingte Verortung christlicher Identitäten bewusst zu machen.

---

73 Klaus Berger verortet die Gefahr des Biblizismus nicht nur bei evangelikalen und pietistischen, also wertkonservativen Gruppen, sondern auch bei gesellschaftspolitisch progressiven Bewegungen, die mit konkreten Bibelstellen der Aufklärung verpflichtete Ideale autorisieren wollen. Er spricht in diesem Zusammenhang von einer „Apologetik der interessiert Progressiven", Berger, Hermeneutik des Neuen Testaments, UTB 2035, Tübingen/Basel 1999, 111.

Damit bleibt die Vorstellung christlicher Identitäten als Umschreibung spezifischer Zugehörigkeiten oder Prägungen erhalten. Der autoritativen Monopolisierung und Imperialisierung der jeweils eigenen Identität als normativ verstandener christlicher Identität wird hingegen jede Grundlage entzogen.

Tradition und Identität

Kirche und Religionsunterricht als institutionelle Lern-Orte

KARIN ULRICH-ESCHEMANN

I. *Die Suche des Menschen nach sich selbst*

Es ist erstaunlich, mit welcher Beharrlichkeit sich das Reden von der Identität erhalten hat, ohne dass es ein eindeutiges Wissen über seine genealogische Herkunft gibt. Es ist – so scheint es – zu einer anthropologischen Konstante geworden, zum Kennzeichen des Menschen, dass er nach sich selbst fragt: „Wer bin ich?". Ich will die Suche des Menschen nach seiner ihm eigenen Identität so verstehen, dass ein Mensch auf der Suche nach dem ist, was unabweisbar zu ihm als einzelnem Menschen gehört. Das Reden von der Identität schließt sich im Alltagsverstehen weitgehend zusammen mit dem Reden von der Individualität, der Authentizität, dem Selbst (lat.: *ipse*) als dem Unverwechselbaren eines einzelnen Menschen gegenüber allen anderen Menschen – gerade auch gegenüber der Gattung Mensch.[1] Hiervon unterschieden werden kann das Unteilbare eines Menschen (lat.: *idem*) als etwas, das seine diffusen Erfahrungen und die Teile, Fragmente seiner Lebensgeschichte zusammenhält und möglicherweise integrativ auf einem Punkt vereinigt: seinem Personkern. Das Reden von der Identität geschieht nicht um seiner selbst willen, es ist intentional ausgerichtet. Es impliziert den Wunsch eines Menschen, bei sich selbst zuhause zu sein und sich in diesem seinem Zuhause wohl bzw. heimisch zu fühlen.

---

1 Seyla Benhabib unterscheidet zwischen dem verallgemeinerten Menschen und dem konkreten Anderen. Benhabib, Seyla, Selbst im Kontext, Frankfurt/M. 1995.

Doch was ist das Selbst? Klärt sich diese Frage eher, wenn wir nicht nur nach dem fragen, was zu einem singulären Menschen gehört, sondern nach dem, wozu der singuläre Mensch gehört, wo er zuhause ist, wem er zugehörig ist, welches der Horizont ist, in dem er sich aufhält? Damit kommt nicht nur der Mensch als soziales Wesen in den Blick, vielmehr das Gemeinschaftliche als genuine Größe, die möglicherweise ja zurückgewonnen werden muss, um einem Individualisierungstrend Einhalt zu gebieten, bzw. ihm entgegenzusteuern. Jeder Mensch wird in die Sozialität hineingeboren, indem er in eine Geschichte hineingeboren wird. Dass der einzelne, singuläre Mensch eine jeweils eigene Identität hat, meint dann, dass er eine unverwechselbare Geschichte hat, die er erzählen kann, wenn er danach sucht oder danach gefragt wird, was denn seine Identität ausmacht. Diese seine Geschichte hat einen Anfang. Durch diesen bestimmten Anfang weiß der Mensch um seine Herkunft.[2]

Die anthropologische Frage „Was ist der Mensch?" schließt die persönliche Frage ein „Was und wer bin ich?". Diese Frage kann nicht mit einer Definition beantwortet werden, vielmehr wird sie im narrativen Sinne beantwortet, indem Geschichten von Menschen erzählt werden. Damit verliert auch die Frage nach der Identität ihren statischen oder essenzialistischen Charakter. Die Frage wird aber auch nicht einfach umgelenkt auf den Menschen als Beziehungswesen, auch nicht darauf, dass er sich immer nur als identisch erfährt in Beziehung zu anderen Menschen und zu Gott.[3] Vielmehr wird sie erst bedeutsam innerhalb eines lebendigen Geschehenszusammenhangs.

---

2 Vgl. Ricoeur, Paul, Narrative Identität, in: ders., Vom Text zur Person. Hermeneutische Aufsätze (1970–1999), übs. und hg. v. Peter Welsen, Hamburg 2005, 209–226.

3 „‚Identität' ereignet sich nur in Beziehung zu anderen oder zur ‚Idee', und die Unersetzlichkeit des Menschen beruht nicht auf dem Reichtum, der Tiefe oder der Gottähnlichkeit seiner Seele, sondern auf dem ‚Interesse' Gottes an ihm. Anders gesagt: Identität ist jeweils ein Vollzug, und nicht nur meine Setzung und Meinung [...]. Im Anfang war vielmehr die Relation! Unersetzlichkeit setzt ein In-Beziehung-Stehen voraus. Der Mensch kann nicht autark gedacht werden. Identität wird

Für die theologische Anthropologie ist die Bibel der ursprüngliche und maßgebende Zugang, weil hier Äußerungen über den Menschen zu entdecken sind angesichts des Handelns Gottes mit, an und auch gegen Menschen. Es geht nicht einfach statisch oder ontologisch um die Gott-Mensch-Beziehung. Das Reden von Menschen ist zu entdecken in Geschichten von jeweils konkreten Menschen, von denen erzählt wird. Die Bibel erzählt die Geschichte der Menschen, wie sie im Zusammenhang der Geschichte Gottes mit den Menschen vorkommt. Das theologische Reden von Menschen, das auf die Bibel bezogen bleibt, kann dann aber keine Definition von „dem" Menschen liefern und auch keine Bestandsaufnahme, was vom Menschen alles zu sagen ist (wie sie das ebenfalls nicht von Gott tun kann). Theologische Sätze über Menschen sind immer Geschehensaussagen: Es geschieht etwas an und mit Menschen durch das Handeln Gottes an ihnen und das Mittun von ihnen. Aus dieser Art theologischen Redens folgt dann: Theologie kann den Menschen nicht distanziert und sich selbst distanzierend beschreiben, weil der Beobachter immer selbst mit im Blick ist.

Das Reden vom Glauben stößt auf das Reden von der Identität und muss sich damit auseinander setzen. Zunächst werden Fragen aufgeworfen: Wie verhalten sich Glaube und Identität zueinander? Kann der Glaube oder die Religion zur Identität eines Menschen gehören, diese prägen oder gar bestimmen? Kann es zur Identität eines Menschen gehören, dass er übereinstimmt mit den Ansichten seiner Kirche oder übereinstimmt mit zentralen Glaubensaussagen? Doch es kann dann auch gefragt werden, ob es zur Identität eines Menschen gehört, dass er sich in Freiheit versteht zu eben diesen Gegebenheiten und/oder seinen „eigenen" Glauben hat, der ihn identisch mit sich selbst sein lässt, aber gleichwohl in Distanz setzt zur kirchlichen Lehre oder zur Institu-

nicht selbständig verwirklicht, als sei sie dem Individuum als solchem verfügbar oder erreichbar." (Sölle, Dorothee, Stellvertretung, Stuttgart [4]1970, 39).

tion. Wenn wir so fragen, wird der Glaube leicht zu etwas Statischem oder zu einem Besitz, den wir haben oder nicht haben, den wir erwerben, aber auch wieder aufgeben können – ein Glaube, den sich ein Mensch aneignet und den er von sich aus gestaltet. Dabei wird außer acht gelassen, dass der Glaube nicht vom Menschen erfunden worden ist und nicht erfunden werden kann, sondern unweigerlich auf den Glauben der Kirche weist, auf den Glauben, den ein Mensch immer mit anderen teilt. Hier ist dann also nicht von einer religiösen Grundbefindlichkeit, nicht vom *homo religiosus* zu reden, obwohl religionsphänomenologisch oder religionspsychologisch davon geredet werden kann.

Ist aber der Glaube/die Religion nicht vielmehr etwas Vorgegebenes, in das ein Mensch hineinwächst? Denken wir in der Logik von Geschehenszusammenhängen und Geschichten, dann bietet es sich eher an, von der *christlichen Tradition* zu sprechen, in der sich ein einzelner Mensch aufhält, in der er sich zusammen mit anderen Menschen und mit Gott erfährt. In diesem Zusammenhang wird dann auch von der Kirche zu reden sein, wie sie sich in bestimmten Gestalten (Konfessionen) zeigt und wie sie das ihr Aufgetragene weitergibt – wie nah oder fern sich Menschen auch immer mit der Kirche verbunden fühlen mögen.

III. Unverwechselbar ein singulärer Mensch sein – in einer Geschichte einen Anfang haben

Selbst werden heißt: Mensch werden, in eine Geschichte hineingeboren werden und mit einer neuen einzigartigen Geschichte beginnen. Jeder Mensch hat einen einzigartigen Anfang, den er doch zugleich mit anderen Menschen gemeinsam hat. Und mit diesem Anfang hat er zugleich eine Herkunft. Mensch werden ist ein passivisches Geschehen. Das Verstehen des Werdens eines neuen Menschen, das Kennzeichen seines Lebens bleibt, steht dem Begriff der Entwicklung und dem Begriff „machen" entgegen. Das erste, was dem Menschen geschieht, ist sein Geborenwerden. Das meint nicht nur den Lebensanfang eines Menschen, vielmehr betrifft es den Vorgang des Geborenwerdens, der paradigmatisch verstanden werden kann für sein Leben, das empfängliches Leben ist und bleibt. Hannah Arendts Unterscheidung von „vita activa" und „vita passiva" ist hier hilfreich.[4]

Das Werden eines Menschen geschieht im Verborgenen, im Leib der werdenden Mutter und gemeinsam mit ihr.[5] Es handelt sich um ein gemeinsames Werden: Das Kind wird durch die Mutter und mit der Mutter und dem Vater, und die Frau wird zur Mutter durch das Kind und den Vater und mit dem Kind und dem Vater. Geborenwerden ist kein einsames Geschehen des Subjekts, sondern ein gemeinsames, leiblich-personales Geschehen.[6] Es ist immer schon jemand da, wenn ein Neuankömmling auf die Welt kommt, der Neuankömmling findet die Welt und die Menschen vor, die ihn in Empfang nehmen. Mit dem Eintritt in die Welt trifft der Neuankömmling auf andere Menschen, die Eltern und andere, und kann mit ihnen Neues beginnen. Durch seine Geburt tritt jeder Mensch neu hinein in einen Raum und eine bestehende Zeit. Das heißt: in bestehende natürliche Abläufe und Notwendigkeiten hinein kommt ein neuer Mensch, der sich keinerlei Notwendigkeit verdankt: ein vorher nie Dagewesenes. Jeder neugeborene Mensch fängt mit allem neu an, und die Welt wird durch dieses neue, anfängliche Tun erneuert. Der neue Mensch webt seinen eigenen neuen Faden in das bereits vorhandene „Bezugsgewebe menschlicher Angelegenheiten".[7]

Wenn es sich um ein gemeinsames Werden handelt, dann sind wir Menschen nicht auch *noch* soziale Wesen, vielmehr kommen wir als solche zur Welt: geworden als Mädchen oder Junge in und mit einer Frau, die durch das Kind und mit dem Kind Mutter wird. Jeder neugeborene Mensch tritt zunächst ein in die Welt von Vater und Mutter, die selbst von

---

4 Arendt, Hannah, Vita activa oder Vom tätigen Leben, München [9]1997.

5 Vgl. Ulrich-Eschemann, Karin, Vom Geborenwerden des Menschen. Theologische und philosophische Erkundungen, Münster [3]2004.

6 „Nur weil wir von Haus aus mit anderen verbunden sind, können wir uns vereinzeln." (Habermas, Jürgen, Die Zukunft der menschlichen Natur. Auf dem Weg zu einer liberalen Eugenik?, Frankfurt/M. 2001, 19).

7 Arendt, Vita activa (Anm. 4), 171.

Vater und Mutter herkommen. Er tritt ein in eine Familie, und er selbst ist wiederum als Mädchen oder Junge damit begabt, selbst Vater oder Mutter von Kindern zu werden. Jeder neugeborene Mensch tritt aus dem Verborgenen nicht einfach in die Welt ein und beginnt sein Lebensprojekt, sondern er tritt in einen generativen Zusammenhang ein.

Jeder Mensch hat also nicht nur einen Lebensanfang und eine bestimmte Herkunft, vielmehr wird er hineingeboren in einen bestimmten Lebenszusammenhang, er wird hineingerufen in eine bestimmte Daseinsstruktur, die, obwohl es sich hierbei nicht um eine starre metaphysische Ordnung handelt, nicht einfach beliebig sein kann, die nicht disponibel gemacht werden darf, wenn wir nicht etwas von unserem gemeinsamen Menschsein aufgeben wollen. Dieser Lebenszusammenhang ist die Familie.[8] Jeder werdende und neugeborene Mensch findet sich in einem Zusammenhang vor, in den er hineingeboren wird und dessen Grenzen den je eigenen Horizont überschreiten. Es ist nicht allein die Welt von Vater und Mutter, denn auch diese wurden in etwas hineingeboren, das sie nicht selbst erwirkt haben. Jede und jeder Neugeborene erscheint in einer Kette von Menschen, in einer Generationenfolge, und durch sie/ihn wird diese Generationenfolge weitergeführt. Hier erfährt jeder Mensch in nicht zu ersetzender Weise sein Selbstsein mit anderen ihm zugehörigen Menschen in einer Weise, wie er das sonst nirgendwo erfahren kann. Jeder Mensch kommt von anderen her, er ist nicht durch sich selbst da – das ist ein Kennzeichen seiner Identität. Der Mensch erzeugt sich nicht selbst dadurch, dass er einen Selbstentwurf macht und versucht, diesen zu realisieren, um dadurch möglicherweise seine Identität selbst in die Hände zu nehmen.

---

8 Vgl. Ulrich-Eschemann, Karin, Lebensgestalt Familie – miteinander werden und leben. Eine phänomenologisch-theologisch-ethische Betrachtung, Münster 2005.

IV. *Kirche sein – sich mit anderen gemeinsam in der christlichen Tradition aufhalten*

1. *Menschwerden als Neu-Werden im Gegenüber zu Gott*

Biblisch theologisch wird nicht nur vom Werden eines Menschen gesprochen, sondern auch vom Neu-Werden und vom neuen Anfang, der durch Christus in die Welt eingetreten ist – Christus, der auf die gleiche Weise wie alle Menschen geworden und geboren ist.[9] Menschen nehmen im Glauben teil an dem neuen Anfang, der durch Jesus in die Welt und ihre Zeit eingetreten ist, und ihre je eigene Geburt kann in dieser Logik durch die Teilhabe an dieser *einen* Geburt als Neuanfang bezeichnet werden. Die Teilhabe am Neuanfang erwirbt sich der Mensch nicht erst durch den Glauben, vielmehr wird sie ihm bereits mit seiner Geburt und in der Taufe gewährt. Durch die Teilhabe an dem Gewordensein und der Geburt Jesu werden Menschen mit ihrem je eigenen Gewordensein und ihrer je eigenen Geburt verbunden mit Jesus Christus.

Menschen werden in ihrem Sein immer wieder erneuert, und sie brauchen diese ständige Erneuerung ihrer Existenz. Glaube ist ein immer wieder neues Werden, und die Vergebung der Sünden ereignet sich als Befreiung, als Neu-Werden. Menschen werden zu Gotteskindern. In diesem Sinne bleiben Menschen werdende Menschen. Sie leben anfänglich. Man könnte dies als Kennzeichen der Identität des Menschen verstehen. Es ist ein Geschehen, das sich immer wieder neu ereignen will. Hierzu braucht es „institutionalisierte Orte", an denen sich dies tatsächlich ereignet und erfahren werden kann, ob Menschen sich darauf einlassen oder nicht. Es braucht eine zuverlässige Praxis, auf die sich Menschen verlassen können. Ein zentraler Ort dieser Praxis ist der Gottesdienst, in dem die Gotteskinder die Ansprache Gottes hören und die Zusage, dass sie Geschöpfe und Gottes

9 Wollten wir nach der Identität Jesu fragen, dann müssten wir ebenso seine Geschichte erzählen, die bei Gott ihren Ausgang nahm und ihren Anfang im Geborenwerden hatte.

Kinder sind. Gott tritt in Aktion, er wird als Akteur sichtbar, wenn er an Menschen handelt. Die Frage, wie wir als Menschen zu unserem je identischen Selbst gelangen, wird beantwortet durch die Ansprache Gottes, der jedem Menschen sein individuelles Selbst zuspricht und ihn damit von menschlichem Rechtfertigungsbedürfnis befreien will. Der Mensch muss nicht mehr danach fragen, ob er das sein darf, was er ist, oder es erst werden muss.

In der biblischen Logik erfährt der Mensch sein Selbst durch das ihm gesetzte Gegenüber des Gottes, der nicht der Mensch selbst ist oder ein Spiegel seiner selbst oder eine Projektion seiner Sehnsüchte, sondern Gott als der fremde Gott, der Andere in seiner Einzigartigkeit. Darauf mag mit Gen 1,20 hingewiesen werden, wenn es heißt: „Und Gott sprach: Lasset uns Menschen machen, ein Bild, das uns gleich sei. Und Gott schuf den Menschen zu seinem Bilde, zum Bilde Gottes schuf er ihn; und schuf sie als Mann und als Frau." Der Schöpfer schuf den Menschen sozusagen in eine grundlegende Differenz hinein. Und er schuf den Menschen in eine Zugehörigkeit von Gott und Menschen als seinen Geschöpfen. Die Differenz von Gott und Mensch lässt alle anderen Differenzen, zum Beispiel die der Geschlechter, nicht mehr als absolut und normierend gelten. Gott erschuf die Menschen nicht nur in die Differenz, sondern in die Zugehörigkeit hinein; im Blick auf Gen 2,19–25 heißt das zunächst: in die Zugehörigkeit von Mann und Frau. Der Schöpfer überlässt es nicht dem Zufall, ob die beiden sich finden, sondern er führt sie fürsorglich zueinander. In allem handelt Gott als Person an den Menschen, die vom Anfang ihres Werdens an geschaffene Personen sind:

> In Gottes Personsein – in seinem Handeln als Schöpfer, Versöhner und Vollender – ist das Personsein des Menschen begründet: Gott geht als Person aus sich heraus, er will ein Gegenüber, den von ihm Unterschiedenen und für ihn Freien, ohne sich dabei zu verlieren. So ist Gott als Person nicht nur selbständig ‚für sich da', sondern niemand kann seine Stelle einnehmen. Und menschliches Personsein besteht gleichfalls nicht in einem unveräußerlichen Für-sich-Sein, sondern darin, dass ein Wesen geschaffen wird als von Gott gewollte Existenz, die er namentlich ruft in

> Leben und Sterben. Person ist und bleibt der Mensch, weil und indem er in Gottes Tun einbezogen ist, auch er in eigener, unersetzlicher, kurz: ‚persönlicher' Weise. Und Gott stellt jede Person in eine Fülle von Beziehungen hinein, auf die sie zuzugehen vermag und die sie auf sich wirken lassen kann, ohne sich an sie preiszugeben und sich aus ihnen zu erklären.[10]

Die Einzigartigkeit des Selbst beruht auf der ganz anderen Einzigartigkeit Gottes, der sich Menschen mitteilt.

2. *Institutionelle Orte christlicher Tradition*

Es braucht eine zuverlässige Praxis, wo Menschen die sie anredenden Worte Gottes hören können. Gerechtfertigt werden und gerechtfertigt sein in dem genannten Sinn ist ja nicht einfach als eine substanzielle Auszeichnung des Menschen zu verstehen – möglicherweise gar als Kennzeichen evangelisch-christlicher Identität oder eines christlichen Menschenbildes. Vielmehr ereignet sich das immer wieder neu im alltäglichen Leben. Dazu braucht es Sprache, einen Ort und eine Praxis – im Sinne Seyla Benhabibs „institutionelle Orte und Verfahren"[11]. Als eine solche Praxis sind Kirche und Gottesdienst, Seelsorge und Unterricht zu verstehen. Diese Praxis ist theologisch zu bedenken, keineswegs nur in den Bereich der Anwendung des theologisch Erkannten zu verlagern. So genügt es nicht, die „Rechtfertigungslehre" als Lehr- und Lernstoff weiterzugeben, wenn nicht zugleich auf diese Praxis verwiesen und gezeigt wird, wie sie ausgeübt wird und wie Menschen sich in dieser Praxis aufhalten.

Die Kirche wird im Gottesdienst immer wieder neu als Gemeinschaft konstituiert. Sie bildet sich nicht selbst aufgrund gemeinsamer Interessen oder Aufgaben oder gemeinsam geteilter Werte, etwa dem miteinander geteilten Glauben oder dem gemeinsamen Wunsch nach Gemeinschaft oder Freundschaft. Das alles kann eine wichtige Rolle spie-

10 Sauter, Gerhard, Menschsein, in: GluL 1, 1986, 101–110, 106.
11 Vgl. Benhabib, Selbst im Kontext (Anm. 1), 96ff.

len, aber dies sind nicht die Elemente, die die Gemeinschaft der Gläubigen konstituieren. Gemeinschaft wird durch etwas konstituiert, das außerhalb ihrer selbst existiert, durch den Anderen, das Gegenüber, und das hat Konsequenzen für das gegenseitige Verstehen. „Der Primat der Gottesliebe relativiert den Gegensatz von mir und den anderen. Ich bin so wichtig wie jede andere, und jeder andere ist so wichtig wie ich. Mangels eines solchen gemeinsamen Gegenübers wird der Gegensatz zwischen mir und den anderen absolut."[12]

Wenn es in dem bekannten Tauflied heißt „Ich bin getauft auf deinen Namen ...", dann meint das für den Täufling, eine unverwechselbare Person zu sein und einen unverwechselbaren Namen zu haben, so wie dieser Gott, der Menschen anredet, sie mit ihrem unverwechselbaren Namen anredet. Es heißt aber zugleich, dass das Getauftwerden auf den Namen Jesu den Täufling in eine Geschichte hineinholt. Der Zuspruch und die Bestätigung der Einzigartigkeit vor und für Gott drückt sich grundlegend im Akt der Taufe aus, die am Einzelnen vollzogen wird, aber zugleich den Einzelnen in die Gemeinschaft der Kinder Gottes stellt. Es geschieht etwas unvertretbar Einmaliges: Der Täufling wird durch den Taufritus Christ und in die Gemeinde aufgenommen. In sozialtheoretischer Sprache könnte man es so sagen, dass die Taufe ein öffentlicher Akt und ein Geschehen ist, bei dem dem Einzelnen und der Einzelnen eine bestimmte soziale Identität zugeschrieben wird. Der Täufling wird per Zuspruch und Ritus (Wort und Zeichen) Christ, aber das niemals für sich allein, vielmehr wird er gleichzeitig in die Gemeinschaft der Gläubigen aufgenommen. Er muss sich diese Gemeinschaft nicht erst suchen oder erwerben, er findet sich fortan darin vor, in welcher Nähe oder Ferne er sich seiner eigenen Wahrnehmung und Einschätzung nach auch tatsächlich darin aufhält. Diese Zugehörigkeit ist unaufkündbar und ist vergleichbar dem Hineingeboren werden in eine Familie, die ebenso unaufkündbar ist.

Der Täufling wird „hineingeboren" in die Kirche, in die Tradition des Volkes Gottes, die ihm vorgegeben ist. Inner-

---

12 Prange, Klaus, Lernen ohne Gnade, in: ZfP 3, 1996, 314–322, 314.

halb der Praxis der Kirche geht es um das Empfangen und das Weitergeben des Empfangenen. Das Empfangene ist nicht einfach als das einmalig Vorgegebene zu verstehen, das in einen Wissensbestand überführt werden könnte, der weitergegeben wird. Gewiss handelt es sich auch um ein Wissen, allerdings um eines, das ohne die lebendige Tradierung tot bleibt. Es ist das, was die Kirche selbst immer wieder neu empfängt wie die Vergebung der Sünden und die Weisungen zum Leben und Tun. Die Kirche hört die biblischen Geschichten und wird durch sie in eine gemeinsame Tradition gestellt.

Beides miteinander bildet das aus, was wir Tradition nennen: das Empfangen und das Weitergeben. Die Kirche *hat* nicht eine Tradition, über die sie selbstständig verfügen könnte, etwa indem sie darüber befindet, was weiterzugeben, aktuell bzw. tradierungswürdig ist. Sie kultiviert nicht einfach eine kollektive Erinnerung oder ein kollektives Gedächtnis, um nicht geschichtsvergessen zu werden oder um aus der Geschichte zu lernen. Sie tradiert das, was sie selbst immer wieder neu empfängt, damit andere es empfangen können, indem sie es an diese weitergibt. Die jeweils Jüngeren sollen dann das Empfangene selbst erproben und wieder weitergeben an die zukünftigen Generationen.

Aber zunächst geht es darum, zu erproben, wie das Empfangene sich im Leben der einzelnen Menschen und der jeweiligen Generation in einer bestimmten Zeit und gegenüber jeweils anderen Herausforderungen bewährt. Paradigmatisch dafür können die Zehn Gebote stehen, die Menschen als die guten Weisungen Gottes empfangen, mit ihnen als „Du“ angeredet werden – immer wieder neu – und herausfinden müssen, wie sich die Gebote in ihrem Leben, in der Kirche und in der Gesellschaft bewähren und wie Menschen persönlich mit ihnen leben können. In diesen lebenspraktischen, gesellschaftlichen und politischen Auseinandersetzungen geben sie die selbst empfangenen Gebote weiter, so dass sich die zukünftige Generation wieder mit diesen auseinander setzt und erprobt, wie sie selbst mit den Geboten leben wird. So wird Tradition gelebt und weitergegeben. Erst so ist überhaupt von Tradition als einem lebendigen Geschehen zu reden.

Die Gebote sollen nicht befolgt werden, weil die Autorität Gottes im Hintergrund steht und normativ das Leben der Menschen regeln will, wodurch die Freiheit des Individuums eingeschränkt würde. Sie sollen nicht befolgt werden, um persönlich ein sittlich guter Mensch zu werden. Vielmehr zieht Gott Menschen mit den Geboten in eine Geschichte hinein, er bezieht sie und ihr Tun mit ein in *seine* Geschichte. In dieser Geschichte wollen sich die Gebote bewähren, damit das Miteinander in der Gemeinschaft gut wird – so wie sie sich bewähren sollten und sollen in der Geschichte Gottes mit seinem Volk Israel. Gott selbst steht dafür ein, dass die Gebote tragfähig sind; sie sind unverzichtbar mit der Verheißung Gottes verbunden. In der Beschäftigung mit den Geboten geht es zugleich darum, sich damit auseinander zu setzen, wie andere Generationen und andere Menschen mit diesen Geboten gelebt und wie sich die Gebote in diesem Leben bewährt haben. Die Gebote werden daher nicht einfach weitergegeben, weil sie ein wichtiges Traditionsgut sind oder weil sie nützlich sein können für das Zusammenleben in Kirche und Gesellschaft; sie werden auch nicht weitergegeben, um eine Gemeinsamkeit zu stiften, die abhanden gekommen zu sein scheint. In diesem Sinne werden gemeinsame Werte und eine gemeinsame Kultur, gar eine „Leitkultur", eingeklagt. Die hoch dotierte Rede von Freiheit und Pluralismus passt mit diesen Forderungen keineswegs zusammen. Die Gebote werden weitergegeben innerhalb der Geschichte, in die der einzelne Mensch mit seiner persönlichen Lebensgeschichte einbezogen ist, in die er verwickelt wird und sich immer wieder neu verwickeln lassen soll.[13] Diese Geschichte wird immer wieder neu erzählt, weitergegeben, mitgeteilt, damit Menschen sie hören, sich mit ihr auseinander setzen und sich in sie verwickeln lassen. „‚Geschichte' gibt es nicht ohne eine bestimmte Tradition. Die Weitergabe dieser bestimmten Geschichte ist nicht ein anonymer Prozess einer kollektiven

13 Vgl. Ulrich-Eschemann, Karin, Biblische Geschichten und ethisches Lernen. Analysen – Beispiele – Perspektiven, Frankfurt/M. 1996.

Erinnerung, sondern die Erzählung selbst wird institutionalisiert. Hier ist der Beginn dieser Institution zu greifen: es wird immer wieder so sein, dass dich dein Sohn fragt, und dann sollst du diese Erzählung weitergeben."[14]

Tradition ist also kein Wissensbestand, vielmehr ist Tradition als ein Vorgang zu beschreiben, der davon ausgeht, dass einer mit dem anderen zusammenlebt. Der einzelne Mensch hat also nicht für sich eine Tradition, und er wählt auch nicht das aus der Tradition aus, was ihm passt und womit er sich möglicherweise ja identisch fühlt. Tradition ist von vornherein etwas Gemeinsames, so wie auch der Glaube etwas uns Gemeinsames ist. „Die Praxis des Weitergebens und Mitteilens umgreift nicht das, was sich als Konvention fortsetzt und weiterentwickelt. Das Tradieren ist selbst eine bestimmte Praxis innerhalb des vielfältigen Fortgangs der Erinnerungen und Konventionen. Eine Tradition ist die in gewisser Weise hervorgehobene Geschichte."[15]

3. *Das gottesdienstliche Credo: „Ich" und „Wir" im Wechselspiel*

Ein gutes Beispiel für den miteinander geteilten Glauben und die aktive Tradierung ist das Credo, wie es im sonntäglichen Gottesdienst von der Gemeinde gesprochen wird. Wer ist das „Ich", das im Apostolischen Glaubensbekenntnis mit der Gemeinde in die Geschichte Gottes einstimmt: „Ich glaube …"? Bekannt sind Ängste und Bedenken von Gottesdienstbesuchern, sich dem Kollektiv verpflichtet zu fühlen, von ihm vereinnahmt zu werden. Bekannt sind ebenso Versuche, persönliche Glaubensbekenntnisse zu formulieren, die den Glauben des Einzelnen oder der Einzelnen eher zur Sprache bringen können, sodass er oder sie sich beim Sprechen wohl fühlt, zuhause – identisch mit sich selbst. Aber ist mit dem „Ich" das je einzigartige Subjekt gemeint, oder ist

14 Ulrich, Hans G., Wie Geschöpfe leben. Konturen evangelischer Ethik, Münster 2005, 207.

15 Ebd.

es das „Ich“ der Gemeinde, das eine eigene Größe darstellt (die „Gemeinschaft der Heiligen“) und nicht einfach die Summe von verschiedenen Individuen ist? Wenn Christus und die Gemeinde zusammengehören und Christus der Herr der Gemeinde ist, dann ist er auch „mein“ Herr. Doch hier entstehen für die Glaubenden Fragen und Widerstände, die sich zum Beispiel so äußern: Wo und wie komme ich denn eigentlich vor im Gottesdienst? Muss ich das denn alles glauben? Werde ich persönlich jetzt auf das festgelegt, was ich da mitspreche?

Gewiss, das Apostolische Glaubensbekenntnis verführt dazu, „Ich“ zu denken – und vielleicht sogar nur „Ich“. Das „Ich“ ist in unserem Denken und Fühlen ziemlich überstrapaziert worden, aber beim Sprechen des Credos darf es sich in gewissem Sinne erholen, denn hier geht es um die bekennende Gemeinde, um die Gemeinde als von Gott angesprochenes Ich. Im gemeinsamen Sprechen des Glaubensbekenntnisses finden die Gläubigen zusammen und ist das einzelne Ich aufgehoben. Wenn wir im Gottesdienst das Credo miteinander sprechen, dann sind wir Kirche im gemeinsamen Sprechen. Hier kommen also nicht „dein“ Glaube und „mein“ Glaube vor, sondern die Kirche mit ihrem lobpreisenden Bekennen. Es geht dann nicht darum, was „ich“ glauben soll, sondern im Credo wird vom umfassenden Handeln Gottes an uns erzählt, in das wir mit dem Bekenntnis lobend einstimmen. Es enthält die ganze Geschichte Gottes mit seinen Menschen und der von ihm geschaffenen Erde und Kreatur, wie wir sie sonst nie hören. Für diese ganze Geschichte steht Gott ein, dafür müssen wir nicht einstehen wollen mit unserem Glauben, obwohl wir natürlich versuchen zu verstehen und immer wieder neu auch verstehen können.

Das „Ich“ findet sich in seiner Existenz immer schon in einem „Wir“ vor, im Geschöpfsein mit anderen Geschöpfen, in Beziehungen zu anderen. Das „Ich“ ist geworden in einer Beziehung (Mutter-Kind), von einem Du erschaffen und ins Leben gerufen (Gott). Es kann sich selbst nur als „Ich“ wahrnehmen, nicht nur weil es ein „Du“ als Gegenüber gibt, von dem her es sich selbst als „Ich“ erkennen kann, vielmehr weil es sich schon immer in einem „Wir“ aufhält. Dies ist an biblischer Redeweise zu erkunden, insbesondere an der Sprache der Psalmen: Singular und Plural stehen dort in einem beständigen Wechsel in Rede und Anrede. Die einzelne Person findet sich immer schon vor im Volk Gottes. Das Volk Gottes selbst ist ein Singular: Gott hat sich dieses Volk erwählt, nicht aber viele Einzelne zu einem Volk zusammengeschlossen (obwohl im Alten Testament auch von der Erwählung einzelner Personen die Rede ist, spielen diese doch die erwählte Rolle nur innerhalb des ganzen Volkes und für das ganze Volk). Dies trifft in gleicher Weise für die christliche Gemeinde zu. Daher finden wir diesen Wechsel auch im Credo vor, denn hier steht neben dem „Ich“ der Plural: „unseren Herrn“, „die Lebenden und die Toten“, „Gemeinschaft der Heiligen“, „Auferstehung der Toten“. Wenn die individuelle Person einstimmt, dann geht es sehr wohl um die singuläre Person, die spricht, doch sie selbst gibt sich nicht als Thema ein, sondern wird vielmehr in anderer Weise zum Thema gemacht: Das Ich wird sich heilsam entzogen, indem es in die Geschichte und in die Gemeinde der Heiligen hineingestellt wird. Wenn das Apostolische Glaubensbekenntnis seinen ursprünglichen Sitz im Leben bei der Spendung der Taufe hat und durch die Taufe die menschliche Existenz eine andere Richtung bekommt, dann wird die getaufte Person im Bekennen immer wieder neu in diese Ausrichtung hineingestellt. Die Person tritt heraus aus dem möglicherweise selbst-verschlossenen Ich, das sich vielleicht in seiner Identität bewahren und schützen will. Sie lässt sich hineinstellen in die Gemeinschaft der Glaubenden. Die einzelne Person wird so zum Glied am Leib Christi; als solches hat sie teil an dieser Geschichte des Heilshandelns Gottes.

Das Ich wird sich selbst entzogen, um Gott an sich handeln zu lassen und sich selbst dadurch neu verstehen zu können. Der Mensch spricht im Bekenntnis nicht einfach nicht von sich, vielmehr in anderer Weise von sich. Im Einstimmen in Gottes Handeln im Sprechen des Glaubensbekenntnis ist der Glaubende frei, frei von sich für Gott, um ihn an sich handeln zu lassen. Er kann geradezu selbstvergessen sein, indem er einstimmt in das, was von Gott her zu sagen ist.

Darin liegt der heilsame, tröstliche Charakter des Bekenntnisses, das von der ganzen Gemeinde gesprochen wird, nicht aber intentional vom Einzelnen. Im gemeinsamen Bekennen hört der Einzelne andere sprechen und spricht selbst, so ist er als Bekennender zugleich immer auch Hörender und Beschenkter.

Der singuläre Mensch kommt im Gottesdienst mit seiner Identität in der Weise vor, dass er hineingenommen wird in die Zugehörigkeit zu Gott und das gemeinsame Tun der Gemeinde – zum Beispiel beim Singen und Beten und beim gemeinsamen Sprechen des Credos. Er ist bei sich selbst und wird doch zugleich weggelenkt von sich auf Gott hin, von dem aus der Anruf an ihn ergeht und gleichzeitig an die anderen singulären Menschen neben ihm. So gilt das bekannte Jesajawort („Fürchte dich nicht, ich habe dich bei deinem Namen gerufen, du bist mein"; Jes 43,1) gewiss dem Volk Israel als Kollektiv und der Gemeinde der Christen und Christinnen, aber auch dem singulären Einzelnen; bekannt ist dieser Vers vor allem als Taufspruch und Konfirmationsspruch, der dem Einzelnen gilt und ihn zugleich in das Kollektiv stellt. Gleiches gilt für das gottesdienstliche Segenswort: „Der Herr segne *dich* …".

Auch beim Gebet wird deutlich, wie der Einzelne und die Gemeinschaft aufeinander bezogen sind. Daran erinnert die Pädagogin Ursula Cillien-Naujeck: „Im anderen zu sich selber kommen. Denn das Bemerkenswerte ist ja, dass gerade in diesem Ernstnehmen von Worten, die von Menschen aller Zeiten und Räume gesprochen werden, der Einzelne sich wahrhaftig finden kann; hier fallen dann Allgemeines und Konkretes, Überzeitlichkeit und Augenblick, Gemeinschaft und Individuum tatsächlich zusammen."[16] Im Vorgang des Sprechens des Credos und im Vorgang des gemeinsamen Gebetes steht die Gemeinde in der Tradition der Kirche.

16 Cillien-Naujeck, Ursula, Bildung im Informationszeitalter. Zum Gespräch zwischen Erziehungswissenschaft und Theologie, in: Pädagogische Rundschau 2, 1996, 235–245, 243.

4. *Zur Kirche gehören*

Die neueste EKD-Erhebung über Kirchenmitgliedschaft[17] hat gezeigt, dass die Loyalität gegenüber der evangelischen Kirche größer ist als erwartet, wenn auch die Mitgliedschaft sehr unterschiedlich gelebt wird, das Spektrum zwischen Distanz und Nähe sehr breit ist und die Mitgliedschaftsverhältnisse vielfältig sind.[18] In einem Kommentar hierzu heißt es:

> Während die quantitativen Befragungen mit mittlerweile vorhersehbarerer Regelmäßigkeit auf den Pfarrer als „Schlüsselfigur" sowie pfarramtliche Tätigkeiten (Kasualien, Seelsorge, Gottesdienste) und Diakonie hinauslaufen, ist hier über den Kreis der „Kirchentreuen" hinaus eine andere, von diesen Befragungen nicht erfasste Logik der Zugehörigkeit zur evangelischen Kirche erkennbar: Die Integration nicht durch die kasuelle Inanspruchnahme religiöser Dienstleistungen, sondern durch die Erfahrung eines „Belonging", einer erfahrbaren und erfahrenen Zugehörigkeit zu einem gemeinschaftlichen Interaktions- und Identifikationsraum, der zugleich eine „Plausibilitätsstruktur" (Peter L. Berger) für den christlichen Glauben darstellt.[19]

Die meisten Menschen, die wieder in die Kirche eintreten, geben als Grund an, wieder dazu gehören zu wollen.

Die Versuche theologischer Interpretation der Ergebnisse und die Suche nach Impulsen für kirchliches Handeln sind vielfältig – besonders im Hinblick auf die Mitglieder, die ihrer Kirche „treu" bleiben, indem sie nicht austreten, aber am kirchlichen Leben fast nicht oder gar nicht teilnehmen, sehr wohl aber das kirchliche Handeln hoch bewerten und ge-

---

17 Huber, Wolfgang/Friedrich, Johannes/Steinacker, Peter (Hg.), Kirche in der Vielfalt der Lebensbezüge. Die vierte EKD-Erhebung über Kirchenmitgliedschaft, Gütersloh 2006.

18 Vgl. Hermelink, Jan, Die Vielfalt der Mitgliedschaftsverhältnisse und die prekären Chancen der kirchlichen Organisation. Ein praktisch-theologischer Ausblick, in: Huber/Friedrich/Steinacker, Kirche in der Vielfalt (Anm. 17), 417–435.

19 Zimmermann, Johannes, Kommentar. Die vierte Mitgliedschaftsuntersuchung (Kapitel 2) aus (missions-)theologischer Perspektive, in: Huber/Friedrich/Steinacker, Kirche in der Vielfalt (Anm. 17), 135–140, 139.

naue Vorstellungen von den Aufgaben der Kirche haben. Thies Gundlachs Interpretationsversuch ist aufschlussreich: Er spricht von einem religiösen Delegationsprinzip, das besagt, dass gerade die Menschen mit einer distanzierten Kirchenzugehörigkeit die Kirche wertschätzen, weil sie sie selbst nicht in Anspruch nehmen.

> Sollte es auch in der modernen Welt so etwas wie einen ‚Vikariatsglauben der Kirche' geben, die gerade deswegen eine Akzeptanz bei den nicht stark kirchlich gebundenen Mitgliedern findet, weil sie spezifische Inhalte sichtbar positioniert und profiliert, ohne damit eine Integrationsideologie zu verbinden? Ist eine theologisch profilierte Kirche ohne Beteiligungs- und Übereinstimmungszwang gerade aus der Halbdistanz heraus zustimmungsfähig, weil sie Themen und Positionen vertritt, die man zwar nicht selbst übernehmen will, wohl aber froh ist, dass sie präsent sind?[20]

Über den Gedanken der Stellvertretung („Vikariatsglauben der Kirche“) kann man theologisch noch weiter nachdenken und fragen, welche praktischen Konsequenzen dieser Gedanke für kirchliches Handeln haben kann. Dieses Handeln sollte m. E. nicht vorrangig auf Werbung und Mission ausgerichtet sein. Es kann zum Beispiel gefragt werden, wie die nicht präsenten, distanzierten Kirchenmitglieder im Gottesdienst vorkommen. Auch die im Gottesdienst nichtanwesenden Christen bleiben ja verbunden mit der Kirche und können z. B. ins Fürbittengebet einbezogen werden. Die anwesenden Christen übernehmen in gewisser Weise eine „Stellvertreterfunktion“ für die, die nicht erschienen sind.

Die Ablehnung eines Beteiligungs- und Übereinstimmungszwangs darf jedoch nicht in protestantische Freiheit verkehrt werden, wie sie sich aus der Rechtfertigungslehre

20 Gundlach, Thies, Kommentar. Kirchliche Ränder – kirchliche Mitten? Mitgliedschaftstypologien als Irritation und als Orientierung kirchlichen Handelns, in: Huber/Friedrich/Steinacker, Kirche in der Vielfalt (Anm. 17), 197–202, 198. Es ist mir allerdings fraglich, ob das Reden von der Integration gleich unter Ideologieverdacht gestellt werden sollte: Mitglieder eines Fußballvereins oder eines Kunstvereins o. ä. fühlen sich ihrem Verein und seiner Sache verbunden, ohne zu befürchten, vereinnahmt zu werden.

ableiten ließe und wie dies in dem Votum von Jan Hermelink anklingt. Hermelink schreibt:

> Auf diesem Hintergrund lässt sich die Pluralität religiöser Überzeugungen in der Kirche als Ausdruck je individueller Aneignung und Umsetzung des Glaubensgrundes erklären (und ertragen), und ebenso die Vielfalt kirchlicher Bindung und kirchlichen Engagements. Wünschenswert erscheint, aus religionspsychologischen wie theologischen Gründen, zwar jedenfalls eine intensive kirchliche, vor allem soziale und gottesdienstliche Bindung. Aber die Kirche selbst kann und darf keine bestimmte Form der Mitgliedschaftsbindung geistlich verpflichtend machen – darin besteht die ekklesiologische Pointe der Rechtfertigungslehre. Darum hat sich eine evangelische Kirche auf eine *Vielfalt* von Mitgliedschaftsformen einzustellen, darunter auch auf die – theologisch hoch problematische, aber empirisch weit verbreitete – Überzeugung, man könne auch (ganz) ohne Kirche ein guter Christ sein.[21]

Hier tauchen die gängigen Topoi wie Pluralität religiöser Überzeugungen und individuelle Aneignung wieder auf, die für ein Verständnis von Kirche und Tradition, wie ich es hier dargelegt habe, nicht tauglich sind.

5. *Zu einer Konfession gehören*

Was kann in diesem Horizont mit „konfessioneller Identität" oder mit „konfessioneller Authentizität"[22] gemeint sein? Die sichtbare Gestalt der Kirche zeigt sich in den Gestalten verschiedener Konfessionen – nur so ist Kirche empirisch wahrnehmbar. Dabei geht es aber nicht in erster Hinsicht um die konfessionellen Unterschiede, die dann als die die Kirche trennenden Unterschiede wahrgenommen und beklagt werden. Die Kirche in ihren vielerlei Gestalten kann verstanden

21 Hermelink, Die Vielfalt der Mitgliedschaftsverhältnisse (Anm. 18), 428 (Hervorhebung im Original).

22 Anselm, Helmut, Herausforderungen. Spannungsfelder des Religionsunterrichts im 21. Jahrhundert. Studie mit Dokumentation, Zürich 2002, 213.

werden als sichtbares Zeichen des Reichtums Gottes.[23] Dieses Zeichen verweist auf Christus als den Herrn der Gemeinde im Sinne der universalen Kirche, die von ihm allein immer wieder neu konstituiert wird. Allerdings geht es dabei nicht primär um differente Lehrinhalte, vielmehr darum, wie Menschen einer bestimmten Konfession geprägt sind, wie sie ihren Glauben leben und sich in ihrer Tradition aufhalten.

Es ist zu wünschen und zu hoffen, dass das ökumenische Gespräch weitergeht, besonders auch im Religionsunterricht, aber gerade deshalb ist es nötig, dass sich Menschen einer bestimmten Tradition zugehörig fühlen und in ihr behaust sind. Das meint auch, dass sie vertraut werden mit zunächst äußerlich scheinenden Kleinigkeiten, z. B. damit, wie Christen einer bestimmten Konfession das Abendmahl in Empfang nehmen. Folgende Perspektive kann dabei wegweisend sein:

> Die Tradierung des christlichen Glaubens wird [...] vielleicht am ehesten gelingen, wenn jenseits von zelotischem Konfessionalismus und relativistischer Konfessionsmüdigkeit ein Weg beschritten wird, der den eingewurzelten Eigentümlichkeiten in Lebensstil, Frömmigkeitspraxis und Liturgie hinreichend Raum lässt. Wenn in katholischen Gottesdiensten Weihrauch und lateinischer Choralgesang mit der Begründung abgeschafft werden, das sei nicht ökumeneverträglich, liegt ebenso ein irenisches Fehlverständnis von Ökumene vor, wie wenn protestantische Christen auf die Feier des Reformationsfestes verzichten – aus Angst, dies könne ihr Verhältnis zu den Katholiken beeinträchtigen. Eine Substraktionsökumene, die alle konfessionsprägenden Merkmale abschleift, um ein homogenes Einheitschristentum zu gewinnen, führt in die Sackgasse. Das Modell einer Einheit in versöhnter Verschiedenheit ist daher nicht nur auf offiziell kirchenamtlicher oder ökumenisch theologischer Ebene, sondern auch auf der Ebene der gemeindlichen Praxis von unverwelkter Aktualität.[24]

---

23 „Es wird wohl Dei providentia *gewollt* sein, dass die Konfessionen nicht nur zu überwindende Fehlentwicklungen darstellen." (Anselm, Herausforderungen [Anm. 22], 237).

24 Türk, Jan-Heiner, Abschied von der Rückkehr-Ökumene, in: Hoping, Helmut (Hg.), Konfessionelle Identität und Kirchengemeinschaft, Münster 2000, 43–53, 51f.

Konfessionelle Prägungen bleiben nicht aus, sind sogar erwünscht, könnte man daraus schließen. Aber sie sind nicht das Kennzeichen des Kircheseins. Kirchesein ist konstituiert durch die Zugehörigkeit zu Christus, auf dessen Namen jeder einzelne Christ getauft ist, wie es in 1Kor 1,12f heißt: „Ich meine aber dies, dass unter euch der eine sagt: Ich gehöre zu Paulus, der andere: Ich zu Apollos, der dritte: Ich zu Kephas, der vierte: Ich zu Christus. Wie? Ist Christus etwa zerteilt? Ist denn Paulus für euch gekreuzigt? Oder seid ihr auf den Namen des Paulus getauft?“ Diese Zugehörigkeit eröffnet unter anderen Vorzeichen ein gemeinsames Gespräch, bei dem niemand nach seiner konfessionellen Identität suchen oder sie bewahren oder gegen andere verteidigen muss, weil er sich selbstverständlich darin aufhält.

V. Sich in einer gemeinsamen Praxis aufhalten – Tradition lernen im Religionsunterricht?

Es gibt etliche biblische Beispiele, die erkennen lassen, wie sich Menschen im gemeinsamen Lernen in einer Tradition aufhalten und so Tradierung geschieht – also nicht nur durch Verkündigung. Als klassischer biblischer Text wird dabei häufig Dtn 6,20–25 angeführt, der eingeleitet wird durch die katechetische Frage des Sohnes: „Was hat es auf sich mit den Zeugnissen, die JHWH, unser Gott, euch befohlen hat?“ Der fragende Sohn distanziert sich nicht von der Tradition, der er sich ja selbst zugehörig weiß („unser Gott“), wenn er so fragt („euch befohlen hat“). So wie dieser Sohn die Älteren befragt, wird in Zukunft immer wieder von Jüngeren gefragt werden, welche Erfahrungen die Älteren mit Gott und den Geboten in ihrer Geschichte gemacht haben. „Die Älteren sind rechenschaftspflichtig, denn auch sie sind wiederum die, die belehrt worden sind und die ihnen Vorausgehenden befragt haben. Die Älteren sind nicht einfach die Wissenden, vielmehr die, die die Taten Gottes bezeugen können und sollen, so wie sie diese selbst bezeugt bekommen haben.“[25] Es handelt sich um

25 Ulrich-Eschemann, Lebensgestalt Familie (Anm. 8), 138.

ein gemeinsames Lernen innerhalb der gemeinsamen Tradition. Die Tradition verbindet die Generationen miteinander. In diesem Sinne ist Tradition als gelernte zugleich eine gelebte – sie ist immer Praxis des Weitergebens.

In der Kirche gibt es unterschiedliche Orte, an denen dieses Lernen stattfindet. Für mich ist eine entscheidende Frage, ob auch der schulische Religionsunterricht ein solcher Ort des Traditionslernens sein kann und was in diesem Kontext „Lernen" heißt. Betrachtet man die letzten Jahrzehnte der Geschichte der Religionspädagogik und die verschiedenen Konzeptionen, dann ist leicht zu erkennen, wie sehr die Ablehnung des Traditionslernens und nicht selten auch die Abgrenzung von der Kirche zu einem tief sitzenden Muster verhärtet ist. Dabei stand die Abgrenzung von der „Evangelischen Unterweisung" Pate, die oftmals verkürzt und zugleich auch wenig differenziert als „Kirche in der Schule" oder als „Verkündigungsunterricht" verstanden wurde. Ich will diese Konzeption keineswegs wiederbeleben. Vielleicht kann es aber gelingen, diese tief sitzende Blockade in der Logik der hier entfalteten Gedanken aufzubrechen. Der Religionsunterricht an der öffentlichen Schule kann nicht die Aufgabe einer kirchlichen Sozialisation übernehmen wollen, er muss nicht die Lehre der Kirche „indoktrinieren" – so kann man es immer noch in der Literatur lesen, und erst recht muss er die Schüler nicht zum Glauben erziehen – das kann er gar nicht und das kann er auch nicht inszenieren wollen, indem er die Schüler zu erfahrungsorientiertem, meditationsgeleitetem, symbolträchtigem oder liturgischem Erleben hinführt. Dem Topos der Verkündigung entspricht der Topos des Glaubens. Beide Topoi sind auch in modernen Konzeptionen, wie säkular und allgemein diese auch immer den Religionsunterricht an der öffentlichen Schule zu begründen versuchen, unterschwellig vorhanden und sorgen für Irritationen. Innerhalb meines Verständnisses von Traditionslernen kann explizit und implizit auf die Begriffe Verkündigung und Glauben verzichtet werden.

Wenn es zum einen ein erklärtes Ziel des Religionsunterrichts ist, zur Identitätsbildung des Subjekts beizutragen, gehört dann dazu nicht auch, dass den Schülern und Schülerinnen die Zugehörigkeit zur christlichen Tradition und zur evangelischen Kirche als sozialer und geistiger Horizont bewusst gemacht wird? Dass sie hierin eine soziale Orientierung finden können, sich in sie eingewöhnen können und eine bestimmte Sprache lernen? Das entspräche meines Erachtens einer notwendigen anthropologischen Begründung des Religionsunterrichts.

Zum anderen wird auch darauf hinzuweisen sein, dass Lehrer und Schüler getauft und evangelische Christen und Christinnen sind und damit einer christlichen Tradition, wie sie in der Kirche geschieht, zugehören. Der Religionsunterricht wird bei allem, was hier geschieht, nicht davon absehen können, vielmehr kann er konstitutiv darauf Bezug nehmen.

Inzwischen kann vielfach von einer vorsichtigen Annäherung an Tradition und Kirche gesprochen werden, auch wenn manchmal komplizierte Konstruktionen vorgelegt werden, die diesen in gewissem Sinne einfachen Tatbestand leicht verdecken können – etwa dort, wo es vom besonderen Professionalitätsprofil der Religionslehrer heißt:

> Sie repräsentieren zwar nicht die „Kirche in der Schule" – aber sie unterrichten auch nicht „Religion ohne Kirche". Sie unterliegen keinem „Verkündigungsauftrag" und sind insofern keine „Glaubenszeugen" – aber sie werden mit ihrer „Religionszugehörigkeit" behaftet und sollen für die religiöse Perspektive transparent bleiben, auf die religiöse Bildung angewiesen ist. Sie sollen die „gelehrte Religion" in ein erkennbares Verhältnis zu ihrer „gelebten Religion" stellen – ohne dass sie die für religiöse Bildung konstitutive reflexive Distanz zu Gunsten zu starker Authentizitätsansprüche opfern. Sie halten in einem kaum zu überschätzenden Maße religiöse Traditionen im Fluss – und sollen dabei die Schülerinnen und Schüler urteilsfähig machen und nicht für eine bestimmte religiöse Tradition rekrutieren.[26]

Wenn auch in der religionspädagogischen Forschung immer wieder auf den Traditionsverlust und Traditionsabbrüche

26 Dressler, Bernhard/Schweitzer, Friedrich, Editorial des Themenheftes der ZPT: Religionslehrerinnen und Religionslehrer, 4, 2001, 287f, 287.

verwiesen wird, kann daraus nicht die Konsequenz gezogen werden, nur dieses zu thematisieren und im Religionsunterricht beurteilen zu lernen. Vielmehr geht es darum, Schülern und Schülerinnen zu helfen, dass sie in der christlichen Tradition ein Zuhause finden können, das heißt: den Religionsunterricht als Ort des Traditionslernens zu entdecken.[27]

Die empirisch erfassten Tatbestände lassen inzwischen eine andere Entwicklung erkennen. Die Einstellung der Religionslehrer gegenüber der Kirche und der Tradition scheint sich gewandelt zu haben. Hier besteht sehr viele größere Offenheit und die Bereitschaft, sich selbst aus der Tradition heraus wahrzunehmen. „Posttraditionelle Einstellungen kommen ohne das weltverändernde Pathos des Traditionsbruchs aus. Sie partizipieren z. B. an den Gewinnen seitheriger Individualisierungsprozesse, ohne sie erkämpft haben zu müssen. Sie können mit deutlich geringerem Abgrenzungsbedarf auf Traditionen zurückgreifen, ohne traditionelle Lebensgefühle repristinieren zu müssen."[28] Im Sinne meines Verständnisses kann es nun aber gerade nicht darum gehen, auf Traditionen zurückzugreifen, vielmehr sich selbst innerhalb einer Tradition verstehen zu lernen. Das meint, dass das Individuum Lehrer gar nicht im Zentrum stehen und von ihm keine überzeugende Persönlichkeitsstruktur oder Authentizität erwartet werden muss, sehr wohl aber seine Zugehörigkeit zur Kirche klar sein und er daraufhin befragt werden können sollte. Es handelt sich immerhin auch um die Kirche, die ihn beauftragt, Religionsunterricht zu erteilen. Im Hinblick auf das Selbstverständnis des Religionslehrers sind viele Erwartungen produziert worden, die auf das Individuum bezogen waren und die dieses in einem hohen Maße belasten können.

---

27 Vgl. Anselm, Herausforderungen (Anm. 22).

28 Dressler, Bernhard, Religion und Enttraditionalisierung. Beobachtungen zum Generationswandel bei Religionslehrerinnen und -lehrern, in: ders./Feige, Andreas/Schöll, Albrecht (Hg.), Religion – Leben, Lernen und Lehren. Ansichten zur „‚Religion' bei ReligionslehrerInnen", Münster 2004, 29–46, 41.

Die Bindung des Faches an die Kirche scheint von vielen Religionslehrern akzeptiert zu sein, gerade auch in seiner konfessionellen Gebundenheit trotz vielfacher konfessionell-kooperativer, ökumenischer und teilweise auch interreligiöser Zusammenarbeit. Die Auswertung einer Befragung von Religionslehrern und Religionslehrerinnen in westfälischen Grundschulen ist aufschlussreich. Es wird von einer doppelten Aufgabe des Religionsunterrichts gesprochen: „In einer bestimmten Konfession bzw. Religion zu ‚beheimaten' und zugleich zur ‚Verständigung' mit anderen Konfessionen und Religionen beizutragen."[29]

Auch der Religionsunterricht ist der Ort des Traditionslernens, wobei gar nicht einmal zuerst an kirchliche Lehre gedacht werden muss. Schon die Arbeit mit und an der Bibel bedeutet ein Sichzurechtfinden in der Tradition, der Schüler und Lehrer zugehörig sind. Die Unterscheidung von „Believing" und „Belonging" kann hierbei einerseits hilfreich sein, aber andererseits auch problematisch, wenn daraus gefolgert wird, dass es offenbar Kirchenmitgliedschaft ohne Glauben gibt und Glauben ohne Kirchenmitgliedschaft. Die Orientierung an der Zugehörigkeit zur christlichen Tradition und der Kirche bietet einen Ausweg aus diesem Dilemma. Die Zugehörigkeit muss den Glauben nicht aus einem Gegensatz heraus konstruieren oder den Glauben gar als Voraussetzung der Zugehörigkeit verstehen. Könnte man sich vorstellen, auf die Frage, was man glaubt, so zu antworten „Ich gehöre zur evangelischen Kirche"? Bekannt ist eher die Aussage: „Ich bin evangelisch!". Damit versteht sich das antwortende „Ich" als in einer Tradition stehend, auch wenn es vielleicht nur auf ein gängiges Sprachmuster zurückgreift. Es kann eine große Entlastungsfunktion für Religionslehrer und Religionslehrerinnen bedeuten, wenn sie so reden dürfen.

29 Lück, Christhard, Beruf Religionslehrer. Selbstverständnis – Kirchenbindung – Zielorientierung, Leipzig 2003, 394.

Meinungsfreiheit – eine Herausforderung für religiöse Identitäten

Christoph Baumgartner

Am 30. September 2005 veröffentlichte die dänische Tageszeitung Jyllands-Posten zwölf Zeichnungen, die den islamischen Propheten Mohammed zum Thema haben.[1] Einige der Karikaturen setzten sich – meist indirekt – mit dem wachsenden islamistischen Terror im 21. Jahrhundert auseinander. So war Mohammed beispielsweise auf einer Karikatur mit einer Bombe als Turban dargestellt. Die Veröffentlichung dieser Karikaturen rief weltweit zahlreiche Proteste unter Muslimen hervor, die vor allem in vorwiegend islamischen Ländern äußerst gewalttätig verliefen. Diese Proteste waren teilweise politisch motiviert und dementsprechend organisiert und inszeniert. Es steht jedoch außer Frage, dass sich zahlreiche muslimische Bürgerinnen und Bürger westlicher freiheitlich-demokratischer Gesellschaften durch die Veröffentlichung der Karikaturen aufrichtig verletzt fühlten. Diese Menschen erfuhren die Veröffentlichung der Zeichnungen als Frevel und als ein Mit-Füßen-Treten von Symbolen und Überzeugungen, die wesentlicher Bestandteil ihres Glaubens und für ihre religiöse Identität von zentraler Bedeutung sind.

Der Konflikt, an dessen Beginn die Veröffentlichung der Mohammed-Karikaturen stand, ist nur ein Beispiel, an dem die Herausforderungen, die aus dem Recht auf freie Meinungsäußerung für Angehörige bestimmter religiöser Gemeinschaften resultieren, deutlich werden. Weitere Beispiele

1 Zur Debatte um die in Jyllands-Posten veröffentlichen Mohammed-Karikaturen vgl. Reuter, Lars, Hintergründe zum dänischen Karikaturenstreit, in: Stimmen der Zeit 4, 2006, 239–251.

sind die Affäre um Salman Rushdies Roman *Die Satanischen Verse* in den 80er und 90er Jahren, die Reaktionen auf den islamkritischen Kurzfilm *Submission* von Ayaan Hirsi Ali und Theo van Gogh – Theo van Gogh wurde im November 2004 von einem islamistischen Eiferer auf offener Straße ermordet, und Ayaan Hirsi Ali musste monatelang untertauchen und sieht sich bis heute mit Todesdrohungen konfrontiert – sowie die Debatte über eine islamkritische Aussage eines byzantinischen Kaisers aus dem 15. Jahrhundert, die Papst Benedikt XVI. in einer Rede an der Regensburger Universität im September 2006 zitierte.[2]

Dieser Beitrag setzt sich mit der Frage auseinander, wie die offenbar bestehenden Spannungen, die aus der Meinungsfreiheit für zahlreiche Gläubige und deren religiöse Identitäten resultieren, zu verstehen und ethisch zu beurteilen sind. Worin liegen die tieferen Ursachen der Proteste gegen bestimmte Meinungsäußerungen, Kunstwerke etc.? Und sollte das Recht auf freie Meinungsäußerung zu Gunsten eines besseren Schutzes von religiösen Identitäten begrenzt werden? Dabei konzentriere ich mich auf den Kontext von westlichen, freiheitlich-demokratischen und weltanschaulich pluralistischen Gesellschaften, in denen die Meinungsfreiheit als wichtiges Grundrecht grundsätzlich anerkannt ist. Die Begriffe „Meinungsäußerung" und „Sprachhandlung" werden weitgehend synonym verwendet und in einem weiten Sinn interpretiert. Sie bezeichnen Handlungen, mit deren Hilfe das Handlungssubjekt beabsichtigt, eine Meinung oder eine Einstellung zu kommunizieren.[3] Darunter fallen auch Handlungen wie das Produzieren und Ausstellen von Werken der Bildenden Kunst, das Schreiben und Publizieren von Büchern, das Zeichnen und Veröffentlichen von Karikaturen, das Verbrennen von Fahnen etc.

2 Die genannten Beispiele unterscheiden sich freilich signifikant voneinander. So ist zum Beispiel im Falle der von Benedikt XVI. zitierten Aussage durchaus von Bedeutung, dass sie vom Papst, also dem Oberhaupt einer christlichen Kirche, zitiert wurde.

3 Vgl. Scanlon, Thomas, A Theory of Freedom of Expression, in: Philosophy and Public Affairs 1, 1972, 204–226, 206.

I. Proteste gegen als verletzend empfundene Meinungsäußerungen im Bereich von Religion – zwei Interpretationen

1. Proteste als Zeichen der Zurückweisung der Meinungsfreiheit

Die genauen Ursachen und Hintergründe von Protesten gegen Sprachhandlungen, die von Gläubigen als Beleidigungen oder Verunglimpfungen von religiösen Überzeugungen, Symbolen und Werten erfahren werden, lassen sich nur in sehr seltenen Fällen eindeutig erklären. Die oben genannten jüngeren Konfliktfälle werden häufig als Folgen eines „Aufeinanderprallens verschiedener Kulturen" und der damit verbundenen Wertekonflikte verstanden. So erklärte zum Beispiel die ehemalige niederländische Parlamentarierin Ayaan Hirsi Ali im Februar 2006 in einer Rede in Berlin, der Streit um die Veröffentlichung der Mohammed-Karikaturen mache deutlich, dass in Europa eine durchaus bedeutende Anzahl von Menschen lebt, die nicht verstehen oder nicht akzeptieren wollen, wie eine liberale Demokratie funktioniert, und die wichtige Grundwerte freiheitlich-demokratischer Gesellschaften ablehnen – in diesem Fall vor allem die Meinungsfreiheit.[4] Eine Erklärung für diese Situation wird von dem niederländischen Philosophen Herman Philipse angeboten.[5] Philipse beschrieb im Jahr 2003 – also bereits vor der Ermordung Theo van Goghs und dem Streit um die Mohammedkarikaturen – eine drohende „Tribalisierung" der Niederlande durch die Zunahme allochthoner Bevölkerungsgruppen. Menschen, deren Wurzeln in Ländern wie Afghanistan, Marokko, Somalia oder dem Sudan liegen, sind Philipse zufolge von Kulturen geprägt, die „der" westlichen Kultur in entscheidenden Punkten diametral entgegenstehen. Philipse nennt hierzu Beispiele wie einen Mangel an Vertrauen gegenüber Menschen, die nicht der ei-

4 Hirsi Ali, Ayaan, The Right to Offend. Speech delivered in Berlin February 9, 2006, in: NRC Handelsblad, 10. Februar 2006.

5 Zum Folgenden Philipse, Hermann, Stop de tribalisering van Nederland, in: NRC Handelsblad, 27. September 2003.

genen (relativ kleinen) Gruppe angehören, die Ungleichwertigkeit von Mann und Frau, eine Dominanz eines „Ethos der Ehre" in stammesförmigen Kulturen, sowie – daraus resultierend – eine gewisse „Unfähigkeit" zu (öffentlicher) Selbstkritik, die Philipse zufolge aus dem in tribalen Gesellschaften vorherrschenden „Ethos der Ehre" resultiert: Das Eingeständnis eigener Fehler und Unzulänglichkeiten widerspricht – so Philipse – gerade dem Imperativ des Ethos der Ehre, demzufolge man sich selbst nicht als Schwächeren zeigt. Dies hat erhebliche Implikationen für das Verständnis von Konflikten, die sich aus der Meinungsfreiheit ergeben. Philipse zufolge „werden die meisten Muslime durch jede Kritik am Islam verletzt, so vernünftig und gerechtfertigt diese auch sein mag." Demzufolge wären Konflikte wie die oben beispielhaft genannten unvermeidbare und vorhersehbare Folgen einer Politik des Multikulturalismus, die auf ein Zusammenleben von Menschen mit deutlich unterschiedlichen (religiösen) Identitäten zielt, ohne von Allochthonen die Übernahme der zentralen Werte und Prinzipien westlicher freiheitlich-demokratischer Gesellschaften zu fordern. Die „Lösung" derartiger Konflikte erfordert Philipse zufolge dementsprechend eine Abkehr von dieser Form einer „Politik des Multikulturalismus" und eine weitgehende Assimilation von Menschen, deren Identitäten (noch) nicht durch die Grundwerte der freiheitlich-demokratischen Gesellschaften des Westens geprägt sind.

Eine derartige Erklärung von Protesten gegen als erniedrigend und beleidigend erfahrene Meinungsäußerungen im Sinne einer direkten Zurückweisung des freiheitlich-demokratischen Gesellschaftsmodells und des Rechts auf freie Meinungsäußerung greift meines Erachtens in verschiedener Hinsicht zu kurz. Zum einen wird die Interpretation von einem Vorverständnis dominiert, in dem der Status des Rechts auf freie Meinungsäußerung in einer Weise bestimmt wird, die eine Begrenzung im Bereich von Sprachhandlungen, die sich auf Religion beziehen, von vornherein auszuschließen scheint. Dies wird etwa in Hirsi Alis Berliner Rede daran deutlich, dass sie ihre Überlegungen zum Streit um die Mohammed-Karikaturen mit dem programmatischen Satz eröffnet „I am here to defend the right to offend“, und das „Recht zu beleidigen“ bei Hirsi Ali gewissermaßen als hermeneutischer Rahmen fungiert, innerhalb dessen sie das Recht und die Notwendigkeit einer entsprechenden Kritik am Islamismus, aber auch am Propheten Mohammed zu plausibilisieren versucht. Dadurch droht jedoch die Perspektive der protestierenden Gläubigen nicht hinreichend berücksichtigt zu werden. Darüber hinaus ist der Anwendungsbereich des beschriebenen Erklärungsmusters sehr begrenzt. Proteste von Gläubigen, deren Identitäten nicht in stammesförmigen Kulturen ausgebildet wurden und die westeuropäischen Ausprägungen der freiheitlichen Demokratie dezidiert positiv gegenüberstehen, können damit nicht erklärt werden. Kontroversen wie zum Beispiel die über *Piss Christ*, ein von dem Künstler Andres Serrano produziertes Werk, bei dem Serrano die Photografie eines Kruzifixes mit seinem Urin bearbeitete, die Debatte über die Ausstrahlung des Zeichentrickfilms *Popetown* im Fernsehsender MTV in Deutschland im Jahr 2006 oder die Diskussionen über die „Kreuzigungsszene“ bei Konzerten der Popsängerin Madonna während ihrer *Confessions*-Tournee (ebenfalls 2006) zeigen jedoch, dass bestimmte Meinungsäußerungen im Bereich von Religion keineswegs nur von muslimischen Immigrantinnen und Immigranten und deren Nachkommen als mitunter belastende Herausforderung für ihre Glaubensüberzeugungen und ihre religiöse Identität erfahren werden. Im Folgenden skizziere ich daher eine andere Interpretation, die Proteste gegen als verletzend und beleidigend erfahrene Meinungsäußerungen im Bereich von Religion analog zu den von dem Frankfurter Sozialphilosophen Axel Honneth beschriebenen „Kämpfen um Anerkennung“ analysiert und versteht. Die aus dieser Interpretation resultierende Erklärung derartiger Proteste in freiheitlich-demokratischen und weltanschaulich pluralistischen Gesellschaften Westeuropas beansprucht nicht umfassend oder exklusiv zu sein. Sie ist daher weniger als eine alternative Interpretation zu der oben skizzierten zu verstehen, als vielmehr als ein Versuch, auf anthropologische, soziale und religiöse Dimensionen der Proteste hinzuweisen, die von der oben genannten Interpretation nicht erfasst werden, deren Berücksichtigung für ein wirkliches Verständnis der Proteste, ihrer Ursachen und Intentionen jedoch notwendig ist.

2. *Proteste im Zeichen von „Kämpfen um Anerkennung"*[6]

Axel Honneth entwickelt seine Theorie vom „Kampf um Anerkennung" vor dem Hintergrund einer intersubjektiven bzw. relationalen Anthropologie, die er im Anschluss an frühe Arbeiten Hegels und die Sozialpsychologie George Herbert Meads beschreibt. Dabei ist wesentlich, dass der Prozess der Individuierung, also der Ausbildung der konkreten Identität einer Person, im Rahmen von Erfahrungen intersubjektiver Anerkennung erfolgt. Um ein positives Selbstverhältnis ausbilden und aufrechterhalten zu können, bedürfen Menschen, so Honneth, Erfahrungen der Anerkennung, wobei sich drei Anerkennungsformen unterscheiden lassen: affektive Zuwendung wie Liebe und Freundschaft, rechtliche Anerkennung und schließlich soziale Wertschätzung, bei der eine Person (im Unterschied zur Sphäre des Rechts) in ihren besonderen Eigenschaften und Fähigkeiten anerkannt wird. Erst eine derart umfassende Anerkennung erlaubt es menschlichen Subjekten, „sich auf ihre konkreten Eigenschaften und Fähigkeiten positiv zu beziehen."[7] Aus den drei genannten Anerkennungsformen resultieren Selbstvertrauen, Selbstachtung und Selbstwertgefühl als Formen eines positiven Selbstverhältnisses eines Menschen. Erfahrungen der Anerkennung sind Honneth zufolge jedoch nicht nur für die Ausbildung und Aufrechterhaltung eines ungestörten Selbstverhältnisses erforderlich, sie sind darüber hinaus auch notwendige Voraussetzungen für soziale Inklusion; zu Mitgliedern einer Gesellschaft können Individuen nur über Erfahrungen wechselseitiger Anerkennung werden.

---

6 Zum Folgenden vgl. Honneth, Axel, Kampf um Anerkennung. Zur moralischen Grammatik sozialer Konflikte. Erweiterte Ausgabe mit einem neuen Nachwort, Frankfurt/M. 2003.

7 Honneth, Kampf um Anerkennung (Anm. 6), 196.

Aus dem „unauflöslichen Zusammenhang, der zwischen der Unversehrbarkeit und Integrität menschlicher Wesen und der Zustimmung durch andere besteht“,[8] resultiert freilich auch eine besondere Verletzlichkeit. Menschen können nicht nur körperlich verletzt werden, sondern auch in ihrem positiven Selbstverhältnis, das durch Erfahrungen intersubjektiver Anerkennung ausgebildet wurde und dessen Aufrechterhaltung von Erfahrungen der Anerkennung abhängig ist. Derartige Verletzungen resultieren, so Honneth, aus Erfahrungen von Missachtung, wobei Honneth wiederum drei Formen von Missachtung unterscheidet. Physische Misshandlungen wie Folter und Vergewaltigung sind die elementarste Form von Missachtung. Sie resultieren häufig in einem „Verlust an Selbst- und Weltvertrauen, der bis in die leiblichen Schichten des praktischen Umgangs mit anderen Subjekten hineinreicht.“[9] Erfahrungen der Entrechtung und des sozialen Ausschlusses beschädigen hingegen die moralische Selbstachtung einer Person, da ihr hier die Anerkennung als vollwertiger, moralisch gleichberechtigter Interaktionspartner verweigert wird. Die dritte Form von Missachtungserfahrungen ist für die Thematik dieses Beitrags von besonderer Bedeutung. Dabei handelt es sich um die Herabwürdigung von konkreten Lebensweisen und Besonderheiten von Personen oder Gruppen in Form von Beleidigungen, Herabsetzungen und ähnlichem.

> Die evaluative Degradierung von bestimmten Mustern der Selbstverwirklichung hat für deren Träger zur Folge, dass sie sich auf ihren Lebensvollzug nicht auf etwas beziehen können, dem innerhalb ihres Gemeinwesens eine positive Bedeutung zukommt; für den Einzelnen geht daher mit der Erfahrung einer solchen sozialen Entwertung typischerweise auch ein Verlust an persönlicher Selbstschätzung einher, der Chance also, sich selber als ein in seinen charakteristischen Eigenschaften und Fähigkeiten geschätztes Wesen verstehen zu können.[10]

---

8 Honneth, Kampf um Anerkennung (Anm. 6), 212.
9 Honneth, Kampf um Anerkennung (Anm. 6), 214.
10 Honneth, Kampf um Anerkennung (Anm. 6), 217.

Kämpfe um Anerkennung resultieren nun aus Erfahrungen der Missachtung und dem Gefühl, dass andere Personen bestimmte Aspekte dessen, was meine Persönlichkeit ausmacht, ungerechtfertigter Weise nicht anerkennen.[11] Sie stellen etablierte und gesellschaftlich vorherrschende Formen der Anerkennung in Frage und zielen auf deren Veränderung. In Kämpfen um Anerkennung artikulieren Personen oder Personengruppen also gegenüber einer Gemeinschaft die Forderung, in ihrer konkreten Identität im oben beschriebenen Sinn geachtet und anerkannt zu werden. Um dies zu realisieren, bedarf es häufig einer Reorganisation gesellschaftlicher Institutionen wie dem Recht. Kämpfe um Anerkennung können daher als gesellschaftskritische Bewegungen verstanden werden.

Werden die muslimischen Proteste gegen die Veröffentlichung der oben genannten Mohammed-Karikaturen nun vor dem Hintergrund von Honneths Theorie von Kämpfen der Anerkennung interpretiert, so ergibt sich ein Bild, das sich von dem vorhin skizzierten deutlich unterscheidet. Diese Proteste, aber auch entsprechende Reaktionen auf Kunstwerke wie *Piss Christ,* sind nun nicht als Zeichen der Ablehnung des Rechts auf freie Meinungsäußerung oder anderer Grundwerte freiheitlich-demokratischer Gesellschaften zu verstehen. Sie erscheinen vielmehr als Reaktion von Gläubigen auf die moralische Erfahrung, durch die betreffende Sprachhandlung im Hinblick auf einen für sie wesentlichen Teil ihrer Identität *missachtet* zu werden. Die entsprechenden Meinungsäußerungen mit Bezug auf religiöse Symbole, Überzeugungen, Praktiken etc. werden demnach von einigen Gläubigen als etwas erfahren, wodurch sie in ihrer konkreten Identität als Gläubige und in der damit verbundenen Lebensweise erniedrigt und herabgewürdigt werden. Dementsprechend wären die Proteste als kritische Bewegungen zu verstehen, die *innerhalb* einer freiheitlich-demokratischen Demokratie auf deren Entwicklung in Richtung des normativen Ideals einer „wohl-

11 Vgl. Honneth, Kampf um Anerkennung (Anm. 6), 256–273; 316.

geordneten Gesellschaft“ zielen.[12] Als konkrete Mittel zur Realisierung dieser Entwicklung kämen spezifische Begrenzungen des Rechts auf freie Meinungsäußerung in Frage, beispielsweise durch Gesetze gegen Blasphemie oder die Beleidigung und Verleumdung von Gruppen *(group libel)*.[13]

Eine derartige Interpretation von Protesten gegen als verletzend und beleidigend erfahrene Meinungsäußerungen im Bereich von Religion eröffnet ohne Zweifel neue Perspektiven, die das Verständnis der Proteste erleichtern. Die Frage nach der Legitimität der in den Protesten zum Ausdruck kommenden Gesellschaftskritik und der implizit oder explizit artikulierten Forderungen ist damit freilich noch nicht beantwortet. Dieser Frage gilt das Interesse des folgenden Kapitels.

II. Schutz religiöser Identitäten – Rechtfertigung einer Begrenzung der Meinungsfreiheit?

Im Folgenden skizziere ich zunächst ein Argument für die Einschränkung des Rechts auf freie Meinungsäußerung im Kontext von als verletzend und beleidigend erfahrenen Sprachhandlungen mit Bezug auf religiöse Symbole, Überzeugungen, Praktiken etc. Dieses Argument bezieht sich direkt auf mögliche Konsequenzen derartiger Sprachhandlungen auf religiöse Identitäten. Im Anschluss daran wird dieses Argument im Hinblick auf seine Überzeugungskraft und

---

12 Den Begriff der wohlgeordneten Gesellschaft entnehme ich John Rawls' Theorie der Gerechtigkeit. Rawls kennzeichnet eine wohlgeordnete Gesellschaft als eine, „die auf das Wohl ihrer Mitglieder abzielt und in der eine öffentliche Gerechtigkeitsvorstellung maßgeblich ist.“ (Rawls, John, Eine Theorie der Gerechtigkeit, Frankfurt/M. 1975, 493). Im Hinblick auf das Thema dieses Beitrags wäre das Wohl der Mitglieder einer Gesellschaft so zu bestimmen, dass deren Schutz vor Erniedrigung und Missachtung auch im Bereich der Religion impliziert ist.

13 Vgl. dazu Parekh, Bhikhu, Rethinking Multiculturalism: Cultural Diversity and Political Theory, New York [2]2006, 313–317, sowie Richards, David A., Free Speech and the Politics of Identity, Oxford/New York 1999, 209–228.

Leistungsfähigkeit im Kontext weltanschaulich pluralistischer Gesellschaften kritisch analysiert.

1. *Ein Argument zur Rechtfertigung von Begrenzungen der Meinungsfreiheit im Bereich von Religion*

Das Argument zur Rechtfertigung von Begrenzungen der Meinungsfreiheit im Bereich von Religion geht von der oben beschriebenen intersubjektiven bzw. relationalen Anthropologie aus und damit von der Tatsache, dass die Individuierung von Menschen auf dem Weg der Sozialisierung erfolgt, das heißt in einem Netzwerk von Beziehungen. Dabei sind nicht nur zwischenmenschliche Beziehungen von Bedeutung, sondern auch Symbole, Erzählungen, Traditionen, Praktiken, Werte etc., auf die sich eine Person bei der Entwicklung, Aufrechterhaltung und Artikulation ihrer konkreten Identität bezieht.[14] Hierbei haben für zahlreiche Menschen explizit *religiöse* Symbole, Traditionen etc. einen wesentlichen Einfluss auf ihr eigenes Selbstverständnis, auf ihre Identität. Vor diesem Hintergrund lässt sich Jürgen Habermas zufolge auch der Sinn kultureller Rechte sowie der Religionsfreiheit verstehen.[15] Beide dienen dem Ziel, den Bürgerinnen und Bürgern einer Gesellschaft den gleichmäßigen Zugang zu denjenigen Überlieferungen, Praktiken, Erfahrungs- und Kommunikationszusammenhängen zu gewährleisten, welche für die Entwicklung und Aufrechterhaltung ihrer persönlichen Identität erforderlich sind bzw. gewünscht werden, und innerhalb derer die betreffenden Personen ihr eigenes Selbstverständnis artikulieren können.[16] Dabei ist es wichtig zu sehen, dass Habermas zufolge weder die Religionsfreiheit noch kulturelle Rechte als „Kollektivrechte" zu

14 Vgl. zum Folgenden Habermas, Jürgen, Zwischen Naturalismus und Religion. Philosophische Aufsätze, Frankfurt/M. 2005.

15 Vgl. zum Folgenden Habermas, Zwischen Naturalismus und Religion (Anm. 14), 276f.

16 Vgl. Habermas, Zwischen Naturalismus und Religion (Anm. 14), 276f; 307; 318.

verstehen sind. Trotz des im Falle kultureller Rechte expliziten Bezugs auf Gemeinschaften stellen sie vielmehr Rechte dar, die auf den Schutz der Integrität *des Einzelnen in der jeweiligen Gesellschaft* zielen. Es handelt sich um „subjektive Rechte, die eine vollständige Inklusion gewährleisten."[17]

Vor dem Hintergrund dieser Überlegungen zu subjektiven Rechten, die den Zugang zu identitätskonstitutiven Faktoren und damit auch einen gewissen Schutz der entsprechenden „kulturellen Matrix" gewährleisten sollen, ließe sich zur Rechtfertigung von Begrenzungen der Meinungsfreiheit im Bereich von Religion an eine Arbeit der australischen Philosophen Anthony Fisher und Hayden Ramsay anknüpfen.[18] In einer ethischen Analyse und Beurteilung des öffentlichen Ausstellens von Kunstwerken, die von Gläubigen als blasphemisch und in hohem Maße Anstoß erregend erfahren werden (das bereits genannte *Piss Christ* steht im Mittelpunkt ihrer Überlegungen) weisen Fisher und Ramsay darauf hin, dass das Recht auf freie Meinungsäußerung nur *ein* Recht innerhalb eines „Pakets natürlicher und positiver Rechte ist", zu denen auch das Recht auf Religionsfreiheit gehört. Da die unterschiedlichen Rechte dieses Pakets bisweilen miteinander konfligieren, müssen sie auf eine angemessene Art und Weise in eine Balance gebracht werden.[19] Eine Rechtfertigung eines Ausschlusses von Sprachhandlungen, die als beleidigend und degradierend erfahren werden, aus dem Geltungsbereich des Rechts auf freie Meinungsäußerung könnte an die oben skizzierten Überlegungen folgendermaßen anzuknüpfen versuchen: Religiöse Symbole, Traditionen, Überzeugungen, Praktiken etc. sind für die Identi-

17 Habermas, Zwischen Naturalismus und Religion (Anm. 14), 277.

18 Vgl. zum Folgenden Fisher, Anthony/Ramsay, Hayden, Of Art and Blasphemy, in: Ethical Theory and Moral Practice 3, 2000, 137–167. Das im Folgenden vorgestellte Argument wurde weder von Habermas formuliert, noch verteidigt oder auch nur diskutiert. Dessen oben skizzierten Überlegungen zum Sinn von Religionsfreiheit und kulturellen Rechten stellen hier allein einen Hintergrund dar, der das Verständnis des von Fisher und Ramsay beschriebenen Arguments erleichtern und das Argument möglicherweise sogar stärken könnte.

19 Fisher/Ramsay, Of Art and Blasphemy (Anm. 18), 163.

tät vieler Menschen von zentraler Bedeutung. Elemente, die für die Identität von Menschen von zentraler Bedeutung sind, sind schützenswert, ihr Schutz wird durch subjektive Rechte im oben beschriebenen Sinn gewährleistet. Bestimmte Sprachhandlungen können die Selbstachtung, das Selbstwertgefühl, das positive Selbstverhältnis und damit die Identität von Menschen massiv beschädigen, indem sie das, was für die Identität dieser Menschen von zentraler Bedeutung ist, öffentlich erniedrigen und herabwürdigen (siehe die oben skizzierten Überlegungen Axel Honneths). Derartige Sprachhandlungen verletzen subjektive Rechte, mittels derer die Integrität von Personen geschützt werden soll. Sie sind daher vom Geltungsbereich des Rechts auf freie Meinungsäußerung auszuschließen.

Zum Verständnis dieses Arguments in dem von Fisher und Ramsay beschriebenen Kontext eines Konflikts zwischen Meinungsfreiheit und Religionsfreiheit ist es wichtig zu sehen, dass das Argument von einer bestimmten Konzeptionalisierung des Rechts auf Religionsfreiheit abhängig ist. Religionsfreiheit muss hier „breit" interpretiert werden – also nicht nur als ein Recht, das das freie Ausüben der jeweiligen Religion *gestattet*, bzw. Handlungen verbietet, durch die Personen andere vom Praktizieren von deren Religion abhalten. Dieses Verständnis wird durch ein von Fisher und Ramsay zitiertes Statement des australischen Menschenrechtlers Michael Hains illustriert. Hains vertrat in der Debatte um die Ausstellung von Serranos *Piss Christ* in der National Gallery of Victoria in Australien 1997 die Position, dass das Recht auf Religionsfreiheit nicht lediglich die Freiheit bedeute, seine eigene Religion zu praktizieren. Religionsfreiheit impliziere, so Hains, vielmehr auch „das Recht, gegen Diskriminierung, Herabsetzung, Gewalt, grundlosen und ungerechtfertigten Spott und dergleichen geschützt zu sein."[20]

20 Fisher/Ramsay, Of Art and Blasphemy (Anm. 18), 163 (Übersetzung CB).

2. *Das skizzierte Argument in der Kritik*

Im Licht des skizzierten Arguments erscheinen rechtliche Einschränkungen der Meinungsfreiheit im Bereich der Religion auf den ersten Blick als Analogien zu Ausnahmeregelungen von gültigen Gesetzen, die aufgrund von Religion zugebilligt werden. Bekannte Beispiele sind etwa die Verkürzung der Schulpflicht bei Kindern, die der Gemeinschaft der *Amish* angehören (um zu verhindern, dass sie mit Inhalten vertraut gemacht werden, die mit der Lebensweise der Gemeinschaft der Amish unvereinbar sind), Ausnahmen von der Helmpflicht für Motorradfahrer für *Sikhs* (um das Tragen eines Turbans zu ermöglichen) oder die Erlaubnis des koscheren Schächtens von Tieren (beispielsweise für jüdische Metzger).[21] Eine derartige Betrachtungsweise verkennt jedoch, dass in den genannten Fällen „der triviale Fall des Vorrangs eines Grundrechtes vor einfachen Gesetzen oder Sicherheitsvorschriften“[22] vorliegt, während es sich beim Recht auf freie Meinungsäußerung um ein wesentliches *Grundrecht* handelt, das zudem für das Funktionieren von Demokratien essenziell ist. Es müssen daher sehr starke Argumente genannt werden können, um die Einschränkung dieses Rechts zu legitimieren. Für den Ausweis entsprechender Kriterien scheidet unter den Bedingungen freiheitlich-demokratischer und weltanschaulich pluralistischer Gesellschaften ein Rekurs auf religiöse bzw. theologische Inhalte meines Erachtens aus. Würde man sich nämlich auf bestimmte Glaubensüberzeugungen beziehen, so hätte dies zur Folge, dass die Doktrinen derjenigen Religionen, die (im jeweiligen Kontext) als „Sieger der Religionsgeschichte“ erscheinen, durch Einschränkungen der Meinungsfreiheit protegiert, abweichende Überzeugungen hingegen unterdrückt würden.[23] Dies illustriert das folgende Beispiel.[24]

---

21 Ich entnehme diese Beispiele Habermas, Zwischen Naturalismus und Religion (Anm. 14), 302. 309.

22 Habermas, Zwischen Naturalismus und Religion (Anm. 14), 302.

23 Dieses Argument wird ausführlich behandelt in Richards, Free Speech and the Politics of Identity (Anm. 13), 209–228.

24 Das folgende Beispiel wird diskutiert in Fisher/Ramsay, Of Art and Blasphemy (Anm. 18), 162f.

In den 1980er Jahren wurde von der Schottischen Nationaloper eine Inszenierung von Wagners Oper *Rheingold* aufgeführt, bei der die Rolle des Gottes Wotan von einem schwarzen Sänger gesungen wurde. Diese Inszenierung brachte eine Gruppe von Wotan-Verehrern auf, die die Absetzung der Inszenierung forderten, und zwar mit dem Argument, dass die Aufführung in religiöser Hinsicht Anstoß erregend bzw. beleidigend sei, denn es ist Teil des Glaubens dieser Wotan-Verehrer, dass die Götter weiß sind. Es liegt auf der Hand, dass die Forderung der Wotan-Verehrer in klarem Widerspruch zum Diskriminierungsverbot und damit zu einem der fundamentalsten Menschenrechte steht und zurückgewiesen werden muss. Anthony Fisher und Hayden Ramsay hingegen beziehen sich in ihrer Diskussion dieses Falles auf ein gänzlich anderes Kriterium: den Religionsbegriff.[25] Die beiden Autoren gestehen den Anhängern des Wotan-Kultes zwar zu, dass diese aufrichtig auf der Suche nach einer transzendenten Quelle von Sinn sind und religiöse Überzeugungen und Gefühle haben. Daraus folgt Fisher und Ramsey zufolge jedoch nicht, dass die Wotan-Verehrer auch tatsächlich eine Religion haben. Denn um als Religion im hier relevanten Sinn gelten zu können, müssten, so Fisher und Ramsey, die im Mittelpunkt dieses Kults stehenden nordischen Gottheiten über lange Zeit hinweg seitens der Gläubigen eine bestimmte Kultur, eine Moral, eine Lebensweise aufrechterhalten haben. Dies sei jedoch nicht der Fall – „was auch immer Wotan seinen Verehrern bieten mag, der Beitrag derartiger Kulte zu einer größeren Gemeinschaft ist in der Regel und oftmals absichtlich zu vernachlässigen."[26]

Die Kriterien, auf die sich Fisher und Ramsey bei der Rechtfertigung der Abweisung der Forderung der Wotan-Verehrer beziehen, deuten genau auf das Problem hin: eine Weltanschauung muss demzufolge gewissermaßen eine bestimmte Verbreitung und historische und kulturelle Wirk-

25 Vgl. Fisher/Ramsay, Of Art and Blasphemy (Anm. 18), 162f.

26 Fisher/Ramsay, Of Art and Blasphemy (Anm. 18), 162f (Übersetzung CB).

samkeit aufweisen, damit ihre Anhänger überhaupt hoffen dürfen, gegen Sprachhandlungen geschützt zu werden, die von den Betroffenen als verletzend und beleidigend erfahren werden. Bedeutet dies, dass die beschriebene Forderung der Wotan-Verehrer als berechtigt zu gelten hätte, wenn sie von Gläubigen erhoben worden wäre, deren Religion die von Fisher und Ramsey angedeuteten Kriterien erfüllt – trotz des bleibenden Widerspruchs zum Diskriminierungsverbot? Muss der Religionsfreiheit stets der Vorrang gegenüber anderen Rechten eingeräumt werden? Dies erscheint in hohem Maße kontraintuitiv und lässt sich im Rahmen einer Moraltheorie, die den Herausforderungen des weltanschaulichen Pluralismus gewachsen sein will, kaum rechtfertigen. Die Probleme, die sich aus dem Rekurs auf den Inhalt oder die kulturelle Bedeutung der betroffenen Glaubensgemeinschaft zur Bestimmung der Grenzen des Rechts auf freie Meinungsäußerung ergeben, sind keineswegs nur in derart „exotischen" Beispielen wie dem eben beschriebenen von Bedeutung. Dies verdeutlicht die Ungleichbehandlung von verschiedenen Weltreligionen im Gesetz Großbritanniens gegen Blasphemie. Aufgrund dieses Gesetzes wurde im Jahr 1977 der Herausgeber des Magazins *Gay News* zu einer Geldstrafe verurteilt, weil in dem Magazin ein Gedicht veröffentlicht worden war, in dem Jesus als Homosexueller dargestellt wurde.[27] Britische Muslime, die das Gesetz gegen Blasphemie nutzen wollten, um den Verkauf von Salman Rushdies Roman *Die Satanischen Verse* verbieten zu lassen, hatten 1991 hingegen keinen Erfolg – ihnen wurde richterlich erklärt, der Wirkungsbereich des Gesetzes gegen Blasphemie umfasse allein den Schutz der Glaubensüberzeugungen der Anglikanischen Kirche.[28] Eine derartige Begrenzung der Meinungsfreiheit mag sich zwar mit historischen Gründen erklären lassen. Vom Standpunkt einer universalistischen

27 Vgl. Levy, Leonard, Blasphemy. Verbal Offense against the Sacred, from Moses to Salman Rushdie, Chapel Hill/London 1993, 534–550; Richards, Free Speech and the Politics of Identity (Anm. 13), 209–228.

28 Richards, Free Speech and the Politics of Identity (Anm. 13), 215.

Moral der Menschenrechte muss sie jedoch als ungerechtfertigt und ungerecht gelten.

Wenn also theologische Kriterien für die Bestimmung von möglichen Grenzen der Meinungsfreiheit ausscheiden, dann bedeutet dies, dass die Tatsache, dass jemand Mohammed als Terrorist zeichnet, obwohl im Islam ein Verbot besteht, den Propheten bildlich darzustellen, und die Verbindung Mohammeds mit Terroristen, die die Motivation ihrer Attentate selbst (unter anderem) mit islamistischem Gedankengut erklären, nicht Bestandteil eines gültigen Arguments zur Rechtfertigung der Einschränkung der Meinungsfreiheit sein können. Gleiches gilt auch für die Tatsache, dass Jesus als homosexuell charakterisiert oder, wie im Fall der Werbung für den Trickfilm *Popetown,* lachend vor einem leeren Kreuz mit der TV-Fernbedienung im Sessel sitzend dargestellt wird – mit der Bildunterschrift „Lieber lachen statt rumhängen". Die damit kommunizierten Aussagen mögen vollkommen falsch sein, dies ist jedoch für das Argument zur Rechtfertigung der Begrenzung der Meinungsfreiheit nicht maßgeblich.

Damit ist die Frage nach möglichen Grenzen der Meinungsfreiheit im Bereich von Sprachhandlungen mit Bezug auf religiöse Symbole, Überzeugungen, Praktiken etc., die von Gläubigen als verletzend und beleidigend erfahren werden, allerdings noch keineswegs beantwortet. Ich kann an dieser Stelle auch keine befriedigende Antwort auf diese Frage geben. Im folgenden Abschnitt soll jedoch in Form zweier Thesen angedeutet werden, welche Kriterien von Bedeutung sind bei der Beantwortung der Frage, ob bzw. in welchen Fällen die Möglichkeit der Ausbildung und Aufrechterhaltung religiöser Identitäten gerechtfertigter Weise durch Beschränkungen der Meinungsfreiheit geschützt werden kann. Diese Thesen fassen die bisher angestellten Überlegungen teilweise noch einmal zusammen.

III. Schluss: Meinungsfreiheit als bleibende Herausforderung religiöser Identitäten

These 1: Das Recht auf freie Meinungsäußerung umfasst auch solche Sprachhandlungen, die von Gläubigen als Herabwürdigung, Verunglimpfung oder als Lächerlichmachen ihrer religiösen Überzeugungen erfahren werden können.

Sowohl die Meinungs- als auch die Religionsfreiheit sind in solchen Kontexten von Bedeutung, die durch einander teilweise widersprechende Überzeugungen gekennzeichnet sind. Mit Peter Jones kann man hier von „Toleranzverhältnissen" *(circumstances of tolerance)* sprechen,[29] denn Toleranz ist nur gegenüber Überzeugungen und Praktiken erforderlich, die man selbst ablehnt.[30] Jemanden anzuerkennen erfordert in Toleranzverhältnissen nicht, dass die Person, die eine andere anerkennt, die Überzeugungen, Praktiken, Werte etc., die für die anerkannte Person von Bedeutung oder gar heilig sind, auch selbst positiv beurteilt. Es ist vielmehr durchaus möglich und konsistent, eine Person anzuerkennen und zugleich deren Religion (oder nicht-religiöse Weltanschauung) abzulehnen, an dieser Anstoß zu nehmen oder gegen diese zu protestieren.[31] Konkret: Was für Peters Identität von zentraler Bedeutung ist, ist für Maria nicht „an sich" moralisch relevant oder gar wertvoll, sondern „nur" im Hinblick auf

---

29 Vgl. zum Folgenden Jones, Peter, Toleration, Recognition and Identity, in: The Journal of Political Philosophy 14, 2006, 123–143.

30 Vgl. Forst, Rainer, Toleranz im Konflikt. Geschichte, Gehalt und Gegenwart eines umstrittenen Begriffs, Frankfurt/M. 2003, 32: „Von größter Bedeutung für den Begriff der Toleranz ist es, dass die tolerierten Überzeugungen oder Praktiken in einem normativ gehaltvollen Sinn als falsch angesehen bzw. als schlecht verurteilt werden [...]. Ohne diese [Ablehnungs-]Komponente würde man nicht von Toleranz sprechen, sondern entweder von Indifferenz [...] oder von Bejahung".

31 Bisweilen erwarten wir dies sogar. In Fällen von Rassismus, Sexismus u. ä. impliziert die Anerkennung der rassistischen, sexistischen etc. Person als Rechtssubjekt nicht, dass wir uns einer Kritik am Rassismus, Sexismus etc. enthalten, auch nicht in Anwesenheit dieser Person. Die Kritik ist uns nicht nur gestattet, wir sind sogar in vielen Fällen dazu verpflichtet.

seine Bedeutsamkeit für Peters Identität. Identitäten und die für diese wesentlichen Werte, Traditionen, Überzeugungen etc. sind damit keineswegs der Kritik entzogen. Wenn Maria das, was für Peters Identität von zentraler Bedeutung ist, kritisiert, dann ist dies in moralischer Hinsicht durchaus erlaubt. Wenn die Form von Marias Kritik scharf oder sogar beleidigend ist, dann ist dies möglicherweise unangemessen. Maria handelt dann unanständig oder rücksichtslos, jedoch nicht notwendigerweise ungerecht – sie ist also nicht im strengen Sinn moralisch verpflichtet, ihr Handeln zu ändern. In diesem Sinne kann man daher m. E. durchaus mit Ayaan Hirsi Ali von einem „Recht zu beleidigen" sprechen, das im Recht auf freie Meinungsäußerung enthalten ist, auch wenn die Formulierung eines „Rechts zu beleidigen" äußerst missverständlich ist. Es handelt sich beim „Recht zu beleidigen" nämlich nicht um ein eigenständiges moralisches Recht, vielmehr wird mit dieser Formulierung allein zum Ausdruck gebracht, dass Meinungsäußerungen, die als beleidigend erfahren werden, nicht prinzipiell vom Recht auf freie Meinungsäußerung ausgeschlossen sind. Die Meinungsfreiheit ist jedoch – wie auch Hirsi Ali in ihrer Berliner Rede konzediert – auch im Bereich der Religion begrenzt. Darauf bezieht sich nun die zweite These.

These 2: Grenzen des Rechts auf freie Meinungsäußerung im Bereich von Aussagen, die sich auf religiöse Symbole, Überzeugungen, Praktiken etc. beziehen, müssen unabhängig von konkreten religiösen Überzeugungen gerechtfertigt werden.

Vor dem Hintergrund der oben angestellten Überlegungen ist deutlich, dass für die Bestimmung der Grenzen der Meinungsfreiheit Anthropologie und natürlich Ethik von Bedeutung sind, nicht jedoch Glaubenslehre und Fragen der Orthodoxie. Im hier untersuchten Zusammenhang ist von Bedeutung, dass die relevante Perspektive zwar unabhängig von bestimmten Religionen ist, jedoch durchaus der Tatsache Rechnung trägt, dass Religion und religiöse Symbole, Traditionen, Praktiken etc. für viele Menschen identitätskonstitutiv sind. Meinungsäußerungen, die solche identitätskonstitutive Faktoren derart degradieren, dass die davon betroffenen Personen der Möglichkeit beraubt werden, mit ihrer konkreten Identität ein positives Selbstverhältnis aufrecht zu erhalten und Selbstachtung und Selbstschätzung zu empfinden, könnten daher durchaus als in ethischer Hinsicht problematisch gelten. Solche Sprachhandlungen sind vor allem im Fall von Minderheiten oder gesellschaftlich marginalisierten Gruppen auch durchaus bekannt (etwa im Kontext von Rassismus, Sexismus und Homophobie).

Derart massive Formen sprachlicher Entwürdigung sind jedoch zu unterscheiden von Meinungsäußerungen, durch die eine Person in ihrer konkreten Identität *herausgefordert* wird oder die ihren Glaubensüberzeugungen widerspricht. Unter den Bedingungen weltanschaulich pluralistischer Gesellschaften – in Toleranzverhältnissen – ist es unvermeidbar, dass Gläubige wie Nichtgläubige mit öffentlich geäußerten Meinungen konfrontiert werden, die sie selbst als beleidigend, verletzend und erniedrigend empfinden. So fühlen sich etwa zahlreiche Homosexuelle durch Äußerungen des Heiligen Stuhls zu Fragen der Sexualmoral verletzt und gekränkt. Sie erfahren diese als Herabwürdigung ihrer persönlichen Lebensweisen bzw. als „evaluative Degradierung von bestimmten Mustern der Selbstverwirklichung",[32] die ihre eigene Identität kennzeichnen. Daraus kann jedoch nicht abgeleitet werden, dass die entsprechenden Verlautbarungen zu verbieten sind. Es ist vielmehr so, dass die Teilnahme am öffentlichen Leben in Gesellschaften, die von Toleranzverhältnissen geprägt sind, bestimmte kognitive und emotionale Kompetenzen voraussetzt, zu denen die Fähigkeit gehört, die Herausforderungen und bisweilen auch die Belastungen, die mit Meinungsäußerungen anderer verbunden sein können, gewaltfrei und möglichst produktiv bewältigen zu können. Dies mag Gläubigen von Religionen, deren Religion zum Beispiel durch den Einfluss der europäischen Aufklärung gewissermaßen „kognitiv modernisiert" wurde, und in denen, wie im Christentum, das Verhältnis zwischen Vernunft und

32 Honneth, Kampf um Anerkennung (Anm. 6), 217.

Offenbarung als ein Nicht-Widerspruchsverhältnis bestimmt ist,[33] leichter fallen als Menschen, deren kulturelle Wurzeln in stammesförmigen Gemeinschaften liegen und deren Religion nicht in gleicher Weise (d. h. nicht im westeuropäischen Sinn) „aufgeklärt“ ist. Dass jedoch ein vergleichbarer „Reformierungs-“ oder „Modernisierungsprozess“ beispielsweise auch im Islam möglich zu sein scheint, wird unter anderem an den Arbeiten von Abdullahi Ahmed An-Na'im deutlich, der versucht, eine Brücke zwischen dem Islam und den Menschenrechten sowie der konstitutionellen Demokratie vom Islam und seinen Quellen aus zu bauen.[34]

Die angesprochenen kognitiven und emotionalen Kompetenzen sind m. E. nicht nur notwendig, um mit den durch (ggf. scharfe) Kritik hervorgerufenen Belastungen umgehen zu können. Sie stellen vielmehr auch Voraussetzungen dar, die gegeben sein müssen, damit die entsprechende Forderung nach Einschränkungen der Meinungsfreiheit in freiheitlich-demokratischen und weltanschaulich pluralistischen Gesellschaften überhaupt den Status eines *Kandidaten* für eine *berechtigte* Forderung erlangen kann. Die Tatsache, dass Meinungsäußerungen so *erfahren werden*, dass sie Elemente herabwürdigen, evaluativ degradieren etc., die für die Aufrechterhaltung der Identität einer Person wesentlich sind, ist daher kein hinreichender Grund für die Begrenzung der Meinungsfreiheit. Identitäten müssen vielmehr sozusagen in einem gewissen Maße „konfliktkompetent“ sein, damit sie in Kontexten freiheitlich-demokratischer und weltanschaulich pluralistischer Gesellschaften überhaupt bestehen können. Sind die angesprochenen kognitiven und emotionalen Vo-

33 Vgl. dazu etwa Seckler, Max, Theologie als Glaubenswissenschaft, in: Kern, Walter/Pottmeyer, Hermann Josef/ders. (Hg.), Handbuch der Fundamentaltheologie, Bd. 4, Freiburg i. Br. 1988, 179–241, 195: „Der Grundsatz, dass Vernunft und Offenbarung sich letztlich nicht widersprechen können, gilt nach beiden Richtungen. Er fordert in Konfliktfällen zur Überprüfung unseres Vernunftwissens und unseres Offenbarungsglaubens, die beide geschichtlicher und kontingenter Art sind, heraus.“

34 An-Na'im, Abdullahi Ahmed, Toward an Islamic Reformation: Civil Liberties, Human Rights, and International Law, Syracuse 1990.

raussetzungen gegeben, so können provokative Meinungsäußerungen sogar einen positiven Effekt auf religiöse Identitäten haben. Durch sie können starke emotionale Reaktionen ausgelöst werden, die die betreffende Person gewissermaßen irritieren und die von ihr möglicherweise weitgehend unreflektiert akzeptierten Überzeugungen und Werte derart „in Bewegung bringen", dass die betreffende Person gezwungen ist, die eigenen Überzeugungen und die eigene (religiöse) Identität kritisch zu reflektieren und sich dabei auch mit abweichenden Meinungen auseinander zu setzen. Dieser Prozess einer „reflexiv gebrochenen Traditionsaneignung" verhindert, dass sich Gläubige „nur bewusstlos in tradierte Überzeugungen und Praktiken einüben."[35] Der produktive Effekt, den die reflexiv gebrochene Traditionsaneignung für die Ausbildung und Aufrechterhaltung religiöser Identitäten hat, liegt auf der Hand und wurde von John Steward Mill in seiner berühmten Verteidigung der Meinungsfreiheit einprägsam formuliert: Überzeugungen – auch religiöser Natur – müssen „vollständig, oft und furchtlos zur Debatte gestellt werden", um der Gefahr entgegenzuwirken, dass man sie „nur für totes Dogma und nicht als lebendige Wahrheit" ansieht.[36]

Man kann sich freilich durchaus fragen, ob respektlose und beleidigende Schmähungen wie sie beispielsweise in den Kolumnen Theo van Goghs zu finden waren,[37] irgendeinen Beitrag zur Förderung einer „reflexiv gebrochenen Traditionsaneignung" leisten und ob sie überhaupt als Beiträge zu einer Debatte im Sinn John Steward Mills verstanden werden können. Proteste, die sich gegen derartige „Meinungsäußerungen" richten, scheinen mir daher vor dem Hintergrund der oben angestellten Überlegungen eine gewisse Berechtigung haben zu können. Die Frage, ob die Begrenzung des Rechts auf freie Meinungsäußerung ein legitimes Mittel

35 Habermas, Zwischen Naturalismus und Religion (Anm. 14), 315.

36 Mill, John Steward, Über die Freiheit, Stuttgart 1974, 49.

37 Van Gogh sprach beispielsweise von den „Christenhunden" als dem „Fanclub des verfaulten Fisches aus Nazareth", Muslime beschimpfte er immer wieder als „Ziegenficker", und seine antisemitischen Auslassungen übersteigen das zitierbare Maß bei weitem.

zum Schutz von (religiösen) Identitäten vor sprachlicher Erniedrigung und Entwürdigung sein kann, wird jedoch nur in sehr wenigen Extremfällen bejaht werden können. Unter den eingangs genannten und in jüngerer Zeit kontrovers diskutierten Beispielen ist meines Erachtens jedenfalls kein einziges ein Anlass zur Begrenzung des Rechts auf freie Meinungsäußerung. Das Sprachspiel der Moral stellt uns allerdings ein begriffliches Instrumentarium zur Verfügung, das weitaus differenzierter ist als ein schwarz-weiß zeichnendes „erlaubt oder verboten". So können verletzende Meinungsäußerungen etwa als respektlos, geschmacklos, empörend oder schlicht als unhöflich qualifiziert und auf diese Weise auch mit informellen sozialen Sanktionen belegt werden. Darüber hinaus kann m. E. durchaus von einem möglichen *Missbrauch* des Rechts auf freie Meinungsäußerung gesprochen werden, ohne dass die betreffenden Meinungsäußerungen im strengen Sinn als moralisch verboten charakterisiert werden müssen. Noch weniger kann ein Missbrauch als Rechtfertigung der Begrenzung der Meinungsfreiheit angeführt werden. Die Ermöglichung der Ausbildung, Artikulation und Aufrechterhaltung religiöser Identitäten in freiheitlich-demokratischen und weltanschaulich pluralistischen Gesellschaften erfordert nicht die Begrenzung der Meinungsfreiheit, sie ist vielmehr auf das Recht der freien Meinungsäußerung in einem hohen Maße angewiesen. Die aus der Meinungsfreiheit resultierenden Zumutungen und Belastungen müssen zwar ausgehalten und gewaltfrei verarbeitet werden. Doch gerade dieses Grundrecht stellt Räume zur Verfügung, in denen auf erlittene Verletzungen und Erniedrigungen öffentlich hingewiesen und reagiert werden kann. Auf diese Weise kann sich eine kritische Gegenöffentlichkeit formieren (und deren Formation stimuliert werden), die die Ursachen eines „Kampfes um Anerkennung" beispielsweise religiöser Minderheiten exponiert und dessen Ziele solidarisch verfolgt, ohne jedoch die konstituierenden Grundrechte und -prinzipien in Frage zu stellen, die freiheitlich-demokratische Gesellschaften auszeichnen und die ein Zusammenleben in weltanschaulich pluralistischen Gesellschaften überhaupt erst ermöglichen.

Diakonische Identität

Arne Manzeschke

> „Das alles ist mir ein Rätsel. ... Wenn es um Menschen geht, bleibt am Ende immer ein rätselhafter Rest. ... Vielleicht bestimmt ja dieser Rest, wer man ist“.[1]

„... und das soll christlich sein?“ – Dieser Frage sehen sich diakonische Organisationen und ihre Mitarbeitenden in letzter Zeit häufiger ausgesetzt. Mal geht es darum, dass ein ‚christlicher‘ Arbeitgeber doch anders mit seinen Beschäftigten umgehen müsste und nicht über Outsourcing Personalkosten spart; mal geht es darum, dass die Arbeit einer diakonischen Einrichtung doch ein spezifisches Profil erkennen lassen müsste, welches sie klar von anderen unterscheide. Statt Diakonie könnte hier auch Caritas stehen oder Paritätischer Wohlfahrtsverband – worauf es mir zunächst ankommt ist die Beobachtung, dass die Verbände der Freigemeinnützigen Wohlfahrtspflege im Zuge eines weit reichenden Wandels gesellschaftlicher, sozialpolitischer und ökonomischer Rahmenbedingungen ihren Ort und ihr Selbstverständnis neu definieren und sich selbst und anderen erklären müssen. In dieser ‚Zwischenzeit‘, in der hierüber noch Unklarheit besteht, ist ihre Identifizierbarkeit ein Problem. – Diakonisches Handeln ist nicht mehr klar identifizierbar – die Formulierung „... und das soll christlich sein?“ lässt sich auch umsprechen in: „Was ist das erkennbar Spezifische?“ und macht darauf aufmerksam, dass diakonisches Handeln offenbar zunehmend ununterscheidbar von dem anderer ‚Anbieter‘ auf dem Markt der sozialen Dienstleistungen wird. Identifizierbarkeit ist noch nicht Identität, aber der Versuch der Identifizierung verweist doch darauf, dass hier etwas zugrunde liegt, das einem be-

1 Mulisch, Harry, Das Theater, der Brief und die Wahrheit, München 2000, 98.

stimmten Handeln, einer bestimmten Person oder einer bestimmten Organisation als ‚eigenartig' zugeschrieben werden kann. Wenn das nicht mehr möglich ist, dann entsteht Irritation und auf Dauer eine Krise. Von einer Identitäts-Krise der Diakonie zu sprechen, erscheint mir angesichts der gegenwärtigen Situation durchaus angemessen, wenngleich man, wie in den hier vorgelegten Beiträgen geschehen, den Begriff der Identität selbst noch einmal kritisieren muss.

Im Folgenden zeige ich in wenigen Strichen auf, worin meines Erachtens die Identitäts-Krise der Diakonie besteht. Ich werde mich dann im Wesentlichen auf die Ökonomisierung des helfenden Handelns und seine Konsequenzen für das Miteinander der sich dabei begegnenden Menschen konzentrieren und fragen, ob und in welcher Weise diakonische Identität angemessen artikuliert werden könnte.

I. Was ist Diakonie?

1983 beschrieb Horst Seibert Diakonie als „ein organisiertes Hilfshandeln für, an und mit bestimmten sozialwissenschaftlich bestimmbaren Problemgruppen im Auftrag der Kirche und unter den Bedingungen des Sozialstaates".[2]

Etwas mehr als zwanzig Jahre später wirft diese Beschreibung gleich mehrere Probleme auf – und könnte damit ein Hinweis für die Krise sein, in die Diakonie und Kirche geraten sind. Deshalb ist immer öfter die skeptische Frage zu hören, ob das, was Diakonie tut und wie sie es tut, noch ihrem *Proprium*, also ihrem Wesen und Auftrag entspricht. Warum und inwiefern ist diakonisches Handeln heute problematisch geworden? Warum und inwiefern ist die Identität der Diakonie nicht mehr klar erkennbar und wird von innen wie von außen kritisch befragt?

Das „organisierte Hilfshandeln" findet nach wie vor statt, doch wird Hilfe für andere heute längst nicht mehr so un-

2 Seibert, Horst, Diakonie – Hilfehandeln Jesu und soziale Arbeit des Diakonischen Werkes, Gütersloh 1983, 13.

problematisch gesehen, wie das Seibert noch getan hat. Hilfe wird – auch in Kirche und Diakonie – kritisch daraufhin befragt, wie sehr sie andere entmündigt, bevormundet, indoktriniert und mehr dem Helfenden nützt als demjenigen, dem geholfen werden soll.[3] Gegen Hilfe wird ‚Ermächtigung' gesetzt, im Idealfall mit dem Ziel der völligen ‚Autonomie' dessen, dem einmal geholfen wurde. Ohne diesen Diskurs hier zu vertiefen, dürfte doch klar werden, dass dort, wo Hilfe problematisiert wird, auch das diakonische Handeln als Hilfshandeln Skepsis, Kritik und Zurückweisung erfahren muss. Für diejenigen, die sich bisher als Helfende verstanden haben, bedeutet das eine massive Verunsicherung ihres professionellen Selbstverständnisses und ihres ehren-, voll- oder nebenamtlichen Engagements.

Auch die „bestimmten sozialwissenschaftlich bestimmbaren Problemgruppen[,] für, an und mit" denen diakonisches Hilfshandeln geschieht, sind nicht mehr so eindeutig bestimmbar und nicht immer eine Problemgruppe: Kann man einen gut verdienenden Privatpatienten in einem diakonischen Krankenhaus, der sich zu seiner Knieoperation diverse Hotelleistungen dazukauft, als Teil einer Problemgruppe bezeichnen? Diese solventen ‚Kunden' werden von diakonischen Einrichtungen zunehmend umworben, um mit den hier erzielten Gewinnen die tatsächlichen, nach wie vor bestehenden Problemgruppen mit Hilfe zu versorgen.[4] Da-

---

3 Vgl. grundlegend Schmidbauer, Wolfgang, Die hilflosen Helfer. Über die seelische Problematik der helfenden Berufe, Reinbek 1977; Illich, Ivan (Hg.), Entmündigung durch Experten. Zur Kritik der Dienstleistungsberufe, Reinbek 1979; Steinkamp, Hermann, Christliche Diakonie angesichts der Krise des Helfens, in: WzM 40, 1988, 306–316; Theißen, Gerd, Die Legitimitätskrise des Helfens und der barmherzige Samariter. Ein Versuch, die Bibel diakonisch zu lesen, in: Röckle, Gerhard (Hg.), Diakonische Kirche. Sendung – Dienst – Leitung, Neukirchen 1990, 46–76.

4 Vgl. Rückert, Markus, Theologie und Ökonomie. Verantwortung, Finanzierung, Wirtschaftlichkeit, Gütersloh 1990. Jüngst hat Ralf Hoburg eine Ausweitung und Diversifizierung diakonischer Unternehmenstätigkeit auf gewinnbringende und „artfremde" Felder befürwortet, um auf diese Weise unabhängig zu werden von den engen Grenzen der Leistungsentgelte, die in ihrer Effizienzlogik immer mehr den dia-

rüber wird aber uneindeutig, was denn an dieser diakonischen Tätigkeit noch Hilfe für ‚Problemgruppen' ist. Das gilt für die Außenwahrnehmung, in der sich Kirche dann nicht mehr um die ‚wirklich Bedürftigen' kümmert, sondern ‚wie alle anderen' dem Geld der Habenden hinterher läuft.[5] Das gilt aber auch für die Innenwahrnehmung, in der diakonische Mitarbeitende sich verunsichert über ihren Auftrag zeigen und diesen unter Umständen nicht mehr mit dem eigenen Anspruch in Einklang zu bringen wissen. Nicht von ungefähr heißt es in der so genannten Diakonie-Denkschrift: „Es ist für die Diakonie nicht unproblematisch unter den derzeit geltenden Konditionen in einem ökonomisch dominierten Spiel mitzuwirken".[6]

Der „Auftrag der Kirche", in dem dieses Handeln geschehen soll, ist zwar theologisch nach wie vor akzeptiert, aber faktisch haben sich Diakonie und Kirche in den vergangenen Jahrzehnten mehr und mehr entkoppelt, ja sogar entfremdet, mit dem Ergebnis, dass der kirchliche Auftrag neben dem Imperativ des Marktes und den rechtlichen Vorgaben des Gesellschaftsrechts immer stärker in den Hintergrund rückt. Überlegungen, die großen und profitablen Diakoniekonzerne zu veräußern, um mit dem gewonnenen Geld eine gemeindenahe Diakonie zu betreiben, die durch ihre Gemeindebindung stärker dem kirchlichen Selbstverständnis entspricht und weniger strukturelle Widersprüche produziert, mithin (scheinbar) eindeutiger diakonische Identität artikuliert, sind derzeit etwas in den Hintergrund getreten.[7] Die

---

konischen Anspruch unterlaufen: Jenseits des Ökonomischen. Ein theologischer Zwischenruf gegen die Effizienzlogik der Diakonie, in: DtPfrBl 106, 2006, 455–458.

5 So plädiert der Betriebswirt Steffen Fleßa dafür, die diakonische Tätigkeit konsequent an den materiell Armen, insbesondere auch im Weltmaßstab zu orientieren: Arme habt ihr allezeit! Ein Plädoyer für eine armutsorientierte Diakonie, Göttingen 2003.

6 Kirchenamt der Evangelischen Kirche in Deutschland (Hg.), Herz und Mund und Tat und Leben. Grundlagen, Aufgaben und Zukunftsperspektiven der Diakonie. Eine evangelische Denkschrift, Gütersloh 1998, 47f.

7 Vgl. Schmidt, Heinz, Ganzheitliche Sorge und gesellschaftliche Solida-

Gründe dürften darin liegen, dass ein solcher Schritt rein rechtlich kaum noch möglich sein dürfte und außerdem die Kirchen sich damit weitgehend um ihren sozialpolitischen Einfluss brächten – und das zu einem Zeitpunkt, wo dem Sozialen unter Marktbedingungen immer weniger Raum gelassen wird.

Es zeigt sich in dieser kurzen Skizze, dass, was einmal zur Definition von Diakonie diente, heute in einer gewissen Weise – im Kern- oder Grundgedanken – nach wie vor stimmen mag, dass sich aber die Randbedingungen diakonischen Handelns und die in der Definition genannten Elemente derart stark gewandelt haben, dass diese Definition kaum mehr aussagen kann, was Diakonie ausmacht bzw. wodurch sie auf dem mittlerweile etablierten Markt der Anbieter von sozialen Dienstleistungen als genuin identifiziert werden könnte. Ohne hier eine neue Definition anbieten zu wollen, scheint mir die Herausforderung für die Diakonie gegenwärtig darin zu bestehen, das Soziale mit dem Ökonomischen auf eine so überzeugende Weise zu verbinden, dass für Außenstehende wie für ‚Insider' das Befreiende des Evangeliums erfahrbar wird.

Genau an diesem Punkt entscheidet sich meines Erachtens die Glaubwürdigkeit und die Existenzberechtigung von diakonischen Einrichtungen, dass sie in einer Gesellschaft, die sich zunehmend an neoliberalen Denkmustern und den Mechanismen einer globalisierten Ökonomie ausrichtet, plausibel für die Gleichberechtigung des Sozialen neben dem Effizienten argumentieren und an Strukturen und Prozessen mitarbeiten, die eine solche Gleichberechtigung möglich und erlebbar machen. Umgekehrt muss von einer Krise der diakonischen Identität gesprochen werden, weil genau dieses Engagement für das Soziale – das nicht aus Nutzenerwägungen gelebt wird, sondern aus dem Gebot zu Solidarität und

---

rität – Überlegungen zur Identität der Diakonie auf dem Dienstleistungsmarkt, in: Ulshöfer, Gotlind/Bartmann, Peter/Segbers, Franz/Schmidt, Kurt W. (Hg.), Ökonomisierung der Diakonie. Kulturwende im Krankenhaus und bei sozialen Einrichtungen, Frankfurt/M. 2004, 39–46, hier: 43f.

Gerechtigkeit – im gegenwärtigen Engagement der Diakonie verloren zu gehen droht, zumindest uneindeutig und zweifelhaft geworden ist.

II. Ökonomisierung des Sozialen

Die Frage nach der Identifizierbarkeit diakonischen Engagements griffe zu kurz, würde man sie allein auf die Erkennbarkeit von Leistungen einer bestimmten, nämlich der diakonischen Organisation beschränken. Sie steht meines Erachtens für die viel grundsätzlichere Frage, wie viel Raum in unserer Gesellschaft überhaupt noch für das Soziale bleibt, sofern die Ökonomisierung aller Lebensbereiche, und eben auch des Sozialen, voranschreitet.

Der Begriff der Ökonomisierung steht für einen Prozess, der in der aktuellen Diskussion mit völlig konträren Erwartungen und Befürchtungen belegt wird. Idealtypisch formuliert steht Ökonomisierung einerseits für eine fortschreitende Rationalisierung unserer Lebenswelt, die uns von autoritären, traditionalen oder emotionalen Bindungen und Vorgaben befreit, so dass der Einzelne sein Leben selbst ‚unternimmt', sich seine (Lebens-)Ziele selbst setzt und im eigeninteressierten Wettbewerb mit anderen zu erreichen sucht. Ökonomisierung in diesem Sinne verstanden setzt ein starkes, flexibles und mit eigenen Zielen und Fähigkeiten versehenes Subjekt voraus, das klug abzuwägen versteht zwischen den eigenen Zielen, den möglicherweise konkurrierenden Interessen der Anderen und den zur Verfügung stehenden Mitteln. So verstanden meint Ökonomisierung weiterhin, dass letztlich alle menschlichen Interaktionen auf ein rationales Kalkül von Einzelnen analytisch zurückgeführt werden können und folglich die Lösung komplexer gesellschaftlicher Probleme über ökonomische Anreizsysteme gesteuert werden kann. Dieser positiven Interpretation des Ökonomisierungsbegriffs steht gewissermaßen ihr Negativ gegenüber, wonach menschliche Lebensvollzüge nicht in rationalen Kalkülen aufgehen und auch nicht aufgehen sollen. Auch sind nicht alle Menschen und nicht zu jeder Zeit solche starken Subjekte, die souverän ihre Interessen verfolgen und vertreten können und deshalb gesellschaftliche Zusammenhänge nicht allein (und nicht einmal vorrangig) über ökonomische Mechanismen hergestellt und gestaltet werden können. Vielmehr sind Menschen in erster Linie Wesen, die in der Begegnung und im Zusammenleben mit Anderen erst zu einem Ich werden; die soziale ‚Natur' ist dem Menschen von Anfang an eingeschrieben. Im Gegensatz und in Ergänzung zum Quasi-Natürlichen des individuellen Eigeninteresses wird also auf die kulturelle und soziale Seite menschlichen Zusammenlebens hingewiesen.[8] Der Kritik am Ökonomisierungsprozess ist nicht selten eine Skepsis gegenüber der Ökonomie überhaupt beigemengt, würde diese doch erst die asozialen und egoistischen Tendenzen des Menschen zu Tage fördern und bestärken. Demgegenüber soll hier festgestellt werden, dass die „schöpferische Ungeduld" des ökonomischen Handelns eine „segensreiche Rolle" für die Wahrnehmung substanzieller Freiheit des Menschen überhaupt bedeuten kann.[9] Ökonomie muss, damit sie dem Menschen dient, in einer distinkten Zuordnung zu Politik und Ethik bestimmt und eingeübt werden; sie darf nicht nur den Raum für individuelle Interessen öffnen, sondern muss auch Raum für soziale Anliegen schaffen. Ökonomie muss in diesem Fall mehr als nur Effizienz und Renditeorientierung heißen, sie muss umfassend verstanden werden als die weise Regierung des gesamten Hauses unter Berücksichtigung aller Parameter, die zu diesem Haus gehören[10] – eine Ökonomie für das soziale Ganze,

---

8 Vgl. Ignatieff, Michael, Wovon lebt der Mensch. Was es heißt, auf menschliche Weise in Gesellschaft zu leben, Hamburg 1993.

9 Vgl. hierzu grundlegend Sen, Amartya, Ökonomie für den Menschen. Wege zu Gerechtigkeit und Solidarität in der Marktwirtschaft, München/Wien 2000; Zitat: 23.

10 Aristoteles hat seine Ökonomie als Hauswirtschaftslehre verstanden, in der einerseits der Umgang mit den Sachen und Gütern, andererseits die Beziehungen mit den Hausgenossen als Regierweisen reflektiert worden sind. Aristoteles unterscheidet zwischen einer *Ktetik* (Technik über den Umgang mit dem Besitz) und einer *Ökonomik* (Technik über die Beziehungen im Haus). Beides zusammen genommen ist Thema der Ökonomie und wird im 1. Buch seiner Politik in ihrem Verhältnis zueinander eingehend reflektiert: das Verhältnis von Haushaltslehre und Erwerbslehre, die ein Teil der Haushaltslehre ist, eingehend im 1. Buch, 8. Kap.

wie es Jürgen Seifert bereits 1989 formuliert hat: „Die Bundesrepublik kann sich die Dominanz eines begrenzt ökonomischen Ansatzes nicht mehr leisten. Sie braucht eine Ökonomie für das soziale Ganze und auch für den Haushalt der Natur. Es geht um eine Ökonomie, die nicht das Ökonomische verabsolutiert, sondern im ursprünglichen Sinn des Wortes oikos (Haus) für das ganze Haus sorgt, also für die Arbeitslosen ebenso wie für die Umwelt, für die Alten ebenso wie für die Jugend, für die Gesundheit ebenso wie für die Verteilung von Arbeit zwischen den Geschlechtern [...]. Es geht um eine Ökonomie, die das soziale Ganze im Blick hat".[11]

Der Wiener Wirtschaftswissenschaftler Christoph Badelt hat hierzu wichtige Überlegungen angestellt, an die ich mich im Folgenden anschließen werde.[12] Badelt fragt nach den Ansprüchen des Sozialen und konkretisiert ihre „elementare[n] soziale[n] Anliegen" als Ziele der Sozialpolitik:

- „Die Verhinderung oder Reduktion von absoluter Benachteiligung (de facto bedeutet dies die Sicherung eines Mindeststandards für jedes Gesellschaftsmitglied).
- Die Verhinderung oder Reduktion von relativer Benachteiligung (somit ein Abbau extremer Ungleichheiten vertikaler Art, also zwischen arm und reich, sowie die horizontale Umverteilung, z. B. zwischen den Geschlechtern, zwischen Menschen ohne und mit Kindern etc.).
- Die Reduktion der gesellschaftlichen Ausgrenzung, also der Desintegration bestimmter Bevölkerungsschichten, was nicht nur in finanzieller, sondern auch in sozialer, kultureller, rechtlicher Hinsicht etc. gilt".[13]

(Pol. I, 1256a+b); die Erwerbskunst wird dann noch einmal von der Gelderwerbskunst unterschieden 1. Buch, 9. Kap. (Pol. I, 1257a–1258b).

11 Seifert, Jürgen, Wir brauchen eine Ökonomie für das ganze Haus, in: vorgänge, Heft 2 (1989), 25; zitiert nach Negt, Oskar, Achtundsechzig. Politische Intellektuelle und die Macht, Göttingen 1995, hier: 388.

12 Badelt, Christoph, Wirtschaft an der Schwelle zum 21. Jahrhundert – Raum für soziale Anliegen?, Wien 2001.

13 Badelt, Wirtschaft (Anm. 12), 23.

Die Diakonie kann mit diesen Zielen wesentlich übereinstimmen. Es ist nicht ihre Aufgabe, diese Ziele allein zu definieren oder sie als Legislative einzusetzen, aber sie handelt innerhalb dieser Zielvorgaben, für deren Aufstellung sie sich selbst sozialpolitisch engagiert hat.[14]

Um den sozialen Anliegen in der Gesellschaft gegenwärtig Raum zu verschaffen und das diakonische Handeln differenziert zu betrachten, ist es sinnvoll, zwei Handlungsebenen zu unterscheiden. Es handelt sich einmal um die Ebene der Wirtschafts- und Sozialpolitik (Makroebene) und zweitens um die Ebene der Organisationen (Mesoebene).[15] Auf die Diakonie übertragen meint das einmal die Ebene der Landesverbände und ihres Dachverbandes, dem Diakonischen Werk der EKD; hier werden konzeptionelle Entscheidungen getroffen und ‚nach unten kommuniziert'. Hier wird auch sozialpolitischer Einfluss gegenüber der Politik und Verbänden des Gesundheitswesens oder der Sozialarbeit ausgeübt. Auf der Mesoebene der einzelnen diakonischen Einrichtungen wird hingegen das konkrete Hilfshandeln organisiert.

Badelt hat darauf aufmerksam gemacht, dass die Politik eine klare Orientierung an Grundsätzen braucht, welche Form der sozialen Sicherung für die eigene Gesellschaft akzeptiert ist. Fehlen diese Grundsätze, so kommt es zu Konfusion und Ungerechtigkeit. Das kann einerseits bedeuteten, dass einer bestimmten Klientel Leistungen aus populistischen Gründen gekürzt oder ganz vorenthalten werden (Stichwort: Florida-Rolf) oder andere über das sinnvolle Maß mit Mitteln bedacht werden (Elterngeld, das vor allem gut verdienenden Ehepaaren dient). Insgesamt droht jedoch eine Unterordnung des Sozialen unter das Ökonomische, was sich derzeit an der

---

14 Vgl hierzu das Leitbild der Diakonie: http://www.diakonie.de/de/html/diakonie/58.html [Zugriff: 19.12.2006].

15 Die Unterscheidung in Makro- und Mesoebene entspricht einer geläufigen wirtschaftsethischen Unterscheidung, vgl. Enderle, Georges, Handlungsorientierte Wirtschaftsethik. Grundlagen und Anwendungen, Bern/Stuttgart/Wien 1993, bes. 17–21; 54–67. Der Vorteil solcher Unterscheidungen ist die präzisere Beobachtung und Adressierung der Akteure und ihrer moralischen, politischen oder ökonomischen Verantwortung.

aktuellen Sozialstaatsdebatte, der Arbeitsmarktpolitik und der Gesundheitsreform ablesen lässt. Daraus ergibt sich ein zweites Merkmal einer inkonsistenten Sozialpolitik: Alle sozialen Anliegen müssen sich als ökonomisch sinnvoll präsentieren, damit sie überhaupt Raum gewinnen. So muss man als Protagonist sozialer Anliegen aufzeigen, dass zum Beispiel die therapeutische Betreuung von Drogensüchtigen volkswirtschaftlich günstiger ist als ihre Kriminalisierung und Verwahrung im Strafvollzug. Der Effekt ist der, „dass es in einer Gesellschaft offensichtlich immer weniger zulässig ist, bestimmte soziale Aktivitäten nur um der Gerechtigkeit, der Solidarität, der Unterstützung der Schwachen willen zu machen und nicht deshalb, weil sie in einer langfristigen Betrachtungsweise Geld sparen helfen“.[16] Badelt bezeichnet das als „schleichenden Sieg des Ökonomischen über das Soziale“ und fordert dagegen eine klare Definition, „wie viel Benachteiligung inakzeptabel, aber auch welche und wie viele Formen der Benachteiligung zugelassen sind. Es geht also um das Aufzeigen der Grenzen des Sozialstaates, allerdings in einem anderen Sinn, als dies in der Alltagssprache gemeint ist. Grenzen haben zwei Seiten: Es gilt auch aufzuzeigen, welche Formen der sozialen Absicherung unbestritten wird“.[17]

Auf der Makroebene sozialpolitischer Grundsatzentscheidungen fehlen derzeit solche klaren Bestimmungen, und sie werden noch dadurch erschwert, dass eine neoliberale Orientierung in Politik und Wirtschaft soziale Anliegen als kontraproduktiv für die gesamtgesellschaftliche Produktivität und Wohlfahrt beurteilt. Diese neoliberale Orientierung innerhalb des eigenen Landes wird noch dadurch verstärkt, dass europäische Gesetzesvorgaben und die (bisher nicht angenommene) EU-Verfassung dem Sozialen einen nachrangigen Status hinter einer ökonomischen Orientierung einräumen.[18]

---

16 Badelt, Soziale Anliegen (Anm. 12), 29.

17 Badelt, Soziale Anliegen (Anm. 12), 29f. Vgl. außerdem Bröckling, Ulrich/Krasmann, Susanne/Lemke, Thomas (Hg.), Gouvernementalität der Gegenwart. Studien zur Ökonomisierung des Sozialen, Frankfurt/M. 2000.

18 Vgl. insgesamt Manzeschke, Arne, Global Health – Wirtschaftsethische

Fehlen auf der Makroebene klare Vorstellungen darüber, wie Soziales und Ökonomisches einander zugeordnet werden sollen, so ergeben sich auf der Mesoebene permanente Probleme, die dann hier allerdings auch nicht gelöst werden können und schließlich auf die Mikroebene durchschlagen, wo sich in der konkreten Begegnung von diakonisch handelnden Menschen mit ihren Klienten Konfusionen, Ungerechtigkeiten oder Benachteiligungen und Ausgrenzungen ergeben. Dieses Problem soll im folgenden Abschnitt noch näher illustriert werden, für den Moment ist es wichtig zu beachten, dass fehlende Klarheit auf der Makroebene sich bis auf die Mikroebene durchschlägt und im konkreten diakonischen Handeln zu Unklarheiten führen, die dann in die provokative Frage münden, „... und das soll christlich sein?“, mithin die Identität und Identifizierbarkeit diakonischer Einrichtungen und ihren Anspruch anzweifeln.

III. Das Dilemma der Diakonie

Auf Makro- und Mesoebene ist die Diakonie Akteur, und auf beiden Ebenen muss sie auf überzeugende Weise soziale und ökonomische Anliegen zu verbinden wissen. Auf der Ebene der Wirtschafts- und Sozialpolitik ist sie als Lobby gefordert, die nicht nur ihre schiere Größe als Arbeitgeberin in die Waagschale wirft, sondern darüber hinaus mit (sozial-) politischen Argumenten für ihre Sache, besser: für die Anliegen ihrer Klientel wirbt und Standards, Kriterien und Prozeduren des Sozialen mit definiert.

Auf der Ebene der Organisationen ist sie gefordert, diese Standards, Kriterien und Prozeduren umzusetzen und damit auf subsidiäre Weise den sozialen Anliegen Raum und Realität zu verschaffen. Umgekehrt muss sie Dysfunktionalitä-

---

Anmerkungen zur Ökonomisierung des deutschen Gesundheitswesens, in: Jahrbuch für Wissenschaft und Ethik, Bd. 10, Berlin 2005, 129–149; Rosenbrock, Rolf/Gerlinger, Thomas, Abnehmende Autonomie. EU-Wettbewerbsrecht birgt Risiken für das deutsche Gesundheitssystem, in: WZB Heft 113, 2006, 36–38.

ten auf organisationaler Ebene registrieren und auf die institutionelle Ebene der Wirtschafts- und Sozialpolitik zurückspielen, wenn sie feststellt, dass unter den gegebenen Bedingungen kein oder zu wenig Raum für soziale Anliegen besteht. Konkret heißt das: Wenn der Zeittakt in der ambulanten Pflege so eng und strikt ist, dass den Pflegenden keine Zeit mehr bleibt, um mit den zu Pflegenden noch ein persönliches Wort zu sprechen, auf aktuelle Wünsche oder Besonderheiten der Situation einzugehen, weil diese jenseits des ökonomisch Abrechenbaren liegen und deshalb nur zu Lasten der Pflegeperson gehen, dann ist die Organisation Diakonie gefordert, diese problematischen Zustände in die Arena der Sozialpolitik zurückzuspielen und dort für sozial verträgliche und professionell angemessene Arbeitsbedingungen zu sorgen.

Hilfe für andere ist keine genuin christliche Tat. Sie findet sich in allen Religionen und ebenso im areligiösen Humanismus. Anderen zu helfen, wie es etwa der barmherzige Samariter im Gleichnis Jesu (Lk 10,25–37) tut, ist weder an bestimmte Professionen noch an bestimmte ideologische Voraussetzungen gebunden. Sie ist, wie der Ethiker Knud Ejler Løgstrup formuliert hat, eine „souveräne Daseinsäußerung"[19] des Menschen. Das bedeutet aber zunächst, dass Diakonie über das Helfen als solches keine unverwechselbare Identität gewinnen kann, die sie eindeutig identifizierbar von anderen unterscheidet, die auch helfen wollen und helfen können. Souverän ist die Entscheidung zu helfen, so Løgstrup, weil es hierfür keine Letztbegründung geben kann – die im helfenden Handeln zum Ausdruck kommenden Werte und Normen lassen sich nicht logisch und für alle gleichermaßen überzeugend andemonstrieren.

Jemandem zu helfen heißt in diesem Sinne, es zu tun, weil es evident ist, dass hier jemand Hilfe braucht. Jemandem zu helfen meint auch, seine Hilfe nicht von sofortigen oder möglicherweise später eintretenden Gegenleistungen abhän-

---

19 Løgstrup, Knud Ejler, Norm und Spontaneität. Ethik und Politik zwischen Technik und Dilettantokratie, Tübingen 1989, 6ff.

gig zu machen, sondern sie deshalb zu geben, weil mich das Schicksal eines Einzelnen oder einer Gruppe anrührt, ich seinen Mangel wenigstens in Ansätzen mit meinem Überfluss (im Vergleich zu ihm) kompensieren kann. Jemandem zu helfen kann auch darauf beruhen, dass ich den Geboten der Gerechtigkeit oder der Solidarität folge. Anderen Hilfe zu gewähren, kann auch ökonomisch vernünftig sein und sich langfristig als eine kluge Investition auszahlen, aber dann tritt das sozial Gebotene schon wieder hinter dem ökonomisch Vernünftigen zurück. Nichtsdestotrotz hat auch eine sozial motivierte Hilfe ihre eigene Ökonomie: Der Helfer soll sich nicht überfordern und verausgaben; er sollte das an Hilfe bieten, was er selbst leisten kann und was in diesem Kontext sinnvoll und hilfreich ist. Seine Hilfe sollte in erster Linie dem Anderen dienen und nicht dem eigenen Ego. Dem Sozialen Raum zu geben, öffnet die individuelle Perspektive des Helfens noch einmal auf eine strukturelle Ebene hin, auf der Hilfe nicht nur von der Freiwilligkeit und Spontaneität Einzelner abhängt, sondern nach politisch ausgehandelten Kriterien organisiert wird. Hierbei wird zwischen solchen Bedürfnissen unterschieden, die jemand aus privaten Interessen artikuliert und verfolgt, und solchen, die zum Gegenstand allgemeiner politischer Ansprüche gemacht werden können.[20]

Als organisierte Hilfe, die nicht von sporadischer oder spontaner Hilfs- und Spendenbereitschaft existieren kann, sondern im Sinne erwartbarer Leistungen kontinuierlich Hilfsangebote vorhält, muss Diakonie noch sehr viel mehr die ökonomische Basis ihres sozialen Engagements beachten. Es geht also nicht darum, die ökonomische Seite diakonischen und sozialen Handelns zu leugnen, sondern vielmehr aus einer diakonischen oder sozialen Perspektive auf die Grenzen einer ökonomischen Logik hinzuweisen, die allein auf Effizienz setzt und damit alles menschliche Sein und Handeln an seinem Nutzen und seiner effizienten Performanz bemisst.

---

20 Vgl. Ignatieff, Wovon lebt der Mensch (Anm. 8), bes. 146–155.

Unstrittig ist es, dass der einstmals privilegierte Sektor der Wohlfahrtspflege, den sich im Wesentlichen die sieben Wohlfahrtsverbände untereinander aufgeteilt hatten, durch den lange Zeit sicheren Zufluss von staatlichen Mitteln Begehrlichkeiten, Pfründewirtschaft und Dysfunktionalitäten hervorgerufen hat. Eine Kritik und Korrektur solcher Misswirtschaft ist zweifelsohne angebracht und auch im Sinne einer guten Haushalterschaft (wörtlich: Ökonomie) ethisch und ökonomisch zu begrüßen. Andererseits wird man aber nicht vergessen dürfen, dass im Sozialen Sektor Subventionen immer nötig sein werden, da in diesem Bereich diejenigen, die Leistungen nachfragen, selten in der Lage sind, diese Leistungen auch selbst zu finanzieren – der Marktmechanismus von Angebot und Nachfrage funktioniert hier nicht. Außerdem wird man soziale Dienstleistungen nie so günstig produzieren können, wie das etwa in der Autoindustrie möglich ist. Der Personalkostenaufwand in der Diakonie (ca. 68 %) ist viel zu groß, als dass man ihn dem Niveau des produzierenden Gewerbes in der Wirtschaft (ca. 23 %)[21] angleichen und so vergleichbar gewinnwirtschaftlich oder auch nur kostendeckend agieren könnte.

Die Agenturen des Sozialen und somit auch die Diakonie müssen also einerseits ökonomisch verantwortungsbewusst und in ihrem Maße effizient arbeiten. Zugleich müssen sie in der allgemeinen gesellschaftlichen Debatte (Arbeitsmarkt-, Sozial-, Wirtschaftspolitik) deutlich machen, dass sich ihre ‚Produktionsweisen' substanziell von denen anderer Wirtschaftszweige unterscheiden und sie deshalb nicht mit der gleichen Elle der Effizienz gemessen werden können (und wollen). Darüber hinaus kann die Diakonie aber nicht nur *pro domo* argumentieren, sondern muss auf die gesellschaftlichen Probleme hinweisen und ihnen wehren, die sich aus einer fortschreitenden Ökonomisierung ergeben. Diese grenzt nicht nur die eigene Klientel aus der Mitte der Gesellschaft aus,[22] sondern hat für alle anderen Mitglieder der Gesellschaft eine erhebliche

21 Die Zahlen finden sich bei Schmidt, Ganzheitliche Sorge (Anm. 7), 43.

22 Das heißt nicht, dass diese Klientel nicht auch vorher schon ausgegrenzt gewesen sein könnte, doch kann das kein Grund sein, die Ausgrenzung jetzt ökonomisch fundiert fortzuschreiben.

Deformation des menschlichen Charakters zur Folge.[23] Über die Normativität, die diesem Einspruch zu Grunde liegt, kann die Diakonie relativ klar Auskunft geben. Es ist ein Menschenbild, das sich an den biblischen Geschichten Gottes mit seinen Menschen orientiert. Es ist kein festes Menschenbild im Sinne eines Kriterienkataloges oder einer festgelegten Lebensweise, aber ein christliches Menschenbild gewinnt an der Erinnerung dieser Geschichten Möglichkeiten zu einer Verständigung darüber, was im Zusammenleben der Menschen gelten soll, was Menschen – und auch solche, die das aus eigener Kraft nicht leisten können – zu solchen macht, die ein Selbst sind, die nicht durch andere in ihrem Leben bestimmt werden.[24] Es geht darum, statt die hybride Autonomie eines völlig autarken Subjektes zu propagieren, die Angewiesenheit des Menschen auf seine Mitmenschen durch seinen ganzen Lebenslauf hin aufzuweisen und den berechtigten Wunsch nach Autonomie als Selbst-Bestimmung mit einer Assistenz zu verbinden, die dem behinderten Menschen, dem alten Menschen, dem kranken Menschen – kurz: jedem bedürftigen Menschen – weitgehend ermöglicht, sein eigenes Leben zu gestalten.[25] Die Einrichtung und Durchführung solcher Assistenzen erfordert nicht nur Geld, sondern sie bedarf der Zeit für entsprechende gesellschaftliche Lernschritte; z. B. müssen behinderte Menschen nicht isoliert und kaserniert werden, sondern können zum beiderseitigen Nutzen mitten unter nicht-behinderten Menschen leben, wenn sie darin unterstützt und von den anderen angenommen werden. Der Nutzen, der hier entsteht, lässt sich ver-

---

23 Vgl. hierzu Sennett, Richard, Der flexible Mensch. Die Kultur des neuen Kapitalismus, Berlin 1998; ders., Die Kultur des neuen Kapitalismus, Berlin 2005, im zweiten Buch weitet er die biographischen Beobachtungen seines ersten Buches auf das Ganze der Gesellschaft mit ihren Institutionen und Organisationen aus.

24 Vgl. hierzu ausführlich Theißen, Barmherziger Samariter (Anm. 3); in stärker diakonischer Zuspitzung: Bartmann, Peter, Diakonie auf dem Gesundheitsmarkt? Eine theologische Vergewisserung, in: Ulshöfer u. a. (Hg.), Ökonomisierung der Diakonie (Anm. 7), 47–61.

25 Vgl. exemplarisch für den Bereich der alten behinderten Menschen: Krueger, Fritz/Degen, Johannes (Hg.), Das Alter behinderter Menschen, Freiburg/Br. 2006.

mutlich nicht auf betriebswirtschaftlichen Produktivitätskurven eintragen, selbst volkswirtschaftlich könnte er schwer zu ermitteln sein. Und doch ist es Aufgabe diakonischer Einrichtungen – mit guten Gründen und guten Taten –, für solche anderen Nutzeneffekte einzutreten und damit zumindest eine Gleichberechtigung von ökonomischen Effizienzforderungen und sozialen Anliegen anzustreben. Doch genau hier bestehen meines Erachtens die Probleme, die daraus resultieren, dass das diakonische Profil erodiert und die diakonische Identität in der Krise steckt.

Die Diakonie muss sich auf dem Markt der Sozialdienstleister positionieren, sie muss Kunden davon überzeugen, dass sie bei ihr einen Zusatznutzen erwerben, den sie a) brauchen und b) bei keinem anderen Anbieter in dieser Weise erhalten können. Sie spielt also das nicht unproblematische ökonomisch dominierte Spiel mit. Gleichzeitig ahnt sie, dass ihre spezifischen Anliegen weder marktgängig sind, noch dass sie die Mehrheit der Gesellschaft in der gegenwärtigen Situation für eine größere Wertschätzung sozialer Anliegen wird gewinnen können – die ‚Sachzwänge', die ‚Realitäten' und die Kassenlage sprechen einfach dagegen.

So spielt sie das Spiel mit, nennt ihre Klientel Kunden, betreibt Markenbildung und wirbt mit den ‚christlichen Werten', die sie zu einem Wettbewerbsvorteil umzumünzen sucht.[26] Ein Teil der Beobachter nimmt es wahr und ist verstimmt.

Nicht nur, dass Patientinnen und Patienten zu ‚Kunden' umdeklariert werden, was faktisch nicht zutrifft und wohl einem ideologischen Interesse zugeschrieben werden muss.[27] Mehr noch wird die Patientin oder der Klient diakonischen Handelns zu einem Effekt in einer betriebswirtschaftlichen Produktionskurve abstrahiert. Es geht darum, mit ihr oder mit ihm Gewinne zu erzielen. Pointiert lässt sich sagen, die

26 Vgl. exemplarisch Holtel, Markus, Christliches Profil als Chance. Die Unternehmenskultur christlich geführter Krankenhäuser könnte bald ein entscheidender Vorteil am Markt sein, in: Deutsches Ärzteblatt 100 (2003), A 2635–2637.

27 Vgl. Segbers, Franz, Die Menschenfreundlichkeit Gottes und die Kundenfreundlichkeit der Diakonie, in: Ulshöfer u. a. (Hg.), Ökonomisierung der Diakonie (Anm. 7), 125–143.

Ökonomisierung des Sozialen führt dazu, dass die Not von Menschen genutzt wird, um mit ihr Gewinne zu erzielen – und nicht, wie man es bisher vielleicht gewohnt war, Geld einzusetzen, um die Not von Menschen zu lindern. So befremdlich diese Aussage anmuten mag, so beklemmend ist doch die Realität, die dahinter steht:

Krankenschwestern und Stationsärzte tauschen sich darüber aus, dass ein Patient über seine DRG[28] „aber eine Menge gebracht“ habe. Gemeint ist damit, dass die diagnoseorientierte Versorgung eines Patienten in einem Krankenhaus so effizient erfolgt ist, dass das Krankenhaus mit ihm Gewinne erzielen konnte. Der ökonomische Effekt soll hier überhaupt nicht zerredet werden, doch kommt es mir darauf an, was bei dem Personal des Krankenhauses unter den neuen ökonomischen Rahmenbedingungen der diagnoseorientierten Fallpauschalen passiert. Es verändert sich der Blick der Professionellen im Gesundheitswesen auf diejenigen, die bei ihnen Hilfe und Heilung, aber vielleicht auch Heil,[29] Beistand und Trost suchen und nicht als souveräne Kunden ihre personenbezogene Dienstleistung einkaufen. Die Pflegedienstleitung kommentiert ihre Beobachtung weiter: „Heute unter diesen Ansprüchen Geld verdienen zu müssen, schwarze Zahlen schreiben zu müssen, da haben sich mittlerweile die Betrachtungsweisen enorm geändert. Das muss ich schon sagen. Da steht auch, glaube ich, nicht mehr der Mensch im Mittelpunkt, sondern eher die Kohle.“[30]

---

28 Diagnosis Related Groups sind diagnoseorientierte Fallpauschalen, die abrechnungsrelevant sind und außerdem die Patientenströme im Krankenhaus nach verwandten Behandlungsprozeduren gruppieren und so ihre Versorgung effizienter gestalten sollen. Das DRG-System soll die stationäre Gesundheitsversorgung effizienter und transparenter gestalten.

29 Vgl. Riess, Richard, Heilung und Heil. Zu einem exemplarischen Thema im Verhältnis von Theologie und Humanwissenschaften, in: Stollberg, Dietrich/ders. (Hg.), Das Wort, das weiterwirkt. Aufsätze zur Praktischen Theologie in memoriam Kurt Frör, München 1981, 221–236.

30 Diese und die folgenden Zitate sind Interviews entnommen, die im Rahmen eines Forschungsprojekts an der Universität Bayreuth mit dem Ziel durchgeführt wurden, die Auswirkungen der DRG auf das Selbstver-

Ein Chefarzt vermerkt selbstkritisch: „Auch bekommen die Patienten ihre Therapie nicht einfach nach Bedarf; so wie die Patienten kommen, so bekommen sie dann auch ihre Termine, sondern man ertappt sich selber dabei, dass man beginnt, auf Grund der Erlössituation Behandlungen zu steuern." Eine Pflegedirektorin eines Krankenhauses der Maximalversorgung mit rund 1500 Betten begreift sich selbst als „Unternehmerin im Unternehmen", die wesentlich zur Erlösoptimierung ihres Hauses beitragen müsse.

Die Ökonomisierung des Sozialen verändert das Verhältnis zwischen denen, die Hilfe suchen, und denen, die Hilfe gewähren, ganz entscheidend. Sie werden einander zu „Agenten eines Warentausches", wie das Karl Marx genannt hat, wobei hierbei die entscheidende Asymmetrie im Sozialen Sektor ausgeblendet bleibt. Das Charakteristikum der Agenten ist, dass sie mit ihrer individuellen Menschlichkeit hinter der Funktionalität des Warentausches vollkommen zurücktreten. Für bestimmte Handelsgeschäfte ist diese Abstraktion vom Individuellen sehr vorteilhaft und für den Einzelnen letztlich sehr entspannend. Für den Bereich sozialer und existenzieller Begegnungen – denn darum geht es bei Krankheit, Sucht, Behinderung oder sozialer Ausgrenzung – ist eine solch funktionale, am Warentausch interessierte Interaktion in den meisten Fällen kontraproduktiv.

Insgesamt lässt sich beobachten, dass in Krankenhäusern, Pflegeheimen und ambulanten Pflegediensten die Arbeit absolut mehr wird, dass ihr Schweregrad steigt (z. B. durch die höhere Morbidität der Kranken) und die Arbeit durch ein Qualitätsmanagement in ihren Prozeduren und Strukturen noch einmal verdichtet wurde. Hinzu kommt außerdem ein erhöhter Dokumentationsaufwand, der von den meisten als unsachgemäßer Zusatzaufwand eingeschätzt wird. Das er-

---

ständnis von Mitarbeitenden in konfessionellen, kommunalen und privaten Krankenhäusern zu untersuchen. Hierzu wurden 80 Personen aus den Berufsgruppen Medizin, Pflege, Verwaltung/Geschäftsführung und Seelsorge/Sozialdienst in einstündigen an einem Leitfaden orientierten Interviews befragt. Zu den Ergebnissen wird in diesem Jahr noch ein Forschungsbericht erscheinen.

höht beim Personal nicht nur das Gefühl der Überforderung, sondern hat auch zur Konsequenz, dass effektiv weniger Zeit für die Arbeit „für, an und mit den“ Patientinnen und Patienten bleibt.

Die Erfahrung, die eigene Arbeitskraft nicht mehr voll und ganz in den Dienst der Patientinnen und Patienten zu stellen, sondern sie zunehmend von ökonomischen Interessen dirigieren zu lassen, wird von vielen Mitarbeitenden in Krankenhäusern mit Widerstand, Resignation oder Zynismus quittiert. Auch wenn generell eine Bereitschaft vorhanden ist, ökonomische Interessen jetzt mit zu berücksichtigen, was bis zur Einführung der DRG (1.1.2004) oftmals überhaupt nicht der Fall war, so überwiegt doch das Gefühl einer nicht sachgerechten und nicht patientengemäßen Fremdbestimmung. Soziologisch wird in diesem Fall von einer Deprofessionalisierung der Gesundheitsberufe gesprochen;[31] aus diakonischer Perspektive verursacht die Systemumstellung nicht nur Orientierungskrisen beim Einzelnen und der Organisation, sondern sie lässt das diakonische Selbstverständnis insgesamt ungewiss werden.

Dem kann auch nicht von Seiten der Organisation Diakonie (z. B. den Krankenhäusern in diakonischer Trägerschaft) mit der Proklamation von Leitbildern abgeholfen werden. Im Gegenteil: Zum Teil verschärfen die Leitbilder in ihrer expliziten Form noch den erlebten Widerspruch von persönlichem und organisationalem Anspruch einerseits und ökonomischen Anforderungen andererseits. – Wie oben angedeutet, auf Meso- und Mikroebene können diese Widersprüche nicht gelöst werden. Dazu müssen auf der Makroebene Entscheidungen getroffen werden, die dem sozialen Anspruch diakonischer Einrichtungen einen regelrechten Raum verschaffen.

---

31 Vgl. Schaeffer, Doris, Professionalisierung der Pflege, in: Büssing, Andre/Glaser, Jürgen (Hg.), Dienstleistungsqualität und Qualität des Arbeitslebens im Krankenhaus, Göttingen u. a. 2003, 227–243; Manzeschke, Arne, „Wenn das Lächeln verloren geht“. Beobachtungen zu Profession und Ethos in den Gesundheitsberufen, in: Sozialer Sinn. Zeitschrift für hermeneutische Sozialforschung 7 (2006), H. 2, 251–272.

Die Identität der Diakonie ist brüchig geworden. Zwar wird sie mit Leitbildern, Logos und Corporate Identity behauptet und zur Darstellung gebracht, doch steht deren Überzeugungskraft oft genug im reziproken Verhältnis zum betriebenen Aufwand. Das hat wesentlich damit zu tun, dass mit der Etablierung eines ‚Sozialmarktes' das Handlungsfeld der Diakonie einer handlungsleitenden Logik unterstellt wird, die mit der diakonischen nicht unmittelbar vereinbar ist und ‚strukturelle und mentale Dissonanzen' auslöst, wie ich es vorsichtig nennen möchte. Im unbeschränkten Fortgang solcher Ökonomisierung droht die Dominanz der ökonomischen Rationalität totalitär zu werden und das menschliche Miteinander zunehmend in einen allseitigen Warentausch umzuformen. Das, was dem Menschen zur ‚zweiten Natur' zu werden scheint, nämlich die Formung seines Wahrnehmens, Denkens, Urteilens und Handelns durch ein ökonomisches Kosten-Nutzen-Kalkül, droht damit in eine Natürlichkeit überführt zu werden, die nicht realistisch, sondern fetischistisch ist, also selbst gemacht. Das nimmt ihr aber keineswegs ihren Zwangscharakter. Gegen eine solche Naturalisierung der gesellschaftlichen Verhältnisse hat Theodor W. Adorno eine negative Dialektik gesetzt. Ihm geht es gerade um die Rettung des Nicht-Identischen vor der Gleichmacherei, der Identität, mit der sich die verschiedenen Subjekte an die von ihnen selbst entworfene Gesellschaftsordnung anzupassen haben. Er hat sehr scharf gesehen, dass die Form der gesellschaftlichen Organisation auch eine Bedrohung für unser jeweiliges Selbstsein darstellen kann.[32] Aus theologischer Richtung hat Dietrich Bonhoeffer, aus einem ganz anderen Anlass, ähnliches formuliert: „Das uns unmittelbar Gegebene ist nicht mehr die Natur, sondern die Organisation. Mit diesem Schutz vor der Bedrohung der Natur entsteht aber

32 Vgl. Adorno, Theodor W., Negative Dialektik, Frankfurt/M. 1970, bes. 345ff.

selbst wieder eine neue Bedrohung des Lebens, nämlich durch die Organisation selbst."[33]

Wir können der Organisation aber nicht entfliehen – und brauchen es auch nicht. Vielmehr geht es darum, die Möglichkeiten der Organisation zu nutzen und ihren Schwächen und Unmenschlichkeiten eine Absage bzw. Korrektur zu erteilen.[34]

Eine dieser Korrekturen besteht darin, die Vielfalt der Organisationen zur Organisation unserer gesellschaftlichen Komplexität zu erkennen und zu schätzen und sie nicht durch eine fehlgeleitete Ideologie des ‚one size fits all' zu unterlaufen. Es ist also nicht nur die Organisation als solche, die das Leben bedroht, sondern es ist mehr noch die „Zurichtung der Organisation[en]" auf eine uniforme Weise, wie sie derzeit von einer betriebswirtschaftlichen Produktionstheorie über alle verschiedenen Organisationen – gewinnwirtschaftliche Produktionsunternehmen, personenbezogene Dienstleistungsunternehmen oder selbst Staaten, die als Unternehmen geführt werden sollen –, ausgebreitet wird, die eine Bedrohung des Lebens in seiner Vielfalt und Individualität darstellt. Der Soziologe Dirk Baecker hat diese betriebswirtschaftliche Uniformierung der Unternehmungen auf eine ganz grundsätzliche Weise kritisiert und davor gewarnt, Lebenswirklichkeit in solcher Weise zu planieren.[35] Denn in

---

33 Bonhoeffer, Dietrich, Entwurf einer Arbeit, in: ders., Widerstand und Ergebung. Briefe und Aufzeichnungen aus der Haft, hg. von Eberhard Bethge, München/Hamburg 1951, 190–193, 190.

34 Vgl. Schröer, Henning, Seelsorge und Diakonie. Einleitung, in: Handbuch der Praktischen Theologie. Band 4: Praxisfeld Gesellschaft und Öffentlichkeit, hg. von Peter C. Bloth u. a., Gütersloh 1987, 351–360, 359.

35 „Die Reflexion dieser betriebswirtschaftlichen Zurichtung der Organisation ist keine Frage eines andernfalls müßigen akademischen Interesses. Sie führt ins Herz dessen, was die Unternehmensorganisation von jeder anderen Organisation unterscheidet und damit auch ins Herz der Frage, wie sinnvoll es ist, auch andere Organisationen dem betriebswirtschaftlichen Zugriff auszusetzen. Sie erlaubt es, nach der Konstitution des kapitalistischen Betriebs zu fragen und damit eines der neben dem Wohlfahrtsstaat, seinem ungleichen Zwilling, weitreichendsten Sozialexperimente der jüngeren Gesellschaftsgeschichte einzuschätzen";

der organisationalen Planierung von Lebenswirklichkeit gehen Lebensmöglichkeiten und damit das verloren, was wir emphatisch Identität nennen mögen.

V. Zum Schluss

Welche Züge wird das Angesicht dieser Gesellschaft in Zukunft tragen? Die des autark agierenden, möglichst geräuschlos und störungsfrei seinen Nutzen erfolgreich maximierenden *homo oeconomicus*? Oder wird sie die Züge eines Menschen tragen, der zu seinen Brüchen, Niederlagen, Leiden und Abhängigkeiten gefahrlos stehen kann? Wenn solche Züge im Angesicht unserer schönen neuen Gesellschaft nicht mehr vorkommen dürfen oder weggeschminkt werden, dann dürfte sie ziemlich unbarmherzig werden. Auch wenn vielen Menschen in diesem Gemeinwesen die religiöse Dimension der Diakonie unverständlich ist oder unnötig erscheint, sollte die Diakonie doch nichts unversucht lassen, um diese Gesellschaft immer wieder mit Wort und Tat daran zu erinnern, dass wir Christenmenschen aus dem Angesicht Christi, das eben solche Züge des Scheiterns und des Leidens trägt, die Hoffnung gewinnen, uns mit dem Scheitern und dem Leid in dieser Welt auseinander zu setzen und zu erwarten, dass alle Tränen einmal weggewischt werden. Bis dahin gilt es, zu beten, zu denken, zu meditieren und darum zu kämpfen, dass in, mit und unter den Bedingungen des Marktes Diakonie eine tätige Liebe bleibt, die sich nicht zu Marktbedingungen verkauft, sondern allen Menschen und Marktteilnehmern eine Hoffnung und Erfahrung davon vermittelt, dass Menschsein mehr ist als Kunde sein.

Baecker, Dirk, Die Wunschmaschine. Ökonomiekolumne, in: Merkur Nr. 645, 57 (2003), 47–53, 50.

„... männlich und weiblich schuf ER sie"!?

IdentitätEn im Gender Trouble

RUTH HESS

„Und noch desselbigen Tages, nachdem er sich gewaschen und zwei Stullen gegessen hatte, ging Herr Karsunke zum Haus der Familie Morfoß und läutete an der Tür. Die Tante öffnete ihm.
‚Karsunke', sagte der Müllmann mit einer Verbeugung.
‚Maffrodit', stellte sich die Tante ihrerseits vor.
‚Nun', sagte der Müllmann, ‚um ein Wort von Mann zu Mann zu reden ...'
‚Von Mann zu Frau', unterbrach ihn die Tante und zwirbelte ihren Schnurrbart.
‚Entschuldigen Sie, Frau Maffrodit', sagte der Müllmann.
‚Herr Maffrodit bitte', verbesserte die Tante.
‚Also Herr Maffrodit', sagte der Müllmann, ‚von Mann zu Frau, oder sagen wir vielleicht lieber: ganz unter uns zwei beiden ... ' "[1]

1 Hacks, Peter, Meta Morfoß, in: ders., Meta Morfoß und ein Märchen für Claudias Puppe, Berlin 1975, 5–39, 33f.

* * *

Es ist in aller Munde: Mit der Spätmoderne scheint das Denken von Identität brüchig geworden, ja diese selbst fragmentiert. Zentral, vielleicht sogar initial hat diese Entwicklung auch die Wirklichkeit von Geschlecht erfasst. In der Populärkultur tummeln sich – nicht oft, aber doch gelegentlich – Figuren, die der der eben erwähnten ‚Tante' durchaus ähneln: Romane entwerfen vor unseren Augen die Landschaften von *Middlesex* und schildern *Die Umwandlung* von Mary zu Martin Ward – *Bis ich sie finde*, die vormals ‚er' hieß.[2] Filme gehen auf Reise durch *Transamerica* und stellen uns *Agnes und seine Brüder* sowie eine Fülle weiterer *Gendernauts* vor.[3] All diese Typen verkörpern eine grundstürzende Verflüssigung von Geschlecht: *Gender Crossing* oder *Gender Blending*, bei dem dieses, die gewohnten Geschlechtergrenzen durch*que(e)r*end, durchaus nicht ins Selbstverständliche entschwinden will. Längst schon begegnen die entsprechenden Charaktere nicht nur im Kino, sondern auf der Straße. Längst schon erfährt die Irritation der Zweigeschlechtlichkeit in den sog. *Gender Studies* auch eine wissenschaftliche Reflexion.

Freilich: Blicken wir von diesem Panorama auf das in unserem Kulturkreis etablierte Alltagswissen von Geschlecht zurück, tut sich eine eigentümliche Spannungslage auf: Unser *common sense* rechnet nach wie vor – durch alle Anzeichen von Geschlechterverwirrung weithin unbeeindruckt –

---

2 Vgl. Eugenides, Jeffrey, Middlesex, Reinbek 2004; Tremain, Rose, Die Umwandlung, München 2003; Fessel, Karen-Susan, Bis ich sie finde, München 2004; ferner auch den Kultroman Feinberg, Leslie, Träume in den erwachenden Morgen, Berlin 1996, sowie die Jugendbücher Tratnik, Suzana, Mein Name ist Damian, Wien 2005; Fessel, Karen-Susan, Jenny mit O, Berlin 2005. Weitere Romane und Filme finden sich unter www.genderwunderland.de/medien.

3 Vgl. *Transamerica* (2005, Regie: Duncan Tucker); *Agnes und seine Brüder* (2004, Regie: Oskar Roehler); *Gendernauts* (1999, Regie: Monika Treut); ferner auch die Filme *Paris is burning* (1990, Regie: Jennie Livingston); *Boys don't cry* (1999, Regie: Kimberly Peirce); *Alles über meine Mutter* (1999, Regie: Pedro Almodóvar).

mit glasklaren Konturen der Geschlechterdifferenz als naturgegebener Dualität. Biologisch betrachtet besitze jedes menschliche Lebewesen je eines von genau zwei Geschlechtern und dies von Geburt an bis zum Tod. Schließlich trage der Geschlechtskörper ganz unverkennbare Merkmale, die man betrachten und ertasten könne, die medizinisch eindeutig klassifiziert seien. Der einen oder anderen Anatomie entsprechend empfinde man (sich) als Frau oder als Mann, habe man eines der beiden Geschlechter nicht nur, sondern *sei* es und zwar prägend bis in die eigenen Tiefenschichten hinein.

Natürlich kann man vor diesem Hintergrund das oben eingespielte *transgender*-Szenario schlicht als Unfug oder allenfalls als eine Verlegenheit obskurer ‚Randgruppen' abtun. Nimmt man es indes ernst(er), bricht ein tief greifendes Problem auf: Ruft die hier anhebende Verflüssigung oder gar Auflösung der Geschlechtergrenzen nicht notwendig den buchstäblichen Gender *Trouble*, eine *Bedrohung* menschlicher Identität, ja einen Identitäts*verlust* auf den Plan? Manifestes Unbehagen empfinden wir ja schon, wenn es uns, was selten genug vorkommt, in einer noch so flüchtigen Begegnung einmal nicht auf den ersten Blick gelingt zu registrieren, ob wir eine Frau oder einen Mann vor uns haben. Wie viel tiefer mag dann erst die Verunsicherung, ja Verstörung ausfallen, in der man selbst – sprichwörtlich! – ‚nicht mehr weiß, ob man Männlein oder Weiblein ist'? Kurzum: Wenn die meisten Menschen sich in der Tat, seit sie denken können, als ihr Geschlecht fühlen, wie können sie dann noch sie selbst sein, wie sich mit ihrer Lebensgeschichte identifizieren, wenn diese zentrale Gewissheit ihres Selbstkonzepts zerrinnt?

In *theologischer* Perspektive scheint dies *anthropologische* Dilemma kaum weniger fatal. Setzte die christliche Tradition doch über weite Strecken hinweg alles daran, ihr Denken der Geschlechterdifferenz ‚in Ordnung' zu halten – in Schöpfungs- oder Bundesordnungen nämlich. „Mann und Frau sind von Beginn der Schöpfung an unterschieden und bleiben es in alle Ewigkeit" – so kategorisch formulierte etwa die römisch-katholische Glaubenskongregation noch unlängst in ihrem Schreiben „über die Zusammenarbeit von

Mann und Frau in der Kirche und in der Welt".[4] Bahnt sich demnach mit der Infragestellung der Zweigeschlechtlichkeit letztlich die Zerrüttung einer wesentlichen Grundlage auch und gerade des *christlichen* Menschenbildes an – und eine ganz *un*biblische noch dazu?

Meine (Gegen-)These, die ich im Folgenden illustrieren möchte,[5] lautet nun: Theologische Anthropologie hat durchaus Anlass, die im Zuge der Problematisierung des Geschlechterdualismus entdeckten neuen Erfahrungsräume als Identitäts*gewinn* zu explizieren – und dies keineswegs gegen die Bibel, sondern vielmehr mit ihr. Ich gehe in zwei Schritten vor: Zunächst werde ich knapp und stark elementarisiert in das weit verzweigte Feld der neueren (de)konstruktiven Geschlechtertheorie und ihr Reden von Identität einführen (I), um sodann nach möglichen biblisch-theologischen Resonanzfeldern einer Dynamisierung von Geschlecht Ausschau zu halten (II).

I.

Ohne Zweifel: In den letzten Jahrzehnten hat der geschlechtertheoretische Diskurs nach und nach alle überkommenen Gewissheiten von Geschlecht ins Wanken gebracht.[6] Sukzessive drang seine kritische Reflexion von ‚Kultur' zu ‚Natur'

---

4 Das Dokument vom Mai 2004 ist im Internet vielfältig zugänglich.

5 Für die ausführlichere Entfaltung der hier vorgetragenen Überlegungen vgl. bereits meine Beiträge: „Es ist noch nicht erschienen, was wir sein werden." Biblisch-(de)konstruktivistische Anstöße zu einer entdualisierten Eschatologie der Geschlechterdifferenz, in: Heß, Ruth/Leiner, Martin (Hg.), Alles in allem. Eschatologische Anstöße – J. Christine Janowski zum 60. Geburtstag, Neukirchen-Vluyn 2005, 291–323; „... darin ist nicht *männlich und weiblich*". Eine heilsökonomische Reise mit dem Geschlechtskörper, in: Ebach, Jürgen u. a. (Hg.), „Dies ist mein Leib". Leibliches, Leibeigenes und Leibhaftiges bei Gott und den Menschen, Jabboq 6, Gütersloh 2006, 144–185.

6 Vgl. als Überblick über die feministische Diskussion der letzten Jahrzehnte Breger, Claudia, Identität, in: Braun, Christina v./Stephan, Inge (Hg.), Gender@Wissen. Ein Handbuch der Gender-Theorien, Köln u. a. 2005, 47–65.

vor und zugleich in den Geschlechtskosmos, aufgeschichtet und vielfältig vernetzt aus Körper, Identität und Begehren,[7] hinein.

Ihren ersten, freilich noch vergleichsweise oberflächlichen Riss erhielt die Annahme eines selbstverständlichen Einklangs unserer geschlechtlichen Existenz bereits mit der einflussreichen Unterscheidung von ‚biologischem' und ‚sozialem' Geschlecht, *sex* und *gender*. Gegenüber der Maxime, Biologie sei Schicksal, veranschlagte diese nur noch das ‚Datum' Zweigeschlechtlichkeit als natürlich, hob das patriarchale Geschlechterverhältnis aber als kulturell kontingente Größe davon ab. Hergebrachte Geschlechterstereotypen kamen nun als Konstrukte in den Blick, ihre asymmetrischen Wertigkeiten wurden als willkürliche Verzerrungen von Geschlecht kritisierbar. All dies machte es mit einem Male sprunghaft schwieriger zu definieren, was Frausein und Mannsein eigentlich präzise beinhaltet. Aus einer bestimmten Anatomie, einer Gebärmutter etwa, konnten nun nicht mehr per se entsprechende Neigungen abgeleitet werden, beispielsweise ein unweigerlicher Hang zu Empathie und Fürsorge oder die automatische Eignung zu dienenden Berufen.

Allerdings wurde *gender* zunächst noch weithin auf geschlechtsspezifisches *Rollenverhalten* reduziert. *Dass* hingegen jeder Mensch entweder das eine oder das andere, Frau oder Mann, sei und sich selbst auch entsprechend verstehe, stand weiterhin ganz außer Zweifel. Als ‚Natur' erschien der Geschlechterdual an sich nicht nur politisch unproblematisch, er entwickelte sich paradoxerweise sogar zum Kontaktpunkt neuer, genuin weiblicher Identität. An die Stelle deformierender Fremdzuschreibungen trat die selbstbestimmte Entdeckung authentischer *Frauenerfahrung*.[8] Sie er-

---

7 Mit dem Ausdruck *Geschlechtskosmos* versuche ich die zahlreichen und hoch komplexen Prämissen, die unserer schlichten Rede von ‚dem' Geschlecht, das man qua Natur ist, stillschweigend zugrunde liegen, sichtbar und der Reflexion zugänglich zu machen.

8 Zu den beeindruckendsten Dokumenten dieser unbestritten wichtigen Phase zählt der Klassiker der Neuen Frauenbewegung Stefan, Verena, Häutungen, München 1975.

laubte die Konturierung einer homogenen Solidargemeinschaft ‚Frau', von der die politische Stoßkraft der Frauenemanzipation ausging.

Doch auch diese neue Gewissheit von Geschlecht geriet rasch in eine Krise. Denn mit den Stimmen von schwarzen Frauen, lesbischen Frauen, Frauen mit Behinderungen, Arbeiterinnen kam mehr und mehr eine irreduzible *Pluralität* von Erfahrungswelten in den Blick, die fortan selbst noch die schlichte Rede von ‚der' Frau, ‚dem' Mann als Totalitarismus verdächtig und so im Kern problematisch machte.

Seinen Höhepunkt erreichte der Prozess der „Dezentrierung, Zerstreuung und Zersplitterung geschlechtlicher Identitäten"[9] in den 90er Jahren mit der radikalen Interpretation von *sex als gender*. Fortan stand auch das lange Zeit unhinterfragte ‚Datum' Zweigeschlechtlichkeit zur Disposition. Wie erklärt sich diese rapide Zuspitzung? War die Rede von *sex* und *gender* in ihrem ersten Stadium noch weniger eine konsequente Unterscheidung als vielmehr ein Kampf um die Definitionsmacht wahrer Weiblichkeit gewesen, so brach spätestens mit dem Scheitern jeglichen Ineinssetzens von personaler und kollektiver Geschlechtsidentität die Aporie auf, was die Kategorie *sex* überhaupt noch aussagen soll. Abgekoppelt von allen biolog(ist)isch fundierten Geschlechterstereotypen, neben den patriarchalen auch den feministisch motivierten, schrumpft sie auf das nackte Dass der Zweigeschlechtlichkeit zusammen, dem keine präzise Referenz mehr entsprechen kann.[10]

---

9 Eickelpasch, Rolf/Rademacher, Claudia, Identität, Bielefeld 2004, 96; vgl. 94–104 (Abschnitt 2.4: „Ver-rückte Zugehörigkeiten. Zur Kategorie Geschlecht").

10 Veranschaulichen lässt sich dieses Dilemma am prägnantesten anhand der Diagnose von Transsexualismus: Wie kann noch ‚objektiv' überprüft werden, dass ein Mensch sich im falschen Körper befindet, eine unpässliche Geschlechtsidentität hat – ohne Rückgriff auf eben jene „Ken and Barbie stereotypes" (D. Dennys, zit. nach: Hartmann, Uwe/Becker, Hinnerk, Störungen der Geschlechtsidentität. Ursachen, Verlauf, Therapie, Wien 2002, 215), die die Unterscheidung von *sex* und *gender* ja gerade überwinden wollte. Überhaupt stellt der Umgang mit sog. Geschlechtsidentitätsstörungen ein gendertheoretisch überaus

Den wohl prominentesten und zugleich umstrittensten[11] theoretischen Vorstoß in diese Richtung hat die amerikanische Philosophin Judith Butler unternommen.[12] Sie sucht den Geschlechtskosmos als *Ganzen* – den Geschlechtskörper ebenso wie seinen angeblich kohärenten und kontinuierlichen Bezug zu Geschlechtsidentität und Begehren – als kontingente Konstruktion zu entlarven. Eindeutig männliche oder weibliche Geschlechtssubjekte existieren in dieser Sicht nicht per se, sondern werden durch eine kulturelle Zuschreibungs- und Unterscheidungspraxis allererst hervorgebracht. In unserem Kulturkreis folgt diese einer *heterosexuellen Matrix*, d. h. einem kulturellen Raster der „Geschlechts-Intelligibilität [...], das folgendes unterstellt: Damit die Körper eine Einheit bilden und sinnvoll sind, muß es ein festes Geschlecht geben, das durch eine feste Geschlechtsidentität zum Ausdruck gebracht wird, die durch die zwanghafte Praxis der Heterosexualität gegensätzlich und hierarchisch definiert ist."[13] Es ist also keineswegs die Anatomie der Körper, ihre leibliche Morphologie und biologische Konstitution, die unproblematisch das Fundament der Zweigeschlechtlichkeit bildet. Vielmehr konstruiert der heteronormative Diskurs anhand seiner Geschlechtsnormen *Binarität* (es gibt nur zwei

---

aufschlussreiches Szenario dar. Vgl. hierzu bes. die Arbeiten des langjährigen Leiters der Abteilung für Sexualwissenschaft am Universitätsklinikum Frankfurt/M. Sigusch, Volkmar, Transsexueller Wunsch und zissexuelle Abwehr, in: Psyche 49, 1995, 811–837; ders., Die Transsexuellen und unser nosomorpher Blick. Teil I: Zur Enttotalisierung des Transsexualismus/Teil II: Zur Entpathologisierung des Transsexualismus, in: Zeitschrift für Sexualforschung 4, 1991, 225–256.309–343.

11 Vgl. für die besonders im Gestus z. T. empfindliche Kritik an Butlers Konzept exemplarisch Duden, Barbara, Die Frau ohne Unterleib. Zu Judith Butlers Entkörperung, in: Feministische Studien 12, 1993, 24–33.

12 Vgl. klassisch Butler, Judith, Das Unbehagen der Geschlechter, Frankfurt/M. 1991 (engl. Originaltitel: Gender Trouble, 1990); dies., Körper von Gewicht. Die diskursiven Grenzen des Geschlechts, Frankfurt/M. 1997 (engl. Originaltitel: Bodies that Matter, 1993). Eine instruktive und gut verständliche Einführung in das komplexe Denken Butlers bietet Villa, Paula-Irene, Judith Butler, Frankfurt/M./New York 2003.

13 Butler, Das Unbehagen der Geschlechter (Anm. 12), 220.

komplementäre Geschlechter), *Kohärenz* (Körper, Identität und Begehren bilden eine schlüssige Einheit) und *Kontinuität* (das Geschlecht bleibt zeitlebens konstant) *intelligible*, d. h. individuell wahrnehmbare und gesellschaftlich annehmbare Geschlechtssubjekte. Deren Entstehungsprozess wird allerdings durch *Naturalisierung* seiner Effekte nachträglich verschleiert, was wiederum die Evidenz der Zweigeschlechtlichkeit evoziert.

Längst ist eine regelrechte akademische Geschlechterverwirrung im Gange, die sich auf die diversesten Disziplinen mit ihren je eigenen Gegenstandsbereichen und Methoden erstreckt.[14]

1) Seinen Ausgang nahm der multidisziplinäre *Gender Trouble* bei den Irritationen unseres Alltagswissens einer qua Natur universal gültigen Zweigeschlechtlichkeit des Menschen bei der „Wissenschaft vom kulturell Fremden",[15] der *Ethnologie*. Inzwischen gewährt eine Fülle kulturanthropologischer Studien[16] verblüffende Einblicke in die Vielfalt der Elaborierung geschlechtlicher Existenz in nicht-westlich geprägten, speziell außereuropäischen Kulturen. Von Indien, Indonesien und Afrika über Oman, den Balkan und Mexiko bis hin zu indigenen Kulturen Nordamerikas begegnen diverse Systeme multipler Geschlechter mit zahllosen Institutionen von *Gender Crossing*. Ihre Geschlechtszuweisungen nehmen die entsprechenden Gesellschaften nicht auf der Basis eines natural verstandenen Körpers vor, sondern anhand von sozialen Verhaltensweisen, etwa spezifischen Tätigkeits-

14 Vgl. für einen luziden Überblick über diverse Zugriffe auch Villa, Paula-Irene, Sexy Bodies. Eine soziologische Reise durch den Geschlechtskörper, Geschlecht und Gesellschaft 23, Opladen ^{2}2001.

15 Sprenger, Guido, Ethnologie der Sexualität. Eine Einführung, in: Alex, Gabriele/Klocke-Daffa, Sabine (Hg.), Sex and the Body. Ethnologische Perspektiven zu Sexualität, Körper und Geschlecht, Bielefeld 2005, 11–39.

16 Vgl. exemplarisch die verschiedenen Beiträge des Kapitels „Drittes Geschlecht und wechselnde Identitäten", in: Völger, Gisela (Hg.), Sie und Er. Frauenmacht und Männerherrschaft im Kulturvergleich: Zweibändige Materialsammlung zu einer Ausstellung des Rautenstrauch-Joest-Museums für Völkerkunde, Köln 1997, Bd. 2, 99–176.

präferenzen oder einer aktiv oder passiv praktizierten Sexualität. Für Individuen, die sich in irgendeiner Weise geschlechtlich ‚indifferent' zeigen, halten sie alternative Geschlechterkategorien bereit, sog. *Dritte Geschlechter*, die auch biographische Geschlechts(rollen)wechsel ermöglichen. Durch ihre feste soziale Institutionalisierung ermöglichen sie eine hohe Akzeptanz, ja Wertschätzung der betroffenen Personengruppen.

2) Auch innerhalb Europas lässt sich eine deutliche Varianz in der Inszenierung der Geschlechterdifferenz feststellen – und zwar im Rahmen eines tief greifenden geschichtlichen Wandels. Wie Thomas Laqueur in einer materialreichen (medizin-)*historischen* Untersuchung[17] zeigen konnte, löste das uns geläufige *Zwei-Geschlecht-Modell*, wonach Frauen- und Männerkörper als kategorial voneinander unterschiedene Komplemente vorgestellt werden, endgültig erst im 18. Jh. ein zuvor herrschendes *Ein-Geschlecht-Modell* ab. Dieses deutete den weiblichen Körper als minderwertige Version des männlichen mit einem identischen System von Körperflüssigkeiten und prinzipiell analogen Geschlechtsorganen, die allein aufgrund mangelnder Hitze im Inneren des Körpers zurückgeblieben seien, statt sich voll nach außen auszubilden. Nach Laqueurs Befund verdankt sich der Wandel vom Ein- zum Zwei-Geschlecht-Modell nicht primär wissenschaftlichem Fortschritt, sondern ist einem einschneidenden kulturellen Umbruch geschuldet. Ausgelöst durch epistemologische wie politische Desorientierungen im Gefolge von Aufklärung und Revolution entstand dringender Bedarf an einer Reetablierung von Differenz und Ordnung auf neuer Basis, der fortan durch die Biologie befriedigt wurde. Der Ausschluss von Frauen aus der Sphäre der Öffentlichkeit etwa fand seine Legitimation nun nicht mehr in deren gradueller Minderwertigkeit, sondern in ihrer kategorischen Andersartigkeit. Die ‚Natur der Dinge' war erfunden.

---

17 Vgl. Laqueur, Thomas, Auf den Leib geschrieben. Die Inszenierung der Geschlechter von der Antike bis Freud, München 1996 (engl. Originaltitel: Making Sex. Body and Gender from the Greeks to Freud, 1990).

3) Ihrer Produktion wieder auf die Schliche zu kommen, ist das Anliegen der geschlechterkonstruktivistischen (Mikro-) *Soziologie*. Zur Beantwortung der Frage, wie das alltägliche *Doing Gender* (S. J. Kessler/W. McKenna) in unserer Gegenwart funktioniert, wie Menschen es anstellen, ein Geschlecht zu verkörpern und andere als eines zu identifizieren, beobachtet sie die Existenz von ‚Frauen' und ‚Männern' systematisch verfremdet „als merkwürdige Erscheinungen des gesellschaftlichen Lebens"[18]. So hat etwa Stefan Hirschauer[19] auf dem Wege *ethnomethodologischer* Feldstudien über den Geschlechtswechsel transsexuell empfindender Menschen und die Reaktionen ihres sozialen Umfelds eine eingehende Rekonstruktion der durch Naturalisierung verdeckten interaktiven Strategien unternommen, die in sozialer Kollaboration die Herstellung von geschlechtlicher Eindeutigkeit permanent organisieren und absichern. Analytisch differenziert er zwischen *Geschlechtsattribution* und *Geschlechtsdarstellung* – Routinen, die auf extrem früh angeeignetes Wissen und eingeschliffene Körperpraxen zurückgreifen und weithin vorbewusst gehandhabt werden. Beide Aktivitäten zusammengenommen bilden die *Geschlechtszuständigkeit* von Gesellschaftsmitgliedern. Diese markiert die normative Erwartung, im Rahmen der sozialen Spielregeln kompetent und respektvoll mit kulturellen Ressourcen und Interaktionspartnerinnen und -partnern umzugehen. Allein ihre unproblematische Erfüllung berechtigt zum Anspruch auf die Verleihung eines *„Geschlechtstitel[s]"*.[20]

---

18 Hirschauer, Stefan, Dekonstruktion und Rekonstruktion. Plädoyer für die Erforschung des Bekannten, in: Feministische Studien 12, 1993, 56–66, 66.

19 Vgl. zusammenfassend Hirschauer, Stefan, Die interaktive Konstruktion von Geschlechtszugehörigkeit, in: Zeitschrift für Soziologie 18, 1989, 100–118; ausführlicher ders., Die soziale Konstruktion der Transsexualität. Über die Medizin und den Geschlechtswechsel, Frankfurt/M. [2]1999.

20 Hirschauer, Die soziale Konstruktion der Transsexualität (Anm. 19), 51 (Hervorhebung im Original).

4) Indes: Wenn unsere Geschlechtszugehörigkeit tatsächlich Effekt eines (inter)aktiven Tuns ist, warum empfinden so viele Menschen sie dann als unmittelbare Realität ihres eigenen Selbst? Der damit markierten Problematik der *Stabilität* von Geschlechterkonstruktionen widmen sich die ebenfalls *mikrosoziologischen*, jedoch *phänomenologisch* fokussierten Überlegungen Gesa Lindemanns.[21] Abgekürzt formuliert lautet ihre These: Kulturelle Geschlechterkonstruktionen wirken deshalb so nachhaltig, weil sie uns nicht äußerlich bleiben, sondern sich *im Leib* zu einer *gefühlten Realität* verdichten. Es ist unser leibliches Spüren dessen, was der Körper bedeutet, das die „unleugbare Evidenz des eigenen Geschlechts"[22] hervorruft und ihre Dauerhaftigkeit garantiert. Aufgrund der existenziellen Verschränkung von Körperwissen und Leiberfahrung – Lindemann knüpft hier an Helmuth Plessners Theorie der exzentrischen Positionalität an – schieben sich die kulturellen Geschlechternormen Individuen unter die Haut und gerinnen dort zu einem „Empfindungs- und Verhaltensprogramm",[23] das noch das elementarste leibliche Erleben von Menschen unbemerkt und doch unhintergehbar sozial prägt.

5) Und die *Naturwissenschaften* – ausgewiesene Hüterinnen des ‚wahren Geschlechts'[24]? Selbst sie sehen sich inzwischen kritisch konfrontiert mit den unreflektierten Prämissen ihrer Erforschung von Geschlecht,[25] den Zirkelschlüssen, Ästheti-

21 Vgl. grundlegend Lindemann, Gesa, Das paradoxe Geschlecht. Transsexualität im Spannungsfeld von Körper, Leib und Gefühl, Frankfurt/M. 1993. Ein hoch interessantes *gedächtnistheoretisch* fundiertes Alternativmodell zur Plausibilisierung der subjektiven Identifikation mit dem eigenen Geschlecht, das Kultur- und Naturwissenschaften zu verbinden versucht, entwickelt Weinberg, Manfred, Von Genen, Körpern und Konstrukten. Geschlecht zwischen *Sex* und *Gender*, in: Frey Steffen, Therese u. a. (Hg.), Gender Studies. Wissenschaftstheorie und Gesellschaftskritik, Würzburg 2004, 55–65.

22 Lindemann, Das paradoxe Geschlecht (Anm. 21), 61.

23 Lindemann, Das paradoxe Geschlecht (Anm. 21), 33; vgl. 59f.

24 Vgl. Foucault, Michel, Das wahre Geschlecht, in: Barbin, Herculine/ders., Über Hermaphrodismus. Der Fall Barbin, hg. von Wolfgang Schäffner/Joseph Vogl, Frankfurt/M. 1998, 7–17.

25 Vgl. exemplarisch die Beiträge des Kapitels „Zur naturwissenschaftlichen Konstruktion von Geschlecht", in: Pasero, Ursula/Gottburgsen,

zismen und Normwertkonstruktionen von Eindeutigkeit, deren Ausblendung den Positivismus ihrer Befunde lange Zeit schier unantastbar machte.

Kommen wir von diesem Tableau auf das einleitend aufgeworfene Problem zurück, so bestätigt sich: Die Irritation der alltagsweltlichen Evidenz dual fixierter Geschlechterkonturen impliziert zweifellos einen Akt radikaler *Dekonstruktion*, eine tiefe Beunruhigung über das Allervertrauteste und Selbstverständliche. Doch inwiefern kann ein solches *Unbehagen der Geschlechter* mehr und anderes verheißen als eine zerstörerische *Destruktion*?

Das Natürliche ist nicht nur kontingent – es ist auch *politisch*! Diese grundstürzende Einsicht ist es, die einen neuen Blick auf jenen *Gender Trouble* eröffnet. Dies insofern, als sie uns die moralische Provokation zumutet, dass der strikte Geschlechterdual(ismus) keineswegs ‚natürlich' unschuldig ist, sondern sich einem mit „konstitutivem *Zwang*"[26], ja *gewaltsam* operierenden hegemonialen Diskurs verdankt. Denn dieser verbannt mit der Erschaffung seiner Geschlechtssubjekte zugleich alternative Geschlechterfigurationen, die den Intelligibilität konstituierenden Normen Binarität, Kohärenz und Kontinuität nicht entsprechen, als verwerfliche ‚Abjekte' in eine Zone kultureller „Unbewohnbarkeit"[27].

Sein repressiver Modus zieht alle Ebenen des Geschlechtskosmos, den Körper und sein Begehren ebenso wie die Geschlechtsidentität, in Mitleidenschaft. Greifen wir für unseren Kontext Letztere heraus, so zeigt sich: Indem das kulturelle Raster der Zweigeschlechtlichkeit im Zuge der biographischen Genese unseres Selbstkonzepts vorgeprägte, gesellschaftlich nachvollziehbare Erfahrungswirklichkeiten eröffnet, gleichzeitig aber andere, kulturell als inakzeptabel generierte Erfahrungsmöglichkeiten rigoros abschneidet, erweist

---

Anja (Hg.), Wie natürlich ist Geschlecht? Gender und die Konstruktion von Natur und Technik, Wiesbaden 2002, 17–166; Palm, Kerstin, Gender – eine unbekannte Kategorie in den Naturwissenschaften?, in: Frey Steffen u. a., Gender Studies (Anm. 21), 97–109.

26 Butler, Körper von Gewicht (Anm. 12), 16 (Hervorhebung R. H.).

27 Butler, Körper von Gewicht (Anm. 12), 23.

es sich als machtvolles Instrument auch der *Einschränkung*, ja *Deformation* von Geschlechtsidentität. An der Spitze dieses Eisbergs stehen sicher die Menschen, deren Empfinden sich nicht zur Markierung ihres Geschlechtskörpers fügen will, sog. Transsexuelle, die ihren Leib und sich selbst erschreckend einschneidenden Praktiken aussetzen.[28] Mit ihnen sehen wir uns aber letztlich alle mit einem enormen Zwang zur Eindeutigkeit konfrontiert: Inzwischen längst schon weit vor dem ersten eigenen Atemzug, spätestens aber mit der Geburt, stellt die unvermeidliche Standardfrage: ‚Was ist es denn?' jedes neue Leben unter den Richtspruch einer distinkten Geschlechtszuständigkeit: Junge oder Mädchen? Er setzt sich darin fort, dass Eltern gesetzlich verpflichtet sind, ihrem Kind einen Namen zu geben, der dessen Geschlecht unmissverständlich kennzeichnet. Notfalls muss ein Zweitname her, der die eindeutige Klassifikation sicherstellt.[29] Sie lässt uns ein Leben lang nicht mehr los. Existenzberechtigt bleiben Menschen auch fortan allein dann, wenn sie sich selbst als *entweder* männlich *oder* weiblich definieren und zwar unabänderlich gemäß ihrem einst zugewiesenen Geschlechtskörper. Bei Androhung der Vernichtung: Tertium non datur![30]

„Meiner Arbeit geht es in gewisser Weise darum, die Grausamkeit, durch die Subjekte produziert und differenziert werden, zu *entlarven* und zu *verbessern*"[31] – so charakterisiert Judith Butler die Motivation ihres Denkens. Angesichts dieser eminent ethischen, ja moralischen Dimension

---

28 Vgl. zu diesen und anderen *transgender*-Realitäten sowie ihren zunehmenden Widerstand gegen die heteronormativen Zumutungen polymorph (Hg.), (K)ein Geschlecht oder viele? Transgender in politischer Perspektive, Berlin 2002.

29 Dies führt gelegentlich gar zu langwierigen Rechtsstreitigkeiten. Vgl. OLG Hamm, Az. 15 W 343/04.

30 Dass es sich hierbei keineswegs um eine Übertreibung handelt, dokumentieren manche Schicksale sowie der Kampf der US-amerikanischen *transgender-community* „Gender Rights are Human Rights". Vgl. hierzu den ebenso aufrüttelnden wie anrührenden Bildband von Allen, Mariette P., The Gender Frontier, Heidelberg 2003.

31 Butler, Judith, Für ein sorgfältiges Lesen, in: Benhabib, Seyla u. a., Der Streit um Differenz. Feminismus und Postmoderne in der Gegenwart, Frankfurt/M. 1993, 122–132, 131f (Hervorhebung R. H.).

erscheint ihre radikale Dekonstruktion des Geschlechterdualismus keineswegs als eitel postmodernes Verwirrspiel ohne Sinn und Ziel, sondern als *befreiende Enthüllung*. In letzter Konsequenz stellt sie uns vor die schlichte, doch lebensnotwendige Frage, wie unsere Antwort auf die abgründige Bedrängnis lauten mag, die nicht wenige Menschen besonders, letztlich aber uns alle angeht: „If I am a certain gender, will I still be regarded as part of the human? [...] Will there be a place for my life [...]?“[32] Allererst von dieser Erschütterung her eröffnet sich der Raum für Butlers *konstruktives* Anliegen: eine identitätspolitische *Vermehrung* intelligibler Geschlechter, die Suche nach „neue[n] Möglichkeiten [...], wie Körper Gewicht haben“[33] und damit lebbar und erlebbar werden können.

II.

Was soll protestantische Theologie nun hierzu sagen? Kann sie von den ihr eigenen Voraussetzungen her den skizzierten *Gender Trouble* produktiv aufnehmen oder gar einen eigenen Beitrag leisten?

Auf den ersten Blick erscheint das ganz abwegig. Die wirkmächtigste normative Rezeptionsbarriere liegt auf der Hand – die diversen theologischen Deutungen der Geschlechterdifferenz als *Schöpfungs-* oder *Bundesordnung*. Für den reformierten Dogmatiker Karl Barth etwa vermag allein ein steiler Geschlechterdualismus die Geschöpflichkeit des Menschen durch die Heilsgeschichte hindurch zu verbürgen: „Der Mensch kann und wird auf alle Fälle vor Gott und unter seinesgleichen nur darin Mensch sein, daß er Mann ist im Verhältnis zur Frau und Frau ist im Verhältnis zum Mann. Und indem er das Eine oder das Andere ist, *ist* der Mensch.“[34] Nach Meinung des lutherischen Ethikers

---

32 Butler, Judith, Acting in Concert, in: dies., Undoing Gender, New York/London 2004, 1–16, 2.

33 Butler, Körper von Gewicht (Anm. 12), 56.

34 Barth, Karl, Die Kirchliche Dogmatik. Bd. III/1: Die Lehre von der Schöpfung, Zollikon/Zürich 1947, 209 (Hervorhebung im Original).

Helmut Thielicke liegt die unumstößliche theologische Dignität der Ehe und mit ihr der Zweigeschlechtlichkeit just darin begründet, „daß sie ‚vor dem Sündenfall' gestiftet ist und so in ihrem Ursprung der heilen Welt des Urstandes zugerechnet wird."[35] Feministische Theologinnen haben diese Konstellation mitsamt ihrer Urstandsromantik – freilich emanzipatorisch reformuliert – beerbt, insofern sie mit Gen 1,27 die egalitäre Gemeinschaft von Frau und Mann als zentrales Moment der sehr guten Schöpfung und Implikat der Imago Dei anthropologisch wie theologisch neu zu akzentuieren versuchen.[36] Indes: Die Bibel selbst hat gegenüber ihrer ordnungstheologischen Lektüre durchaus Widerständiges in Sachen Geschlecht zu bieten.

Eine bibelhermeneutische Vorbemerkung: Das Grundproblem, vor dem jede systematische Theologin steht, die biblische Theologie zu treiben versucht, ist im Kern ein enzyklopädisches. Wie kann ihre Theoriebildung sich auf die Texte des Kanon beziehen? Zunächst einmal sicher nicht analog zur Exegese, also mit einem in erster Linie historischen Interesse, ebenso wenig aber unberührt von deren Erkenntnissen. Vielleicht stellt sich die Sache so dar: Ich nutze ausgewählte Bibelstellen als Kontaktpunkte theologischer Imagination, erzähle mit ihnen also eine Geschichte. Ein solcher Zugriff schließt freilich gewisse Markierungen ihrer historischen Fremdheit sowie Wachsamkeit für ihre traditionellen Normativitätsgehalte nicht aus, sondern ein. Denn meine Geschichte lautet anders als die von weiten Teilen der theologischen Tradition inszenierte. Sie fokussiert auf „instabilities and ambiguities that might represent weak spots in the supposed biblical foundations of the heterosexual contract and, hence, openings for queer contestation"[37], bietet also

35 Thielicke, Helmut, Theologische Ethik. Bd. III/3: Ethik der Gesellschaft, des Rechtes, der Sexualität und der Kunst, Tübingen 1964, XIV.

36 Vgl. exemplarisch Schüngel-Straumann, Helen, Gen 1–11. Die Urgeschichte, in: Schottroff, Luise/Wacker, Marie-Theres (Hg.), Kompendium Feministische Bibelauslegung, Gütersloh 1998, 1–11, 9f; Frettlöh, Magdalene L., Wenn Mann und Frau im Bilde Gottes sind. Über geschlechtsspezifische Gottesbilder, die Gottesbildlichkeit des Menschen und das Bilderverbot, Wuppertal 2002.

37 Stone, Ken, The Garden of Eden and the Heterosexual Contract, in: Armour, Ellen T./St. Ville, Susan M. (Hg.), Bodily Citations. Religion and Judith Butler, New York 2006, 48–70, 54.

eine Art subversives Zitat, das eine *De*konstruktion des Wahrheitsmonopols der hergebrachten Deutungen impliziert. Eine *Konstruktion* bleibt es allemal. Sie als solche ins Bewusstsein zu rufen und als Alternativgeschichte zu plausibilisieren – darum geht es.

1) Natürlich scheint ein gewisser Anachronismus unumgänglich, erwartet man von der Bibel Auskunft über einen derart neuzeitlich geprägten Topos wie den der ‚Identität'. Halten wir uns also zunächst an einen paulinischen Grundzug: Wir leben in einer „Zeit d[...]es Provisoriums"[38]. Entsprechend mag auch menschlicher Selbstbezug in all seinen Ausprägungen eine dezidiert *eschatische* Größe sein, an der das in Christus Raum greifende Heilsgeschehen durchaus nicht spurlos vorübergeht.

Prägnant bringt dies etwa 1Kor 13,9–12 zum Ausdruck. Am konkreten Fall der Charismen stellt Paulus hier menschliche (Selbst-)Erkenntnis, wie sie gegenwärtig auftritt, unter einen eigenartigen eschatologischen Vorbehalt: Unter den Bedingungen des Irdischen ist das Wahrnehmen, der Ausdruck von Menschen nur in „mittelbare[m] und indirekte[m] Modus"[39] zugänglich, eine klärende Verwandlung dieser Vorläufigkeit steht noch aus. Mit drei komparativ-antagonistischen Metaphern entfaltet der Text die temporale Spannung zwischen ‚jetzt' und ‚dann' als qualitative Steigerung: Noch Fragmentarisches soll dann zu Vollkommenem werden, die kindliche Perspektive muss erwachsen, das rätselhafte Spiegelbild wird verwandelt in ein Schauen von Angesicht zu Angesicht. Damit kommt ein Aufdeckungs- und Klärungsereignis in den Blick, in dessen Vollzug der gebrochene Charakter der menschlichen Existenzweise aufgehoben wird – eine Offenbarung, die freilich weniger quantitativ als qualitativ zum Tragen kommt. Vollkommen ist sie nicht im Sinne einer abstrakt restlosen Durchleuchtung und Zurschaustellung des menschlichen Selbst, sondern darin, dass sie den Erlösten Anteil an der Sicht Gottes gewährt, damit

38 Schrage, Wolfgang, Der erste Brief an die Korinther, Bd. 3: 1Kor 11,17–14,40, EKK VII/3, Zürich u. a. 1999, 307.

39 Schrage, Der erste Brief an die Korinther (Anm. 38), 311.

diese sich selbst so ansichtig werden können, wie GOTT sie längst wahrgenommen und akzeptiert hat. „Das menschliche ἐπιγινώσκειν [*epiginōskein*] wird dem göttlichen entsprechen, insofern es ein ganz von der Liebe geprägtes und nicht mehr durch Vermittlung gebrochenes Erkennen und Anerkennen sein wird."[40]

„Es ist noch nicht erschienen, was wir sein werden" (1Joh 3,2). Diese theologische Pointe bedeutet für den Selbstbezug von Menschen in seiner aktuell vielfach allzu selbst-verständlichen Geltung eine enorme Relativierung: „Auch für Gotteskinder steht noch etwas aus, auch ihnen hat die Zukunft, hat das Eschaton noch Neues zu bieten."[41] Von daher stellt sich nun auch die komplexe Dialektik von Identitäts*gewinn* und Identitäts*verlust* in neuem Licht dar: Theologisch betrachtet ist ‚Identität' nichts, was wir abstrakt besitzen, sondern wird allein *extern* von GOTT garantiert, DER Menschen besser kennt als diese sich selbst. Entsprechend korrumpiert eine (endzeitliche) Verwandlung nicht unseren Selbstbezug, sondern bringt vielmehr seine vormals fragmentarische Gestalt allererst recht zur Geltung.

2) In diese überraschende Dynamik lässt sich nun in der Tat auch die menschliche Geschlechtlichkeit einzeichnen – und zwar bis in ihre Tiefenschichten hinein. Explizit weist hierauf zunächst Mk 12,25 par. hin. Auf die Frage von Sadduzäern, welchem Mann eine durch Leviratsehe (Dtn 25,5f) mehrfach verheiratete Frau nach ihrer Auferstehung angehöre, antwortet der synoptische Jesus dort: „Wenn sie nämlich von den Toten auferstehen werden, werden sie weder heiraten noch sich heiraten lassen, sondern sie sind wie Engel in den Himmeln." Deutlich zielt der Spruch darauf, dass die Existenz der Auferstandenen keinesfalls als ungebrochene Verlängerung irdischer Verhältnisse zu verstehen ist,[42]

---

40 Schrage, Der erste Brief an die Korinther (Anm. 38), 315.

41 Klauck, Hans-Josef, Der erste Johannesbrief, EKK XXIII/1, Zürich u. a. 1991, 181; vgl. zu 1Joh 3,2 insgesamt 178–185.

42 Vgl. Luz, Ulrich, Das Evangelium nach Matthäus. Bd. 3: Mt 18–25, EKK I/3, Zürich u. a. 1997, 264.

markiert also einen grundlegenden Wandel mindestens hinsichtlich der Geschlechter*praxis* Ehe und der an sie gekoppelten sexuellen Reproduktion.

Dass eine solche Transformation indes selbst vor der Geschlechter*dua*lität nicht Halt macht, kündigt sich mit Gal 3,28 an, einer von Paulus adaptierten urchristlichen Taufformel, derzufolge unter denen, die durch die Taufe auf Christus diesem zugehören, „nicht Jude noch Grieche, nicht Sklave noch Freier, *nicht männlich und weiblich*" sei: „Alle nämlich seid ihr Einer in Christus Jesus." Denkbar radikal eröffnet ihre dritte Pointe (V. 28c) eine im Christusraum performierte Entdualisierung von Geschlecht, die durchaus auch eine elementar leibliche Dimension hat.[43] Indem die Gläubigen in einer Art eschatologischer Travestie (1Kor 15,53f; 2Kor 5,2–4) Christus ‚anziehen' (Gal 3,27), werden sie mit ihrer ganzen Existenz in die Heilssphäre Christi buchstäblich inkorporiert.

3) Aber: Wie verhält sich diese Option zu Gen 1,27 (vgl. 5,1f), dem locus classicus jeder urstandstheologischen Deutung der Geschlechterdifferenz, der diese ja in der Tat aufs Engste mit der Imago Dei in Verbindung bringt?[44]

Fragen wir zunächst, was die Wendung *zakar un^{e}qebah* (männlich und weiblich; Gen 1,27b) überhaupt präzise meint: Obwohl die Ausdrücke *zakar* und *n^{e}qebah* sich neben erwachsenen Menschen auch auf Tiere (Gen 6,19; 7,3.9.16) und neugeborene Kinder (Lev 12,2.5) beziehen, treten sie keineswegs nur neutral, etwa im Sinne unserer modernen Vorstellung von biologischem Geschlecht, auf, sondern fungieren auch als spezifisch *soziale Strukturmarker* – mit durchaus ambivalentem, ja repressivem Gehalt. Grundsätzlich gilt, dass *zakar* wesentlich häufiger und öfters auch

43 So auch Betz, Hans-Dieter, Der Galaterbrief. Ein Kommentar zum Brief des Apostels Paulus an die Gemeinden in Galatien, München 1988, 344f.

44 Anders übrigens Bird, Phyllis A., ‚Male and Female He Created Them'. Gen 1,27b in the Context of the Priestly Account of Creation, in: HTR 74, 1981, 129–159.

selbstständig auftaucht, während *n^e^qebah* von einer Ausnahme abgesehen stets im engeren oder lockeren Konnex mit *zakar* steht. Damit deutet sich bereits eine alles andere als egalitäre Tendenz im alttestamentlichen, speziell priesterschriftlichen Gebrauch der beiden Termini an. Ganz ungeachtet des schlichten ‚und', mit dem Gen 1,27 sie verknüpft, leisten *zakar* und *n^e^qebah* in ihrer dualen Opposition zueinander (a) eine spezifische Konstruktion von *Männlichkeit als Adel* (P. Bourdieu). Nicht umsonst begegnet *zakar* häufig im Zusammenhang der Beschneidung (Gen 17,10f.14 u. ö.). Ein männliches Neugeborenes verkörpert den Stammhalter (Gen 17,19; Jes 66,7; Jer 20,15), die männliche Erstgeburt wird Jhwh geheiligt (Dtn 15,19), den männlichen Nachkommen Aarons bleibt das Essen der Opferreste vorbehalten (Lev 6,11.22 u. ö.). Weiter: Der Stammesfürst bringt als Sündopfer ein männliches Tier dar, das Volk ein weibliches (Lev 4,22f.27f). Ein erwachsenes Männliches wird auf fünfzig, ein erwachsenes Weibliches auf dreißig Lot Silber geschätzt (Lev 27,3f). Nach der Geburt eines männlichen Kindes währt die Unreinheit der Mutter nur halb so lang wie nach der eines weiblichen (Lev 12,2.5). Streng eingedenk des schlichten ‚und', mit dem Gen 1,27 *zakar* und *n^e^qebah* miteinander verknüpft, ist es ebenfalls *zakar*, das (b) den Bezugspunkt für einen religiös-sozialen *Ausschluss von homosexuellem* als regelwidrigem *Geschlechtsverkehr* abgibt (Lev 18,22; 20,13).

So irritierend der terminologische Fingerzeig auf die subtile Gebrochenheit selbst schon der prälapsarischen Geschlechterdifferenz sein mag, markiert er letztlich doch nur eine, vielleicht die *letzte* Entromantisierung des klassischen Urstands. Denn seine Einsicht korrespondiert weiteren begrifflich unterlegten Ambivalenzen, wie sie im Blick auf die erste Schöpfungserzählung längst herausgearbeitet wurden: „Schon die sehr gute Welt enthält mit der Beherrschung von Erde und Tieren durch die menschliche Kultur ein Moment von Gewalt."[45] Tatsächlich lassen neben manchem Anderen

45 Crüsemann, Frank, Eva – die erste Frau und ihre Schuld. Ein Beitrag zu einer kanonisch-sozialgeschichtlichen Lektüre der Urgeschichte, in:

gerade die beiden Implikate der Gottesbildlichkeit – das *dominium terrae* und die menschliche Geschlechtlichkeit – ein „Moment der Erlösungsbedürftigkeit [...] von Anfang an"[46] aufscheinen. Der (kanonische) Konnex von Gen 1 und Gen 3 unterstreicht dies eindrücklich. Die in Gen 3 namhaft gemachten leidvollen Konsequenzen des sog. Sündenfalls richten sich nämlich keineswegs beliebig auf dies und das, sondern korrumpieren exakt die beiden wesentlichen Relationalitäten der gottesbildlichen Menschen. Die pflanzliche Umwelt, die ihnen als Lebensraum und Nahrungsgrundlage dienen sollte (Gen 1,28f), wirft sich gegen den *'adam* (Mensch; Mann) auf und lässt ihm den Broterwerb zur Plage werden (Gen 3,17–19). Für die *'ischah* (Frau) verkehren sich Geschlechterdifferenz und Fortpflanzung (Gen 1,27f) in die Plagen der Geburt und die Beherrschung durch den *'isch* (Mann; Gen 3,16). Vielleicht wohnt beiden anthropologischen Brennpunkten ja gerade aufgrund ihrer implizit dualen Schöpfungsstruktur eine wie auch immer geartete Potenz inne, sich auf Antagonismus und Herrschaft hin zu vereindeutigen.

Neutestamentlich nimmt jenes Moment der Erlösungsbedürftigkeit der guten Schöpfung im Blick auf die menschliche Geschlechtlichkeit wiederum besonders Gal 3,28c in den Blick – freilich gerade im Lichte seiner heilsamen Verwandlung. Denn eigentümlicherweise wirft die urchristliche Taufformel ein deutlich gebrochenes Licht ausgerechnet auf Gen 1,27. Dies insofern, als sie sich der protologischen Fundierung der Geschlechterdifferenz innerhalb der ersten Schöpfungserzählung als klare „eschatologische Antithese"[47] explizit ent-

---

ders., Kanon und Sozialgeschichte. Beiträge zum Alten Testament, Gütersloh 2003, 55–65, 64.

46 Janowski, J. Christine, Warum sollte Gott nicht alle erlösen? Antworten auf einige Einwände gegen eine Allerlösungslehre, in: Frettlöh, Magdalene L./Lichtenberger, Hans P. (Hg.), Gott wahr nehmen, FS Christian Link, Neukirchen-Vluyn 2003, 277–328, 278.

47 Thyen, Hartwig, „... nicht mehr männlich noch weiblich ..." Eine Studie zu Galater 3,28, in: Crüsemann, Frank/ders., Als Mann und Frau geschaffen. Exegetische Studien zur Rolle der Frau, Kennzeichen 2, Gelnhausen u. a. 1987, 107–201, 111.

gegensetzt. Ihre schon kompositorisch auffällige Wendung *oyk eni arsen kai thēly* („nicht männlich und weiblich") ist nämlich nicht zufällig gewählt, sondern nimmt ein exaktes Zitat aus Gen 1,27 LXX auf, wertet es allerdings zu einer radikalen Negation um. Dem „männlich und weiblich schuf SIE sie" der Schöpfung stellt sie für die Erlösung ein „darin ist *nicht* männlich und weiblich" antagonistisch gegenüber. Heilsökonomisch ist damit nun in der Tat eine denkbar fundamentale Transformation von Geschlecht pointiert – eine entdualisierende Neufigurierung seiner elementaren Schöpfungsgestalt nämlich. Als solche greift sie deutlich tiefer als eine bloße Restitution der guten Schöpfungsordnung des Ursprungs oder andere Korrekturen sündenfallbedingter Perversionen des Geschlechterverhältnisses. In ihrem Horizont erscheint vielmehr eine heilsame Neu-Schöpfung (Gal 6,15) von geschlechtlicher Leiblichkeit am Ende der Zeiten nicht nur möglich, sondern geradezu notwendig.

In summa: Gewiss, Geschlechterdifferenz und Gottesbildlichkeit sind biblisch auf spezifische Weise miteinander verknüpft. Deshalb muss Erstere aber keineswegs ein gewissermaßen neutraler ‚Anknüpfungspunkt' und in ihrer Perfektion theologisch selbstgenügsam sein! Mit dem auch ihr eignenden Moment von Erlösungsbedürftigkeit bleibt sie vielmehr nachhaltig auf GOTTes neuschöpferische Zuwendung angewiesen, steht selbst ihr eine Verwicklung in die Heilsgeschichte und deren Vollendung bevor.

4) Im performativen Akt der *Taufe* hebt der Übergang vom alten zum neuen Äon, der Auftritt der neuen Kreatur (2Kor 5,17; Gal 6,15) bereits hier und heute an: „[. . .] it does what it says."[48] Konkrete Gestalt gewinnt er als radikaler *Personwechsel*, der Geschlechtsidentität und Geschlechterpraxis der Glaubenden subversiv *entfixiert*. Beredtester Zeuge dieses Wandels ist der Galaterbrief mit seiner „neue[n] Pluriformität von männlich = beschnitten, männlich = unbeschnit-

48 So mit Rekurs auf die Sprechakttheorie John Langshaw Austins Meeks, Wayne A., The Image of the Androgyne. Some Uses of a Symbol in Early Christianity, in: HR 13, 1974, 165–208, 182.

ten, weiblich = unbeschnitten“[49], die in dem „rebellische[n] Potential einer Anti-Genealogie“ gründet. Die Konzentration des „‚Glaubens-Gen[s]‘“ auf das „‚Spermium Christus‘“ (Gal 3,16)“ „wird zur ‚Keimzelle‘ einer pluralen Gemeinschaft der Abrahamskinder“[50], in der Männlichkeit als Adel entthront ist. Auch andernorts im Neuen Testament hat – noch ganz abgesehen von der fundamentalen Relativierung ehelicher (Lk 14,26; 1Kor 7,7–9) und familiärer Strukturen (Mk 3,31–35; Lk 9,59–62) überhaupt – eine spezifische *Depotenzierung von Männlichkeit* ihre Spuren hinterlassen.[51] Neben dem radikalsten Wort Mt 19,12 deutet sie sich nicht zuletzt in der inszenierten Schwachheit eines väterlich-mütterlichen Apostels Paulus (1Thess 2,7.11) an, „der sich selbst als kreißende Gebärarbeiterin schildert“[52] (Gal 4,19). Wie das „massive Beschneidungsbegehren der männlichen Galater“[53] zeigt, trägt dieser Umbruch als Anheben der neuen Schöpfung freilich auch dezidiert *krisenhafte* Züge. Ein rückwärts gewandtes Beharren auf den (geschlechtlichen) Konstanten des ‚alten Menschen‘ erscheint angesichts der ‚in Christus‘ heilsam Raum greifenden Geschlechterkonfusion indes schlechterdings überholt. Die Identität der neuen Kreatur weiß sich mit Haut und Haar in eine geistliche Sphäre der Freiheit hineingestellt, in der das (geschlechtlich) Andere im Lichte des Kreuzes (Gal 5,11; 6,12–14) fortan anders zur

---

49 Kahl, Brigitte, Der Brief an die Gemeinden in Galatien. Vom Unbehagen der Geschlechter und anderen Problemen des Andersseins, in: Schottroff/Wacker, Kompendium feministische Bibelauslegung (Anm. 36), 603–611, 609.

50 Kahl, Brigitte, Der Brief an die Gemeinden in Galatien (Anm. 49), 607.

51 Vgl. hierzu den höchst instruktiven Beitrag von Leutzsch, Martin, Konstruktionen von Männlichkeit im Urchristentum, in: Crüsemann, Frank u. a. (Hg.), Dem Tod nicht glauben. Sozialgeschichte der Bibel, FS Luise Schottroff, Gütersloh 2004, 600–618. Selbstverständlich existieren zu dieser *De*potenzierung auch Gegenlinien (vgl. 1Kor 11,3–16).

52 Kahl, Der Brief an die Gemeinden in Galatien (Anm. 49), 607.

53 Kahl, Brigitte, Nicht mehr männlich? Gal 3,28 und das Streitfeld Maskulinität, in: Janssen, Claudia u. a. (Hg.), Paulus. Umstrittene Traditionen – lebendige Theologie: Eine feministische Lektüre, Gütersloh 2001, 129–145, 143.

Geltung kommen kann – als entdualisiertes und antihierarchisches „Mit-ein-ander"[54] der Kinder Gottes.

Ganz entsprechend bringt das Neue Testament die Eigenart der in Christus neuen Kreatur – im Unterschied zur Fixierung der christlichen Tradition auf die Ehemetaphorik[55] – keineswegs monoton, sondern in einer lebendigen Fülle von Metaphern zur Sprache, die sich in ihrem Genus durch eine regelrechte Geschlechterverwirrung auszeichnen: Die Gläubigen sind angerufen als Einer *(heis)* in Christus (Gal 3,28d) – maskulinum! Sie treten als die Braut *(parthenos)* Gemeinde *(ekklēsia)* in Erscheinung (2Kor 11,2; Eph 5,22–33) – femininum! Sie finden sich als die (neugeborenen) Kinder *(tekna)* GOTTes (1Joh 3,1) und des Apostels Paulus (Gal 4,19; 1Thess 2,7.11) sowie als Glieder *(melē)* am Leib Christi, ja als dessen Leib *(sôma)* selbst (Röm 12,4f; 1Kor 12,12–27) vor – neutrum!

5) Wenn schon das *Prä*ludium auf die entfesselte Pracht der Erlösung derart reich und bunt ist, wie mag es dann erst um die *vollendete* Gestalt der eschatisch verwandelten Geschlechtlichkeit bestellt sein? Werfen wir dazu abschließend einen Blick auf 1Kor 15,35–49. Hier entfaltet Paulus sein berühmtes Spitzenbekenntnis: Im Ereignis der Totenauferweckung erfahren die Geschöpfe eine fundamentale Transformation ihrer Leiblichkeit. Ebenso wie Gott durch den radikalen Bruch des Todes hindurch dem nackten Korn einen Leib schafft, so lässt ES (und nur in IHM gründet die neuschöpferische Dynamik!)[56] endzeitlich aus dem irdischen einen himmlischen Menschen entstehen (V. 36–38.42ff). Durch die Heilsgeschichte hindurch existieren Geschöpfe in

54 Kahl, Nicht mehr männlich? (Anm. 53), 139.

55 Selbst diese ist allerdings vielgestaltiger, als traditionell suggeriert. Vgl. Merz, Annette, Warum die reine Braut Christi (2Kor 11,2) zur Ehefrau wurde (Eph 5,22–33). Thesen zur intertextuellen Transformation einer ekklesiologischen Metapher, in: Janssen u. a., Paulus (Anm. 53), 148–165.

56 Die Verbformen der V. 42ff sind „durchweg [...] als Passiva divina zu verstehen": Wolff, Christian, Der erste Brief des Paulus an die Korinther, ThHKNT 7, Leipzig 1996, 406.

gottgewollter Leiblichkeit *(hetera doxa* der *sômata)*. Doch wird die spezifische Gebrochenheit *(sarx)* der Körper im Raum der Schöpfung endzeitlich so verwandelt werden, dass die Leiber der Auferweckten im Raum der Erlösung in vollkommener Klarheit *(doxa)* erstrahlen können (V. 39–41).

Mit V. 38 hebt indes noch eine zweite, etwas versteckte, aber umso aufregendere Pointe an, die die Verse 39 und 41 verdichten: In allen Heilsäonen erhält Gott SEINE Kreatur nicht nur leiblich, sondern auch in *bunter Eigenart*. Auf Erden – dem Bildraum für die *Schöpfung*swirklichkeit – leben und weben Menschen, Vieh, Vögel und Fische in einer Fülle an *sarx*, am Himmel – dem Bildraum für die *Erlösung*swirklichkeit – strahlen Sonne, Mond und Sterne in vielfältigster *doxa*. Allerdings übertrifft die zukünftige Pluralität der Leiber die gegenwärtige noch, insofern GOTTes (neu)schöpferisches Wirken jeder Kreatur einst einen *eigenen*, den *ihr angemessenen* Leib *(idion sôma)* schenken will (V. 38). Vielleicht gewinnt eine solche endzeitliche Aufklärung der Schöpfungsvielfalt ja nicht zuletzt darin Gestalt, dass ihre ‚irdische' Orientierung an „Gattungen"[57] (V. 39) im himmlischen Äon in einer überbordenden Leiberfülle aufgeht, die selbst noch die Gattungsgrenzen zu transzendieren vermag: „Ein Stern nämlich unterscheidet sich vom [anderen] Stern an *doxa*" (V. 41).

So auch die Auferweckung der – *Geschlechts*leiber? Stellen wir diese Aussicht, darin freilich über Paulus hinausgehend, in den Horizont unseres Themas, so legt sie wohl kaum eine uniforme Geschlechtlichkeit der Auferweckten nahe. Vielmehr mag sich hier eine *eschatische Pluralität* ankündigen, in der GOTT die Auferweckten – entfesselt von den vorgegebenen Grenzen einer (dualisierenden) Geschlechtermatrix – nach IHREM Willen in der ihnen je angemessenen Individualität in Erscheinung treten lässt. Was wir sein werden, ist dann, so GOTT will und wir leben (Jak 4,15), in aller Pracht erschienen.

57 Schrage, Wolfgang, Der erste Brief an die Korinther. Bd. 4: 1Kor 15,1–16,24, EKK VII/4, Zürich u. a. 2001, 293.

* * *

Ich komme abschließend noch einmal auf die kurze Episode vom Anfang meiner Überlegungen zurück. Peter Hacks' Kinderbucherzählung über *Meta Morfoß*, ein erstaunlich wandelbares kleines Mädchen und ihre merkwürdige Familie, entnommen, ist sie mehr als dreißig Jahre alt. Ihren Überraschungseffekt hat sie jedoch bis heute kaum eingebüßt. Gewiss: Sie schildert einen *Gender Trouble*: Müllmann ‚Karsunke' *hat* Schwierigkeiten, die ‚Tante' *bereitet* sie ihm und riskiert damit, sich ihrerseits in Schwierigkeiten zu *bringen*,[58] all dies aber wegen des sog. ‚kleinen Unterschieds' ... In, mit und unter diesem Befremden scheint jedoch schließlich etwas grundlegend Neues und Positives auf: das Verwirrungsszenario als Geschlechter-*Utopie*. Irgendwann nämlich eröffnet sich dem verblüfften, ja hilflosen Akteur eine neue personalisierende Perspektive auf sein Gegenüber – und sich selbst! Die Geschichte geht weiter – „ganz unter uns zwei beiden ..." und bald darauf unter dreien, vieren und fünfen. Denn: „Wenn [...] tradierte Gewissheiten infrage gestellt werden, dann werden auch immer neue Handlungsspielräume und Lebensentwürfe möglich."[59]

---

58 Vgl. zu den diversen Bedeutungsvarianten von engl. *trouble* Butler, Das Unbehagen der Geschlechter (Anm. 12), 7.

59 Villa, Sexy Bodies (Anm. 14), 18.

Identität und Arbeit

Ethische Erkundungen im biblischen Kontext

STEFAN HEUSER

Bei der Frage nach der Identität, dem Selbst, das ein Mensch wird und bleibt, spielt „Arbeit“ gemeinhin eine zentrale Rolle. Das Selbst eines Menschen gewinnt für viele seine Bedeutung von der Arbeit her, und umgekehrt: Arbeit wird als Medium der Selbstwerdung oder Selbstverwirklichung verstanden. Auf dieser Linie liegen wirtschaftsethische Ansätze wie der von Peter Ulrich, für den Arbeit nicht nur dem Erhalt des Lebens dient, sondern darüber hinaus dazu beiträgt, den Sinn menschlichen Lebens zu erschließen.[1] Ähnlich argumentiert Günter Brakelmann, demzufolge „Arbeit und Leben, Arbeit und Sinn [...] engstens in der Praxis durchschnittlichen Lebens aufeinander bezogen“ sind.[2] Philosophie und Theologie haben kräftig an der Auffassung mitgewirkt, dass der Mensch als Arbeitender zu sich selbst kommt.[3] Die Identität eines Menschen wird demnach in seinem als Arbeit verstandenen Tätigsein gefunden.

Solchen Überlegungen stehen Traditionen der Ethik gegenüber, die die Frage nach dem Sinn des Lebens und der Erfüllung menschlichen Selbstseins aus der Ethik des Arbeitens herausnehmen. Für Martin Luther gehört es zum Kern der biblischen Arbeitsethik, dass Menschen befreit von der

1 Vgl. Ulrich, Peter, Integrative Wirtschaftsethik. Grundlagen einer lebensdienlichen Ökonomie, Bern u. a. 1997.

2 Vgl. Brakelmann, Günter, Sinn der Arbeit – Sinn des Lebens, in: ders. (Hg.), Zur Arbeit geboren? Beiträge zu einer christlichen Arbeitsethik, Bochum 1988, 197–213, 199. Brakelmann fordert im Zuge dieser Überlegungen, dass es ein Recht auf Arbeit geben müsse.

3 Vgl. hierzu die berühmte Studie von Weber, Max, Die protestantische Ethik und der Geist des Kapitalismus (1905), in: Die protestantische Ethik 1, Johannes Winckelmann (Hg.), Gütersloh ^{6}1981, 27–376.

Sorge um das eigene Selbst arbeiten und auf diese Weise für das Sorge tragen können, was dem Anderen not tut.[4] Menschliche Arbeit ist im Zusammentreffen mit dem, was Gott für Menschen tut, von der Sorge um Sinnerfüllung und Selbstverwirklichung befreit. Durch das, was Gott für Menschen tut, wird die Bedeutung von Arbeit für das Selbst des Menschen heilsam begrenzt und auf die Erhaltung des Lebens in Befreiung von der Lebenssorge zurückgefahren. Arbeit gehört in all ihrer Ambivalenz zum Selbstwerden und Selbstbleiben von Menschen dazu. Die biblischen Traditionen von Ethik insistieren aber darauf, dass Arbeit begrenzt werden muss, um nicht total zu werden und das ganze Leben von Menschen zu bestimmen. Dies geschieht in einem Leben in der Freiheit von den Werken, d. h. in der Freiheit von der Sorge um das eigene Leben. Dann kommt Arbeit als spezifische Aufgabe des Menschen in der Kooperation mit anderen Menschen und im Handeln für sie in den Blick. Identität und Arbeit sind demnach zu unterscheiden, aber nicht zu trennen. Für Luther gewinnt Arbeit ihr Ziel und ihre Grenze im „Beruf“, in dem Menschen zusammen mit anderen und im Dienst an ihnen so wirtschaften, dass Arbeit nicht zu einem Kampf um Sinn und Überleben wird. In der Institution des Berufs bleibt die Arbeit auf Gottes zuvorkommendes Handeln und auf den konkreten Anderen bezogen. Wer ein Mensch im Sinne seines Berufenseins für den Anderen ist, und zu wem er wird, geschieht im Medium dieser von Gottes Handeln und des Anderen Not definierten Arbeit. Wer ein Mensch im Urteil Gottes letztlich ist, wird durch Arbeit allerdings nicht präsent. Diese Einsicht immer wieder neu zu artikulieren, ist eine spezifische Aufgabe von Theologie und Kirche. Denn Arbeit wirkt tatsächlich und überaus suggestiv auf das Selbst von Menschen ein. Menschen definieren ihre Identität tatsächlich über ihre Arbeit. Dieser selbstgemachten Identität steht die Identität gegenüber, die Menschen im Urteil Gottes ha-

4 Vgl. hierzu Prien, Hans-Jürgen, Luthers Wirtschaftsethik, Göttingen 1992.

ben. Darum, wie dieses Urteil inmitten der von Arbeit bestimmten Welt der Menschen zu Gehör kommt und Menschen von der Selbstverwirklichung durch Arbeit befreit, kreist die biblische Ethik.

Die biblische Ethik der Arbeit tritt mit der Unterscheidung von Arbeit und Selbstwerdung der Sichtweise gegenüber, dass sich Menschen ihre Identität erarbeiten, bzw. durch Arbeit auf die Jagd nach ihrem Selbst gehen müssten. Angesichts einer großen Zahl von Dauerarbeitslosen, von Menschen in prekären und unwürdigen Arbeitsverhältnissen und von Menschen, deren Arbeit jeden Bereich ihres Lebens bestimmt, stellt sich die Frage nach dem Verhältnis von „Arbeit" und „Identität" mit besonderer Dringlichkeit. Die politische Phantasie hat sich einem Slogan wie „Vorfahrt für Arbeit" unterworfen und bemisst den Erfolg nicht nur des wirtschaftspolitischen, sondern auch des gesellschaftspolitischen Handelns, ja sogar der Politik insgesamt, an der Arbeitslosenstatistik. „Arbeit" ist zur universalen Währung geworden, in die sich alle Bemühungen in Politik, Gesellschaft, Kultur und Lebenswelt umrechnen lassen. Indem Arbeit vom Beruf und damit von ihrer institutionellen Begrenzung entkoppelt wird, werden alle Tätigkeiten im Paradigma der Arbeit verstanden, bis hin zur „Arbeit" an der Identität.

Im Folgenden werde ich beschreiben, wie aus der biblischen Ethik ein Verständnis von Identität gewonnen werden kann, das quer zu der Ansicht steht, Menschen müssten ihr Selbst durch Arbeit verwirklichen (I). Sodann werde ich zeigen, dass die biblische Ethik ein Verständnis von „Arbeit" bereithält, das dazu verhilft, Arbeit in der Freiheit von der Selbstsorge als Beruf und damit in ihrem institutionellen Kontext im Bezogensein auf Andere zu verstehen (II). Abschließend zeige ich, wie Arbeit und Identität im Sinne einer evangelischen, am biblischen Zeugnis gewonnenen Berufsethik aufeinander bezogen sind (III).

I. *Identität als Selbstsein und Selbstwerden im institutionellen Kontext*

Man hat in der Ethik von Identität als dem spezifischen „Selbst" gesprochen, das ein Mensch wird und das er bleibt.[5] Zur Klärung hat Paul Ricoeur vorgeschlagen, Identität als „Selbigkeit" von Identität als „Selbstheit" zu unterscheiden.[6] Bei der Identität als „Selbigkeit" geht es darum, dass und inwiefern Menschen dieselben bleiben. In einem solchen rein formalen Sinn von Selbigkeit ist Identität aber nur am Rande Gegenstand ethischen Nachdenkens. Mit dem Wunsch „Bleib, wie du bist!" geben wir jemandem ja nicht mit auf den Weg, dass er mit sich selbst im formalen Sinn identisch bleiben möge, sondern dass er bewahrt, was wir an ihm in seiner Einzigartigkeit kennen und schätzen gelernt haben, und dass er weiterhin so leben kann. Sprechen wir von der Identität als „Selbstheit", dann geht es um das Selbst, das Menschen werden und das sie in allen Windungen ihres Lebensweges auf eine identifizierbare Weise für sich und andere bleiben. Wenn in der Ethik von Identität die Rede ist, dann geht es um dieses Selbst, das Menschen in ihrer unhintergehbaren Leiblichkeit werden und bleiben – im Unterschied etwa zu den Formen von Identität, von denen wir sagen würden, dass sie „sozial konstruiert" sind.[7]

Die Herausbildung von Identität ist ein Vorgang, bei dem sich Aktivität und Passivität vielschichtig verschränken. Das Selbst von Menschen lässt sich nicht völlig freischwebend konstruieren. Wer versucht, einen anderen Menschen oder sich selbst nach bestimmten Zielen zu formen, liefert sich leicht an die Zufälligkeit dieser Ziele aus. Menschen werden ein Selbst, sie machen sich nicht dazu. Nur so fallen sie nicht

---

5 Vgl. die Studie von Taylor, Charles, Die Quellen des Selbst. Die Entstehung der neuzeitlichen Identität, Frankfurt/M. 1994.

6 Vgl. Ricoeur, Paul, Das Selbst als ein Anderer, Jean Greisch (Üb.), München 1996, 144f.

7 Vgl. hierzu beispielsweise die Debatte um die soziale Konstruktion der „Gender" bei Butler, Judith, Das Unbehagen der Geschlechter, Katharina Menke (Üb.), Frankfurt/M. 2003. Vgl. dazu auch den Beitrag von Ruth Hess in diesem Band.

dem Bild anheim, das sie oder andere von sich selbst haben, sondern bleiben ihrer „Identität“ kritisch gewärtig. Menschen, die nach einer bestimmten Identität streben, sind in Gefahr, sich an diese Identität zu verlieren. Sie werden zu Konformisten ihres eigenen Lebensentwurfs. Besteht Identität aus dem, was andere aus einem Menschen machen wollen, fällt dieser dem Bild anheim, nach dem er ihrer Meinung nach zu formen ist. Ist Identität aber etwas, das ein Mensch in der Begegnung mit Anderen und in der Auseinandersetzung mit den Gegebenheiten seines Lebens wird, kann er auf seine Prägung antworten und sich von ihr gegebenenfalls distanzieren. „Identität“ ist das Selbst, das Menschen in all dem, was sie tun und erleiden, empfangen und das sie als etwas artikulieren, das zu ihnen gehört. Zur Identität gehört ein kritischer Vorgang des Selbstwerdens und Selbstbleibens, der davon lebt, dass er artikuliert und institutionell gebunden wird und bleibt, und dass er nicht bloß in anonymen Prozessen und einem willkürlichen Spiel gegebener Kräfte abläuft.

Es ist daher hilfreich, für die folgenden Überlegungen zur Identität den Begriff der „Institutionen“ in den Blick zu nehmen. Welches Selbst werden Menschen im institutionellen Kontext, und wie werden Institutionen dadurch erneuert, dass Menschen in ihrer spezifischen Besonderheit hervortreten? Einer Definition des evangelischen Theologen Ernst Wolf zufolge sind Institutionen „soziale Daseinsstrukturen der geschaffenen Welt als Einladung Gottes zu ordnender und gestaltender Tat in der Freiheit des Glaubensgehorsams gegen sein Gebot“[8]. In Aufnahme und Weiterführung von Dietrich Bonhoeffers Lehre von den vier „Mandaten“ (Bonhoeffer nennt Arbeit, Ehe, Obrigkeit, Kirche)[9] betont Wolf den Stiftungscharakter von Institutionen (z. B. Ehe, Eigentum, Staat), die den bestehenden gesellschaftlichen Institutionen kritisch gegenüberstehen. Wolf versucht mit dieser

8 Wolf, Ernst, Sozialethik, Theologische Grundfragen, Göttingen ^{3}1988, 173.

9 Vgl. Bonhoeffer, Dietrich, Ethik, Ilse Tödt u. a. (Hg.), Dietrich Bonhoeffer Werke, Bd. 6, Gütersloh 1998, z. B. 54ff.

Begriffsinterpretation aus der Alternative zwischen einer Ordnungstheologie ohne Freiheit und einem personalistischen Aktualismus ohne Verbindlichkeit herauszukommen. Hans G. Ulrich hat den theologischen Akzent der Institutionenlehre unlängst neu erschlossen und die Ordnungen „als in der Geschichte Gottes beschlossene *Lebensvorgänge* verstanden [...], in denen sich Leben als geschöpfliches vollzieht"[10]. Wenn ich im Folgenden von Institutionen spreche, dann geschieht das in Anknüpfung an diese Tradition evangelischer Sozialethik, betont aber einen Aspekt der Institutionen, den man ihre „Verheißungsdimension" nennen kann. Die Institutionen sind Lebensorte, in denen Menschen in der gemeinsamen Erwartung des Handelns Gottes an ihnen und durch sie bleiben. Sie sind Orte, an denen Menschen in der Bezogenheit auf Andere und auf Gott als Gegenüber ein Selbst werden können. In diesem Sinne lässt sich beispielsweise die Institution der Ehe nicht bloß als soziale Struktur mit einer Funktion verstehen, sondern als eine Institution entdecken, in der Menschen sich auf bestimmte Weise auf das Leben mit dem Anderen und mit Gott einlassen. Institutionen wie die Ehe, die Regierung, die Kirche oder die Arbeit sind mit der Verheißung versehen, dass Menschen in ihnen einander mitteilen, wer sie sind und was sie ein Selbst werden und bleiben lässt. Auf diese Verheißung hin lässt sich erkunden, welche Daseinsstrukturen (überhaupt) Institutionencharakter haben. Lassen sich Organisationsformen wie Ehe und Familie, Schule, Kirche und Wirtschaft als Orte verstehen, in denen Menschen unter Einbeziehung des Anderen in seiner Besonderheit ein Selbst werden und bleiben? Durch die Bindung an Institutionen wird die Selbstwerdung von Menschen aus dem Spiel der Kräfte und der unabsehbaren Prozesse herausgenommen und in die Freiheit gestellt, das Selbst, das Menschen werden und bleiben, zu erkunden, zu artikulieren und kritisch zu reflektieren. Umgekehrt leben Institutionen von diesem Vorgang der lebendigen Artikulation von dem, was Menschen

10 Ulrich, Hans G., Wie Geschöpfe leben. Konturen evangelischer Ethik, EThD 2, Münster 2005, 101.

erfahren und erwarten, um nicht in Ordnungen und Systemen zu erstarren. In Institutionen finden Menschen Identität in der Freiheit vom Kampf ums Überleben, von Gewaltstrukturen und von Manipulation durch undurchsichtige Kräfte, indem sie auf verbindliche Weise miteinander leben und sich in diesem Leben der Menschwerdung aussetzen, die Gott an ihnen bewirkt. Zugleich bleiben Institutionen auf ihre Erneuerung im Zeichen dieses lebendigen Vorgangs angewiesen. Das ist der spezifische Auftrag der Institutionen als Orte verbindlicher Begegnung und Interaktion, ein Auftrag, der immer wieder neu entdeckt und artikuliert werden muss. Es versteht sich nicht von selbst, dass die klassischen Institutionen wie die Regierung, die Kirche, die Ehe und die Wirtschaft stets diesem Auftrag genügen. Es gibt allerdings bislang keine gangbare und verbindliche Alternative zu der Aufgabe, diese „Systeme“ immer wieder neu als Institutionen zu gewinnen, in denen Menschen in Freiheit ein Selbst werden und bleiben. Die Institutionen sind als Orte der Selbstwerdung von Menschen selbst wiederum darauf angewiesen, durch Interaktion und Kooperation erneuert und auf den konkreten Menschen ausgerichtet zu werden. Andernfalls erstarren sie zu Systemen, in denen Menschen diszipliniert und konditioniert werden.

Wann immer Institutionen ihrem Auftrag entsprechen, kommen Menschen in ihnen dazu, ein Selbst zu finden und auszuprobieren, das sich benennen lässt. Es kommt darauf an, dass sie dort nicht ihrer wie auch immer gegebenen *conditio humana* anheimfallen, sondern in der Auseinandersetzung mit ihr bestimmte, artikulierbare Lebensformen dadurch gewinnen, dass sie auf Andere ausgerichtet werden, ihnen begegnen und mit ihnen zusammenleben. Institutionen sind daher Orte, an denen Menschen auf den Widerspruch, die Hilfe und die Not anderer stoßen. In ihnen gewinnen die ansonsten unabsehbaren Prozesse ihrer Selbstwerdung artikulierte und artikulierbare Form. Institutionen sind nicht nur Orte der Fixierung und Bewahrung von Identitäten, sondern sind ansprechbar darauf, wie Menschen in ihnen ein Selbst werden und bleiben. In ihnen wird Identität nicht konstruiert, sondern tritt im Kontakt mit anderen

Menschen hervor. Menschen werden in ihrer unverwechselbaren Verschiedenheit ein Selbst, indem ihre Selbstwerdung auf die Selbstwerdung anderer bezogen bleibt.[11] Für die Ethik ist an der Identität von Menschen vor allem interessant, wie und worin sie sich zeigt, wie sie hervortritt und wie Menschen sie artikulieren. Es genügt nicht, dass wir uns der Identität eines jeden Individuums versichern, ohne dass deren konkreter Inhalt sichtbar wird. Die Ethik ist gerade an der Verschiedenheit interessiert, die den Vorgang der individuellen Selbstwerdung ausmacht.[12] Indem die Besonderheit der menschlichen Person hervortritt, kann die Ethik über eine bloß formale Gleichbehandlung aller hinausgehen und in den Blick rücken, was jedem aufgrund seiner spezifischen Besonderheit zukommt. Man hat das in der Ethik auf die Formel „suum cuique" („jedem das Seine") gebracht, wobei es auf dieses jeweilige „Suum" um der Gerechtigkeit willen ankommt. Eine Voraussetzung dafür, dass Menschen Gerechtigkeit zukommt, ist nicht allein Gleichbehandlung, sondern die Aufmerksamkeit darauf, wie die Besonderheit jedes Menschen sich zeigt und zu welcher spezifischen Praxis der Gerechtigkeit sie den Anderen beruft. Schon die Wortbedeutung von Person („per-sonare" = „durch-tönen") legt nahe, dass es bei der persönlichen Identität eines Menschen darauf ankommt, wie sie – und was von ihr – zu anderen Menschen durchdringt. Ohne dieses „Durchtönen", dieses Präsentwerden des menschlichen Selbst, bleibt die Ethik einer formalen Gerechtigkeit verhaftet, die alle gleich behandelt, ohne ihre Besonderheit zu berücksichtigen. Zugleich aber bleibt die Ethik nur dann an Gerechtigkeit unter den Bedingungen der Verschiedenheit orientiert, solange sie nicht nur den jeweils nächsten, sondern auch den übernächsten Menschen einbezieht und das Besondere in seinem allgemeinen Zusammenhang, in der Gleichheit aller Menschen, sieht. Identität und Gerechtigkeit kommen zusammen, wenn der besondere An-

---

11 Vgl. hierzu Dworkin, Ronald, Sovereign Virtue: The Theory and Practice of Equality, Cambridge 2000.

12 Vgl. hierzu Ulrich, Hans G., Selbst-Sein – Selbst-Werden in ethischer Perspektive, in: Concilium 36, 2000, 239–248.

dere gleichberechtigt neben anderen mit dem zu Wort kommt, was zu ihm gehört.[13] Es geht in der Ethik um die Frage, wie sich das unverrechenbare Selbst eines jeden Menschen zeigt, und was mit ihm von diesem Menschen offenbar wird. Die Institutionen sind mit der Verheißung ausgezeichnet, dass in ihnen solches Offenbarwerden geschehen kann. Diese Verheißung gilt in besonderer Weise der Arbeit in ihrer institutionalisierten Form als Beruf, in dem Menschen auf den Anderen ausgerichtet werden.

II. Arbeit im institutionellen Kontext: Beruf

Zwei Beobachtungen sind bei einer ethischen Diskussion des Themas Arbeit vorauszuschicken: Die erste ist die grundlegende Unterscheidung von formeller Arbeit (z. B. als Erwerbsarbeit) und informeller Arbeit (z. B. als Familienarbeit). Wenn von Arbeit die Rede ist, geht es zumeist um rechtliche und wirtschaftliche Formen der Erwerbsarbeit. Daran knüpft die zweite Beobachtung an, dass hoch technisierten Gesellschaften die Erwerbsarbeit in ihrer industriellen Form auszugehen scheint. Man hat daher in den letzten Jahren einige Phantasie in die Frage investiert, wie sich beide Formen von Arbeit zueinander verhalten und welche neuen Formen von Arbeit sich entwickeln.[14] Es wurde erörtert, ob beispielsweise durch eine Reduktion der Erwerbsarbeit eine Verbesserung bzw. Erleichterung der Familienarbeit erreicht werden könne oder ob sich Sektoren der informellen Arbeit in formelle Arbeitsverhältnisse und vice versa verwandeln lassen.[15] Der Begriff „Arbeit“ hat einen enormen Allgemeinheitsgrad erreicht und umfasst als „Beziehungsarbeit“ sogar

---

13 Vgl. zur näheren Erläuterung und zum ethikgeschichtlichen Bezug dieser Kategorien Spaemann, Robert, Glück und Wohlwollen. Versuch über Ethik, München ^{3}1993.

14 Vgl. Priddat, Birger, Arbeit an der Arbeit. Verschiedene Zukünfte der Arbeit, Marburg 2000.

15 Vgl. Kambartel, Friedrich, Arbeit und Praxis, in: Axel Honneth (Hg.), Pathologien des Sozialen. Die Aufgaben der Sozialphilosophie, Frankfurt/M. 1994, 123–139.

noch die Gestaltung menschlichen Zusammenlebens. In der Krise der „Arbeitsgesellschaft“ drängt die Arbeit darauf, total zu werden.[16]

Ob eine Tätigkeit als ein bestimmter Typ von Arbeit, beispielsweise als Erwerbsarbeit, erscheint, ist im hohen Maß von gesellschaftlichen Konventionen, vor allem aber vom Institutionalisierungsgrad der Arbeit bestimmt. Angesichts von hoher Erwerbsarbeitslosigkeit bei gleichzeitiger Kinderlosigkeit in unserer Gesellschaft und dem damit verbundenen Anstieg der Zahl derer, die im Alter von den Kindern anderer einseitig profitieren, wird eine höhere gesellschaftliche Anerkennung der so genannten „Familienarbeit“ diskutiert. Man hat vorgeschlagen, diese Anerkennung in institutionelle Formen zu überführen. Es ist freilich zu überlegen, in welcher institutionellen Logik das primär geschehen soll. Geht es bei der Arbeit in der Familie eher um ökonomische Faktoren, also um ihre Verrechenbarkeit mit der Erwerbsarbeit? Oder geht es eher um den politischen Faktor, dass in der Familie neue Bürger heranwachsen? Oder tritt in den Vordergrund, dass die Familie wie die Institution der Kirche ein spezifischer Ort der Tradition von Erfahrungen und Erwartungen ist, die zur Menschwerdung des Menschen gehören?[17]

In dem Maße, wie sich eine Gesellschaft als Arbeitsgesellschaft versteht und immer weitere Aspekte menschlichen Handelns und Lebens als Ergebnis der gesellschaftlichen Ausdifferenzierung von Arbeit sieht, stellt sich darüber hinaus die Frage, ob es noch etwas gibt, was der Arbeit im guten Sinne gegenübertritt – im Unterschied etwa zu einer Gesellschaft, in der eine immer geringere Zahl von Menschen, die unter Erwerbsarbeit ersticken, einer immer größeren Zahl von Erwerbsarbeitslosen gegenübersteht.[18] Unser Augenmerk gilt

16 Vgl. hierzu die Beiträge in Meschnig, Alexander/Stuhr, Matthias (Hg.), Arbeit als Lebensstil, Frankfurt/M. 2003.

17 Vgl. hierzu Ulrich-Eschemann, Karin, Lebensgestalt Familie – miteinander werden und leben. Eine phänomenologisch-theologisch-ethische Betrachtung, Münster 2005.

18 Damit ist noch nicht die Frage nach der gerechten Entlohnung oder Anerkennung der Arbeit angesprochen – was die Frage einschließt, wa-

der quer durch alle Formen der Arbeit auftretenden Frage, wodurch Arbeit in sich selbst begrenzt ist. Beim Thema Identität und Ethik ist nicht die Organisation von Arbeit und ihrer Formen der erste Gegenstand ethischen Nachdenkens, sondern die ursprünglichere Frage nach den inneren Grenzen der Arbeit. Ist alles, was wir tun, Arbeit? Gibt es inmitten des tätigen Lebens noch etwas, das der Arbeit gegenübertritt, aber nicht einfach als Nicht-Arbeit, deren Zweck darin besteht, den ermatteten Menschen wieder arbeitsfähig zu machen, und auch nicht als Arbeitslosigkeit, die Menschen vom gesellschaftlichen Leben weithin ausschließt? Je mehr die Arbeit auf das ganze Leben ausgreift, desto mehr Menschen werden einerseits von Freizeit und Muße, andererseits von einer Teilnahme an gesellschaftlich anerkannter Arbeit ausgegrenzt. Um diese Dialektik der Arbeit zu durchbrechen, bedarf es einer heilsamen Unterscheidung im menschlichen Tätigsein, die die Arbeit menschlich bleiben lässt. Wodurch gewinnen Menschen Freiheit inmitten des tätigen Lebens: Freiheit zur Arbeit, nicht von der Arbeit?

Hannah Arendt hat die provokative Frage gestellt, ob wir uns immer noch als arbeitende *Menschen* verstehen, oder ob wir in vielen Tätigkeitsbereichen nicht die Identität von Arbeits-*Tieren* angenommen haben.[19] Arendts Beobachtung ist, dass der *homo* laborans in der Neuzeit immer mehr zum *animal* laborans geworden ist, das schließlich in den abendländischen Gesellschaften den Sieg davongetragen hat.[20] Sie vertritt die These, dass die Arbeit im Innern des menschlichen Tätigseins kein Gegenüber mehr findet, weil Menschen aufgehört haben, mit einem Jenseits ihres Selbst und ihrer Welt, in der sie leben, zu rechnen. Sie sind in ihrem Tätigsein auf sich selbst zurückgeworfen. Damit aber sind sie sich selbst ausgeliefert. Solche Menschen verlieren sich Arendt zufolge in ihrer Arbeit und in anonym ablaufenden Produk-

---

rum unsere Gesellschaft extreme Lohngefälle wie beispielsweise das zwischen Pflege- und Finanzdienstleistungen akzeptiert.

19 Vgl. Arendt, Hannah, Vita activa oder Vom tätigen Leben, München (1967) ^{2}2003.

20 Arendt, Vita activa (Anm. 19), 407ff.

tionsvorgängen. Ihre Produktivität ist zugleich unabsehbar und von zunehmender Rationalisierung, d. h. Verringerung des Arbeitsanteils, geprägt.

Angesichts einer absurden Verteilung von Arbeit, Arbeitslosigkeit und Freizeit auf nationaler und auf globaler Ebene hat diese Einschätzung bleibende Aktualität. Slogans wie „Vorfahrt für Arbeit" folgen der Logik der Arbeitstiere. Dem stehen die Sehnsucht nach menschlicher Arbeit und zahlreiche wirtschaftsethische Konzeptionen gegenüber: Sei es die aufklärerische Darstellung ökonomischer Verstrickungszusammenhänge,[21] sei es die Hervorhebung des Interesses der Ökonomie an Ethik,[22] sei es die Beschreibung der Freiräume, die das Wirtschaften für den Menschen eröffnet[23] oder sei es die Suche im Innern des menschlichen Tätigseins nach Unterscheidungsmerkmalen zu einer entgrenzten und ziellosen Ökonomie.[24]

Ein erfolgversprechendes Konzept besteht darin, Arbeit wieder in institutionelle Formen zu überführen, d. h. mit einem begrenzten Auftrag zu versehen und sie auf den anderen Menschen auszurichten. Weite Teile der gegenwärtigen Wirtschaftsethik sind darum bemüht, den *homo laborans* durch eine von außen an die Wirtschaft herangetragene Politisierung der Arbeitswelt wiederzugewinnen.[25] Zumeist geschieht dies durch Regelungen, durch verfahrensethische Integration von Ökonomie und Politik, durch Tarifverträge, arbeitsrechtliche Bestimmungen und sozialstaatliche Prinzi-

---

21 Vgl. Luhmann, Niklas, Wirtschaftsethik – als Ethik?, in: Wieland, Josef (Hg.), Wirtschaftsethik und Theorie der Gesellschaft, Frankfurt/M. 1993, 134–147.

22 Vgl. hierzu Koslowski, Peter, Prinzipien der Ethischen Ökonomie. Grundlegung der Wirtschaftsethik und der auf die Ökonomie bezogenen Ethik, Tübingen 1988.

23 Vgl. Sen, Amartya, Ökonomie für den Menschen, München 2002.

24 Vgl. beispielsweise auch Peter Ulrichs Erinnerung an menschliche Lebensformen, die das ökonomische System begrenzen: Ulrich, Peter, Transformation der ökonomischen Vernunft. Fortschrittsperspektiven der modernen Industriegesellschaft, Bern/Stuttgart [2]1987, 452ff.

25 Vgl. hierzu beispielsweise Wieland, Josef (Hg.), Wirtschaftsethik und Theorie der Gesellschaft, Frankfurt/M. 1993; vgl. auch Beck, Ulrich, Schöne neue Arbeitswelt, Frankfurt/M. 1999.

pien, die der Arbeit begrenzend gegenübertreten oder regulierend in sie eingreifen.

Trotz der großen Zahl von Arbeitslosen fordert man nicht Arbeit um jeden Preis, sondern denkt darüber nach, wie bestimmte Formen von Arbeit entstehen.[26] Lässt sich Arbeit aus anonymen Prozessen herausheben und in Berufe überführen? In dieser Fragerichtung zielt das Nachdenken über Arbeit auf den Übergang von entgrenzter Arbeit in begrenzte und institutionalisierte Formen von Arbeit. Die Art der Diskussion über Arbeit und Arbeitslosigkeit ändert sich, wenn nicht mehr in unbestimmter Weise von Arbeit die Rede ist, sondern in den Blick kommt, wie Arbeit gegenüber den Prozessen ihrer Entgrenzung und Ausweitung auf alle Lebensbereiche institutionell verankert werden kann.

III. Arbeit und Identität in der biblischen Ethik

In den biblischen Schriften sind viele Geschichten und Zeugnisse darüber bewahrt, wie Menschen zu einer spezifischen Identität im Kontext von Arbeit finden. Selbstsein und Selbstwerden stehen in biblischen Texten zunächst im Horizont des alleinigen Handelns Gottes am Menschen,[27] während die im Beruf auszuübende Arbeit im Horizont der Kooperation von Gott und Mensch und damit für eine institutionell gebundene Identität steht. Während Menschen in erster Hinsicht ganz Empfangende sind, verstehen die biblischen Texte sie in zweiter Hinsicht als solche, die aus dem Empfangen handeln. Das Selbst, das Menschen aus dem Urteil Gottes empfangen, und das Selbst, das sie in Kooperation und Interaktion mit Gott und Anderen empfangen und artikulieren, sind voneinander zu unterscheiden. Das heißt nicht, jedem Menschen zwei ge-

26 Vgl. exemplarisch: Schlothfeld, Stephan, Ein Recht auf Beteiligung an der Erwerbsarbeit, in: Kersting, Wolfgang (Hg.), Politische Philosophie des Sozialstaats, Weilerwist 2000, 372–403.

27 Vgl. hierzu Sauter, Gerhard, Mensch sein – Mensch bleiben, Anthropologie als theologische Aufgabe, in: Fischer, Hermann (Hg.), Anthropologie als Thema der Theologie, Göttingen 1978, 71–118.

trennte, schizophrene Identitäten zuzuschreiben, sondern auf die heilsame Begrenzung der Arbeit aufmerksam zu machen, die sich aus dem Aufeinandertreffen von Gottes Arbeit und menschlicher Arbeit ergibt.

In der biblischen Ethik ist menschliches Wirtschaften daran orientiert, durch Arbeit Freiheit von der Sorge um das menschliche Leben zu empfangen (vgl. Mt 6,25–34). Biblische Texte wie Mt 6, Psalm 104 oder Psalm 127 beschreiben, wie Gottes Handeln und menschliches Tätigsein aufeinandertreffen, wenn Menschen arbeiten: arbeitend empfangen und erschließen Menschen diejenigen Güter, die Gott ihnen zugedacht hat. Daher schätzen die biblischen Texte die Bedeutung der menschlichen Arbeit hoch ein. Nicht, weil sich anhand dieses Begriffs Gottes Handeln und menschliches Handeln zusammendenken lassen, sondern weil Arbeit mit vielfältigen Verheißungen darüber versehen ist, was Menschen von Gott empfangen.[28]

Die Grundfigur dieses Zusammenhangs von Gottes und der Menschen Arbeit wird beispielsweise in Ps 104,23f reflektiert: „So geht dann der Mensch aus an seine Arbeit und an sein Werk bis an den Abend. HERR, wie sind deine Werke so groß und so viel! Du hast sie alle weise geordnet, und die Erde ist voll deiner Güter." Arbeit ist für die Bibel ein Medium, in dem Menschen mit dem kooperieren, was Gott erschafft, und in dem sie erkunden, was Gott ihnen zukommen lässt: inklusive all der ambivalenten Erfahrungen, die zur Arbeit gehören. Nach Gen 2,15 „setzt" Gott den Menschen in den bereits geschaffenen und vollständigen Garten, „dass er ihn bebaute und bewahrte". Der Mensch ist diesem Text zufolge in seine Arbeit am jeweiligen Ort in der Schöpfung „eingesetzt". Die Arbeit erscheint als gute Stiftung (Institution) Gottes für den Menschen. Nach Gen 3,17ff aber gehört zur lebenserhaltenden Arbeit auch die Mühsal hinzu; die Arbeit wird ambivalent:[29] „... verflucht sei der Acker um deinetwillen! Mit Müh-

---

28 An dieser Unterscheidung bricht sich auch Max Webers These vom Zusammenhang von protestantischer Ethik und Kapitalismus, vgl. Weber, Die protestantische Ethik (Anm. 3).

29 Vgl. hierzu Ebach, Jürgen, Arbeit und Ruhe. Eine utopische Erinne-

sal sollst du dich von ihm nähren dein Leben lang ... Im Schweiße deines Angesichts sollst du dein Brot essen, bis du wieder zu Erde werdest, davon du genommen bist ..." Arbeitend lassen sich Menschen auf das ein, was Gott anordnet und was er für sie tut. Durch Arbeit bleiben Menschen der Dinge gewärtig, die sie sich nicht selbst erarbeiten können. In der biblischen Ethik ist das menschliche Tätigsein daher durch das Wirken Gottes begrenzt und gewinnt als Kooperation mit Gottes Ökonomie seine Gestalt. „Arbeit" heißt demnach die Begegnung von menschlicher und göttlicher Ökonomie, wobei menschliches Arbeiten immer schon von dem bestimmt ist, was Menschen empfangen. Menschliche Arbeit bleibt des zuvorkommenden göttlichen Handelns gewärtig, oder sie geschieht umsonst: „Wenn der Herr nicht das Haus baut, so arbeiten umsonst, die daran bauen." (Ps 127,1)

In diesem Sinne beschreibt die biblische Ethik die Arbeit als Medium, durch das Menschen in der Kooperation mit Gott und anderen Menschen ein spezifisch geschöpfliches Selbst gewinnen und bewahren. Arbeitende Menschen machen nicht nur etwas, sondern sie werden auch jemand. Menschen leben nicht bloß von dem, was sie gemacht haben: „Der Mensch lebt nicht vom Brot allein, sondern von einem jeden Wort, das aus dem Mund Gottes geht." (Mt 4,4; vgl. Dtn 8,3) Dieser Text reflektiert, dass der Mensch im Arbeiten jemand wird, der aufmerksam bleibt für das, was er empfängt – dessen Aufmerksamkeit aber daran hängt, dass dieses Empfangen artikuliert wird. Zur Konstitution von Identität gehört ein externes Moment, das „Wort", das nicht mit dem verrechenbar ist, was Menschen tun und entfalten.

Es geht den biblischen Texten um dieses Werden durch das externe Wort, und darum, wie es in der Arbeit und im Widerspruch zu Produktionsprozessen zur Wahrnehmung kommt. Arbeit wird dadurch heilsam begrenzt, dass Menschen zwischen dem unterscheiden, was sie sich erarbeiten, und dem, was sie empfangen. Dass sich die berufliche Iden-

rung, in: ders., Ursprung und Ziel. Erinnerte Zukunft und erhoffte Vergangenheit. Biblische Exegesen, Reflexionen, Geschichten, Neukirchen-Vluyn 1986, 90–110.

tität nicht auf das ganze Leben erstreckt, hängt daran, dass sie im Unterschied zu jener Identität artikuliert wird, die Menschen in all dem, was sie tun und erleiden, aus dem Mund Gottes – durch externen Zuspruch – empfangen.

An dieser Stelle spricht die biblische Ethik vom Wort Gottes, das die Werke Gottes artikuliert und den Menschen davor bewahrt, sich als alleinigen Ursprung seiner Selbst und seines Wirtschaftens zu erachten. Dtn 8 schildert die wunderbar geschaffenen und bereiteten Dinge, aus denen Menschen leben und mit denen sie wirtschaften: „Denn der HERR, dein Gott, führt dich in ein gutes Land, ein Land, darin Bäche und Brunnen und Seen sind, die an den Bergen und in den Auen fließen, ein Land, darin Weizen, Gerste, Weinstöcke, Feigenbäume und Granatäpfel wachsen, ein Land, darin es Ölbäume und Honig gibt, ein Land, wo du Brot genug zu essen hast, wo dir nichts mangelt, ein Land, in dessen Steinen Eisen ist, wo du Kupfererz aus den Bergen haust ... So hüte dich nun davor, den HERRN, deinen Gott zu vergessen ... Du könntest sonst sagen in deinem Herzen: Meine Kräfte und meiner Hände Stärke haben mir diesen Reichtum gewonnen." (Dtn 8,7–9.11a.17) Die biblischen Texte sparen nicht mit Erinnerungen an das, woraus menschliches Wirtschaften schöpft, und das in dem öffentlich hervortritt, was in Dtn 8,11b Gottes „Gebote, Gesetze und Rechte" genannt wird, kurz: alles, „was aus dem Munde des *Herrn* geht" (Dtn 8,3). Um diese lebendige Artikulation, das Kundtun der Werke Gottes um der menschlichen Wahrnehmung und Erneuerung willen, kreist die biblische Ethik der Arbeit, um die Arbeit zu begrenzen und in ihr spezifisches Recht im Hinblick auf das Selbst des Menschen zu setzen.

Man spricht in der Ethik um dieser Begrenzung willen vom „Beruf", in dem explizit wird, was Menschen in ihrem Tätigsein immer schon empfangen und worauf ihre Arbeit bezogen bleibt. Wenn Martin Luther in dieser Tradition sagt, dass der Mensch zur Arbeit geboren ist wie der Vogel zum Fliegen, dann meint er nicht, dass der Mensch zu unablässigem und unbegrenztem Tätigsein verdammt ist. Der Mensch kommt nicht als Arbeitstier zu seinem Selbst. Bei Luther hat das Arbeiten ein Gegengewicht: das Aufmerksamwerden darauf, was Gott für Menschen arbeitet: „Das meine und glaube ich, dass ich Gottes Geschöpf bin. D. h.: er hat mir gegeben und erhält mir ohne Unterlass Leib, Seele und Leben, kleine und große Gliedmaßen, alle Sinne, Vernunft und Verstand usw. Essen und Trinken, Kleider, Nahrung, Weib und Kind, Gesinde, Haus und Hof usw. Dazu lässt er mir alle Kreaturen zu Nutz und Notdurft des Lebens dienen: Sonne, Mond und Sterne am Himmel, Tag und Nacht, Luft, Feuer, Wasser, Erde und was sie trägt und hervorbringt wie Vogel, Fisch, Tier, Getreide und Gewächs aller Art; ebenso was sonst noch leibliche und zeitliche Güter sind, wie gutes Regiment, Frieden, Sicherheit."[30]

Zugleich mit ihrem Bezug auf das, was Gott arbeitet, ist die Arbeit Luther zufolge mit einem Auftrag versehen, d. h. in einen Beruf gefasst. Das ist eine für unsere Diskussion zentrale Dimension seiner ebenso berühmten wie missverständlichen Unterscheidung von „Amtsperson" und „Christperson".[31] Menschen sind von der Sorge um sich selbst befreit und dadurch zugleich berufen, im Medium der Arbeit einander zu dienen und weiterzugeben, was sie von Gott empfangen: „Denn mag uns auch sonst viel Gutes von Menschen widerfahren, so gilt doch alles als von Gott empfangen, was man auf seinen Befehl und seine Anordnung hin empfängt. Unsere Eltern und alle Obrigkeit, ferner jedermann seinem Nächsten gegenüber, haben ja den Befehl, dass sie uns Gutes aller Art tun sollen. Wir empfangen es also nicht von ihnen, sondern durch sie von Gott. Denn die Kreaturen sind nur die Hand, das Rohr und das Mittel, wodurch Gott alles gibt, wie er der Mutter Brüste Milch gibt, um sie dem Kinde zu reichen, und wie er Korn und Gewächs aller Art aus der Erde zur Nahrung gibt: lauter Güter, deren keines eine Kreatur selbst machen kann."[32]

30 Luther, Martin, Großer Katechismus, Das zweite Hauptstück: Der Glaube; Der erste Artikel.

31 Vgl. Luther, Martin, Von weltlicher Obrigkeit, wie weit man ihr Gehorsam schuldig sei (1523), WA 11, 245–281.

32 Luther, Martin, Großer Katechismus, Das erste Hauptstück: Die Zehn Gebote; Das erste Gebot.

In ihrer institutionalisierten Form als Beruf ist Arbeit durch ihren Bezug auf den Anderen und die konkrete Aufgabe, die für ihn zu tun ist, begrenzt. Menschen sind zur Kooperation mit dem Anderen, zur Hilfe für ihn und zu seinem Beistand in allen Nöten berufen. Als Beruf ist Arbeit nicht richtungslos, sondern ausgerichtet auf den anderen Menschen und folgt eben darin implizit oder explizit dem Auftrag Gottes, an der Bewahrung der Geschöpfe mitzuwirken. Im Beruf sind Menschen in die Freiheit gestellt, für den Anderen auf begrenzte und konkrete Weise da zu sein, ohne sich im Dienst am Anderen zu verlieren.[33] Von daher kommt auch die spezifische Problematik jener Erwerbsarbeit in den Blick, der ein solcher institutioneller Charakter fehlt.

Die Diskussion über Arbeit ändert sich grundlegend, wenn das Ausgerichtetsein der Arbeit auf den Anderen und der Aspekt der Kooperation in den Vordergrund rückt. Darin liegt ein spezifischer Beitrag der theologischen Ethik zur Ethik der Arbeit.[34] Arbeit lässt sich als Medium beschreiben, durch das Menschen in Kontakt mit dem treten, was Gott ihnen zur Erhaltung ihres Lebens zukommen lässt, durch das sie als Geschöpfe miteinander kooperieren und durch das sie füreinander eintreten. Identität muss nicht erarbeitet werden. Vielmehr gibt es mit dem Beruf – der Arbeit, die auf den anderen ausgerichtet ist – einen Lebenszusammenhang, an dem Menschen in Kooperation und Interaktion erfahren, was ihnen in geschöpflicher Koexistenz zukommt. Mit der Zuwendung zum Anderen werden Menschen in die Freiheit von der Sorge um sich selbst gestellt, und gewinnen eine berufliche Identität, ein Selbst, in einem artikulierten und ansprechbaren beruflichen Kontext, ein Selbst für andere und

---

33 Luther hat dieses Verständnis von Arbeit als Beruf paradigmatisch in seiner Auslegung von Psalm 127 entfaltet: Der hundertsiebenundzwanzigste Psalm, in: Walch, Johann Georg (Hg.), Dr. Martin Luthers Sämtliche Schriften, Bd. 4, Groß Oesingen 1987, 1912–1973.

34 Diese Linie führt in der biblischen Wirtschaftsethik u. a. zu einem Wirtschaften aus der Option für die Armen. Vgl. hierzu die Arbeit von Segbers, Franz, Die Hausordnung der Tora. Biblische Impulse für eine theologische Wirtschaftsethik, Luzern [3]2002.

mit anderen. Das ist nicht nur eine „Funktion“ von Arbeit, sondern die Verheißung, die auf der Institution der Arbeit als Beruf liegt.

Vor diesem Hintergrund wird die ganze Dramatik und Dringlichkeit des Problems der Arbeitslosigkeit sowie von menschenunwürdigen oder prekären Arbeitsverhältnissen deutlich. Arbeitslosigkeit ist nicht bloß „dysfunktional“ für die Identität von Arbeitslosen, sondern sie beraubt sie der Teilhabe an der Verheißung, ein spezifisches Selbst im Kontext der Interaktion und Kooperation mit anderen zu bleiben und zu werden. Die berufliche Wirklichkeit vieler Menschen ist von Sorge und vom Kampf um die eigene Existenz und das Leben der Familie geprägt. Die hier skizzierte Berufsethik widerspricht dieser Wirklichkeit und wirbt für eine Erneuerung der beruflichen Praxis. Denn die Unterscheidung von persönlicher und beruflicher Identität ist nicht als Trennung zu verstehen. Sie hat ihre unverzichtbare systematische Aufgabe darin, Arbeit zu begrenzen und nicht zum „Werk“ werden zu lassen, mit dem ein Mensch sein Leben selbst zur Erfüllung bringen muss. Es kommt darauf an, dass sich die Hoffnung, die jeden Menschen in seiner unverwechselbaren Identität als Person bestimmt, nicht gänzlich auf seine Arbeit und die Entfaltung seiner Möglichkeiten richtet, sondern auf das, was Gott für ihn und an ihm tut. Dazu gehören verlässliche Arbeitsverhältnisse, in denen Menschen frei werden, ein Selbst zu werden und zu bleiben. Im Beruf geht es darum, dass Menschen aus der durch ihre Arbeit bewirkten Verstrickung in die Dinge und in die Sorge herausgerufen werden, um die Freiheit des geschöpflichen Lebens zu entdecken, die im Kooperieren mit Gottes Schöpferwirken gefunden und erschlossen wird.[35] Diese Freiheit ist zunächst die Freiheit, Mensch zu bleiben und nicht zum Arbeitstier werden zu müssen. Sie hängt an dem befreienden Ruf zur Wahrnehmung dessen, woraus Menschen leben.[36] Arbeit als Institu-

35 Vgl. zur Kooperation als Kennzeichen der ökonomischen Lebensform Ulrich, Wie Geschöpfe leben (Anm. 10), vor allem: B 3–2 „Sorgt nicht ...“ – die ökonomische Existenzform, 347–400.

36 Vgl. hierzu Ulrich, Hans G., Die Ökonomie Gottes und das menschliche

tion ist nicht zielloses Tätigsein, sondern auf den Anderen ausgerichtet. Durch sie treten die Konturen dessen hervor, was zur geschöpflichen Identität von Menschen gehört. Arbeitend erkunden wir, woraus wir leben und was wir davon anderen mitteilen können.

Die Bedeutung der Kategorie der Mitteilung, des artikulierten Tuns für die biblische Ethik der Arbeit, zeigt sich paradigmatisch am Sonntag als Tag der Ruhe, des Hörens, der Aufmerksamkeit auf das, was Gott tut. Menschliche Arbeit ist ein Medium, durch das Menschen mit dem Schöpfer der Welt und aller Dinge und mit den Nöten anderer Menschen zu tun bekommen. Die Berufung des von der Sorge um sein Selbst bestimmten *animal laborans* zum *homo laborans*, der sich im Arbeiten als Geschöpf erfährt und erkennt, hängt daran, dass diese Verheißung, die über der Arbeit liegt, laut und hörbar wird. Der Sonntag ist der Tag, an dem diese Verheißung auf paradigmatische Weise gehört wird und an dem sich Menschen in die Aufmerksamkeit auf das, was Gott tut, einüben. Mit der Frage, inwiefern Menschen in ihre Arbeit eingesetzt sind und welcher Auftrag und welche Verheißung sich mit der Arbeit verbinden, zielt die biblische Ethik auf den Zusammenhang von Ethik und geschöpflicher Identität des Menschen, wie sie im Gegenüber von Arbeit und Ruhe an dem Tag, an dem Gott die Schöpfung vollendet, präsent wird.

Das biblische Wort, das alle Verheißungen, die sich mit der Arbeit verbinden, zusammenfasst, lautet: „Sorgt nicht um euer Leben." (Mt 6,25)[37] Auf dieses Wort kommt es an, und darauf, dass es ohne Zynismus artikuliert und gehört werden kann. In der Freiheit von der Sorge um das Leben kann Arbeit menschlich bleiben. Sie muss dann nicht dafür Sorge tragen, dass menschliches Leben gelingt. Wann immer Menschen von der Sorge um sich selbst frei werden und um

---

Wirtschaften. Zur theologischen Perspektive der Wirtschaftsethik, in: Ruh, Hans (Hg.), Theologie und Ökonomie, Symposium zum 100. Geburtstag von Emil Brunner, Zürich 1992, 80–112, vor allem 105ff.

37 Hans G. Ulrich hat dieses Wort zum Angelpunkt seiner Wirtschaftsethik gemacht, vgl. Anm. 35.

ihrer Nächsten willen wirtschaften, erkunden sie diese Freiheit.[38] Folgen wir den biblischen Texten, dann ist es der hörende Mensch, der auf das aufmerksam bleibt, was ihm und allen anderen Menschen gegeben wird, einem menschengerechten Zusammenleben und -wirtschaften zugut.[39] Aus diesem Hören auf Gott und auf die anderen Menschen schöpft demnach auch die Gerechtigkeit, die in der Ökonomie waltet. Als „homo audiens", der ganz Ohr ist, bewahrt der arbeitende Mensch seine Menschlichkeit.

Durch Arbeit streben Menschen nicht nach Identität, sondern im Medium der Arbeit als Beruf empfangen sie ein Selbst in der Kooperation mit anderen und mit Gott. Es ist demnach nicht Ziel menschlichen Handelns, Identität zu konstruieren, sondern sich auf das durch die Institutionen heilsam umgrenzte Leben mit Gott einzulassen, in dem Menschen ein Selbst werden und bleiben.

In der biblischen Ethik ist „Identität" ein Vorgang des Geschaffenwerdens und Erneuertwerdens.[40] Die Selbstwerdung der Menschen der Bibel ist angetrieben und umspannt von dem, was Gott an ihnen tut. Das moderne Wort „Identität" fällt weit hinter das zurück, was die biblischen Texte zur Selbstwerdung des Menschen zu sagen haben. Es gibt keinen

---

38 Vgl. hierzu Luther, Martin, Der hundertsiebenundzwanzigste Psalm (Anm. 33), 1942: „Denn die Sorge und Bekümmerniß darf nicht über den äußerlichen Menschen hinausgehen, das heißt, der äußerliche Mensch muß nicht müßig oder träge sein, sondern fleißig sein Amt ausrichten mit Arbeiten, Bedenken, Erfinden, Sorgen, gleichwie ein Werkzeug, daß die Hände arbeiten; das Herz muß aber von der Arbeit wieder auf den Herrn sehen und um Hülfe bitten, so daß, während der äußere Mensch mit der Arbeit beschäftigt wird, das Herz oder der neue Mensch an die Stelle der Sorge das Gebet setze und spreche: Herr, ich folge deinem Rufe, deshalb will ich alles in deinem Namen thun, regiere du."

39 Vgl. Rich, Arthur, Wirtschaftsethik, Bd. 2: Marktwirtschaft, Planwirtschaft, Weltwirtschaft aus sozialethischer Sicht, Gütersloh 1990, vor allem 139ff.

40 Vgl. dazu Wolf, Ernst, Sozialethik. Theologische Grundfragen, Theodor Strohm (Hg.), Göttingen 1975, vor allem §2: „Der wirkliche – neue – Mensch als Ziel der ethischen Forderung und als Subjekt des ethischen Handelns", 16–27.

formalen Begriff, unter dem sich das vielfältige Geschaffenwerden von Menschen zu denen, die sie in den Augen ihres Schöpfers sind, subsumieren ließe. Es ist ein bestimmtes Geschehen, das Menschen in dem, was sie tun und lassen, widerfährt, ohne dass sie es überblicken könnten. Sie können es allenfalls als Geschehnis der Selbstwerdung bezeugen.

Ein besonders eindrückliches Beispiel dafür ist der Beter von Psalm 8. Er stellt die uralte Frage: „Was ist der Mensch?" Aber er stellt diese Frage weder sich selbst noch anderen Menschen noch den Tieren oder der Welt, in der er lebt. Der Beter von Psalm 8 wendet sich mit seiner Frage zu Gott: „Was ist der Mensch, dass du, Gott, seiner gedenkst, und des Menschen Kind, dass du dich seiner annimmst?" (Ps 8,5) Der Beter staunt darüber, auf welche wunderbaren Geschichten sich Gott mit dem Menschen einlässt: wie er ihn schafft, wohin er ihn führt, wovor er ihn rettet, wozu er ihn befreit. Alles, was dem Menschen widerfährt, sieht der Beter im Kontext dessen, was ihm, was jedem Menschen, in seiner unverwechselbaren Besonderheit von Gott her zukommt. Dadurch aber weiß der Psalmist auch zu unterscheiden, was zu dem Leben mit diesem Gott dazugehört – und was nicht. Er hat erfahren, worin er ein Selbst wird und was im Lichte dieser Erfahrung zu ihm gehört, aber auch, was nicht zu diesem geschöpflichen Leben passt. Er fragt nicht nur, was er geworden ist, sondern auch, was Gott mit ihm vorhat. Die biblische Rede vom Menschen ist dadurch gekennzeichnet, dass sie nicht unbeteiligt daherkommt, als könnte man das Werden von Menschen überblicken. Die Selbstwerdung vollzieht sich als Geschaffenwerden zu dem Menschen, der er im Gedenken Gottes ist.[41] Insofern dieses Geschaffenwerden ohne Standpunkt bleibt, von dem aus es überblickt werden könnte, ist der staunende Lobpreis von Psalm 8 eine adäquate Sprachform, mit der sich das Selbst in der Erfahrung seines Geschaffenwerdens artikuliert. Der Beter von Psalm 8 redet nicht „über" sein Verhältnis zu Gott, sondern aus der

41 Vgl. hierzu Mildenberger, Friedrich, Biblische Dogmatik. Eine Biblische Theologie in dogmatischer Perspektive, Bd. 3, Theologie als Ökonomie, Stuttgart/Berlin/Köln 1993, 456–462.

Erfahrung der Zuwendung Gottes heraus. Der Psalmist gibt mit seiner Doxologie Ausdruck dafür, dass er in einen Lebenszusammenhang eingefügt bleibt, in dem er empfängt, wer er ist, und in dem er in der Erwartung bleibt, wer er wird.[42] Bezeichnenderweise beginnt der ganze Psalter damit, dass derjenige glücklich gepriesen wird, der nicht aus dem Lebenszusammenhang mit Gott heraustritt (Ps 1). Dass sich der Sänger dieses Psalms wie auch derjenige von Psalm 8 mit der Erfahrung und der Erwartung seiner Selbstwerdung an Gott richtet, schützt ihn vor der Sorge, fatalistisch der Welt ausgeliefert zu sein oder Gegenstand der Manipulation anderer Menschen zu werden. Der Psalmist kann sich wie viele Menschen der Bibel neugierig auf Neues einlassen, weil er gelernt hat, seine Selbstwerdung aus den Händen Gottes von eigener und fremder Manipulation zu unterscheiden. Er kann es darauf ankommen lassen, seine Identität aufs Spiel zu setzen und neu zu gewinnen, weil er bei all dem nicht allein mit sich und den anderen ist, sondern auf Gott vertraut, den er kennt und aus dessen Händen er sein Selbst empfängt. Aufgrund dieses Vertrauens muss er sich nicht vor anderen Menschen verschließen, um etwa seine Identität abzusichern, sondern er wird dazu frei, sich ihnen auszusetzen und ihnen vorbehaltlos und neugierig zu begegnen.

An diesem Vorgang der Begegnung von Menschen hat die biblische Ethik großes Interesse. Auch die philosophische Ethik hat gefragt, wie es dazu kommt, dass Menschen einander als Selbst wahrhaft begegnen, ohne sich im Modus der Selbstbehauptung voreinander zu verschließen.[43] Wie ist es möglich, dass Menschen einander nicht bloß respektieren und in Ruhe lassen, sondern aufmerksam aufeinander werden und einander sogar erkennen? Die philosophische Ethik

42 Vgl. zur Rolle der Doxologie in der Ethik der Psalmen Brock, Brian, Ethics in Scripture: Singing the Psalter with Augustine and Luther, Grand Rapids (MI) 2007.

43 Vgl. hierzu die eindrückliche Beschreibung der Selbstbehauptung bei Lévinas, Emmanuel, Der Andere, die Utopie und die Gerechtigkeit, in, ders., Zwischen uns. Versuche über das Denken an den Anderen, Frank Miething (Üb.), München/Wien 1995, 265–278.

sagt, dass dies in einer Geschichte geschieht, die Menschen teilen und die sie verbindet.[44] Auf diese Geschichte in ihrer Besonderheit zielen jene biblischen Texte, die in immer neuen Anläufen die Frage aufwerfen, was eigentlich geschieht, wenn Menschen einander derart nahe kommen, dass ein Selbst ein anderes trifft und versteht. Immer wieder geht es in den biblischen Geschichten um die Begegnung von Menschen in ihrer unverrechenbaren und unersetzbaren Besonderheit. Zu dieser Begegnung gehört auch, dass sich Menschen jenseits institutioneller Kontexte treffen. Die berühmte Geschichte vom barmherzigen Samariter (Lk 10) reflektiert, wie ein Mensch im reinen Widerfahrnis der Begegnung mit dem Anderen frei wird, sich dem Anderen zuzuwenden. Die Ethik lebt davon, dass Menschen wie der Samariter aus ihrem Selbst herausgerufen werden, eine Aufgabe finden, Menschen für andere werden. Ethik lebt von der Initialzündung des Nicht-Identischen. Aber sie bedarf komplementär dazu des institutionellen Kontexts, des Berufs, in dem Menschen in Kooperation und Interaktion mit Anderen auf verlässliche Weise ein Selbst in der Erwartung von Gottes Handeln werden und bleiben können.

44 Vgl. hierzu Ricoeur, Paul, Geschichte und Wahrheit, Romain Leick (Üb.), München 1974.

Was ich geworden bin – was ich sein könnte

Identität als Grundfrage religiösen Lernens

JOACHIM KUNSTMANN

Von der Religion sind grundlegende Beiträge zur Identitätsbildung zu erwarten. Wer im Zusammenhang religiösen Lernens nach Identität fragt, muss sich allerdings zunächst die Struktur von Identitätsbildung überhaupt klar machen. Das soll in einem einleitenden Abschnitt (I) geschehen. Danach ist auf die massive Veränderung im Bereich der Identitätsfindung (II) einzugehen, bevor die religionspädagogische Arbeit zum Identitätsbegriff (III) skizziert werden kann. Diese Arbeit führt zusammen mit den eingangs beschriebenen Veränderungen zu neuen Fragen, Aufgaben und Wegen religiöser Identitätsarbeit (IV und V).

I. Paradoxe Vorbemerkung

Identität bedeutet philosophisch und mathematisch Gleichheit durch Übereinstimmung mit sich selbst. Die Sozialpsychologie hat diesen Begriff auf die Person bezogen und so eine umfassende Diskussion losgetreten: mit sich selbst übereinzustimmen bezeichnet hier den komplexen Prozess einer Selbst-Findung durch Selbst-Entfaltung, der sich in einer Mischung aus eigenen und fremden, d. h. übernommenen Vorstellungen vollzieht. Identität, seither ein stark popularisierter Begriff, ist also ein Relationsbegriff, der das werdende Ich aus einem Bezug heraus erklärt: „Ich“ ist immer ein „Mich“. Identität entsteht bzw. *be*steht aus selbst oder von anderen vorgenommenen Identifizierungen, sie existiert nur als eine unentwirrbare Synthese aus Zuschreibungen und

Selbstdeutungen, die sich aus vielfältigen Bezügen herstellt. Eine Person geht in solchen Bezügen aber nie vollständig auf, denn sonst würde man gerade nicht mehr von Identität, sondern eher von Ich-Schwäche oder Ich-Verlust reden; vielmehr benutzt sie diese (oder Anteile von diesen) im gelungenen Fall zum Aufbau eines durchhaltbaren Ich-Bewusstseins.

Identität ist ein Konstrukt. Es gibt sie nicht als Akkumulation und abschließbaren Besitzstand, sondern eher als sich überlagernde Aktualisierung von Erinnerungen, vergleichbar dem Bewusstsein. Sie ist darum nur als offener Prozess zu verstehen. Fixierte und schemengetreue Selbstbilder passen nicht in eine hoch flexible Kulturwelt, die in permanenter Veränderung begriffen ist. Und auch nicht in die heute übliche Vorstellung einer Biographie, die mit qualitativer Entwicklung rechnet.[1] Wer heute eine klar abgrenzbare Identität behauptet, der hat ein – Identitätsproblem.

Mehr der Paradoxien: Identität hat eine Tendenz zur Selbstverwirklichung und zur Selbstbestimmung, die wiederum nur denkbar sind als Ausdruck von Freiheit bzw. der Befreiung von Vorgaben – obwohl Identität *ohne* solche gar nicht zu Stande kommen kann. Sie umschreibt das eigenartige Wissen darum, dass das Ich-Bewusstsein eines alten Menschen ein deutlich anderes ist als das zu Zeiten von dessen eigener Kindheit – dass es sich aber doch um ein und dasselbe handelt. Nur die maximale *Differenz* zwischen vielfachen Stufen und Stadien des Ich-Verstehens ist als gesunde, gereifte, sinnvolle Identität anzugeben.

Identität ist darum nicht so sehr die Frage nach dem, „wer“ ich bin oder sein will, sondern eher nach dem, „was“ ich nach eigener Vorstellung und fremder Einschätzung „al-

---

1 Gruppenidentitäten wie etwa kulturelle, nationale oder religiöse (z. B. kirchliche) Identitäten sind hier nicht berücksichtigt. Zwar scheint es durchaus sinnvoll, dass eine Religionspädagogik, die sich inzwischen mit gutem Grund auch als religiöse Kulturhermeneutik versteht, sich derartigen Gruppenidentitäten zuwendet; hauptsächlich wird religionspädagogisch bisher aber die personale Identität verhandelt – und sie ist komplex genug.

les“ sein *könnte*.[2] Dazu gehört unter anderem das Herausfinden dessen, was ich brauche und was ich nach außen hin darstellen möchte. Was das sein könnte, ist allerdings zu keinem Zeitpunkt des Lebens definitiv ausgemacht. Schon gar nicht abschließend auszusagen ist es für einen heutigen Jugendlichen, der sich Gedanken darüber macht, was alles aus den prinzipiell unerschöpflich gewordenen Möglichkeiten der Lebensentfaltung er erleben oder sich zu eigen machen will. Der Pluralisierung der Lebenswelt entspricht in der Identitätsbildung eine prinzipielle Unabschließbarkeit von Bedürfnissen. Und noch einmal komplizierter wird die Frage nach der Identität angesichts neuer Verbindlichkeiten, Zwänge und Sehnsüchte, die sich aus eben dieser prinzipiellen Offenheit der heutigen Welt ergeben.

Schwierig ist die Identitätsbildung vor allem auch deshalb, weil vorgegebene Identifizierungsgrößen und -horizonte offensichtlich immer weniger zur Identitätsbildung taugen. Das gilt für die kirchlich verfasste christliche Religion ebenso wie für die Nation, inzwischen auch für den Beruf. Identitäten müssen darum immer mehr über Selbstausdruck und Selbststilisierungen gesucht werden – die selbst aber ganz offene Größen sind. Vergleichbares gilt für Geld, Konsumhaltung, Erfolg und Anerkennung: sie sind nie definitiv zu haben.

Diese Überlegungen verdichten sich in der Einsicht, dass es Identität nicht „gibt“ abgesehen von ihrer Erzählbarkeit. Was ich bin und sein möchte, ist weit weniger ein unmittelbares Gefühl, als vielmehr das Bewusstsein, das aus der rekonstruierenden und prospektiven Erzählung meiner Geschichte(n) resultiert. Identität entsteht geradezu im und aus dem Erzählen, sie ist eine „narrative Konstruktion“.[3]

---

2 Fend, Helmut, Identitätsentwicklung in der Adoleszenz. Lebensentwürfe, Selbstfindung und Weltaneignung in beruflichen, familiären und weltanschaulichen Bereichen, Bern 1991, 23, beschreibt Identität entsprechend als die „Entdeckung, was man ist, sein könnte und sein möchte.“

3 Oertel, Holger, „Gesucht wird: Gott?“ Jugend, Identität und Religion in der Spätmoderne, Gütersloh 2004, 56. Dieser „narrative Grundzug von Identität betrifft in besonderer Weise den Bereich subjektiver Religiosität“ (52).

Identitätsfragen betreffen mich und mein Leben, sind also von subjektiv unbedingter, d. h. nicht ersetzbarer Qualität. Darin haben sie einen (wenn auch undeutlichen) Bezug zu dem Bereich, in dem Letztgültigkeiten und Unbedingtheiten verhandelt und kommuniziert werden: der Religion. Was ist Identität, gefragt aus dem Blick religiösen Verstehens und Lernens? Ganz offensichtlich sind die Zeiten vorbei, in denen sich eine religiöse – oder spezieller: protestantische – Identität durch den Bezug auf eine bestimmte religiöse Tradition, ein bestimmtes Milieu oder im persönlichen Verständnis durch biblische Lektüre definieren ließ und herzustellen vermochte.

Die Religionspädagogik, die sich mit der religiösen Bildung des Menschen befasst – dem also, was nach dem klassischen Bildungsverständnis einen Menschen zur Entfaltung seiner selbst, seiner Begabungen, Gefühle und Ideen kommen lässt und ihn zu einer unverwechselbaren Person macht – stellt mit der Frage nach der Identität eine ihrer Grundfragen. Die Identitätsfindung, die ihren spezifischen Ort in der Jugend hat, darüber hinaus aber die gesamte Biographie eines Menschen von Anfang an begleitet, ist der religiösen Entfaltung auffallend verwandt. Erik Erikson, der mit seinem Identitätskonzept religionspädagogisch breit rezipiert worden ist, gibt für diese Frage nach wie vor eine solide Vorlage. Sein Konzept des durch Krisen reifenden kontinuierlichen Ichbewusstseins, das in der Auseinandersetzung mit der sozialen Umwelt gewonnen wird, ist heute allerdings in mehrfacher Hinsicht zu erweitern. Zum einen macht die spätmoderne Situation Identitätsbildung schwieriger. Zum zweiten ist religionspädagogisch heute eher die Vorstellung einer „Identitätsarbeit“ angezeigt, die mit Brüchen und bleibenden Diskontinuitäten rechnet. Die Frage nach der eigenen Identität wird ferner von der Frage nach dem Selbstwertgefühl und seinen möglichen Quellen überlagert. Schließlich ist sehr viel genauer als bisher zu fragen, welche Bedeutung die Religion für die Identitätsarbeit eines Menschen haben kann. Identität, ihr symbolischer Ausdruck und Religiosität scheinen sich wechselseitig zu erläutern.

II. *Veränderte Identitätsbildung*

Zunächst sind Veränderungen im Aufbau von Identität zu beschreiben, die eine Tendenz von der Identitätsfindung durch Übernahme von Vorgaben zur offenen Identitäts-Arbeit anzeigen. Für religiöses Lernen ist diese Umstellung von besonderem Gewicht, da hier die Hinwendung zu selbst gesuchten, offenen Kontexten für erhebliche Veränderung gesorgt hat.

Identifizierung bedeutet grundsätzlich die Übernahme und Verarbeitung von Rollen- und Wertvorstellungen zur Selbstbestimmung der eigenen Person. Selbst- und Fremdwahrnehmung zusammen formen eine Identität. „Identität ist Resultat einer sozialen Konstellation"; ebenso aber gilt: „Identität ist das, was wir aus uns machen oder zu machen wünschen."[4]

Bedeutung hatte der Identitätsbegriff bezeichnender Weise bereits für den empirisch und psychologisch denkenden William James. Der wandte sich erstmals klar von der Vorstellung ab, Identität sei (allein) durch Angleichung bzw. Übernahmen von vorgegebenen ontologischen Größen erreichbar und bezog Identität (bereits lange vor Mead) darum auf die Erfahrung der „Anerkennung" durch „signifikante Andere", deren Haltungen und Wertungen übernommen werden und so die Grundlage des Identitätsgefühls bilden. Gleichzeitig ging James davon aus, dass das „innere Identitätsgefühl" auch unabhängig von sozialen Vermittlungsprozessen gebildet wird. Das eigene Ich-Erleben entsteht immer wieder neu durch Zusammenklang differenter Erfahrungen – eine Theorie, die den heutigen Einsichten der Neurophysiologie und Bewusstseinsforschung sehr nahe kommt, religionspädagogisch aber bisher kaum wahrgenommen wurde.[5]

---

4 Prange, Klaus, Differentielle Identität oder: Auf der Suche nach dem verlorenen Selbst, in: Hellekamps, Stephanie (Hg.), Ästhetik und Bildung. Das Selbst im Medium von Musik, Bildender Kunst, Literatur und Fotographie, Weinheim 1998, 161f.

5 Dasselbe gilt für den berühmten „Spiegelstadium"-Aufsatz von Jacques Lacan, der den Moment beschreibt, in dem das kleine Kind sich im Blick in den Spiegel als nicht zerstückelte, sondern zusammengehörige Einheit erfährt, die es „jubilatorisch" begrüßt. Der Begriff Identität fällt nicht, ist der Sache nach aber deutlich gemeint. Lacan, Das Spiegelsta-

Die Identitätsfindung hat sich im 20. Jahrhundert nachhaltig verändert. Sie geschah noch vor wenigen Generationen weitgehend durch An- und Einpassung an und in soziale, moralische und kulturelle Vorgaben. Identität ergab sich aus dem Übereinstimmen mit einem fraglos vorgegebenen, relativ klar erkenn- und definierbaren äußeren Horizont. Identität bedeutete: Sich von etwas her verstehen, jemand sein in einem bekannten und von allen geteilten soziokulturellen Kontext, zu dem unter anderem an prominenter Stelle die Religion gehörte. Die Identität der Großgruppe, der man angehörte, war eine Herkunfts-Identität, die sich durch Tradition bestimmte. Diese Tradition stellte das Individuum religiös in einen Zusammenhang, der vom Schöpfungsmythos bis zur Zukunftsidentität durch Jenseitshoffnung reichte. Die religiöse Sozialisation war entsprechend ein Sich-Angleichen an traditionsverbürgte Wahrheit.

Dieses deduktive Modell ist fast vollständig unglaubwürdig und funktionslos geworden. Denn ganz offensichtlich erfordert das Leben mit den heutigen prinzipiell unbegrenzten Optionen, Alternativen und Wahlmöglichkeiten ein *induktives* Vorgehen, und das heißt neben zeitlichen und materiellen Ressourcen vor allem individuelle Freiheit; Traditionsvorgaben aller Art müssen da als einschränkend empfunden werden. „Wir sind auf Revision, Änderung und Innovation eingestellt; mit der Folge, daß die Identifikation mit bestimmten Ergebnissen eher naiv anmutet.“[6] Darum gilt: „Ihre kollektive Identität steht den einzelnen nicht mehr als ein Traditionsinhalt gegenüber, an dem die eigene Identität wie an einem feststehenden Objektiven gebildet werden kann; vielmehr beteiligen sich die Individuen selbst an dem Bildungs- und Willensbildungsprozeß einer gemeinsam erst zu entwerfenden Identität.“[7] Adorno hat solchermaßen verstandene Identität gar als „Urform von Ideologie“ bezeichnet.

---

dium als Bildner der Ichfunktion; wie sie uns in der psychoanalytischen Erfahrung erscheint, in: ders., Schriften, Bd. I, Weinheim ²1986, 61–70.

6 Prange, Differentielle Identität (Anm. 4), 166.

7 Habermas, Jürgen, Können komplexe Gesellschaften eine vernünftige Identität ausbilden?, in: Zwei Reden aus Anlaß der Verleihung des Hegelpreises 1973, Frankfurt/M. 1974, 51f.

Die „Freisetzungsschübe“ (Ulrich Beck) des 20. Jahrhunderts haben dazu geführt, dass identitätsstiftende Anpassungen heute nicht mehr an traditionelle Vorgaben, sondern an Markt, Medien, leistungsbezogene und ästhetische Funktionalitäten und via Selbstinszenierung und Selbsterkenntnis an „sich selbst“ geschehen. „Der Orientierungskonflikt, der uns im Augenblick am meisten zu schaffen macht, ist die Umstellung von Interessenkonflikten auf Identitätskonflikte.“[8]

Nach dem Abschied vom deduktiven Modell ist im Bereich der Religion die *theologische Theorie* kaum noch identitätsbildend. Spätestens die Untersuchung von Klaus-Peter Jörns hat einen Abbruch dogmatisch bestimmten Glaubens bei den Deutschen gezeigt, und zwar auch bei den von Jörns so genannten „Gottgläubigen“.[9] Dasselbe wird man auch für die Bibel annehmen müssen: sie stiftet heute faktisch nur noch in Ausnahmefällen religiöse Identität. *Religion* allerdings ist von bleibender Aktualität: „Religion ist eine allgemeine Dimension der menschlichen Entwicklung und ein konstitutiver Bestimmungsgrund von Identität.“[10] Sehr umstritten ist dabei, inwiefern und für wen das gilt.

Wenn statt Anpassung an Vorgaben die freie Auswahl von Identifizierungsmöglichkeiten die Richtung bestimmt, werden Freiheit und die Verfügung über entsprechende Ressourcen (also materielle und vitale Quellen) zu Bedingungen der Identitätsfindung. Grundsätzlich scheint die Identitätsarbeit damit schwieriger geworden, mehr noch: mit dieser Umstellung erhält die inzwischen inflationär gebrauchte Rede von Identität überhaupt erst ihre Bedeutung und Brisanz. Die endlose Vielfalt an Identifizierungsangeboten zeigt auch, dass Identitätsarbeit heute prinzipiell nicht mehr abschließbar ist.

---

8 Hondrich, Karl Otto, Orientierungsalternativen zwischen Interessen und Identitäten, in: Weidenfeld, Werner/Rumberg, Dirk (Hg.), Orientierungsverlust – Zur Bindungskrise der modernen Gesellschaft, Gütersloh 1994, 31.

9 Jörns, Klaus-Peter, Die neuen Gesichter Gottes. Was die Menschen heute wirklich glauben, München 1997.

10 Schweitzer, Friedrich, Art. Entwicklung und Identität, NHRPG, München 2002, 188–193, 189.

Auch Vorbilder sind darum nicht mehr in der Weise identitätsbildend wie bisher. Vorbilder werden generell nicht mehr in allgemein anerkannten Heroen, sondern im Nahbereich der Familie und in den Medien, darum vor allem über die populäre Kultur gesucht. Beides fördert eher Bequemlichkeit als Selbstformung – das Abschalten des Fernsehers wird ähnlich schwierig wie die Ablösung vom „Hotel Mama". Da Identifizierungen tendenziell Privatsache geworden sind, verändert sich die Vorbildleitung insgesamt. Identifizierungen über Vorbilder werden partiell und auf Zeit vorgenommen, nicht mehr mit dauernder Verbindlichkeit. „Identitätsbrüche" werden entsprechend selten als belastend empfunden, sie sind Ausdruck von Flexibilität. In einer durch Optionenvielfalt geprägten Situation führt auch die viel beschworene Glaubwürdigkeit keineswegs mehr unbedingt dazu, dass Vorbilder zum eigenen Identitätsaufbau übernommen werden.[11]

Identifizierungen laufen dagegen weitgehend über persönliche Attribute (Outfit, Konsumhaltung und Markenbewusstsein: Skateboard, Kappe, Aufkleber, der BMW usw.) und Zuordnung zu bestimmten selbst gewählten Szenen, Stilen (d. h. Vorlieben) und Lebensformen (Rapper, Single, Alternativer usw.), also über *Selbststilisierung* und *symbolischen Ausdruck*. Vorbilder werden darum eher partiell kopiert.

Das hat mehrfache Folgen. Eine davon: *Teil*-Identitäten oder „szenische Identitäten" können zum zunächst lustvollen Spiel werden, in dem man sich ausprobiert; allerdings werden solche Selbstinszenierungs-Spiele schnell zur Gewohnheit, z. T. werden sie inzwischen schon erwartet, vergleichbar der Ironiefähigkeit. Identität im Sinne eines Gleichbleibens oder einer Fixiertheit gilt längst als starr, unflexibel und bieder;

---

11 Auch die Identifikation mit dem eigenen Berufsstand, der „Firma" (die heute oft mühsam durch die Beschwörung von „corporate identities" aufgebaut bzw. aufrecht erhalten werden muss) verlagert sich immer mehr in die Privatsphäre. Hier zeigt sich ein Reflex auf die Reduzierung der Person auf Funktionsgrößen (Arbeitnehmer, „manpower", Konsument, Wähler, Statist usw.), die aber auch im Privatbereich der Funktionalisierung kaum noch entkommt. Offenbar haben sich Selbstverständnis und soziale Denkschemen grundlegend verändert.

Flexibilität ist ein Grundwert geworden. Heiner Keupp hat hier den berühmt gewordenen Begriff der „Patchworkidentität“ geprägt. Keupp geht von der Vorstellung „multipler Identitäten“ aus, die sich gleichsam automatisch aus dem ständigen Wechsel spezifischer funktionaler Anforderungen, situationsspezifischer Bedürfnisse und differenter Sinnsysteme ergeben und die Vorstellung einer festen Identität obsolet machen. Flexibilität und Dynamik treten an ihre Stelle, sie verändern die Identitätsarbeit.[12] Keupp spricht darum von einem „Abschied von Erikson“, dessen Modell selbst „für Sprößlinge bürgerlicher Sozialschichten seine Paßform verliert“ – eine Ansicht, die er allerdings später revidiert.[13] Zur Trauer über den „Verlust von Identität schlechthin“ gebe es dabei allerdings keinen Anlass, allenfalls sei ein Typus von Identität zu verabschieden, „der sich entsprechend dem klassischen Quilt über seine Geordnetheit und Voraussehbarkeit definiert.“[14]

Zwar weisen Patchwork-Identität, multiple Identität, Identität auf Zeit, die sich als Reflex auf die „Optionsgesellschaft“[15] verstehen lassen, durchaus auf eine neue Pragmatik im Umgang mit der eigenen Identitätsfindung hin. Doch lässt sich kaum übersehen, dass sich der deduktive Anpassungsdruck früherer Zeiten in einen zunehmenden Druck von innen gewandelt hat, dessen Schärfe aus seiner prinzipiellen Unerreichbarkeit resultiert: wer möchte ich

---

12 „Angesichts der partikularisierten Lebenssituation des modernen Menschen [. . .] ist ein ständiges Umschalten auf Situationen notwendig, in denen ganz unterschiedliche, sich sogar gegenseitig ausschließende Persönlichkeitsanteile gefordert sein können. Diese alltäglichen Diskontinuitäten fordern offensichtlich ein Subjekt, das verschiedene Rollen und die dazugehörigen Identitäten ohne permanente Verwirrung zu leben vermag.“ (Keupp, Heiner, Riskante Chancen. Das Subjekt zwischen Psychokultur und Selbstorganisation. Sozialpsychologische Studien, Heidelberg 1988, 137).

13 Ebd., 141. Zur Revision vgl. Keupp, Heiner, Diskursarena Identität. Lernprozesse in der Identitätsforschung, in: ders./Höfer, Renate (Hg.), Identitätsarbeit heute. Klassische und aktuelle Perspektiven der Identitätsforschung, Frankfurt/M. [2]1998, 11–39.

14 Keupp, Riskante Chancen (Anm. 12), 146.

15 Kunstmann, Joachim, Christentum in der Optionsgesellschaft. Postmoderne Perspektiven, Weinheim 1997.

hier und heute sein? Und wer morgen? Die Orientierung an Bedürfnissen macht Identitätsfindung schwierig. Und an die Stelle alter Außenleitungen sind neue getreten, solche des Konsum-, Verhaltens- und Stilisierungszwangs.

Eine nahe liegende Gefahr ist darum die fundamentalistische Identitätsbildung, die Identität durch selbstfixierende Abgrenzung zu erreichen sucht. Die fundamentalistische Einstellung bezeichnet den scheinbar einfachen Weg zu einer klar umrissenen Identität, der durch eine Abwendung von individuellen Wahlfreiheiten und eine Hinwendung zu scheinbar eindeutigen, vorgegebenen und von einer Gruppe als unumstößlich verstandenen und darum jeder Kritik entzogenen Ideen bzw. Verhaltensnormen charakterisiert ist. Fundamentalistische Identitätsbildung ist insofern der Versuch, das deduktive Modell der Lebensorientierung in einer Zeit zu etablieren, die den Umgang mit Auswahlmöglichkeiten längst zum unverzichtbaren Erfordernis gemacht hat. Obwohl die scheinbare Eindeutigkeit fundamentalistischer Vorgaben und Kontexte auf Grund ihrer Einfachheit und Übersichtlichkeit gerade in Zeiten kaum noch überschaubarer Möglichkeitsvielfalt etwas Verführerisches hat, muss sie in psychologischer Sicht als Ausdruck von Selbst-Schwäche gelten. „In der Entwicklung von Identität scheint dies einer der entscheidenden Faktoren für die Begegnung mit Fremdem zu sein: sich seiner selbst so sicher sein, dass das ‚Andere' nicht als Bedrohung, sondern als Bereicherung erlebt werden kann."[16] Wer das nicht (mehr) zu leisten vermag, tendiert schnell zu Rigorismen verschiedener Art. Kein Zufall ist es daher, dass der Fundamentalismus nach innen wie außen eine Tendenz zur Gewalt zeigt – nach innen in der Unterdrückung von Kritik, persönlicher Freiheit und spontanem Bedürfnis; nach außen in der Abwertung anders Denkender, und das auch mit physischer Gewalt. Als Kontext für eine zeitgemäße Identitätsbildung kommt er daher nicht in Frage. Gleichwohl ist er als Erscheinung ernst zu nehmen,

---

16 Kohler-Spiegel, Helga, Vom eigenen und vom Fremden, in: KatBl 127, 2002, 394–396, 395.

da er sich neben dem politischen vor allem im religiösen Feld verbreitet – im Bereich der letztgültigen Daseinsauslegung, die Menschen generell nicht leicht zur kritischen Disposition stellen.

III. Die Identitäts-Frage in der Religionspädagogik

Die psychologischen und sozialisationstheoretischen Identitätstheorien des 20. Jahrhunderts sind in der Religionspädagogik breit rezipiert worden. Offenbar liegt hier ein Anknüpfungspunkt für anthropologische Fragestellungen, der zur Plausibilität der eigenen Arbeit beiträgt. Bearbeitet wurde vor allem die Frage nach dem Beitrag der Religion für die (persönliche) Identitätsbildung, weniger die Frage nach der *religiösen* Identität. Die Frage nach der Akzeptanz religiöser Vorstellungen und Gehalte, nach deren Übernahme, allgemein nach religiösem Interesse, nach dem Aufbau eines religiösen Selbstverständnisses und den Vorgängen religiöser Identifikationen wird noch kaum gestellt.[17]

Als Basiskategorie war „Identität" für die Religionspädagogik nahe liegend, da sie sich aus religiöser Perspektive mit der Bildung, d. h. der Entfaltung des Menschen beschäftigt. Selbstfindung und gelingendes Leben sind Grundkategorien auch der religiösen Entwicklung. Religion ist das Feld grundlegender Fragen: Ich, Wertschätzung der eigenen Person, Sinn, Lebensziel usw.; sie bietet Identitätskonzepte an – Religion ist ebenso Identitätszumutung wie Stätte der Identitätsbildung.

Was den Beitrag der Religion zur Identitätsbildung angeht, so konnte man zunächst an pädagogische Forschungen zum Jugendalter anschließen, zumal in der Religionspädagogik ein breites Arbeitsfeld auf dem schulischen Religionsunterricht liegt. Neben Forschungen zur strukturalistischen Entwicklung[18] konnten solche zu Entstehung und Entwick-

17 Vgl. Schweitzer, Art. Entwicklung und Identität (Anm. 10), 191.
18 Die von Piaget ausgehende sog. kognitiv-strukturelle Psychologie.

lung des Selbstkonzepts übernommen werden, die zwischen niedrigem und hohem Explorations- und Entscheidungsgrad unterscheiden.[19]

Ein weiterer wichtiger religionspädagogischer Bezugspunkt wurde die „Lebensgeschichte". Wer ich bin, erklärt sich aus dem, wer und wie ich geworden bin. Und das lässt sich nicht unabhängig von den verschiedenen, je unterschiedlich identitäts-prägenden Phasen der Biographie verstehen. Christlich lässt sich solche Identitätsbildung von der dynamischen Beziehung zu Gott her interpretieren. Gott ist dann „Autor" (Hamann) oder „Leser" (Henning Luther) meiner Lebensgeschichte.

Natürlich kam die Religionspädagogik nicht umhin, nach der Identität – oder besser: Identifizierbarkeit – dessen zu fragen, woraus sie lebt und was sie erschließen und anbieten will. Das kann sie nicht mehr im Sinne eines Rufes „Zurück zur Sache" tun; sie muss aber mit der Frage nach Erschließung, Aneignung und Weitergabe der christlichen Religion in irgendeiner Weise ihren „Gegenstandsbereich" abstecken. Sinnvoller Weise geschieht das im Bezug auf kulturell sichtbare Formen und Gestaltungen der christlichen Tradition – also nicht auf Bekenntnis- und dogmatische Lehrformen – die sich am Kerngehalt des Evangeliums, d. h. der Botschaft Jesu von Gottes lebensverändernder Nähe messen lassen muss. Die biblische Botschaft, nicht die Bibel stiftet subjektiv sinnvolle religiöse Identität.

Für religionspädagogischen Widerhall sorgte zunächst die Theorie George H. Meads,[20] der Identität („self") aus der individuellen Selbsteinschätzung („I") ebenso wie aus der Fremdeinschätzung und Erwartungshaltung anderer („me") zusammengesetzt sieht. Identität ist eine ständige, sich differenzierende Balance zwischen verschiedenen Erwartungshaltungen. Lothar Krappmann[21] hat dies u. a. durch seine Über-

19 Fend, Identitätsentwicklung (Anm. 2), 20.

20 Mead, George Herbert, Geist, Identität und Gesellschaft, Frankfurt/M. [11]1998.

21 Krappmann, Lothar, Soziologische Dimensionen von Identität. Strukturelle Bedingungen für die Teilnahme an Interaktionsprozessen, Stutt-

legungen zur „Ambiguitätstoleranz" und „Rollendistanz" sowie einer „pathologischen" Identität erweitert. Identität ist für ihn im Wesentlichen das Herstellen und Aufrechterhalten von Balancen.

Wirklich breit aber wurde vor allem Erik H. Erikson rezipiert. Neben dessen Idee des „Grundvertrauens" – nahezu ein psychologisches Äquivalent von „Glauben" – war der durch ihn erst popularisierte Begriff „Identität" für religiöse Interpretation ausgesprochen einladend. Erikson hatte die „Ich-Identität" von der Vorstellung einer reinen Trieb- und Erwartungsbestimmung bei Freud abgelöst und auf die soziale Umgebung erweitert. Identität ist „unmittelbare Wahrnehmung der eigenen Gleichheit und Kontinuität in der Zeit, und der damit verbundenen Wahrnehmung, daß auch andere diese Gleichheit und Kontinuität erkennen"[22], und die Fähigkeit, solche Gleichheit und Kontinuität aufrecht zu erhalten. Sie bildet sich in statistisch erhebbaren, altersspezifischen „Krisen", und sie kann verloren gehen. Dieses Konzept ist keineswegs harmonistisch, sondern als Gefühl eines sich durchziehenden Ich-Bewusstseins trotz und in allem Wandel eine unverzichtbare psychologische Kategorie geblieben. Identität muss bei Erikson gar nicht als geschlossene verstanden werden; und auch die neuere Diskussion um multiple Identitäten kommt nicht ohne die Grundannahme zumindest eines Minimums an Kontinuität und Kohärenz aus. Plausibel ist auch die Annahme, Identität sei auf die Kontinuität von Erfahrung angewiesen. Seit der Psychoanalyse ist bekannt, dass das Lebensgefühl und die Bewältigungskompetenzen einer Person in hohem Maße von Kindheitserfahrungen und von einschneidenden Lebenserfahrungen besonders in Krisenzeiten geprägt sind.

Identität ist weder gegeben noch aufzufinden, sondern sie entsteht in und durch Veränderungen und durch Wechselwirkungen. Bezug zur Religion und religionspädagogische

---

gart 1971. Krappmann versteht Glauben funktional als entwicklungsfördernde Symbolisierung der Persönlichkeit.

22 Erikson, Erik H., Identität und Lebenszyklus. Drei Aufsätze, Frankfurt/M. 1974, 18.

Rezeption lagen hier schon deshalb nahe, weil Erikson selbst die Identitätsbildung als auf „sinnstiftende Deutungen von Welt und Geschichten angewiesen“ sah.[23] Auch der Bezug der Identitätsentwicklung auf andere bzw. die jeweilige Großgruppe, ihr Zusammenhang mit Lebensdeutung und Weltsicht, die weitgehend von der sozialen Gruppe vorgegeben sind, konnte religionspädagogisch rezipiert werden. Bleibende Folge war vor allem die Abstimmung religionspädagogischer und religionsdidaktischer Theorie auf die verschiedenen Altersstufen, die inzwischen zur Selbstverständlichkeit geworden ist.

Eine weitere religionspädagogische Bearbeitung hat der Identitätsbegriff im Therapeutischen Religionsunterricht Dieter Stoodts gefunden.[24] Dessen Grundanliegen ist Heilung durch klärende Freilegung der meist unbewussten identitätsbildenden Übernahmen und Aufarbeitung der allgemeinen und religiösen Sozialisation, die allerdings weitgehend als fremdbestimmt und defizitär veranschlagt wird, mit dem Ziel der Selbstbestimmung und Stärkung durch Emanzipation. Stoodt legt damit das eindeutig stärkste Modell religionspädagogischer Subjektorientierung vor, das auf der Idee befreiter Identität fußt. Die Eigenwertigkeit religiöser Phänomene wird allerdings wenig gesehen.

Identitäts-Entwicklung wird spätestens seit Henning Luther nicht mehr als kontinuierlich vorgestellt, sondern umschließt biographische Brüche und Unabgeschlossenheiten. Identität kann darum nach Luther nicht normativ, sondern nur kritisch gebraucht werden; andernfalls würde Identität – ganz im Sinne Adornos – ideologisch. „Identität ist nicht Grund und Bedingung gelingenden Lebens, sondern seine Vision. Wir müssen uns nicht gefunden haben, um zu leben, sondern wir leben, um uns zu finden.“[25] *Identitätssehnsucht* lässt sich als treibende Kraft der Bildung des Menschen an-

23 Schweitzer, Art. Entwicklung und Identität (Anm. 10), 191.

24 Stoodt, Dieter, Religion und Emanzipation, in: Offele, Hans-Wolfgang (Hg.), Emanzipation und Religionspädagogik, Zürich 1972, 49–64.

25 Luther, Henning, Religion und Alltag. Bausteine zu einer Praktischen Theologie des Subjekts, Stuttgart 1992, 151.

sehen. Und diese Bildung ist nicht ohne den Begriff des „Fragments“ zu denken.

In dem viel zitierten Aufsatz „Identität und Fragment“ beschreibt Luther die Identitätsbildung als einen auf Vollendung angewiesenen Prozess, der auf die offene Vermittlung zwischen christlicher Tradition und Lebenswelt zielt. Damit hat Luther eine nachhaltige Diskussion innerhalb der Praktischen Theologie angestoßen. Religionspädagogisch folgert er, religiöse Bildung könne nicht mehr als abgrenzbarer Teil- und Sonderbereich der Bildung verstanden werden, sondern müsse die Bildung grundlegend strukturieren: „Es wäre die besondere Aufgabe der Religionspädagogik, die religiöse Bildung nicht als gesonderte Bildungssparte betrachtet und nicht als die Vermittlung eines ausgegrenzten religiösen Traditionsbestandes, die religiöse Dimension *im* Bildungsprozeß selber zu erschließen und zu gestalten, den Prozeß der Ich-Entwicklung kritisch offenzuhalten.“[26] Auch wenn die „Fragmentarität“ von (religiösen) Bildungsprozessen und ihre „Angewiesenheit auf Vollendung“ heute durch die Vorstellung dynamisierter Teil-Identitäten auf Zeit abgelöst worden sind, ist hier doch ein inspirierender Anschluss theologischen Denkens an die Moderne erreicht. Hier ist erstmals die inzwischen breit bearbeitete Aufgabe einer religiösen Kulturhermeneutik gedacht, ebenso wie die – leider immer noch deutlich unterentwickelte – religiöse Analyse existenzieller Fragen, Bedürfnisse und Sehnsüchte der Menschen heute.

Hans-Jürgen Fraas hat als erster Religionspädagoge die Funktion von symbolischem Ausdruck für die Identitätsbildung herausgestellt:[27] Körper- und Statussymbole, bestimmte Vorlieben und Hobbies usw. „Das soziale Symbol hält die Beziehung zum Andern [. . .] auf Dauer fest und repräsentiert damit die für die eigene Identität unverzichtbare Bedeutung des Anderen. So spiegelt sich das Selbst in Gegenständen und Personen.“[28] Fraas knüpft an diese Einschätzung seine reli-

26 A. a. O., 178.

27 Fraas, Hans-Jürgen, Die Religiosität des Menschen. Ein Grundriß der Religionspsychologie, Göttingen ^{2}1993, 86.

28 A. a. O., 101.

gionspsychologische und religionspädagogische Grundthese, dass Religiosität weitgehend genau über derartige Symbolisierungsvorgänge erschließbar und vermittelbar ist, d. h., „daß Religion die Bedingungsstruktur der Identität symbolisiert, und daß religiöse Lernprozesse der Identitätsfindung dienen, indem sie den Lernenden zu konstruktivem Umgang mit diesem Symbolsystem befähigen [. . .]. [Darum] sind als ausdrücklich religiös nur diejenigen Lernprozesse zu bezeichnen, in denen die Bedingung von Lebensphänomenen symbolisch zum Ausdruck kommt [. . .]. Wenn Selbst-Symbole es mit der Entstehung und Festigung der Persönlichkeit zu tun haben, dann wird die Möglichkeit helfender kognitiver Begleitung in einer biographisch umfassenden Persönlichkeitsentwicklung zum Gegenstand praktisch-theologischer Überlegungen."[29] Fraas hat mit diesen weit reichenden Überlegungen bisher leider wenig Anschluss in der religionspädagogischen Theoriebildung gefunden; ebenso mit seinen an verschiedenen Orten vorgetragenen Überlegungen zur Ausformung einer „narzisstischen" religiösen Identität mit ihren Selbstbezüglichkeiten, Labilitäten, Anerkennungs- und Verschmelzungswünschen – obwohl hier ein bemerkenswert weit getriebener und höchst aktueller Versuch vorliegt, eine konkrete religiöse Identitätsbildung unter heutigen Bedingungen zu beschreiben.

Jüngst legte Holger Oertel eine umfassende religionspädagogische Untersuchung zum Thema vor.[30] Er verteidigt Erikson gegen gängige Kritik. Interviews bestätigen dessen Konzeption, z. B. in der durchgängigen Spannung zwischen Identität und „Identitätsdiffusion" im gesamten Erwachsenenalter seit Beginn der Pubertät. Von der Vorstellung einer gelingenden, ausgeglichenen Identität kann sinnvoller Weise auch gar nicht abgesehen werden, auch wenn deren Konstruktionscharakter bewusst bleiben muss. Oertel spricht darum vorsichtig von „Identitätsarbeit", die er als „heuristisches Konzept" verwendet; Identität als Konstruktion wird ihm vor allem fassbar

29 A. a. O., 143 und 147.
30 Oertel, „Gesucht wird: Gott?" (Anm. 3).

als „Identitäts*gefühl*“, das aus den beiden Komponenten Selbst- und Kohärenzgefühl besteht und das allgemein durch die umgebende Kultur, heute vor allem durch die Medien, (mit)bestimmt ist.

Ausgesprochen plausibel an seiner Darstellung ist auch der Umstand, dass Oertel Identitätsarbeit zwar auch auf die Semantik der religiösen Kultur bezieht, hier aber mit einer Negation rechnet: Identität entsteht faktisch häufig gerade durch Abgrenzung von Religion und in bewusster Distanz zu ihr. Entsprechende Interviews zeigen für Jugendliche den deutlichen Befund, „weitausgreifendere Transzendenzbezüge, wie sie für die jüdisch-christliche Tradition charakteristisch sind, zumindest argumentativ zu vermeiden.“[31] Solche Bezüge ziehen in die Innensicht der eigenen Person ein: „Die außerhalb des eigenen Bewußtseins liegenden Transzendenzen (‚Gott‘) werden [...] im Wortsinn verinnerlicht: erscheint zunächst ein transzendentes Gegenüber als von dem eigenen Bewußtsein unterschieden, wird es diesem im nächsten Moment als Teil des Selbst untergeordnet. Identitätssuche und religiöse Suche gehen zuletzt an dem gemeinsamen Wegpunkt elementarer Sinnvergewisserung ineinander über. Der hier erkennbare Grundzug radikaler Subjektivierung hat Modellcharakter für Religion in der Spätmoderne.“[32]

31 A. a. O., 389.

32 A. a. O., 403. Letzter Satz im Original hervorgehoben. – Nicht ganz zufällig scheint, dass Oertel als Religionspädagoge auf die negativen Wirkungen der vorherrschenden instrumentellen, positivistisch-funktionalen Rationalität verweist, die die sozialen Beziehungen zu prägen begonnen haben und den Raum für umfassendere Deutungsprozesse erheblich einschränken. Auch damit wird Identitätsarbeit schwieriger. Zunehmend fehlt bereits die „Sprache für die Belange der eigenen Person“; Instrumentalisierung und Manipulation der Person erhalten den Status von etwas normal Erwartbarem und sind keiner distanzierenden Kritik mehr zugänglich.

IV. Religiöse Identitätsarbeit – neue Fragestellungen in der Religionspädagogik

Identität ist inzwischen kaum noch Schlüsselbegriff, eher Schlüsselfrage der Religionspädagogik; hier ist darum die Rede von Identitäts-*Bildung*.

Wenn der Verlust gemeinsamer Grundreferenzen inzwischen tatsächlich als eine Art Basisannahme gelten muss; wenn soziale Lebensformen, in denen man seine Identität finden oder aus ihnen ableiten könnte, nach der weitgehenden Freisetzung aus vorgegebenen Zusammenhängen, Verbindlichkeiten, Traditionen nicht mehr fraglos vorgegeben, sondern durch Differenzierung und Pluralisierung relativiert sind – dann ist der Abschied von einer Weitergabe dogmatisch bestimmter Gehalte, einer als sakrosankt verstandenen Heiligen Schrift oder gar einer ungebrochenen Traditionsvermittlung religionspädagogisch definitiv. „Im postmodernen Kontext sind Legitimität und Verbindlichkeit der dominanten [religiösen] Tradition in Frage gestellt. Für Kinder und Jugendliche ist diese Tatsache mit einer alltäglichen Erfahrung verbunden: Ihre Freunde/-innen und sogar Verwandten leben mit anderen Werten und Riten, mit anderen Überzeugungen und Prioritäten [...]. Die herkömmlichen Antworten unserer Tradition [werden] von den Adressaten/-innen als Variablen empfunden.“[33]

Nimmt man die veränderte Vorbildleitung hinzu, dann verliert die Religionspädagogik auch die Möglichkeit, „den“ Glauben bzw. „das“ Christentum noch hinreichend und normierend bestimmen zu können. Klassische religiöse Sozialisation überhaupt ist durch ihre Privatisierung und durch den weitgehenden Ausfall ihrer Kommunikation kaum noch identitätsbildend.

Wenn Identitätsbildung heute tatsächlich anders geschieht, nämlich weitgehend über Selbststilisierung und symbolischen Ausdruck, ergeben sich für die Religionspädagogik weitreichende Fragen:

---

33 Baumann, Maurice, Bibeldidaktik als Konstruktion eines autonomen Subjekts, in: Lämmermann, Godwin u. a. (Hg.), Bibeldidaktik in der Postmoderne, Stuttgart 1999, 35, 37.

1) Oertel beschreibt nachvollziehbar, wie gesellschaftlich bereitstehende Semantiken und Deutungskontexte – zu denen neben den Medien weiterhin auch die religiösen gehören – nach wie vor das Reservoir bilden, an dem Jugendliche ihre Identität bilden, während gleichzeitig und eigentlich widersprüchlich dazu die eigene Identität als eine autonome, nicht fremdbestimmte oder gar abhängige, sondern eben selbst hergestellte verstanden wird. Angesichts des heutigen Konsummarktes und der Kulturindustrie kann parallel dazu kaum von Autonomie, allenfalls von Autonomiebewusstsein die Rede sein; „Autonomie" wird durch eben diesen Markt kontrafaktisch bedient: „individuell" stilisierte Produkte, gleichwohl Massenware, sind besonders beliebt. Das *Gefühl* autonomer Selbstinszenierung ist gleichwohl ernst zu nehmen. Höchst aktuell ist darum die Frage: Was trägt religiöses Lernen zu einer (wie auch immer verstandenen) „echten" Identitätsbildung bei? Wie also kann religiöses Lernen zur Entwicklung der Persönlichkeit beitragen? An Angeboten entsprechender Art dürfte sich heute die religionspädagogische Plausibilität entscheiden.

2) Nur selten wird gesehen, dass es Identität kaum als Form unmittelbaren Selbstbewusstseins gibt. Sie ist dagegen in hohem Maße an Selbstausdruck, also an *Darstellung* gebunden, die weitgehend symbolisch ist. Symbolfähigkeit ist darum Ausdruck „echter", autonomer Identität. Freilich darf auch Autonomie theologisch als geschenkte verstanden werden. Religionspädagogisch entscheidend aber ist, dass symbolischer Ausdruck ins Repertoire religiöser Kultur gehört, sie muss dort verhandelt, kommuniziert und geübt werden. Wie kann das sinnvoll und überzeugend geschehen? Wo und wie kann plausibel gemacht werden, dass religiöse Kompetenz, kurz: Religiosität, identitätsfördernd ist?

3) Latente Aggression, Schüchternheit, Leistungszwang, gutes Auftreten, diffuse Sehnsüchte usw. können nebeneinander stehen – als partielle Identitäten. Solche sind unter anderem Folge der Bedürfnisorientierung und entsprechender Innenschau. Sie machen die alte Identitäts-Frage, *wer* ich bin,

auch im Bereich des religiösen Lernens zunehmend uninteressant. Zur offenen Frage wird vielmehr, *wie* bin ich – bin ich schön, erfolgreich, anerkannt, vital (genug)? Schaffe ich das? Komme ich an? Woher und wie bekomme ich …? Wenn Identität also zunehmend transformiert wird in Funktionalität, wenn also nicht mehr moralische Konformität, sondern Vitalität überlebenswichtig wird – Erfolg, Durchsetzungsfähigkeit, Energie –, dann dürfte die (auch unbewusste) Grundfrage jeder Identitätsarbeit heute die nach dem *Selbstwertgefühl* sein, der Quelle von Vitalität. Diese scheint inzwischen die alte Identitätsfrage regelrecht zu überlagern. Wie kann die Religionspädagogik darum Religion plausibel auf „narzisstische" Identitäts*schwäche* mit ihrer kraftzehrenden Sehnsucht nach Liebe und Harmonie bei gleichzeitig hoher Labilität beziehen? Wie kann sie verhindern, dass fundamentalistisch erstarrte Identitäten durch Abgrenzung und Abwehr von Kritik in der Religion zunehmen?

V. Identitäts-Bildung und religiöses Lernen

Funktionales Verfügungswissen, technisches und Effektivitätsdenken machen Identitätsbildung schwieriger. Plausible Identitätsarbeit ebenso wie religionspädagogische Lernangebote können und sollten daher mit dem alten, emphatisch verstandenen Bildungsgedanken der philosophischen Tradition verbunden werden. Bildung meint die spontane, freie, unberechenbare und möglichst weit getriebene *Entfaltung* der Person und steht darum gegen kalkulierende Rationalität und funktionale Verrechnung ebenso wie gegen die übergroße Abhängigkeit von Bedürfnissen und Angeboten des Konsum- und Medienmarktes.

Bildung ist nicht-teleologisch. Sie kann als Alternative zu starren Identitäten und fundamentalistischen Schein-Identitäten verstanden werden, die durch Abgrenzung vorgenommen werden und weiteres Wachsen und Lebendigkeit gerade verhindern. So verstandene Bildung hat eine Parallele in der Religion, die ihrerseits Sachwalterin des Humanen ist. Theologisch lässt sich der Identitätsgedanke zwischen beiden verorten. Denn Identitätsarbeit hat ebenso einen Bezug zur Bildung der Person wie zum für sie Unbedingten, Letztbedeutsamen, d. h. zum Horizont der Religion. Theologisch kann es dabei gerade nicht darum gehen, solche Prozesse autonomer Identitätsbildung zu unterlaufen (also Heil statt Glück, Metaphysik und Moral statt Religiosität zu setzen), sondern nur darum, ihnen jeden Zwang zu nehmen.

Theologisch verstanden geschieht Identitätsbildung durch Beziehung zu Gott, entsprechend Bonhoeffers bekannter Zeile: „Einsames Fragen treibt mit mir Spott. Wer ich auch bin, du kennst mich, dein bin ich, oh Gott." So ließe sich die Idee der Rechtfertigung aus Gottes Liebe als geschenkte Identität reformulieren, als Befreiung zum spielerischen Umgang mit dem (eigenen) Leben. Theologie reflektiert den Ermöglichungsgrund von Identitätsbildung.[34]

Dass religiöse Bildung zur Identitätsbildung beiträgt, dürfte als Möglichkeit unbestritten sein. Sinnvoll erscheint es in diesem Zusammenhang, Identitätsbildung religionspädagogisch *durch Entfaltung von Religiosität* zu beschreiben. Hier ist auch die Rede von *religiösen Kompetenzen* sinnvoll, da sie differenzierte Verstehens- und Handlungsfähigkeiten angeben kann und plausibel vermittelbar ist; vor allem die religiös förderbare „Orientierungsfähigkeit" ist ja eine offen diskutierte Sorge.

Konkret muss Religionspädagogik identitätsstiftende Selbstdeutungen, symbolische Ausdrucksformen von (partieller) Identität ebenso verstehen wie eine entsprechende „Nutzung" von Religion – und sie darin unterstützen. Religiöses Lernen muss als Stärkung und Grundierung der Identitätsbildung erkennbar werden und entsprechende Angebote bereitstellen. Für die Bibeldidaktik formuliert Maurice Baumann in diesem Sinne, in ihr gehe „es nicht mehr darum, *das* Entscheidende *des* Glaubens zu präsentieren, sondern

34 Steil formuliert Oertel: „Gott ist der zentrale Reflexionsgegenstand jedes theologischen Identitätsverständnisses. Diese Position ist schlichtweg nicht kompatibel mit sozialwissenschaftlichen Ansätzen." (Oertel, „Gesucht wird: Gott?" [Anm. 3], 80). Vergleichbar H.-J. Fraas, Die Religiosität des Menschen (Anm. 27), 82 (Anm.), 105ff u. a.

um eine Vielfalt von Möglichkeiten des Glaubens, aus denen die Adressaten/-innen durch den intersubjektiven Dialog ihre persönliche Überzeugung konstruieren können."[35]

Diese Einschätzung gibt eine Richtung vor, die sich auch aus dem religiösen Bildungsgedanken ergibt. Da Bildung und Identitätsfindung vorzugsweise durch *spielerische Identifizierung* gefördert werden, legt sich als Spezifikum und exemplarisches Beispiel identitätsbildenden religiösen Lernens das religiöse Spiel nahe. Die verbreiteten Mysterienspiele des Mittelalters zeigen, dass Religion von sich aus ins Spiel drängt. Der spielerische Umgang mit der religiösen Tradition dürfte darum in Sachen religiöser Identitätsarbeit das Gebot der Stunde sein. Er stellt die Alternative zum deduktiven Modell dar, ohne die Tradition aber zu verabschieden. Vielmehr wird diese im Spiel gerade der offenen, subjektiv immer unverrechenbar bleibenden Identitätsbildung zugeführt.

Das Spiel ist, wie an Kindern zu beobachten, die exemplarische Weise der bildenden Weltaneignung. Für das Spiel ist das Ineinander von Regelwerk und freier Gestaltung charakteristisch, das Welterfahrung und innere Beteiligung miteinander verbindet. Darum kann hier die Erfahrung des *für mich Bedeutsamen* gemacht werden, die auf die religiöse Erfahrung des „unbedingten Betroffenseins" verweist. Nirgendwo sonst als im Spiel ist man gleichzeitig ganz wach und ganz versunken.

Dabei sind die konkreten Formen eines religiösen Spiels kaum festlegbar. Wichtig erscheint lediglich, dass religiöse Inhalte einer im Rahmen zwar vorgegebenen, in der Durchführung aber freien Gestaltung zugeführt werden. Dafür bietet sich vor allem das szenische Spiel an, wie es im Bibliodrama bereits etabliert ist, über biblische Texte aber hinausgeführt werden sollte.

Szenisches Spiel, Bibliodrama und „mythisches Spiel" (Samuel Laeuchli) können zu Selbst- und Religionserfahrungen führen, die nicht nur in erheblichem Maße perspektivverän-

---

35 Baumann, Bibeldidaktik (Anm. 33), 40.

dernd, vitalisierend und stärkend sein können, sondern auch die Logik und Eigendynamik der Religion in kaum ersetzbarer Weise zu erschließen vermögen. Solches Spiel erlaubt eine partielle Identitätsbildung durch freien symbolischen Selbstausdruck. Es führt dazu, dass die Spielenden dazu herausgefordert werden, sich im Medium religiöser Kontexte gleichsam selbst zu erzählen. Es verbindet religiöses Begreifen durch Lernen aus Betroffenheit mit einem therapeutischen, d. h. heilenden, Effekt und vermag so durchaus seinen Beitrag zu einem gesunden Selbstwertgefühl zu geben.

Aus dem Gewaltverzichttraining ist bekannt, dass Strafen kaum, Belehrung wenig sinnvoll sind; höchst effektiv dagegen ist es, wenn Täter im Spiel die Rolle des Opfers einnehmen – hier kommt es offensichtlich zu *Identifizierungen*, die oft genug zu tiefer Betroffenheit, Einsicht und Veränderung der eigenen Haltung führen. Entsprechend werden die Gehalte der Religion zu identitätsbildenden Medien – am Beispiel gesprochen: „In der Postmoderne fragt die Bibeldidaktik nach der Dramaturgie des Textes und sieht anschließend, ob und wie sie den affektiven und kognitiven Möglichkeiten von Kindern und Jugendlichen entsprechen kann.“[36]

Identität via Identifizierung (auf Zeit!) hängt also an geeigneten Inszenierungen und Mitspiel-Möglichkeiten. Bibel und christliche Tradition bieten eine Fülle an existenzbedeutsamem „Material“, das identitätsbildend zu wirken vermag – wenn es denn entsprechend erschlossen wird. Hier ist auch der in der Religion bestens bekannte Gedanke aufgehoben, dass Identität Sache von Erfahrung, darum Resultat von Erzählungen ist.

36 A. a. O., 41.

Zwischen Person und Kollektiv, Freiheit und Zwang

Beobachtungen zur Identität aus (kultur-)psychologischer Sicht

Lars Allolio-Näcke

I. (Religiöse) Identität

Kaum ein anderes psychologisches Konstrukt hat mehr kontroverse Diskussion und wissenschaftliche Beschäftigung ausgelöst als das Problem der *Identität*. Es taucht zunächst in der modernen Sozialwissenschaft in den 20er Jahren des vergangenen Jahrhunderts auf,[1] und erlebt dann seit den 50er Jahren einen zunehmenden Boom. Ab den 70er Jahren steigen die jährlichen Publikationen zum Thema Identität rapide an und kommen in den heutigen Tagen zu ihrem Höhepunkt.[2] Das

1 Vgl. Niethammer, Lutz, Kollektive Identität. Heimliche Quellen einer unheimlichen Konjunktur, Reinbek 2000. – Es ist kein Zufall, dass das Konzept der Identität in den 20er Jahren im sozialwissenschaftlichen Diskurs auftaucht – wenn auch vorerst unter anderen Bezeichnungen. So wird in der Psychoanalyse, die schließlich auch den Begriff Identität prägen wird, das Problem des widerspruchsfreien Ichs unter den Topoi der *Ich-Synthese*, der *Einheit des Ichs* sowie dem *Integrationsstreben des Ichs* diskutiert. Die Welt am Anfang des 20. Jahrhunderts ist vielfältig im Wandel begriffen. Erfahrungen des Kontinuitätsbruches (Einbrechen der Kontingenz) und des totalen Kontrollverlustes prägen das Denken jener Zeit. „Das *Fin-de-siècle* war reich gesät an ‚Nervenkrisen', deren rege Beschreibungen [. . .] Eriksons Charakterisierung der ‚Identitätskrise' in hohem Maße ähneln" (Straub, Jürgen, Personale und kollektive Identität. Zur Analyse eines theoretischen Begriffs, in: Assmann, Aleida/Friese, Heidrun (Hg.), Identitäten. Erinnerungen, Geschichte, Identität 3, Frankfurt/M. 1999, 73–104, 84).

2 Bei der Online-Recherche in den Katalogen der Deutschen Bibliothek in Frankfurt und Leipzig fanden sich zum 18.11.2002 3746 Einzeltitel, die sich mit dem Thema Identität beschäftigen. Laut Niethammer wa-

Interesse an Identität kann demnach als ein Problem, das mit Krisen und Sinnverlust im Zusammenhang steht, gesehen werden, war das 20. Jahrhundert doch wie kein anderes von schnell aufeinander folgenden Krisen gekennzeichnet (um nur einige zu nennen: die beiden Weltkriege, der Kalte Krieg, der Sputnikschock, die Kuba-Krise, Korea– und Vietnam-Krieg, der Zerfall des Ostblocks, der blutige Zerfall Jugoslawiens etc.). Das Anwachsen des Interesses an Identität zum Ende des 20. Jahrhunderts kann demnach auch als Epiphänomen auf die zunehmende Globalisierung und die damit einhergehenden Prozesse der Fragmentierung, der beständigen Veränderung der Lebenswelten und dem Unsicherheitserleben der Menschen gesehen werden.

Worum handelt es sich, wenn der Begriff Identität in psychologischer Hinsicht verwendet wird? Heiner Keupp definiert Identität im Allgemeinen als:

> [D]ie Vorstellungen vom Ich und die Vorstellungen vom Wir. [Sie] sind aktive Herstellungsprozesse und haben die Aufgabe, Sinn herzustellen, der wiederum die Basis für die individuelle und kollektive Handlungsfähigkeit bildet. Identitätskonstruktionen begründen eine sinnhafte Ordnung darüber, dass sie Grenzen ziehen für das, was mich oder uns betrifft, und sie tun das durch Abgrenzung zum Anderen, durch Differenzsetzungen. [...] Sie schaffen mit anderen Worten Zugehörigkeiten und sichern darüber Verortung und Beheimatung.[3]

Bereits hier wird deutlich, dass im Reden von Identität zwei Repräsentationsebenen unterschieden werden müssen: *personale Identität* (Vorstellungen vom Ich) und *kollektive Identität* (Vorstellungen vom Wir). Doch bevor die beiden Ebenen genauer betrachtet werden sollen, frage ich nach dem, was als *religiöse Identität* bezeichnet werden könnte.

„Religiös", so Edgar Schmitz, „ist dasjenige Erleben und Verhalten, in dem Menschen sich zu etwas Transzendentem

ren es bis 1999 noch 1701, wovon 1000 Titel auf den Zeitraum 1990–1999 entfallen.

3 Keupp, Heiner, Identitätspolitik zwischen kosmopolitischer Euphorie und fremdenfeindlicher Ausgrenzung, in: Allolio-Näcke, Lars/Kalscheuer, Britta (Hg.), Transdifferenz, Frankfurt/M. (2007).

in Beziehung setzen".[4] Bezogen auf Keupps allgemeine Definition ließe sich dann sagen: *Religiöse Identität umfasst die Vorstellungen vom Ich und die Vorstellungen vom Wir in Bezug auf etwas Transzendentes*, das im abendländisch-christlichen Kontext[5] gemeinhin als Gott bezeichnet wird. Das heißt, bei religiöser Identität geht es nicht nur um lebensweltliche Sinnproduktionen, um handlungsfähig zu sein bzw. zu werden, sondern um eine spezifische Sinnproduktion, die im Zeichen oder im Austausch mit Gott – und seinen etwa durch die Bibel als Heilige Schrift vermittelten Handlungsprämissen – erfolgt. Dies schließt ein, dass sich das individuelle wie kollektive Handeln nicht nur an lebensweltlichen Gegebenheiten orientiert, sondern (zusätzlich) einem Dialog mit und über „Glaubensaussagen, Einstellungen, Praktiken und Riten, durch die Menschen zu einer transzendenten Welt und zueinander in Beziehung treten",[6] unterliegt und hieraus handlungsleitende Orientierungen erhält.

II. Personale Identität

Die Vorstellungen über personale Identität haben sich im Laufe des 20. Jahrhunderts deutlich verändert, was, wie eingangs bereits erwähnt, in der Veränderung der gesellschaftlichen und globalen Prozesse gründet. Von den 20er bis 70er Jahren dominierte der Blick auf das *widerspruchsfreie Ich*, das heißt auf einen linearen Entwicklungsprozess, der von einer diffusen Identität hin zu einer Integrität, der Ganzheit

4 Schmitz, Edgar, Religionspsychologie, in: Psychologie von A–Z. Die sechzig wichtigsten Disziplinen, München 2003, 183–186, 183f.

5 Wenn Identität mit Vorstellungen über das Selbst und die eigene Gruppe, zu der man sich zurechnet, gleichgesetzt wird, so muss man in Rechnung stellen, dass es sich nicht um Invariante handelt, sondern sich diese Vorstellungen in Zeit und Raum verändern bzw. unterscheiden. Deshalb soll hier auch nicht von Identität im allgemeinen Sinne gesprochen, sondern eine Beschränkung auf den abendländisch-christlichen Kontext vorgenommen werden.

6 Schmitz, Religionspsychologie (Anm. 4), 184.

des Ichs, reicht.[7] Als abgeschlossen angesehen wurde der Prozess der Identitätsentwicklung zumeist mit der Lösung der Identitätskrise in der Adoleszenz – „die relativ konfliktfreie“[8] Identität stellt dabei den positivsten Ausgang der Lösung der Adoleszenzkrise dar –, alle weiteren Stufen oder Phasen repräsentieren lediglich Verfeinerungen bzw. Konsolidierungen des Ichs. Man kann hier auch von einem Modell der Entwicklungsaufgaben sprechen, die an ein Individuum von *Außen* herangetragen werden. Mit der Konzeption der Identität als Entwicklungsaufgabe geht eine Setzung von Normen einher, an die sich die Individuen anpassen sollen (z. B. Gegenüberstellung einer „gelungenen“ und einer „diffusen“ Identität). Diese Normen sind in bestimmten, aufeinander folgenden Stadien oder Stufen verankert. Sie müssen in genau dieser Reihenfolge durchlaufen werden und gewährleisten eine Stabilität nur innerhalb eines solchen Stadiums. Hat ein Individuum einmal seine Identitätskrise gelöst, so wird Identität fortan als unveränderlicher Wesenskern begriffen.[9] Ein Mensch *hat eine* Identität.

Es ist nicht verwunderlich, dass Identität in dieser in geordneten Bahnen laufenden Weise beschrieben wurde, dominierten in dieser Zeit doch Lebensentwürfe, die recht überschau- und berechenbar waren: Identität musste zum Ende der Adoleszenz abgeschlossen sein, da es zu diesem Zeitpunkt galt, 1)

---

7 Ich verwende diese Vereinfachung, da es hier im Einzelnen nicht relevant ist, ob es sich um Identitätsstufen bzw. Identitätsstadien handelt bzw. um wie viele solcher Stufen es geht; Erikson etwa bestimmt acht (vgl. Erikson, Erik H., Kindheit und Gesellschaft, Stuttgart 1965), Marcia vier bzw. fünf (vgl. Marcia, James E., Development and validation of ego identity status, in: Journal of Personality and Social Psychology 3, 1966, 551–558; ders., Identity in adolescence, in: Adelson, Jon [Hg.], Handbook of adolescent psychology, New York 1980, 159–187).

8 Erikson, Erik H., Identität und Lebenszyklus, Frankfurt/M. 1995, 149.

9 Jürgen Straub interpretiert Erikson und viele Identitätstheoretiker nach ihm in entgegengesetzter Weise. Meiner Meinung nach ist es jedoch nicht zulässig, ein in der Biologie wurzelndes, psychoanalytisches und an der Abweichung orientiertes Modell als „konstruktivistisch“ umzuinterpretieren (so Straub, Personale und kollektive Identität [Anm. 1], 93). Erikson war sich durchaus bewusst, dass er einen Begriff verwendete, der der Substanzphilosophie entstammt.

einen Beruf zu wählen und zu erlernen, den man dann sein Leben lang zumeist im gleichen Arbeitsverhältnis ausübte, und 2) einen Partner zu wählen, mit dem man eine dauerhafte Lebensgemeinschaft begründete und ihm/ihr im besten Falle „bis dass der Tod scheidet" verbunden blieb.

Mit der aufkommenden 68er-Bewegung wurden diese Modelle des Zusammenlebens radikal in Frage gestellt. Mit der gleichzeitig einsetzenden technischen Entwicklung des Computers und dem Beginn des Informationszeitalters begannen sich auch die gesellschaftlichen Bedingungen im Allgemeinen und auf dem Arbeitsmarkt im Besonderen zu verändern: Vormals stabile (Länder-)Grenzen begannen durchlässig zu werden, Arbeitsbiografien verloren ihre Kontinuität durch die Freisetzung von Arbeitskraft infolge der Technologisierung der fordistischen Produktionsweisen. Folglich veränderte sich auch die Rede von der Identität weg von der stabilen und widerspruchsfreien hin zu neuen Identitätstheorien, die ein *multiples*, ein *gespaltenes*, *fragmentiertes*, *fraktales*, *zerstreutes* oder auch *disparates* Selbst nun als Normalmodell feilboten. Analog zu der obigen Bestimmung könnte man nun sagen: Ein Mensch *gibt sich* Identität*(en)*.

Das im deutschsprachigen Raum wohl bekannteste Beispiel stellt die *Patchwork-Identität* dar, wie sie von Heiner Keupp Ende der 80er Jahre erstmals vorgestellt wurde. Keupp entwirft zum „Abschied von Erikson" in seinem Aufsatz „Auf der Suche nach der verlorenen Identität" (1989) nicht eine Person, die in der Lage ist, Differenzen zu synthetisieren, sondern eine, die sich als „Bastler individueller Lebenscollagen" aus selbstgewählten kulturellen Versatzstücken (Fragmenten) eine Identität schafft, die eher einer Patchworkdecke gleicht, denn einer Einheit, die Differenz überdeckt.[10] Doch bekanntlich hat auch eine solche Patchworkarbeit irgendwann ihre Form erreicht, nämlich dann, wenn die einzelnen Fragmente zueinander gebracht, „vernäht" werden. Zwar ist das Spezifische daran, dass die Differenz sichtbar bleibt (Nähte), jedoch auch die Collage eine wahrnehmbare kohärente *Gestalt*

10 Vgl. Keupp, Heiner, Auf der Suche nach der verlorenen Identität, in: ders./Bilden, Helga (Hg.), Verunsicherungen, Göttingen 1989, 47–69.

ergibt. Der Schachzug, den Keupp vornimmt, ist, dass er das Kriterium der Kohärenz nicht in das Innere der spezifischen Subjektivitäts*form* verlagert, sondern dass das Kohärente quasi als „vereinende Größe“ die Form umschließt. Bei Keupp taucht die Kohärenz als „Stimmigkeit“ oder auch „Geordnetheit“ wieder auf, wie folgendes Zitat illustriert: „Meine Welt ist verständlich, stimmig, geordnet; auch Probleme und Belastungen, die ich erlebe, kann ich in einem größeren Zusammenhang sehen.“[11]

Fasst man diese Entwicklung zusammen, so lässt sich sagen, dass – aus dieser theoretischen Perspektive – die Rahmenbedingungen, die vormals Identitätskonstitutionen begleiteten und weitgehend von außen (rigide) beschränkten, weggefallen sind. Nicht mehr die gesellschaftlichen Strukturen bestimmen die Entwicklung der personalen Identität, sondern vielmehr ist das Individuum selbst gefordert, sich – in freier Wahl, wie suggeriert – identisch zu konstituieren; und das heißt auch, sich von anderen zu unterscheiden.

Statt der äußeren Anforderung einer kohärenten vergleichbaren Identität, die durch die Sozialstrukturen garantiert wird *(Zwang zur Identität)*, ist es nun der Wille des Subjekts selbst, eine Identität auszubilden, sich von anderen abzugrenzen, sich als es selbst zu erkennen, um handlungsfähig zu sein *(Wille zur Identität)* – es ist die spezifisch moderne Vorstellung der Autonomie, der prinzipiellen Willensfreiheit, die sich hier Ausdruck verschafft.[12] Bestand die Funktion des *Zwangs zu Identität* darin, Subjekte vergleich-

11 Keupp, Heiner, Diskursarena Identität: Lernprozesse in der Identitätsforschung, in: ders./Höfer, Renate (Hg.), Identitätsarbeit heute. Klassische und aktuelle Perspektiven der Identitätsforschung, Frankfurt/M. 1997, 11 39; Keupp verwendet hier ein Originalzitat aus Antonovsky, Aaron, Salutogenese. Zur Entmystifizierung der Gesundheit, Tübingen 1997, 16.

12 „Autonomie findet ihren Ursprung nicht in einem Wesen, innerhalb eines Individuums, sondern besteht in der Wahl, welche Subjektgestalt sich die Einzelnen in jeweiligen historischen Zusammenhängen geben, das heißt auf welche Art und Weise die Form des Subjekts ausgefüllt wird“ (Hafiz, Christian H., Subjektivierende Unterwerfung der Ästhetik der Existenz, Diplomarbeit im Fachbereich Erziehungswissenschaft und Psychologie der Freien Universität Berlin 1997, 58).

bar zu machen, um sie im fordistischen Sinne (das heißt im Produktionsprozess) austauschbar zu halten, so besteht der *Wille zur Identität* darin, als autonomes Subjekt wahrgenommen zu werden und durch diese Anerkennung zu Handlungsfähigkeit zu gelangen, denn in der globalen Wissensgesellschaft zählt nicht die Austauschbarkeit der Individuen, sondern Individualität und Besonderheit sind eigenständige Werte, die in der Wertschöpfungskette von essenzieller Bedeutung sind.

Seit den späten 90er Jahren erscheint ein neuer Begriff am Horizont der gesellschaftlichen und ökonomischen Theorielandschaft, nämlich der der *Glokalisierung*. Der in Abgrenzung vom und Ergänzung zum Globalisierungsbegriff geschaffene Terminus thematisiert ergänzend vor allem die Auswirkung globaler Prozesse in lokalen bzw. regionalen Zusammenhängen, das heißt, er macht sie plastisch vorstellbar. Abgrenzend wird er gebraucht, wenn darauf verwiesen werden soll, dass der Globalisierungsprozess Gegenbewegungen in Gang setzt, die entgegen der Entgrenzung wieder das Bewusstsein für lokale soziale Bindungen – z. B. mein Dorf, meine Gemeinde – stark machen. Dies impliziert auch die Forderung nach einer Rückbesinnung auf Identität und Besonderheiten des Einzelnen. Insbesondere diskursanalytische Arbeiten haben darauf hingewiesen, dass der postulierte *Wille zur Identität* nicht zu verwechseln sei mit einer – von Keupp, Gergen u. a. nahe gelegten – „freien" Wahl, sondern vielmehr dieser Wille von Grenzmarkierungen des alten Schemas abgesteckt bleibt.[13] Die Transformation vom *Zwang* zum *Willen* bedeutet nicht, dass die äußerlichen Restriktionen ersatzlos unwirksam, sondern vielmehr transformiert wurden – sie haben sich in das Subjekt „eingeschrieben". Wurde Kontrolle zuvor von *Außen* ausgeübt (Bist du

13 Vgl. Allolio-Näcke, Lars/Kalscheuer, Britta, Doing Identity. Von Transdifferenz und dem alltäglichen Skeptizismus, in: Fitzek, Herbert/Ley, Michael (Hg.), Alltag im Aufbruch. Ein psychologisches Profil der Gegenwartskultur, Zwischenschritte 21, Gießen 2003, 152–162; Allolio-Näcke, Lars, Ostdeutsche Frauen haben (k)eine Chance. Doing Identity 15 Jahre nach der deutsch-deutschen Vereinigung, Hamburg (2007).

ein guter Vater?), so ist das Individuum selbst gezwungen, sich dieser zu unterwerfen und auf deren Einhaltung hin zu befragen (Sieht man mich als guten Vater [an]?). Ein anschauliches Beispiel hierzu liefern Barbara Becker und Jutta Weber in ihren Beobachtungen zu Schönheitsideal und -operationen: „Im idealisierten Blick, der sich mit der realen (Re-) Modellierung des Körpers verbindet, sollen (vermeintliche) Makel ausgelöscht und seine Schwächen überwunden werden: Ironischerweise schlägt dabei die intendierte Individualisierung wiederum in die Reproduktion des Immergleichen um.“[14]

Was in den Modellen der „freien“ Wahl vernachlässigt wurde, sind nämlich die noch immer geltenden und nicht zu unterschätzenden Zwänge, die wir in unserer Sozialisation bzw. Akkulturation inkorporieren: Bourdieu hat hierfür den Begriff „Habitus“ geprägt, der diesem Faktum Rechnung trägt,[15] ich bevorzuge demgegenüber den Begriff *Doing Identity*. Identität entsteht nach diesen Modellen nicht losgelöst von den Macht- und Wissensstrukturen,[16] weswegen auch von einer sozialen Realität gesprochen werden kann, die das Subjekt umgibt. Aber sie entsteht auch als eine Form der Subjektivität, „die nicht mehr primär als mediatisiert durch die Ebenen des Wissens und der Macht gedacht werden kann“.[17]

Im Gegensatz zu den Identitätskonzeptionen der zweiten Phase bedeutet dies: Der Prozess des *Doing Identity* ist kein

14 Becker, Barbara/Weber, Jutta, Digital Beauties. Mediale Identitäts- und Körperinszenierungen, in: Ehm, Simone/Schicktanz, Silke (Hg.), Körper als Maß? Biomedizinische Eingriffe und ihre Auswirkungen auf Körper- und Identitätsverständnisse, Stuttgart 2006, 169–180, 178f.

15 Vgl. Bourdieu, Pierre, Sozialer Sinn. Kritik der theoretischen Vernunft, Frankfurt/M. 1997.

16 Dass hier explizit auf das Denken Michel Foucaults Bezug genommen wird, dürfte dem kundigen Leser augenfällig sein. Zu einer ausführlichen Diskussion des Foucaultschen Einflusses auf das heutige Denken der Identität vgl. auch Allolio-Näcke, Ostdeutsche Frauen (Anm. 13).

17 Kögler, Hans-Herbert, Fröhliche Subjektivität. Historische Ethik und dreifache Ontologie beim späten Foucault, in: Erdmann, Eva/Forst, Rainer/Honneth, Axel (Hg.), Ethos der Moderne. Foucaults Kritik der Aufklärung, Frankfurt/M. 1990, 202–226, 204.

rein reflexiver Prozess eines autonomen Subjektes, weil sich die gesellschaftlichen Zwänge durch den Gebrauch der gegebenen Macht- und Wissensstrukturen dem Subjekt quasi „eingeschrieben" haben oder, um es mit Pierre Bourdieu zu formulieren, zum Habitus geworden sind. *Doing Identity* ist somit nicht losgelöst von diesen kulturellen Praktiken zu realisieren, die ein Subjekt auf einen bestimmten sozialen, hierarchischen und psychischen Ort zu binden suchen.

Doing Identity bedeutet aber auch, dass Identität nicht mehr (allein) aus einer Perspektive der Adaptivität betrachtet werden kann, wie es die Identitätsmodelle der ersten Phase nahe legten. Die gesellschaftliche Funktionalität des Einzelnen entfällt insoweit, dass Identität als ein Prozess gedacht werden muss, der aus der reflexiven *und* tätigen Auseinandersetzung mit diesen Gegebenheiten resultiert. Konkret heißt das: Es geht darum, die bestehenden Beziehungen zwischen sich und der sozialen Umwelt zu erkennen und sich in dieser Konstellation als ein „gedoppeltes Subjekt" zu begreifen.[18] Das „gedoppelte Subjekt" ist eines, welches sich im Unterworfen-Werden und der Selbstunterwerfung, im Konstituiert-Werden und der Selbstkonstitution, im Positioniert-Werden und der (aktiven) Selbst-Positionierung, im Ausschluss durch handlungsrelevante Reduktion und im Wissen um diese findet.

Zusammenfassend: Während das Positioniert-Werden immer bestrebt ist, ein Subjekt auf eine Identität festzuschreiben (Du als Protestant musst/solltest . . .), zielt das aktive Sich-selbst-Positionieren darauf ab (Ich als Protestant sehe das so . . .), sich selbst und damit aber auch die vorgegebenen Bestimmungen zu verändern. Dies funktioniert, indem das Subjekt die Vorgängigkeit des Positioniert-Werdens anerkennt;[19] ohne dies gäbe es die Möglichkeit einer

---

18 Vgl. Rüb, Matthias, Das Subjekt und sein Anderes. Zur Konzeption von Subjektivität beim frühen Foucault, in: Erdmann, Eva/Forst, Rainer/Honneth, Axel (Hg.), Ethos der Moderne (Anm. 17), 187–201, 199.

19 Erst in der Fremdbestimmung als Protestant – Sozialisation im Elternhaus, in der Gemeinde etc. – lerne ich mich als Protestant wahrzuneh-

aktiven, selbstbestimmten Positionierung nicht.[20] Doch mit dem Augenmerk darauf, dass diese als Differenzen erlebten Fremd-Positionierungen keine ausschließlichen sind, sondern nur eine Option unter vielen darstellen, entsteht ein Möglichkeitsraum, der Wege zwischen oder durch diese Differenzen eröffnet.[21]

Wenn wir so wollen, trägt dieses Modell dem Glokalisierungsgedanken Rechnung, indem es beide Prozesse, die gesellschaftliche Bindung an einen bestimmten Identitätsplatz (Modelle der ersten Phase – Vorstellungen vom idealen Mann, Arbeiter, Vater, Gläubigen etc.) und das je eigene Inkorporieren dieser Rolle (Modelle der zweiten Phase – „freie" Wahl, sich *als* Mann, Arbeiter, Vater, Gläubigen etc. zu gestalten) miteinander verknüpft. Das heißt, Individualisierung ja, aber nur insoweit sie die gesellschaftlichen Mindestanforderungen – z. B. Stimmigkeit, Wiedererkennbarkeit etc. – an Identitätsverhältnisse nicht überschreitet.

III. Kollektive Identität

Wenn man sich kollektiver Identität nähert, so muss man sich mit Jürgen Straub zuallererst der Konstitution des betreffenden Kollektivs selbst stellen: „Welche Personen werden von wem und auf welche Weise ‚aneinandergerückt' und

men und zu verhalten. Erst wenn ich so Protestant geworden bin, bin ich in der Lage, mich als solcher zu artikulieren und durch meinen eigenen Stil den erlernten Typus des Protestanten zu verändern. Das kann rational erfolgen, erfolgt aber oft viel basaler auf einer Handlungsebene.

20 Vgl. Butler, Judith, Psyche der Macht. Das Subjekt der Unterwerfung, Frankfurt/M. 2001.

21 Auch wenn hier ein euphemistischer Eindruck entstehen könnte, so ist dieses „Sich-Lösen" von Fremd-Positionierungen oftmals ein schmerzhafter und langwieriger Prozess: Man denke hierbei an das Coming Out homosexueller Menschen, das Geschlechtsbekenntnis transidenter Personen, aber auch an (ehemals) Gläubige, die sich in einem oft qualvollen inneren Prozess von den Vorstellungen lösen müssen, die sie quasi mit der Muttermilch aufgesogen haben. Vgl. hierzu nur z. B. Moser, Tilmann, Gottesvergiftung, Frankfurt/M. 1980.

‚zusammengebunden', unter bestimmten Gesichtspunkten als eine Einheit aufgefasst, indem ihnen bestimmte gemeinsame Merkmale und Bindungen zugeschrieben werden?"[22] Um dieser Frage näher zu kommen, unterscheidet Straub zwei Typen des Zugangs zu kollektiven Identitäten in den Sozialwissenschaften: einen *normierenden* und einen *rekonstruktiven* Typus. Während der *normierende* Typus sich durch eine Setzung von Kriterien auszeichnet, die eine Gruppe konstituieren sollen, und somit „eine für alle ‚bindende' und ‚verbindliche' geschichtliche Kontinuität und praktische Kohärenz"[23] suggeriert, setzt der zweite Typus kollektiver Identität an den Selbst- und Weltverständnissen der betreffenden Subjekte an und hat „eine rekonstruktive Nachschrift in erfahrungswissenschaftlicher Absicht"[24] zum Gegenstand. Diesen zweiten Typus bindet Straub direkt an die Vorstellungen von Jan Assmann an, so dass kollektive Identität wie folgt bestimmt werden kann:

> Unter einer kollektiven oder Wir-Identität verstehen wir das Bild, das eine Gruppe von sich aufbaut und mit dem sich deren Mitglieder identifizieren. Kollektive Identität ist eine Frage der Identifikation seitens der beteiligten Individuen. Es gibt sie nicht ‚an sich', sondern immer nur in dem Maße, wie sich bestimmte Individuen zu ihr bekennen. Sie ist so stark oder so schwach, wie sie im Denken und Handeln der Gruppenmitglieder lebendig ist und deren Denken und Handeln zu motivieren vermag.[25]

Während also der erste Typ kollektiver Identität auf einer Merkmalszuschreibung von außen beruht, basiert der zweite Typus auf der Logik des Auffindens einer kollektiven Identität, zu der sich Individuen bekennen. Während es nämlich dem *normierenden* Typus zukommt, Identitäts*formen* zu erschaffen (Positioniert-Werden im Sinne: Deutsche sind ..., Protestanten sind ..., Frauen sind ... etc.), indem sie dem Individuum oder dem Kollektiv zugeschrieben werden und

22 Straub, Personale und kollektive Identität (Anm. 1), 98.
23 Straub, Personale und kollektive Identität (Anm. 1), 98f.
24 Straub, Personale und kollektive Identität (Anm. 1), 98f.
25 Jan Assmann, zitiert nach Straub, Personale und kollektive Identität (Anm. 1), 102f.

dieses die angebotenen Konstruktionen aufgreift, schließt Typus zwei an diesen Prozess an und „rekonstruiert" ein scheinbar davon unabhängiges Selbstverständnis einer Gruppe (Sich-Selbst-Positionieren im Sinne: Wir als Deutsche ..., Wir als Protestanten ..., Wir als Frauen ... etc.). Postulierte man Unabhängigkeit zwischen beiden Typen, wie es Straub tatsächlich in seinem Beitrag tut, so wäre man historisch blind, denn kollektive Identitäten bilden sich meist in historisch längeren Zeiträumen.

Zur Verdeutlichung der Vorgängigkeit des *normierenden* Typus vor dem *rekonstruktiven* – und damit zur Verdeutlichung ihres Zusammenhangs – soll das folgende historische Beispiel dienen: Die Protestanten verstanden und bezeichneten sich nicht als solche, als sie 1529 auf dem Reichstag zu Speyer gegen die Aufhebung des „Abschieds von Speyer" protestierten, der ihnen als Angehörigen evangelischen Glaubens die Glaubensfreiheit garantiert hatte. Vielmehr wurden sie als Protestierende wahrgenommen und entsprechend bezeichnet (normierender Typus). Im Zuge der voranschreitenden Reformation wurde der ursprünglich politische und geringschätzige Begriff auf all jene ausgedehnt, die sich den Dogmen der römisch-katholischen Kirche widersetzten. Heute wird der Begriff von Gläubigen wie Nicht-Gläubigen in der Alltagssprache synonym zu evangelisch gebraucht, auch wenn sich die in der Tradition der Reformation stehenden Kirchen selbst nicht als protestantisch bezeichnen; im Rekurs aber auf die große Gemeinschaft der neben ihnen existierenden christlichen Kirchen haben jedoch auch sie kein Problem, sich als protestantisch zu bezeichnen. Dieses „Wir als Protestanten" verweist also auf den rekonstruktiven Typus.

Das heißt, eine (pejorative) Zuschreibung wird aufgegriffen und inkorporiert, um als Gruppe gesehen und handlungsfähig zu werden: Aus ein paar Protestanten wurde die riesige Bewegung der Protestanten, auf die man sich berufen kann, wenn es um die Durchsetzung der eigenen Rechte *als* Protestant geht.[26]

26 Doch auch nicht-religiöse historische Beispiele lassen sich finden, so zum Beispiel die kollektive Identität der Arbeiterklasse, wie sie Marx in

Es dürfte aufgefallen sein, dass sich hier ähnlich wie bei personaler Identität der relevante Gegensatz Positioniert-Werden vs. Sich-selbst-Positionieren findet. Und das muss auch so sein, denn Individuen sind nicht nur soziale Wesen, die ihre Umwelt nach dem eigenen Vorbild schaffen, sondern sie sind auch Repräsentanten ihrer Gruppe. Kollektive Identitäten entstehen so ebenfalls aus einem Wechselspiel von Fremd-Zuschreibungen und Selbst-Zuschreibungen.

IV. Personale und kollektive Identität

Aus dem historischen Beispiel der Protestanten lässt sich noch eine weitere Einsicht ableiten, nämlich die darüber, wie personale und kollektive Identität zusammenwirken, sich quasi wechselseitig bedingen.

Für das Individuum bedeutet der Rekurs auf eine Gruppe, die ihm hinsichtlich Vorstellungen, Bezugsnormen, Moral, sozialen Verhaltensweisen etc. „gleich" ist, zum einen Gewinn von Handlungsfähigkeit, weil es sich in seinem individuellen, konkreten Tun einer relevanten Masse sicher weiß, die ähnlich handelt oder denkt; zum anderen dient dieses Kollektiv als Korrektur des eigenen Handelns, da das Kollektiv über kodifizierte und nichtkodifizierte Vereinbarungen oder Vorstellungen den eigenen Handlungsmöglichkeiten Grenzen setzt, um notwendigerweise das gemeinsam Verbindende nicht zu verlassen und somit die Handlungssicherheit gebende Gemeinschaft nicht zu gefährden.

Das Kollektiv wiederum profitiert vom Individuum, da es die gemeinsame, in ihm verkörperte Identität kreativ gebraucht und somit auch Vorstellungen und Regeln der Gemeinschaft infrage stellt. Dies setzt zum einen einen Prozess der immerwährenden Selbstvergewisserung der Gruppe in Gang (Sind wir noch dieselben, wenn wir dies akzeptieren?), zum anderen liegt hierin der Motor für die Weiterexistenz

---

Anlehnung an den Rassenbegriff „erfindet" (vgl. Foucault, Michel, In Verteidigung der Gesellschaft. Vorlesungen am Collège de France [1975–76], Frankfurt/M. 1999, 99).

und die Entwicklung des Kollektivs in sich wandelnden raum-zeitlichen Konstellationen, sprich in sich verändernden gesellschaftlichen wie globalen Zusammenhängen.

In Analogie dazu drückt dies Arne Manzeschke für den christlich biblischen Kanon wie folgt aus:

> So wie der Kanon als Corpus fixierter Schriften eine Pluriformität des Gebrauchs (Meditation, Rezitation, Gebet, Predigt, Kommentar und anderes) aus sich heraus setzt und verschiedene Auslegungen (Sinndeutungen) provoziert, so unterläuft genau diese Pluralität im Gebrauch und in der Deutung auch einen eindeutigen Machtanspruch. Der hermeneutische und rituelle Gebrauch des Kanons intendiert zwar Eindeutigkeit im Sinn, in der Macht und der gesetzten Differenz, faktisch aber generiert er zugleich mit diesen lauter Momente der Transdifferenz.[27]

Was Manzeschke hier mit „Transdifferenz" bezeichnet, lässt sich auch als Zweifel ausdrücken.[28] Zweifel, d. h. die eigene Selbstbefragung, ist hierbei Antrieb. Besonders in religiösen Zusammenhängen wird dies virulent, denn des Glaubens gilt es, sich immer wieder zu vergewissern, er ist nicht *per se* gegeben, sondern muss in ständiger Übung erneuert werden, worauf etwa auch das Abendmahl Bezug nimmt, in dem der Bund mit Gott immer wieder neu durch Handlung und Wort vergewissert wird. Jeder Gottesdienst gestaltet sich insofern als ein Zwiegespräch zwischen Gott und dem Gläubigen, um Zweifel am eigenen Tun – und sei es in Form der Bestätigung des eigenen Handelns und Glaubens – auszuräumen; aber auch als Zwiegespräch des Einzelnen mit dem Kollektiv, der Gemeinde. Nicht „Ich glaube …" steht im Zentrum der gemeinsamen Feier, sondern die Bestätigung für alle: „Wir glauben …", wir sind eine Gemeinschaft.

---

27 Manzeschke, Arne, Kanon Macht Transdifferenz, in: Allolio-Näcke, Lars/Kalscheuer, Britta/ders. (Hg.), Differenzen anders Denken. Bausteine zu einer Kulturtheorie der Transdifferenz, Frankfurt/M. 2005, 86–103, 92.

28 Vgl. Allolio-Näcke/Kalscheuer, Doing Identity (Anm. 13), 155ff.

Menschen haben sich seit jeher mit den Vorstellungen vom Ich und den Vorstellungen vom Wir *in Bezug auf etwas Transzendentes* beschäftigt. Es ist mir keine menschliche Kultur bekannt, die nicht nach der Alterität, nach dem, was das Menschliche übersteigt, gefragt und entsprechende Vorstellungen entwickelt hätte. Insofern ist jeder Mensch in seinem Leben gefordert, sich mit dem Grundwiderspruch menschlicher Existenz zu beschäftigen: der Suche nach dem Sinn menschlichen Seins und Werdens angesichts der menschlichen Vergänglichkeit.[29] Und daran hat sich auch bis in die Gegenwart nichts geändert. Religiöse Menschen unterscheiden sich von nicht-religiösen lediglich dadurch, dass sie die Frage nach dem Sinn im Zwiegespräch mit Gott und den in der Bibel niedergelegten Erzählungen, Gedanken und Geboten oder aber im Zwiegespräch mit anderen Gläubigen (Gemeinde) im Zeichen Gottes suchen und finden. Werden sie nicht fündig, bleibt ihnen offen, die Lösung an einen Stellvertreter zu delegieren, an das „sinngebende Ganze", um gerade Erfahrungen, die das menschliche Urteilsvermögen übersteigen, wieder zurück in einen Verstehenskontext zu überführen.[30] Aber auch nicht-religiöse Menschen sind

---

29 Wenn man so will, kann man die Auseinandersetzung mit der menschlichen Endlichkeit auch als *anthropologische Konstante* bezeichnen. Ich würde dies als eine basale Rahmung von Identitätsprozessen beschreiben.

30 Jürgen van Oorschot spricht diesen Sachverhalt in Reflexionen zum Hiobbuch als „metaphysische Entlastung" des Menschen an. „Der Mensch kann angesichts Gottes auf totale Anforderungen und Ansprüche an sich und andere verzichten. So gewinnt er die Freiheit zum Zweifel und zum Nicht-Verstehen." Der Buchkontext bindet dieses Nicht-Verstehen wieder an ein Verstehen zurück, auch wenn dies dem Menschen selbst evtl. verschlossen bleiben mag – vgl. Hiob 28 oder Koh 1,1–12,8 und das Nachwort in Koh 12,9–14. Neutestamentlich vermerkt Paulus mehrfach diese Grenze menschlicher Einsicht angesichts der Wirklichkeit Gottes – vgl. Röm 11,25–36 und 1Kor 13,9–12 (vgl. Van Oorschot, Jürgen, Transdifferenz als docta ignorantia. Alte und neue Sprachversuche an den Grenzen bipolaren Ordnens und Erkennens, in: Allolio-Näcke, Lars/Kalscheuer, Britta [Hg.], Transdifferenz, Frankfurt/M. [2007]).

auf der Suche nach einem Sinn, und auf dieser Suche müssen sie irgendwann eine religiöse Identität entwickeln, die jedoch dann eine negative ist und im Nicht-(religiösen-)Glauben ihren Ausdruck findet. *Ungläubige* wäre insofern eine falsche Bezeichnung.

Bereits mit Beginn des menschlichen Lebens, bei der Geburt eines Kindes, beschäftigen sich Menschen mit Fragen der Existenz. Auch wenn in solchen Moment die Freude über den neuen Erdenbürger überwiegt, stehen auch Sorgen und Fragen der Existenz an. Oft wird dem Kind deshalb auch in nicht-religiösen Kreisen ein Pate beigegeben, der ihm in Krisenzeiten beistehe; religiöse Menschen der großen christlichen Konfessionen geben ihr Kind durch die Taufe zudem in die Hand Gottes, so dass ihm Sünde vergeben werde und es in ein auch durch den Tod nicht zu bedrohendes neues Leben getauft wird. Bereits früh beschäftigen sich selbst (diese) Kinder mit der Frage nach dem menschlichen Sein, z. B., wenn sie noch in vor-reflexiver Phase beginnen, Lebendes von Nicht-Belebten zu unterscheiden, wenn sie selbst irgendwann im von Lacan so bezeichneten „Spiegelstadium" „Je" und „Moi" unterscheiden lernen (beides Voraussetzungen für die Erkenntnis von Alterität), spätestens aber dann, wenn sie über einen Zeitbegriff verfügen und somit Vorstellungen von Endlichkeit, Endgültigkeit oder gar Unausweichlichkeit entwickeln. Zwar hat zunächst der Tod eine reversible Bedeutung oder markiert den Übertritt einer Grenze in eine andere Welt,[31] jedoch wird er auch dann bereits als ein Verlust begriffen, den es zu meiden gilt. Auch wenn der Tod, als spezifische Grenze menschlicher Existenz und als Marker für Transzendenz in unserer Gesellschaft gern verdrängt wird, so gehört er notwendigerweise zum Alltag. Spätestens an dieser Stelle muss sich der Mensch die grundsätzliche Frage des Glaubens stellen. Insofern schließt

31 Das heißt nicht, dass eine Vorstellung von Tod und Auferstehung existiere, sondern viel gegenständlicher und alltagsnäher so etwas wie ein Umzug in ein anderes (fernes) Land erfolgt. Vgl. Raimbault, Ginette, Kinder sprechen vom Tod. Klinische Probleme der Trauer, Frankfurt/M. [2]1981.

die Frage nach dem eigenen Sein im Verhältnis zur Transzendenz auch die Antwort des Nicht-Glaubens bzw. Nicht-glauben-Könnens ein. Im letzten Falle wird dann Transzendenz zugunsten von Immanenz, sei es als Anwesenheit Gottes *in* der Welt (z. B. Pantheismus) oder als Verbleiben in den Grenzen möglicher menschlicher Erfahrung (z. B. Materialismus) zurückgewiesen.

Im Folgenden führe ich diese Überlegungen nicht weiter, sondern bleibe beim Phänomen positiver religiöser Identität. Hier verwundert es nicht, dass auch auf der Ebene der religiösen Identität im vergangenen Jahrhundert ein Veränderungsprozess konstatiert werden kann, wenngleich dieser nur symptomatisch fassbar wird. Zwar hat sich an der grundsätzlichen Suche nach dem Sinn nichts geändert, verändert hat sich jedoch der Stellenwert, den diese Auseinandersetzung mit dem Transzendenten im Leben des Einzelnen einnimmt.

Es ist nicht verwunderlich, dass die Welle der Kirchenaustritte in den 70er Jahren beginnt, genau zu dem Zeitpunkt, den wir weiter oben auch als Zäsur bei der Konzeption personaler Identität benannt haben. Gegen die „alten Zöpfe" und „Talare" rebellierte die Jugend – und d. h. nicht nur gegen die festgefahrenen sozialen Lebensformen, sondern gleichzeitig auch gegen das engmaschige Korsett der Kirchen, die bis dato weitgehend Träger und Hüter gesellschaftlicher Werte waren oder zumindest als solche wahrgenommen wurden. Neue Lebensformen wurden erprobt, ein Boom hin zu nicht-christlicher Transzendenz inklusive des Okkulten setzte ein und hat bis in die 90er Jahre Konjunktur.[32]

Eine zweite Zäsur lässt sich am oben beschriebenen gesellschaftlichen Wandel hin zum Informationszeitalter ablesen, dessen Höhepunkt derzeit mit dem Begriff *Globalisierung* beschrieben wird. Es ist nicht zu unterschätzen, was der soziale Wandel, der zur Freisetzung von Arbeitskräften durch

---

32 Vgl. Moré, Angela, Esoterik, Spiritualität und die neue Suche nach Transzendenz. Erklärungsversuche, in: Kobbé, Ulrich (Hg.), Alltagspsychologien, Psychologie & Gesellschaftskritik 30 [3/4], Lengerich (2006).

Rationalisierung und Technologisierung geführt hat, auch für die Bindung der Individuen an den formalen Träger religiöser Handlungen, die Kirche, bedeutet. In repräsentativen Umfragen ist nicht der Nicht-(mehr)-Glaube an Gott das Begründungselement mit dem die konfessionellen Menschen ihren Austritt begründen. Es ist schlichtweg meist der finanzielle Aspekt, der den Eintritt und die Zugehörigkeit zur institutionellen Kirche markiert: die Kirchensteuer.

Nicht zu unterschätzen ist hier ebenfalls die zunehmende Mobilität der Menschen, die sich heute nicht mehr auf die Region oder die unmittelbare Umgebung, das ganze Land, sondern nunmehr auf die gesamte westliche und zunehmend auch östliche Hemisphäre ausgedehnt hat. Bindungen an eine Dorfgemeinschaft oder einen überschaubaren Stadtteil, in der bzw. dem sich oft Religiosität als Teil des Alltagslebens gehalten hat, brechen gerade bei jungen Menschen weg. Bestehende Beziehungen, die insbesondere in den Kreisen der Jugendarbeit der Gemeinden entwickelt wurden, lösen sich dauerhaft auf, wenn die Jugendlichen für eine Lehre oder ein Studium den bisherigen Lebenskontext verlassen.

Doch – und so lautet die hier relevante Frage in Bezug auf die religiöse Identität – lässt sich daraus auch schlussfolgern, dass die Menschen nicht mehr oder weniger glauben? Diese Frage kann schlichtweg mit „Nein“ beantwortet werden. Die, die vorher nicht glaubten, aber in eine vermeintliche religiöse Identität – üblicherweise beginnend mit der Taufe – hineinsozialisiert wurden, glauben auch jetzt nicht. Ein wesentlicher Anteil der Austritte lässt sich hiermit erklären – allen gegenläufigen Behauptungen der Amtskirchen, ihnen liefen die *Gläubigen* davon, zum Trotze.

Die Menschen, die bis dato geglaubt haben, tun es auch heute noch und werden sich weiter mit dem Transzendenten und ihrem je eigenen Bezug zu Gott beschäftigen. Zu glauben bedeutet nämlich „das unbedingte Vertrauen oder Sich-Verlassen auf etwas oder jemanden“.[33] Sich vom Glauben

33 Van Oorschot, Jürgen/Allolio-Näcke, Lars, Plädoyer gegen den Luxus des Missverstehens. Zur Debatte zwischen Carl Ratner und Barbara Zielke um den Sozialen Konstruktivismus Kenneth J. Gergens [46 Ab-

abzuwenden bedeutet, dass „nichts Geringeres [infrage steht] als die je eigene Existenz und die je eigene Handlungsfähigkeit",[34] denn das fundamental Selbstverständliche des Seins wird damit infrage gestellt. Um es deutlicher auszudrücken: Beim Glauben handelt es sich um fundamentale Ein- und Vorstellungen, die nur sehr schwer und wenn, dann nur in sehr großen Zeiträumen, veränderbar sind, wie die psychologische Einstellungsforschung zeigt.[35] Insofern glauben diese Menschen nicht mehr oder weniger, sondern sie tun dies in einer sichtbar veränderten Weise.

Auch auf dieser Ebene kann zwischen *Zwang zur religiösen Identität* und dem *Willen zur religiösen Identität* unterschieden werden. In überschaubaren Dorfgemeinschaften (z. B. in Teilen Bayerns oder der Eifelregion) lässt sich noch heute beobachten, was mit *Zwang zur religiösen Identität* gemeint ist und noch zu Beginn des 20. Jahrhunderts das Normalmodell war und wohl auch bis in die 70er Jahre für größere Gemeinden postuliert werden kann. Religiöses Leben gehört in diesen Gemeinden auch heute zum sozialen Alltag. Der Gang zur Kirche ist nicht nur erwünscht, er wird erwartet und in vielen Fällen auch sanktioniert. Man wächst in aller Selbstverständlichkeit in die Religion hinein. Vielfach wird dies durch kulturelle wie soziale Angebote der Kirchen unterstützt. Es sind also primär äußere Strukturen, die zum regelmäßigen Dialog mit Gott und zur Selbstbefragung in Bezug auf Gott einladen. Bald werden diese völlig selbstverständlich, denn jeder tut es, jeder hat es getan und wird es – aus dieser Perspektive – immer tun.

Da es solche Gemeinschaften aber immer weniger gibt, muss nach den 70er Jahren eine weitere Veränderung statt-

---

sätze], Forum Qualitative Sozialforschung/Forum Qualitative Social Research (Online Journal), 7 (2), Art. 17, März 2006, Abs. 3 (vgl. http://www.qualitative-research.net/fqs-texte/2-06/06-2-17-d.htm [Zugriff am 30.09.2006]).

34 Ebd.

35 Vgl. Festinger, Leon, A Theory of Cognitive Dissonance, Stanford 1957; Heider, Fritz, Social perception and phenomenal causality, in: Psychological Review 51, 1944, 358–374; ders., Attitude and cognitive organization, in: Journal of Psychology 21, 1946, 107–112.

gefunden haben, die wir mit dem *Willen zur religiösen Identität* verbinden und die mit der Frage „Wie gestalte *ich* mein religiöses Leben?" auf einen Satz gebracht werden kann. Mit zunehmendem Wohlstand – das ist ein oft nicht thematisierter, aber wesentlicher Punkt –, das heißt mit dem Ende des Angewiesenseins auf die soziale Unterstützung (in) der Gemeinde, der zunehmenden Mobilität, dem damit verbundenen Zeitverlust – und damit dem erzwungenen Verzicht auf Zeit in der und für die Gemeinde – werden die Kirchen leerer, und dieser Trend ist in beiden großen christlichen Konfessionen ungebrochen.[36] Religiosität ist zum Gegenstand des Einzelnen, nicht mehr der Gemeinde geworden. Nur noch 15,9 % der Katholiken und 3,9 % der Evangelischen besuchten im Jahr 2000 Gottesdienste. Es kommt zur Individualisierung der Religion.

Allerdings darf der Befund trotz dieses Trends zur Individualisierung nicht überinterpretiert werden. Wer meint, dass die kollektive Seite der religiösen Identität keine oder nur eine wesentlich geringere Rolle spielt, der irrt. Zwischen gelebter Realität und der Bedeutung einer Sache ist hier zu unterscheiden. Auch wenn der Ort der „gelebten Religiosität", der Ort der „Glaubensaussagen [...], Praktiken und Riten, durch die Menschen zu einer transzendenten Welt und zueinander in Beziehung treten"[37], immer weniger aufgesucht wird, kann nicht auf einen generellen Bedeutungsverlust der Gemeinde geschlossen werden. Insbesondere an den Hochfesten, vor allem in der Osterzeit und an Weihnachten, sind die Kirchen meist überfüllt oder wenigstens gut gefüllt. Ein jeder, der eine solche Feier miterlebt hat, weiß, mit welchem Gefühl der Verbundenheit viele eine Kirche verlassen: man hat gemeinsam gesungen, gemeinsam ge-

---

36 Jenseits der Institution Kirche entstehen in den letzten Jahrzehnten parallel dazu verstärkt unabhängige Gemeinden und Bewegungen, die institutionenkritisch und pointiert auf Verbindlichkeit und Gemeinschaft angelegt, alternative Formen christlicher Sozialität gestalten. Sie spiegeln dabei immer wieder auch Arten und Unarten gemeingesellschaftlicher Sozialität und zeitgenössische Trends.

37 Schmitz, Religionspsychologie (Anm. 4), 184.

betet, hat dem Wort Gottes gemeinsam gelauscht – und sich in seinem Glauben sich selbst wie der Gemeinde gegenüber versichert.

* * *

Zusammenfassend: Betrachtet man das komplexe Phänomen der Identität in (kultur-)psychologischer Perspektive, so zeigt sich, dass jedes lineare Entweder-Oder zu Fehlurteilen führt. Es geht nicht darum, entweder vom Individuum oder vom Kollektiv zu sprechen, entweder vom Zwang oder vom freien Willen zur Identität. Vielmehr sind Person und Kollektiv, Zwang und freier Wille auf dichte Weise miteinander verschränkt, wenn es um Identität geht. Diese Beobachtungen gelten, das haben die Reflexionen im letzten Abschnitt gezeigt, auch für das Phänomen der religiösen Identität.

Identität und Film

Mehr als eine Baustelle

Julia Helmke

Der Titel des deutschen Spielfilmes *Das Leben ist eine Baustelle* (D 1996) ist schnell zu einem geflügelten Wort bzw. Seufzer aufgestiegen. Regisseur Wolfgang Becker, der wenige Jahre später *Good Bye Lenin* gedreht hat, zeigt uns, wie seine Protagonisten in der nachwendischen Großstadt Berlin mit der Frage nach der Sinnhaftigkeit des Lebens ringen. Zwischen Freiheitsanspruch und Bedürfnissen nach Kontinuität in familiären und sexuellen Beziehungen, zwischen dem Wunsch nach erfüllendem Beruf und wirtschaftlichen Zwängen, zwischen gesellschaftlichen Normüberschreitungen und als regressiv belächelten und zugleich ersehnten Verbindlichkeiten. Am Ende bleibt das Bejahen dieser Baustelle Leben, die kein vollkommenes Gebilde wird, sondern Fragment bleibt. Kann dieser Film als Spiegelbild heutiger Identitätsbildung gesehen werden?

Diskurse über Identität(en) sind weit gefächert und werden kontrovers geführt. In Frage gestellt werden neben den Vorstellungen individueller und kollektiver Identität auch die Möglichkeiten der Wahrnehmbarkeit und Erfahrbarkeit von Wirklichkeit. Anders formuliert: ist in einer Gesellschaft, die medial geprägt ist, auch Identität medial bestimmt – Identität *als* Film? Das Massenmedium Film bietet sich für eine Untersuchung an. Im Mittelpunkt dieses Artikels stehen Filme, die sich in ganz unterschiedlicher Weise auf inhaltlicher und formaler Ebene mit dem Themenspektrum Identität beschäftigen. Identität *im* konkreten Spielfilm ist jedoch nicht zu lösen von der Wahrnehmung der grundsätzlichen Nähe von Identität *und* Film.

I. Ich ist ein anderer – Die Versprechen der Traumfabrik Kino

Das Spiel mit Identität und Identifikation ist ein Strukturelement des Spielfilms. Abbild und Illusion, Täuschung und Vortäuschung, die Behauptung von Realität und Gegenwart bei aller Fiktionalität machen in ihrer Multimedialität den Reiz des Kinoerlebens aus.

Für den konkreten Film sind dabei zwei Aspekte zu unterscheiden: Die Dramaturgie des Drehbuchs und die Konzentration auf einen Helden, eine Heldin. Ein Drehbuchpapst wie Syd Field behauptet, dass jeder Film einem einfachen Schema folgt – mit Variationen und je nach künstlerischem Anspruch raffinierter, reflektierter und vielschichtiger. Zu Beginn geschieht etwas, das den Helden (oder die Heldin) – meist nicht ganz freiwillig – hinausführt aus einem vertrauten Kontext und hineinführt in unbekannte Situationen. Der Held begibt sich auf einen Weg, muss sich Gefahren und Versuchungen stellen und entwickelt sich. Am Ende wird er (oder sie) ein anderer sein, und ist zugleich neu bei sich angekommen. Jeder Film braucht Entwicklung. Ohne sie verliert er an Spannung und Aufmerksamkeit. So ist – rein dramaturgisch betrachtet – weder eine Figur, die ihre Identität dauerhaft durch äußere medial vermittelte Reize bezieht, noch eine selbstgenügsame vollkommene Identitätskonstitution brauchbar.

Ein wichtiges dramaturgisches Mittel des Films ist die Konzentration auf eine Hauptfigur. Sie gilt es mit einer Mischung von Vertrautem und Fremdartigem auszustatten, damit die Zuschauenden andocken können und interessiert bis fasziniert bleiben. Filmgeschichtlich ist dies mit der Einrichtung eines Star-Systems bereits in den 20er Jahren in Hollywood perfektioniert worden. Es konditioniert die Sehgewohnheiten des Publikums trotz aller Veränderungen bis heute. Filmhelden und -heldinnen werden als Halbgötter inszeniert, denen es nachzufolgen gilt, oder als Menschen wie Du und Ich, bei denen eine persönliche Bindung angestrebt wird.[1] Stars werden inszeniert als Vorbild bzw. Leitbild zur Identifikation, Imitation, zur Idealisierung und Projektion. Filmpsychologisch bedeutet dies die Ermöglichung von Erziehung und Fluchtmechanismen, d. h. sie verhelfen dazu, Identität zu konstituieren bzw. zu ihrer Diffusion beizutragen.[2] Stars sind Teil des Versprechens, im Kino an einer Wirklichkeit teilzuhaben, die größer ist als die Begrenzung durch das Selbst.

Glanzzeit und Langlebigkeit von Filmstars gehören einer vergangenen Epoche an. Das Phänomen des Starkultes bleibt jedoch paradigmatisch für die bewusste Indienstnahme von Identitätskonstitution; als geborgte Antwort von Fragen nach Identität: „Wer bin ich, wer will ich sein?"

Immer wieder haben Filme dieses Versprechen der Traumfabrik selbstironisch gebrochen. Aus unendlich vielen Beispielen sei hier als wunderbare Reflexion über die Sehnsucht nach etwas anderem als der eigenen Alltäglichkeit die Tragikomödie *The Purple Rose of Cairo* von Woody Allen aus dem Jahr 1985 genannt: Fast täglich flüchtet die verhuschte Angestellte Cecilia (Mia Farrow) vor sich selbst in den dunklen Kinosaal. Immer wieder sieht sie denselben Film, und mit jedem Mal wächst ihre Liebe zu der männlichen Hauptfigur. Sie schwärmt und schmachtet. Jede Begegnung mit realen Menschen und Männern verblasst dagegen. Irgendwann erbarmt sich der Leinwandheld und steigt von der Kinoleinwand in die Wirklichkeit hinab. Komische und tragische Verwicklungen nehmen ihren Lauf und münden letztendlich als Happy End in eine gewachsene Ich-Stärke der Heldin.

Das Kino in Raum und Zeit bleibt immer ein „gefahrloses Experimentierlabor".[3] Beim Betrachten eines Filmes erhalten die Zuschauenden Vorlagen zur Modellierung von Identitätskonstrukten. Dies kann dann weitgehend unbelastet von realen Ängsten und Zwängen phantasiert und kombiniert werden. Das heißt: Im dunklen Kinosaal wird man mit-

---

1 Vgl. zur Komplexität von Produktion und Rezeption den ebenso klugen wie kurzweiligen Sammelband: Ullrich, Wolfgang/Schridewahn, Sabine (Hg.), Stars. Annäherung an ein Phänomen, Frankfurt/M. 2002.

2 Vgl. Winkler-Mayrhöfer, Andrea, Starkult als Propaganda. Studien zum Unterhaltungsfilm im Dritten Reich, München 1992, 40ff.

3 Rüffert, Christine/Schenk, Irmbert u. a. (Hg.), wo/man. Kino und Identität, Berlin 2002, 7.

genommen auf eine Reise, bei der alles möglich ist und die einlädt, einen eigenen Film zu produzieren. Wenn das Licht angeht, ist es an jedem und jeder einzelnen selbst, die Erfahrungen im Foyer zurückzulassen oder in den Film des Lebens aufzunehmen.

Kino ist darüber hinaus nicht nur auf der filminternen Ebene, sondern auch als ein soziales Kommunikationsmedium par excellence zu betrachten. Filme sind – und das macht sie für Kirche und Theologie so anregend und herausfordernd – Augenöffner, Seismographen für gesamtgesellschaftliche Befindlichkeiten und auch Kinder ihrer jeweiligen Zeit.

So fällt auf, dass in vielen Filmen Identität(en) mit bestimmten Inhalten verbunden werden, die einige Jahre früher noch in weit geringerem Maße eine Rolle spielten, inzwischen aber auch im Mainstream, in einer erweiterten Öffentlichkeit, angekommen sind. Das sind zum einen Filme, die sich mit Identität in Migrationszusammenhängen auseinander setzen, mit Themen wie der seit den 90er Jahren veränderten weltpolitischen Lage, von cultural clash über globalen Markt bis hin zu postnationalen Tendenzen versus Nationalismen und Fundamentalismen. Zum anderen spiegeln sich aktuelle Diskussionen zu Gender- und Lebensformen wieder in einer Ausweitung von sexuellen Identitäten, in Veränderungen und Brüchen filmisch präsentierter Geschlechterrollen. Der Körper ist als genuin filmisches Thema wieder entdeckt worden. Aus alledem folgt: Das Kino als Experimentierlabor ist für die christliche Anthropologie ein wertvoller Ort, den es zu besuchen gilt.[4]

---

4 Ein weiterer bedeutsamer Aspekt, der diesen Beitrag jedoch gesprengt hätte und hier nur genannt werden kann, ist das Thema von Identität und Posthumanität, „alten“ fehlerhaften und „neuen“ genetisch perfekten Menschen, Zwitterwesen, Mutanten und Aliens. Hierzu hat u. a. Inge Kirsner gearbeitet (vgl. dies./Wermke, Michael [Hg.], Religion im Kino. Religionspädagogisches Arbeiten mit Filmen, Göttingen 2000, bes. 42–82). Die Virtualisierung der Darstellung stellt eine Besonderheit der neuesten Medien dar. Gegenwärtig scheint im Kino statt Cyberworld jedoch schon wieder stärker die Suche nach Authentizität zu bewegen.

Dabei gilt es, zwei Herangehensweisen zu unterscheiden, die miteinander verbunden sind und bei der Wahrnehmung und Reflexion von Filmen dennoch oft zu selbstverständlich vermengt werden:

- Die eine Perspektive ist eine phänomenologische: Inwiefern zeigen Filme, was gegenwärtig typisch oder zumindest prägnant ist für das Phänomen von Identitäts/en-Bildung?
- Die andere ist stärker rezipientenorientiert: Inwiefern gewinnen Menschen in Aufnahme bzw. Abgrenzung von filmischen Entwürfen eigene Identität und konstituieren sich selbst in der partiellen Identifikation mit filmischen Vorgaben?

Für die letztgenannte Fragestellung existieren bisher noch kaum umfassendere wissenschaftliche Untersuchungen. Das Interesse daran steigt jedoch, und gerade auch die Theologie nimmt Filme unter dem Aspekt von Biographie- und Erinnerungsarbeit zunehmend wahr. An dieser Stelle sei Mut gemacht, in den verschiedenen praktisch-theologischen Handlungsfeldern auf Spurensuche zu gehen, sich von Filmerfahrungen erzählen zu lassen oder homiletische Selbstversuche zu unternehmen.

Dazu mögen folgende Beobachtungen zu der erstgenannten Perspektive helfen:

Wie bereits eingangs angedeutet, sind auf unterschiedlichen filminternen Ebenen Strukturen von Identität *irgendwie* in fast jedem Film zu finden. In der ganz überwiegenden Mehrheit von Filmen wird von der Annahme einer personalen Identität ausgegangen, je konventioneller (und zumeist langweiliger) der Film, desto vorhersehbarer ist die Entwicklung gezeichnet und desto geringer der Mut zu Fragmentarität, zu offenen Fragen und einem offenen Ende. Interessant wird es, wenn die Frage nach Identität zum geheimen oder expliziten Thema eines Filmes avanciert und die Bewegung des Films von der Bewegung des *Projektes Identität* getragen wird.

Bezogen auf aktuelle Identitätsdiskurse ist am Medium Film zu sehen, wie Filmkultur mit wissenschaftlichen Streitlinien spielt und lebendige Einheit der Vielfalt kommuniziert. Konstruktivistische und dekonstruktivistische Modelle werden zusammengebunden, eine Linearität im Filmaufbau und fassbare narrative Identität stehen Entwürfen gegenüber, bei denen die Grenzen von Realität und Fiktionalität ineinander laufen und sich überlappen, ohne ein erkennbares Zentrum auszubilden, um das herum sich Identität aufbauen könnte.

(Gute) Filme erklären oder dozieren dabei nicht, sie zeigen und lassen sich entdecken. Sie stellen Fragen nicht thetisch oder theoretisch, sie bringen sie in bewegte Bilder, sie füllen sie aus – eine Spielfilmlänge lang, verdichtet und zugleich in der Balance von Spannung und Entspannung als Unterhaltung konzipiert.

Drei Schwerpunktsetzungen sind mir in Filmen der Gegenwart aufgefallen: (a) Filme, die einen Identitätsverlust in den Mittelpunkt stellen; (b) Filme, die das Werden und Ringen um Identitätsbildung begleiten, und (c) Filme, die Konstruiertheit und Konstruierbarkeit von Identität selbst thematisieren. Es fällt auf, dass ihnen allen ein Fokus auf Kontingenzerfahrungen gemeinsam ist in den Parametern von Verzicht und Erfüllung, von scheiterndem und gelingendem Leben (in Partnerschaft, Beruf, Normen und Idealen). Aufgrund der Kürze der Filmbeschreibungen muss im Folgenden mancher Aspekt unberücksichtigt bleiben, anderes holzschnittartig dargestellt werden – im Abstand von einigen Jahren wird sich auch erst noch zeigen, welche Filme ihre Gültigkeit behalten oder eingeholt bzw. überholt worden sind.

Die im Folgenden gewählten Filmbeispiele entstammen zum größeren Teil dem europäischen Filmschaffen. Dies bedeutet keine Abwertung des populären Hollywoodkinos, da sich die vorgestellten Aspekte auch dort finden, nur teilweise etwas konventioneller und abgeschwächter. Das aktuelle Filmschaffen verträgt den aufmerksamen Blick aus theologischer Perspektive – und umgekehrt.

III. Spielfilme im Spannungsfeld von Identitätsverlust und Identitätsstiftung – Beispiele

1. „Wer sagt ihr, dass ich bin ...“ – Filme und Identität bei verlorener Erinnerung

Die Handlung von *Memento* (Christopher Nolan, GB 2000; mit: Guy Pearce, Joe Pantoliano, Carrie-Ann Moss) nimmt ihren Ausgang bei einem nächtlichen Überfall in der Wohnung. Ein Schlag auf den Kopf – und Versicherungsvertreter Leonard Shelby hat seine Identität verloren. Er kann sich nicht mehr erinnern. Einige Bruchstücke an das frühere Leben sind noch vorhanden, an schöne Momente mit seiner Frau und an Bilder, wie seine Frau bei dem Überfall vergewaltigt und erstickt worden ist. Seine Erinnerungsspanne beträgt genau fünf Minuten, dann vergisst er alles. Leonard existiert ohne Zeitgefühl und ist aus der Wirklichkeit heraus gefallen. Er vermag keinen menschlichen Kontakt mehr aufrechtzuerhalten und lebt nur noch für eins: den Mann zu finden, der seine Frau ermordet hat, und Rache zu üben an ihm – jedenfalls soweit es seine Erinnerung zulässt. „Erinnerungen sind unzuverlässig, nur die Fakten zählen“, sagt er einmal und beginnt Polaroids zu schießen, um sich an Sichtbarem festzuhalten. Alles, was Leonard für erinnerungswürdig hält, schreibt er auf seinen Körper. Dieser ist bald über und über tätowiert mit Zahlen, Sätzen, Namen. Bei jedem Kontakt mit Menschen liest er sich erst selbst, um zu erfahren, wie er sich zu verhalten hat und ob er ihnen vertrauen kann. Der eigene Körper wird zum letzten Refugium für sein Person-Sein; er dient als Speichermedium und Substitut für Identität.

Verlust von Identität – aufgrund äußerer Widerfahrnisse oder pathologisch begründet – ist ein wiederkehrendes Motiv in Filmen (vgl. *König der Fischer* von Terry Gilliams, USA 1996, oder *Girls interrupted* mit Angelina Jolie, USA 2001). Was *Memento* so außergewöhnlich und zu einem der aufregendsten filmischen Experimente der letzten Jahre macht, ist seine Erzählstruktur. In *Memento* läuft die Zeit rückwärts, zu Beginn sogar der Film selbst. Regisseur Nolan konfrontiert die Zuschauenden mit zwei Filmen, die sich abwechseln und jeweils solange dauern, wie Leonard sich erinnern kann. In Farbe der eine, der andere in historisierendem Schwarz-Weiß gehalten. Das ist Schwindel erregend, spannend und konsequent. Was zuerst als wirre Assoziationskette erscheint, wird – je weiter die Zuschauenden in Leonards Welt Einsicht erhalten – umso klarer: Ein Strang erzählt linear und der andere in umgekehrter Reihenfolge. Die Zuschauenden sehen also immer zuerst das Resultat und dann die Ursache. Sie müssen selbst Schlussfolgerungen ziehen und versuchen, Vergangenheit und Gegenwart zu rekonstruieren. Am Ende des Films wird klar, dass die Fakten – und dazu gehören auch die Bilder – lügen können. Eine Erkenntnis, die Leonard bald wieder vergessen haben wird, die Zuschauenden nicht so schnell. Gibt es überhaupt die eine Wahrheit über das, was Leonard geschehen ist, und über die Menschen, denen er begegnet? Ist der Hilflose Opfer oder Täter? Es bleibt offen, inwiefern sich der überkorrekte frühere Versicherungsvertreter eine untröstliche Wirklichkeit ohne eigene Identität geschaffen hat, um sich Fragen von Vergeltung und Vergebung nicht stellen zu müssen. Die detektivische Neugier wird angesprochen, die allen Zuschauern und Zuschauerinnen innewohnt und von der Genres wie Krimi und Thriller zehren. Überraschend und verstörend ist jedoch, dass sich am Ende nichts klärt. Nicht nur das Erinnerungsvermögen bleibt verloren, auch die Identität befindet sich im Status des Verlusts.

Dies wird umso deutlicher, je weiter die bedrückende und ruhelose Irrfahrt des Helden voranschreitet und er seine verbliebenen Erinnerungsstücke als Beweise wie Schätze, wie Reliquien hütet. Identität gründet sich in der Geschichte, die ein Mensch zu seiner eigenen erklärt hat. Leonard ist dieser Prozess nicht mehr zugänglich. Er kann Ereignisse der Vergangenheit und auch das gegenwärtig Erlebte nicht mehr selbst zu einem roten Faden verknüpfen, um mit dieser Hilfe auch zunächst Unverständliches einordnen und die Sinnhaftigkeit bestimmter Geschehnisse (re-)konstruieren zu können. In *Memento* (mori) geht es jedoch auch nicht darum, Erinnerungen zurück zu erhalten, Identität zu konstituieren.

Die (Möglichkeit von) Schuld, die Leonard auf sich geladen hat, wird nicht eingestanden, es wird keine Verantwortung übernommen. Bestehende Erinnerungen, die nicht in das Bild einer selbst konstruierten Variante von Vergangenheit passen, werden verdrängt; existierende Bilder verlieren ihre Eindeutigkeit, ihren Wert. Das Misstrauen, das Leonard allen und allem entgegenbringt, weist auf eine weitere medienkritische Lesart: Erinnerung kann nicht geschützt werden, so wenig Bilder vor Manipulation zu bewahren sind. Der Wille, alles zu kontrollieren, vollkommenes Wissen zu erlangen wächst proportional zum Gefühl der Ohnmacht der Einzelnen. Wie ist damit umzugehen? Gibt es noch eine kollektive Erinnerung? Und: wer hilft zur Orientierung, um sich nicht selbst zu verlieren?

Memento, zuweilen als erster „postmoderner" Film des 21. Jahrhunderts bezeichnet, nimmt einen „realen" Identitätsverlust, die Amnesie der Hauptperson, zum Ausgangspunkt für eine düstere Variation über die Identitätskonfusion einer verunsicherten medialen Gesellschaft. Diese weiß nicht mehr, wem sie trauen und worauf sie vertrauen kann. Identität ist – wie die Form des Films zeigt – mehr als brüchig. Sie ist zersplittert und bruchstückhaft. Regisseur Nolan hinterfragt – und bestätigt – mit seinem Film die Zusammengehörigkeit von Identität und Erinnerung in ihrer Gebrochenheit, in der auch Schuld ihren Ort finden kann.

Der Mann ohne Vergangenheit (Aki Kaurismäki, FN 2001; mit: Marku Peltola, Kati Outinen) – „Dieser Film, voll von Zärtlichkeit und Humor, ist ein Gleichnis über die Wiedergeburt einer Person und die Geburt einer Gemeinschaft. Sich in extremer Armut wieder findend trifft ‚der Mann ohne Vergangenheit' auf solidarisches Handeln; ein Leben in Würde kann sich entwickeln. Die Ästhetik von Aki Kaurismäki lässt einen Moment der Gnade spürbar werden." Mit diesen Zeilen begründet die internationale ökumenische Jury bei den Filmfestspielen in Cannes die Entscheidung, dem finnischen Regisseur ihren kirchlichen Preis 2002 zu verleihen. Wenige Worte, die zugleich auch ein Zeugnis über identitätskonstituierende Momente aus christlicher Perspektive abgeben.

Anders als *Memento* beginnt der *Mann ohne Vergangenheit* in klassisch-linearer Erzählstruktur mit dem Ereignis, das alles verändert: Ein Arbeiter, der mit dem Zug nach Helsinki kommt, wird brutal zusammengeschlagen und ausgeraubt. Schwer verletzt bricht er in der Bahnhofstoilette zusammen. Der Arzt im Krankenhaus erklärt ihn für tot und überlässt ihn sich selbst. Der Mann, er wird den gesamten Film hindurch keinen Namen erhalten, stirbt nicht. Er steht wieder auf. Ein Lazarus, der sich die Verbände abreißt. Er zieht sich an, schleppt sich an die Ränder der Stadt und bricht zusammen. Hier finden ihn Kinder aus den Slums am Hafengelände, ihre Familien nehmen ihn auf und pflegen ihn gesund. M hat jedoch ein Problem: Er weiß nicht, wer er ist. Selbst seinen Namen kennt er nicht. Für die Behörden, die er nun aufsucht, ist er nicht registrierbar, wird zum Nichts: Kein Name, kein Identitätsnachweis, keine Möglichkeit sich um Arbeit oder Arbeitslosenunterstützung zu bemühen. M gibt nicht auf. Er nimmt sich nicht als defizitär wahr. Einer rät ihm: „Vielleicht findest Du Hilfe dort, wo der Kirchturm steht." Bei der Heilsarmee schließlich wird er nicht nach seiner Vergangenheit gefragt, sein Hier-Sein zählt. Er erhält eine einfache Anstellung und eine warme Mahlzeit täglich.

M geht einen anderen Weg als Leonard in *Memento*. Seine höchst defizitäre Erinnerung versucht er nicht selbst zu füllen, sondern er tritt in Kommunikation – im Spiegel eines Gegenübers kann er sich seiner selbst bewusst werden. Das In-Beziehung-Treten mit Menschen, das Leben im Hier und Jetzt, als Präsenz, die den Menschen nicht nach dem ansieht, was er getan hat, ermöglicht eine Identität, die sich nicht auf sich selbst verlässt, sondern getragen ist. M fasziniert durch seine Präsenz im bewussten Tun dessen, was nötig ist – und dies nicht isoliert, sondern in Gemeinschaft mit seinen Nächsten. Er säubert und richtet seinen schäbigen Container am Hafen wohnlich ein, er pflanzt Kartoffeln, er hört Musik und managt die Band der Heilsarmee. Er küsst die Frau, in die er sich in der Schlange bei der Essensausgabe der Heilsarmee verliebt hat. Er begegnet Menschen freimütig, ohne Ansehen der Person, und holt damit auch andere wieder in die Gegenwart, mobilisiert ihre Kräfte der Mitmenschlichkeit und Solidarität. Seine traumwandlerische Sicherheit ist nicht in einer Traumwelt angesiedelt. So wird er bei einem Banküberfall zur Geisel, muss den Suizid eines verzweifelten Bauunternehmers miterleben sowie die Trunksucht und Armut seiner Freunde. Doch M ist nicht gefangen in einer Vergangenheit, die ihn drückt oder die er braucht, um eine Identität zu erhalten, zu rekonstruieren. Eine solche rare Gegenwärtigkeit im Film bezeichnet der bedeutende französische Filmtheoretiker André Bazin (1918–1958) als „göttlichen Augenblick“ – er hat solche Augenblicke u. a. immer wieder in den Werken von Robert Bresson wahrgenommen. Als M auf einem Zeitungsfoto von seiner früheren Frau erkannt wird und ihn die Vergangenheit, wie es so sprechend heißt, einholt, scheint die menschliche Sozialutopie, die Kaurismäki mit der ihm eigenen Lakonie in bunten Bildern vor Augen gemalt hat, an ihr Ende gekommen. M, der auferstandene M, bleibt sich jedoch treu. Er kehrt in die Gegenwart zurück und versöhnt sich mit seinem damaligen Leben.

Der Mann ohne Vergangenheit steht für Filme (sie werden oft im Genre des Melodrams gedreht), die das Recht auf Identität einfordern, wenn Unvorhergesehenes passiert, Lebensläufe aus dem Ruder geraten – ein Außer-sich-Sein gegenüber der Gesellschaft, in einem Widerstreit von äußeren und inneren Zwängen und Freiheit. Die Fragmentarität von Erinnerung, von Identität verliert ihren Schrecken – sie lässt die Fülle des Lebens, das M erfährt, erst zu. Im Miteinander erhält auch das gegenseitig Aneinander-schuldig Werden – in Vergangenheit oder Gegenwart – seinen Raum. Mit der Schuld tritt auch die Möglichkeit einer Rechtfertigung dazu.

Identität als „Übereinstimmung mit sich selbst“ kann momenthaft gelingen. Sie gelingt jedoch nicht ohne die anderen und bleibt auf sie angewiesen. Warum und wie bleibt ein Geheimnis, ein unsichtbares „extra nos“. Aki Kaurismäki ist ein Meisterwerk gelungen mit diesem Film. Ein Märchen, ohne kitschig zu sein, artifiziell und zugleich höchst realistisch. Auf die Gegenwart konzentriert, als Zukunftshoffnung konzipiert und zugleich eine Hommage an eine Vergangenheit, in der interpersonale Kommunikation im Mittelpunkt steht. – Biblisch-theologisch finden sich auf inhaltlicher wie formaler Ebene Anknüpfungspunkte, weniger aufgrund der expliziten Bibelzitate als vielmehr durch die Würze der Dialoge und der Story. Die Gleichnishaftigkeit des Settings kommt rasch in den Sinn. Aki Kaurismäki hat den, der nach seiner Identität sucht, nicht als Helden inszeniert, der zur Identifikation einlädt. Die Zuschauenden können so als Beobachtende Anteil nehmen, sich selbst eintragen und eigene Schlüsse daraus zu ziehen. Dazu passt, was der Theologe Werner Schneider-Quindeau über Gedächtnis und Film schreibt: „Wir gehen ins Kino, um zu vergessen, indem wir erinnert werden. Wir gehen ins Kino, um uns zu erinnern, indem wir uns vergessen.“[5]

2. *„Wir sind noch nicht das, was wir sein werden“ – Identitätskonstitution und Erwachsen-Werden*

Jess ist 17, aus der Mittelschicht, und will vor allem eines: Fußballspielen. Begabung ist vorhanden, vielleicht reicht es sogar für einen Beruf, eine Lebensaufgabe. Ihr Mädchenzimmer ist voll von Postern, an erster Stelle zeigen sie den Ballkünstler David Beckham. Im Wohnzimmer hängt das Bild eines Familien-Heiligen, in der Küche wird traditionelles Essen zubereitet. Jess ist Inderin in der zweiten Generation in England, mit Eltern, die sich als angepasste, durchaus liberale und treue Staatsbürger verstehen. Ihre Identität, die sie auch an ihre beiden Töchter weitergeben wollen, beziehen sie jedoch eindeutig aus den Werten und Traditionen ihrer Kultur. Jess spürt die Anstrengung, die es ihre Eltern kostet, keine zu strengen Grenzen zur westlichen Umwelt zu ziehen und dennoch sich selbst nicht zu verlieren. Dennoch: Warum muss sie verzichten auf das, was ihr am meisten Spaß macht, warum soll sie ihr Talent vergeuden? Leben in zwei Welten ist für sie auf Dauer keine Lösung.

---

5 Vgl. Schneider-Quindeau, Werner, in: Once upon a time, Film und Gedächtnis, Arnoldshainer Filmgespräche Nr. 15, Marburg 1998, 83–92, 92.

Kick it like Beckham (Gurinder Chadha, GB/D 2002) ist eine klassische „coming-of-age"-Geschichte. Ein Genre, das gern benutzt wird und häufig funktioniert. Denn das Ringen darum, den eigenen Weg ins Erwachsenenleben zu finden und sich gegen die Ansprüche und die Definitionsmacht von Eltern oder auch Lehrern zu behaupten, ist ein Thema, das die Mehrzahl der überwiegend jugendlichen Kinobesucherinnen und -besucher bewegt und bereitwillig aufgenommen wird. Darüber hinaus zieht es auch ein älteres Publikum an, das sich im Durchleben vergangener Konfliktkonstellationen seiner gewordenen Identität vergewissert – um sich die Intensität der damaligen Gefühle neu als Kraftquelle zu vergegenwärtigen, um heiter-nüchtern zurückzublicken und sich über das Jetzt zu freuen oder auch um Trauerarbeit zu leisten angesichts verdrängter Träume und Ideale.

Der Impuls, dass Veränderungen für eine personale wie kollektive Identität möglich und nötig sind, wird in Filmen oft der Altersklasse der Jugendlichen als Ausdruck einer noch unangepassten Radikalität zugeordnet. Wer genau hinsieht, kann dieses Motiv jedoch in vielen anderen Genres ebenso finden, sei es in sozial- und gesellschaftskritischen Filmen oder in Box- oder Tanzfilmen (z. B. *Million Dollar Baby, Rhythm is it*). Der Erfolg der verhältnismäßig kleinen Produktion *Kick it like Beckham* verdankt sich neben den ausgezeichneten Darstellerinnen und Darstellern der Unbeschwertheit, mit der unterschiedliche Aspekte von Identitätsfindung zusammengebunden werden und jede Einseitigkeit vermieden wird. Neben der Frage nach der Berufsfindung als Sinn gebendem Moment ist in der Adoleszenz vor allem die Frage der Sexualität, der geschlechtlichen Identität bestimmend. Daneben behandelt der Film jedoch auch das Thema der ethnischen Identitat, Migrations-Identität, und zeigt die latenten wie offenen Schwierigkeiten beim Zusammenleben in einer multikulturellen Gesellschaft. Gurinder Chadhas Komödie mag manchen zu leichtfüßig scheinen, vieles wird angetastet, ohne ausgespielt zu werden. Sie vermittelt, dass Identität (ob abgeschlossen oder im Prozess) nicht von Fragen der Interkulturalität zu trennen und eine personale Identität nicht ohne

Auseinandersetzung mit „nationaler Identität" zu erlangen ist.[6]

Stärker in der Tiefe widmen sich hervorragende Filme wie *Der Club der toten Dichter* (Peter Weir, USA 1989) oder *Jenseits der Stille* (Caroline Link, D 1996) dem Prozess der Identitätsfindung. Bei Peter Weir, der sein Schuldrama in den 50er Jahren ansiedelt, lässt sich das klassische Modell der Lebensphasen und psychosozialen Krisen nach Erik H. Erikson noch eindeutig verfolgen. Die Jungen in dem Internat leben in einem „psychosozialen Moratorium".[7] In dieses bricht der unkonventionelle Lehrer John Keating (Robin Williams) ein und fordert dazu auf, persönlich und gesellschaftlich eigene Lebensperspektiven zu entwickeln. Das Projekt Identität wird bei dem australischen Regisseur als etwas bleibend Unabgeschlossenes gesehen, als eine kontinuierliche Suchbewegung. In *Jenseits der Stille*, einem Film, in dem das Mädchen Laura (Tatjana Trieb/Sylvie Testud) ihren Traum vom Klarinette-Spielen gegen die Angst verteidigt, dadurch ihre taubstummen Eltern zu verlieren, stehen ganz die Familienbeziehungen im Vordergrund. Dies macht den Film, der einen Zeitraum von gut zehn Jahren zwischen Berlin und niederbayerischer Geborgenheit umspannt, auf gewisse Weise überzeitlich und ermöglicht, dass Filmrezipientinnen und -rezipienten sich selbst mit ihrer Biographie unterschiedlich eintragen.[8]

---

6 Beschäftigung mit sich meint immer auch Beschäftigung mit dem Anderen, dem Fremden. Diese Beschäftigung ist nie abgeschlossen, da Kommunikation in unterschiedlichen Sprachen, mit unterschiedlichen kulturellen und religiösen Vorstellungen erfolgt und Missverständnisse und Ambivalenzen nach sich zieht – schon allein im Titel wird das ausgesprochen in dem Oscar gekrönten Film von Sofia Coppola *Lost in Translation* (USA 2002/3).

7 Michelsen, Jens u. a., *Das Leben ist eine Baustelle.* Spielfilme zu Lebensformen und Identität, Hamburg 2000, 5.

8 Beide Filme nehmen die Beobachtung kaum auf, dass Muster und Medien des Generationenkonfliktes zeittypisch vorgegeben sind und Massenmedien und ihre Rezeption Identitäten prägen. Dass wichtige Jahre der Identitätsfindung häufig zwischen Fernsehen, Internet und Computerspielen verbracht werden, scheint (immer noch) mehr ein Thema der Medienpädagogik als von Filmschaffenden zu sein – außer in den Gen-

Die Möglichkeit der Rückbesinnung, der Orientierung oder Hilfestellung bei konkreten Entscheidungen findet sich unter anderem in der deutschen Komödie *Vaya con Dios* als beschwingte Entdeckungsreise. Neben und in der Frage nach eigener Identität ist es das Element des gemeinschaftlichen Gotteslobes durch die Musik, das die zuweilen etwas naive Story um den jungen Arbo (Daniel Brühl) zusammenhält. Und kaum jemanden im Publikum lässt die zentrale Stelle des Films unberührt, die der frühere Opernregisseur Zoltan Spirandelli kongenial dramaturgisch umsetzt: der Moment der Wiedervereinigung der drei Ordensbrüder, als einer nach dem anderen lauthals und jubilierend in das von der anwesenden Sonntagsgemeinde nur lau intonierte *Wer nur den lieben Gott lässt walten* einstimmt. Hier konstituiert sich eine Identität des Glaubens, an der die drei Mönche gemeinsam teilhaben: eine Identität, zu der Erinnerung, communio und communicatio mit Transzendenzbezug gehören. Eine unauflösliche Identität, die – an dieser Stelle recht konventionell-patriarchal gedacht – auch Anfechtungen von Mammon Geld oder weiblichen Reizen trotzt.[9]

3. *„Denn wir haben hier keine bleibende Statt" – Identitätsstiftung als Heimat auf Zeit*

„Immerhin ist das meine Ecke. Nur ein kleiner Teil der Welt, aber auch da spielt sich was ab, genau wie überall anders. Es ist eine Aufzeichnung meiner kleinen Welt [...]. Wenn Sie nicht langsamer machen, werden Sie es nie verstehen, mein Freund." New York, emotional und literarisch hoch besetztes Sinnbild für Urbanität, Schmelztiegel und Singletum, ist

---

res des Science-Fiction- oder Horrorfilms. Vgl. Beck, Ulrich/Ziegler Erdmann, Ulf, Eigenes Leben. Ausflüge in die unbekannte Gesellschaft, in der wir leben, München 1997, 195.

9 Vgl. dazu: Orth, Stefan/Valentin, Joachim/Zwick, Reinhold (Hg.), Göttliche Komödien. Religiöse Dimensionen des Komischen im Kino, Film und Theologie 2, Marburg/Köln 2001.

in Wayne Wang und Paul Austers Film *Smoke* (USA 1995) konzentriert in einem kleinen Tabak- und Zeitschriftenladen in Brooklyn. Hier arbeitet und lebt Auggie (Harvey Keitel), hier treffen täglich unterschiedlichste Menschen ein und zusammen. Für seine Stammkunden ist es ein zweites Zuhause. Die meisten sind nicht mehr ganz jung, ihre Haltung ist zumeist reaktiv auf das, was im Leben mit ihnen geschehen ist. Viele haben Verluste von wichtigen Beziehungspersonen, von Lebensträumen hinnehmen müssen. Gelingen und Scheitern liegen nahe beieinander; Leben, und damit auch Identität, bedeutet für sie stärker Verzicht als Erfüllung. In fünf Kapiteln werden die einzelnen Hauptfiguren näher beschrieben, und es ergeben sich teilweise für sie selbst noch unbekannte Verbindungen zwischen ihnen. Im Laufe des Films nehmen Auggie, Paul, Rashid, Cyrus, Ruby immer stärker Anteil aneinander, sie gewähren sich gegenseitig Heimat und tragen dazu bei, ihre fragmentierte Identität auszuhalten, sich in ihr – wie in ihrer Stadt – auch wohl zu fühlen. Ein gemeinschaftliches Happy End vermeidet der Film am Ende – denn: Leben geht weiter, der Film hat einen Ausschnitt gezeigt, etwas Vorläufiges. Es gibt mehr als eine Perspektive, mehr als eine Deutung.

In *Smoke* wird, wie es der Titel schon sagt, dazu viel geraucht. Der Rauch symbolisiert die Leichtigkeit, die diesen Film trägt, wie auch die Fragilität menschlichen Ringens und Seins: Identitätsstiftung wird hier nach der biblisch-weisheitlichen Tradition eines Kohelet verstanden: Es ist alles ganz eitel und vergänglich, ein Haschen nach dem Wind (Koh 1,14). Und dennoch bedeutet dies in keiner Weise Resignation oder Zynismus, sondern eine Bejahung des Lebens, die vor allem Auggie als lernbereiter und sehbereiter Weiser (mit seinem geheimen Hobby der Fotografie) verkörpert: „Ein jegliches hat seine Zeit, und alles Vorhaben unter dem Himmel hat seine Stunde“ (Koh 3,1). Dies gilt für Raum und Zeit, dies gilt für das Individuum und sein Eingebunden-Sein in Gemeinschaft, dies gilt für das Hier und Jetzt und für die Ewigkeit: „Oder wer will dem Menschen sagen, was nach ihm kommen wird unter der Sonne“ (Koh 6,12b). Die Aufforderung zu Freude und Gelassenheit in Koh 9–12 zeigt sich in *Smoke* mit einem fast trotzigen Bekenntnis zu einer trotz allem möglichen Identität in Beziehung.[10]

Eine andere Form von Trotz erfüllt die junge *Rosetta* in dem gleichnamigen Film der belgischen Gebrüder Jean-Pierre und Luc Dardenne (B 1999), Vertreter eines realistisch-sozialkritischen Kinos und mehrfache Cannes-Gewinner. Die Zuschauenden erleben eine Welt, in der Fürsorge ein Fremdwort geworden ist. Rosetta ist heraus gefallen aus dem gesellschaftlichen Netz. Sie lebt mit ihrer alkoholsüchtigen Mutter auf einem Campingplatz am Stadtrand, ihren Schulabschluss hat sie aufgrund familiärer Schwierigkeiten nicht geschafft. Sie will arbeiten. Arbeit bedeutet für die Hauptfigur Zugehörigkeit und Akzeptanz. Dies ist ihr Projekt Identität. Jeden Job aber verliert sie schnell wieder: zu kurz dabei, zu wenig Qualifikationen, die schlechte gesamtwirtschaftliche Lage. Rosettas Kampf mit sich, um sich, ist auf der Leinwand physisch spürbar – was bleibt, wenn der Körper zur Ware wird und die Ware nichts mehr wert ist? In ihrer Körperlichkeit werden die Konflikte, das Beharren, ein Recht auf Leben in menschlicher Würde zu führen, ausgetragen. Das geht den Zuschauenden im wörtlichen Sinne unter die Haut. Für Rosetta gibt es keine Spannung zwischen Identitätsverlust und Identitätskonstitution, kein „coming-of-age“ oder eine zu konstruierende Patchwork-Identität. Der Film stellt die Frage, wie und ob Identitätskonstitution ein Luxusprodukt ist, das armen Menschen verwehrt bleibt – und er tut dies nicht an einem Beispiel weit weg in der so genannten Dritten Welt sondern mitten im reichen Europa. Was bedeutet dies angesichts einer biblisch-begründeten „Option für die Armen“?

---

10 Vgl. Hötger, Ute, Identität im filmischen Werk von Paul Auster, Frankfurt/M. u. a. 2002, 37. Als Tatsache in der heutigen globalisierten Welt bleibt bei *Smoke*, dass *Identität* nicht mehr selbstverständlich und durch einen eindeutig definierten sozialen Raum bestimmt ist, sondern zunehmend aktive Konstruktionsarbeit erfordert. Diese Bewegung sowie das identitätsstiftende Moment von Gemeinschaft ist öfter im aktuellen Filmschaffen zu finden, prominent in *Italienisch für Anfänger* (Lone Scherfig, DK 2001) oder *Wie im Himmel* (Kay Pollak, S 2004).

Filme wie die der Gebrüder Dardenne gehören nicht zum filmischen und kulturellen Mainstream. Sie „unterhalten" zu wenig. Sie zeigen jedoch, was Film auch ist und sein kann. „Der Film ist eine Reise, ein Weg, um zu erkennen, wo wir sind [...]. Ich glaube nicht, dass wir meinen, mit unseren Filmen die Welt verändern zu können. Aber wir wollen durch sie mit dem Publikum sprechen über die Welt von heute."[11]

IV. Identitätsgewinn durch Filmrezeption? – Der notwendige Mut zur Lücke

Ich fasse meine Überlegungen in zwei Aspekten zusammen:

1) Die Frage nach Identität ist im gegenwärtigen Filmschaffen auf sehr vielfältige Weise präsent – in der Darstellung von Identitätsverlust, von Prozessen einer Bildung von Identität und der ebenso bleibenden Infragestellung von Identität. Dies geschieht auf filminternen ebenso wie auf filmexternen Ebenen, und es geschieht in einer Spannweite von personal bis global. Filme sind dabei Ausdruck eines zeitbedingten Selbstverständnisses und spiegeln gegenwärtige Identitätsproblematiken. In ihrer Subjektivität können sie zu Seismographen unserer Kultur werden, auch unserer religiösen Kultur. Das Medium Film bewegt sich in den gesetzten Grenzen einer Spielfilmlänge als bewusstes Fragment, zugleich verdichtet und multimedial aufbereitet.

Es geht im Film um die großen Fragen nach dem, was Sinn gibt. Es geht um Liebe und Tod, um die Suche nach Glück und den Umgang mit Scheitern. Es geht um Schuld und im Happy End um Vergebung und Erlösung. Filme leben davon, dass sie sich verwickeln und entwickeln, und es ist zu beobachten, wie differenziert und lustvoll das Kino mit der Tatsache umgeht, dass es nicht mehr die eine anzustrebende Identität gibt, Leben nicht mehr analog, sondern digital gedacht wird und die innere wie äußere Globalisierung zu bis-

11 J.-P. Dardenne in einem Interview in der Berner Woche Nr. 20/2000, 5.

lang unbekannten Interdependenzen und einer Vielfalt von Perspektiven führt, die Identitätsbildungsprozesse auch unter Druck geraten lassen.

Die konkreten Antworten, die gegeben werden, die auf der Leinwand sichtbaren Lebens- und Identitätsmodelle erscheinen dabei vertraut. Weder die immerwährende Baustelle noch die kuschelig bunte Patchwork-Decke sind vorrangig im Visier. Nötig sind als darstellbares Konstitutivum: Grundvertrauen, ein Leben in Beziehung, in Gemeinschaft. Die hier aufgenommenen Filme gehen mit diesem Konstitutivum offen um. Das heißt, sie geben keine Patentrezepte. Für sie bleibt Identität vielmehr momenthaft, fragil und fragmentarisch. Sie beweisen sozusagen Mut zur Lücke.

An diesem Punkt eröffnet sich der Blick auf Henning Luthers fast filmisch anschauliche Vorstellung von Identität als Fragment von Vergangenheit und Zukunft: „Wir sind immer zugleich gleichsam Ruinen unserer Vergangenheit, Fragmente zerbrochener Hoffnungen, verronnener Lebenswünsche, verworfener Möglichkeiten, vertaner und verspielter Chancen [...]. Andererseits ist jede erreichte Stufe unserer Ich-Entwicklung immer nur ein Fragment aus Zukunft. Das Fragment trägt den Keim der Zeit in sich. Sein Wesen ist Sehnsucht. Es ist auf Zukunft aus.“[12]

Ein Film endet nicht mit Abspann und heller Leinwand. Er kann weiterwirken, wenn die Rezipientinnen und Rezipienten dies wollen und können. Die Frage nach Grund und Ziel dieses Muts zur Lücke in der Immanenz, nach einem bewussten Offenhalten einer Leerstelle bleibt in diesen Filmen zumeist im Vagen – damit auch die nach einem klar gegründeten Menschenbild.

2) Filme können in ihrer Subjektivität zu Seismographen unserer Kultur werden, auch unserer religiösen Kultur. Zugleich verraten sie mittels ihrer Rezeption direkt und indirekt vieles über das Publikum und die Theologie. Interessant

12 Luther, Henning, Identität und Fragment, in: ders., Religion und Alltag. Bausteine zu einer praktischen Theologie des Subjekts, Stuttgart 1992, 160–182, 168f.

erscheint vor allem die filmische Betonung der Wichtigkeit von Zeit und Raum, primär des Körper-Raumes und des Raumes, der temporär Heimat genannt wird.

Explizit Religiöses kommt in den genannten filmischen Beispielen kaum vor. Noch immer gilt hier die Beobachtung, die der damalige Filmbeauftragte der EKD, Hans Werner Dannowski, 1985 zum Verhältnis von Film und Theologie geäußert hat: „Als Theologe frage ich, welche Dimensionen hat das, wenn ich dies als Frage vor Gott, als Verlorenheit vor Gott ausspreche? [...] Solche Fragen würde ich auch sehr gerne mit Filmemachern diskutieren, um Mut zu machen, solche Dinge auch einmal in direkter theologischer Sprache anzugehen und dieses nicht ständig zu unterschlagen."[13]

Dies kann ein Weg sein. Angesichts der stark veränderten gesamtgesellschaftlichen Situation der letzten Jahre in Bezug auf religiösen Wissensabbruch mit gleichzeitiger Orientierungssuche scheint mir hermeneutisch ebenso ein anderer angeraten: Sich ohne Ängstlichkeit den Lücken im Film (und im Leben) zu stellen. Sie zu suchen und zu begrüßen, um sich gemeinsam und in gegenseitigem Vertrauen auf Entdeckungsreise zu begeben. Das biblische Reisegepäck freut sich auf kreative Begegnungen und die Filmkultur auf konstruktive Unterstützung. Dann kann es durch die Filmrezeption zu Identitätsgewinn kommen. Und wer hören will, der hört die Frage deutlich: Wo ist Gott, wer ist Gott, wie ist Gott? Denn: Kino ist „bigger than life".

---

13 Epd-Film 5, 1985, 4.

Leben auf der Grenze

Die Externität christlicher Identität und die Sprachgestalt kirchlicher Gottesrede

ALEXANDER DEEG

I. Krisenphänomen Identität – eine Umschau

Nach Identität fragt man, wenn diese unsicher wird oder verloren scheint. So ist es in Milan Kunderas Roman „Die Identität“, in dem die älter werdende Chantal auf einmal nicht mehr dieselbe, nicht mehr „identisch“ zu sein scheint, und dies vor allem daran erkennt, dass sich die Männer nicht mehr nach ihr umdrehen.[1] So ist es in der Psychotherapie, wo die Frage nach Ich-Identität eben dort aufbricht, wo Menschen nicht mehr das Gefühl haben, im eigenen Körper oder in ihrer sozialen Umwelt zu Hause zu sein. So ist es im größer gewordenen Europa, dessen Parlament bereits 1984 die Schaffung eines gemeinsamen Bewusstseins, aus dem europäische Identität entstehen könne, gefordert hatte, das aber noch immer (und nach dem Scheitern der EU-Verfassung mehr denn je) mit der Frage ringt, wie dies zu realisieren sei.[2] Und nicht grundlegend anders ist es, wenn evangelische Landeskirchen, Kirchengemeinden, Akademien, Beratungseinrichtungen oder diakonische Werke sich fragen, wer sie sind, und auf der Suche nach einer Antwort Leitbilder und Logos entwickeln.

---

1 Vgl. Kundera, Milan, Die Identität, aus dem Französischen von Uli Aumüller, Frankfurt/M. [5]2004; vgl. auch die Beispiele aus der Welt des Films, die Julia Helmke in ihrem Beitrag zu diesem Band vor Augen führt.

2 Vgl. Meyer, Thomas, Die Identität Europas. Der EU eine Seele?, Frankfurt/M. 2004; Fuhrmann, Manfred, Bildung. Europas kulturelle Identität, Stuttgart 2002.

Die Leichtigkeit eines postmodernen Lebensgefühls scheint, so sie denn je außerhalb einer intellektuellen Avantgarde vorhanden war, verloren gegangen. Eine „Patchwork-Identität" (Heiner Keupp)[3] verlockt nur noch wenige. Ein heiteres Spiel mit verschiedenen Rollen, eine Feier der Diversitäten, ein Leben in ständigen, unberechenbaren Übergängen – all dies scheint vielen eher Angst zu machen, denn verheißungsvolle Perspektive zu sein. Es sieht so aus, als sei die postmoderne Kritik am Begriff und Konzept von Identität gegenwärtig verklungen, und es stellt sich stattdessen wieder vermehrt die Frage nach der „Einheit der Person angesichts der Unüberschaubarkeit des eigenen Lebenslaufs".[4]

Die Folge: Menschen suchen nach Identität, allein oder gemeinsam. Identität gilt als erstrebenswert, der Begriff erscheint gegenwärtig (kleine universitäre Kreise ausgenommen!) ganz überwiegend positiv konnotiert – auch im Bereich der Kirchen, auf den ich mich im Folgenden ausschließlich konzentriere. Dort erkenne ich – idealtypisch abstrahiert – zwei Wege,[5] auf die einzelne oder Gemeinschaften sich begeben, um christliche Identität zu beschreiben:

1) *Identität durch Abstraktion:* Wenn eine Kirchengemeinde oder eine evangelische Landeskirche die Frage stellt, wer sie ist – und damit die klassische Frage nach Identität formuliert –, dann steht sie vor dem Problem, von der Vielfalt der einzelnen Individuen, die sich zu ihr rechnen, von der – vielleicht manchmal widerstreitenden – Pluralität ihrer Lebensäußerungen absehen zu müssen. Es gilt, Allgemeines zu formulieren; es gilt, vom Konkreten zu abstrahieren. So lautet der Kernsatz des Leitbildes einer evangelischen Landeskirche: „offen und deutlich, aufgeschlossen und verlässlich dem

---

3 Vgl. Keupp, Heiner, Identitätskonstruktionen. Das Patchwork der Identitäten in der Spätmoderne, Reinbek 1999.

4 Josuttis, Manfred, „Unsere Volkskirche" und die Gemeinde der Heiligen. Erinnerungen an die Zukunft der Kirche, Gütersloh 1997, 99.

5 Vgl. zum Folgenden auch die Überlegungen von Erik H. Erikson zu den Phänomenen der „Gruppen-Identität und Ich-Identität": Erikson, Jugend und Krise. Die Psychodynamik im sozialen Wandel, Stuttgart 1970, 42–51.

Glauben und dem Leben dienen" – ein in sich spannungsreicher und eminent offener Satz; eine Kirchengemeinde fand „Leben aus der Mitte, mitten im Leben" als ihren Leitsatz – eine sicher gelungene Formulierung, aber eine Wendung, die sich so wohl die Mehrzahl aller Gemeinden auch auf ihre Fahne schreiben könnten. Natürlich, die Formulierung solcher Leitbilder dient vor allem denen, die bei dem Prozess selbst dabei sind und sich gemeinsam retrospektiv und prospektiv Gedanken über sich selbst machen; demgegenüber leisten sie meist wenig für Außenstehende, die nur das kompromisshafte Destillat eines langen Prozesses mitbekommen. Dennoch liegt das Problem auf der Hand: Abstrahierende Identitätsformulierungen sind so richtig und so allgemein zugleich, dass sie kaum Aussagekraft zur Charakterisierung spezifischer Identität besitzen.[6]

2) *Identität durch Essenzialisierung:* Wenn sich ein Christenmensch als Einzelner die Frage stellt, was eigentlich seine christliche Identität ausmache, was in all den divergenten Lebenserfahrungen des Alltags dasselbe „Christliche" bleibe,[7] so kann er oder sie entweder auf Daten und Fakten aus der eigenen Biographie verweisen: Taufe, Konfirmation, Kirchenmitgliedschaft samt Kirchensteuer, gelegentliche Gottesdienstbesuche. Oder er oder sie kann aus der Vielfalt der Erlebnisse und Erfahrungen gleichsam einen Schritt zurücktreten und sich auf sich selbst, auf sein Inneres konzentrieren. Andreas v. Heyl etwa meint, Kirche müsse genau dazu ihren spezifischen Beitrag leisten, sie müsse „den in der dünnen Luft postmoderner Beliebigkeit immer hektischer agierenden Menschen vermitteln, dass sie die tief im Innern wurzelnde ‚Sehnsucht nach Leben' eben nicht in der anstrengen-

---

6 Vgl. ausführlicher dazu die Sammelbände: Mehlhausen, Joachim (Hg.), Pluralismus und Identität, Veröffentlichungen der Wissenschaftlichen Gesellschaft für Theologie 8, Gütersloh 1995, sowie Schreiner, Martin, Vielfalt und Profil. Zur evangelischen Identität heute, Neukirchen-Vluyn 1999.

7 Vgl. Theodor W. Adornos Bestimmung der Frage nach Identität als Frage danach, „daß ein Ich in all seinen Erfahrungen als dasselbe sich erhalte" (Negative Dialektik, Frankfurt/M. 1975, 145).

den Jagd nach immer noch stärkeren Erlebnissen und Beziehungen stillen können, sondern nur durch Einüben ins ‚Loslassen' und langsam reifende Konzentration auf die innere Welt."[8] Finde ich im Rückzug auf meine „innere Welt" christliche Identität? Kommt der „Friede" des herausgeforderten Ich „aus dem inneren Raum", wie etwa auch der Psychotherapeut Erik H. Erikson meinte?[9] Ist der „Glaube" in dieser Hinsicht „immer wiederholte Bestätigung der Ich-Identität", wie Dorothee Sölle formulierte?[10] Gibt es eine Art Personkern, der dafür einstehen kann? Lässt sich ein solches Innen überhaupt von dem Außen unterscheiden, oder ist dies einfach das alte platonische Denken – nun im Kleid der Spiritualität neu aufpoliert?

Und weiter lässt sich fragen: Bricht die Frage nach Identität nicht im Kern dort auf, wo ich nicht als Einzelner im stillen Kämmerlein sitze, sondern in Interaktion mit anderen trete? Darauf verweist eindrucksvoll Dietrich Bonhoeffers berühmtes Gedicht aus der Zeit der Inhaftierung. „Wer bin ich?", so fragt Bonhoeffer und fährt fort: „Bin ich wirklich das, was andere von mir sagen? Oder bin ich nur das, was ich selbst von mir weiß? [...] Bin ich beides zugleich?"[11] George Herbert Mead (1863–1931), der Philosoph und Sozialwissenschaftler, meinte: Das objektivierte Selbst eines Menschen, seine „Identität" (so wird der Leitbegriff „self" ins Deutsche übertragen) entwickele sich nicht aus sich he-

---

8 Heyl, Andreas v., Der gebrochene Spiegel. Zur Identitätsbildung in der modernen Gesellschaft, in: Stollberg, Dietrich (Hg.), Identität im Wandel in Kirche und Gesellschaft, Göttingen 1998 (= FS Richard Riess), 23–33, 31f.

9 Erikson, Erik H., Der junge Mann Luther. Eine psychoanalytische und historische Studie, München 1958, 293.

10 Sölle, Dorothee, Die Hinreise. Zur religiösen Erfahrung. Texte und Überlegungen, Stuttgart [5]1979, 127 [vgl. insg. ebd., 121–185]; vgl. zum theologischen und philosophischen Diskussionsstand Ende der 1970er Jahre Ritter, Werner H., Zum Problem der Identität in christlich-theologischer Perspektive, in: WzM 31, 1979, 469–490, sowie Marquard, Odo/Stierle, Karlheinz (Hg.), Identität, München 1979.

11 Bonhoeffer, Dietrich, Wer bin ich?, in: ders., Widerstand und Ergebung. Briefe und Aufzeichnungen aus der Haft, hg. v. Eberhard Bethge, Gütersloh [13]1985, 179.

raus, sondern ergebe sich als Folge der sozialen Strukturen und Interaktionen, in denen ein Ich lebt.[12] Und auch der Psychotherapeut Erik H. Erikson (1902–1994) sieht Identität als einen reziproken Prozess von Ich und Umwelt, der mit der Begegnung zweier Individuen (zunächst: Mutter und Säugling) einsetzt und nicht endet, solange der Mensch mit anderen im Austausch steht.

Abstraktion und Essenzialisierung – sicherlich sind dies nicht die einzigen Wege, die gegenwärtig beschritten werden, um christliche Identität zu formulieren.[13] Und sicherlich gibt es so eindeutig weder den einen noch den anderen Weg; es handelt sich eher um Pole in einem weiten Feld gegenwärtiger (christlicher) Identitätsbestimmungen. Beide Pole aber erscheinen mir nicht nur in ihrer Leistungsfähigkeit zur Beschreibung christlicher Identität beschränkt, sondern gleichzeitig in theologischer Hinsicht unterbestimmt; denn – kurz formuliert: Auf beiden Wegen wird christliche Identität selbst gemacht; für beide Wege gilt: „Identitätsbildung ist allemal Ich-Leistung [. . .].“[14] Gremien setzen sich zusammen

---

12 Vgl. Mead, George Herbert, Geist, Identität und Gesellschaft aus der Sicht des Sozialbehaviorismus, stw 28, mit einer Einl. hg. v. Charles W. Morris, Frankfurt/M. [10]1995 [amerik. Original: Mind, self, and society, Chicago (IL) 1934].

13 Ein dritter Weg, Identität zu suchen, wäre wohl noch zu untersuchen: der Fundamentalismus. Gekennzeichnet ist fundamentalistische Identitätssuche durch eine rigide Abgrenzung von anderen sowie durch ein eigenes absolutes System von regulativen Sätzen und Verhaltensnormen. Dieses System gilt ungefragt; es wird nicht diskutiert, sondern lediglich in seiner vermeintlichen Überlegenheit dargestellt. Die Schwarz-Weiß-Konstruktion der Welt (wir, die Guten – die anderen, die Schlechten) vermittelt – in scharfem Widerspruch zu allen Postmodernetheorien – ein äußerst simples Identitätsmuster, das gerade deshalb Suggestivkraft gewinnt. Ein unreflektiertes „anything goes“ hat solchen Identitätskonzepten nichts entgegenzusetzen, und die Frage nach der Möglichkeit der Beschreibung christlicher Identität muss angesichts der fundamentalistischen Herausforderungen mit Dringlichkeit gestellt werden.

14 Schneider-Flume, Gunda, Die Identität des Sünders. Eine Auseinandersetzung theologischer Anthropologie mit dem Konzept der psychosozialen Identität Erich H. Eriksons, Göttingen 1985, 111.

und diskutieren, was zum eigenen Wesen gehört und tauglich wäre für die Formulierung eines Leitbildes; einzelne suchen den Weg nach innen, um mit sich identisch(er) zu werden. Der Mensch wird letztlich zum „Garant seiner selbst".[15] Entspricht das einem Glauben, der – wie Martin Luther befreiend entdeckte – *von außen* kommt, durch das äußere Wort *(verbum externum)* des Urteils und Freispruchs Gottes? Den ich mir nicht selbst sagen kann, sondern der mir gesagt werden muss? Der den Menschen „von außerhalb seiner selbst" identifiziert?[16] Den ich nicht habe, sondern nur immer neu empfange? Und der gerade so der Sünde entgegentritt, die im Kern das In-sich-Verkrümmtsein des Menschen *(incurvatio in se ipsum)* bedeutet?

Nimmt man diese Anfrage ernst, so muss sehr viel grundsätzlicher überlegt werden: Ist das vielfach unbestimmte Modewort Identität überhaupt ein christlich möglicher Begriff?

II. Konversion statt Identität? – eine Erinnerung

Manfred Josuttis erinnert eine Kirche, die ängstlich nach eigener Identität sucht und sich als Vermittlerin von personaler Identität vermarktet, seit einigen Jahren deutlich daran, dass dieser Weg scheitern *muss*. Natürlich kann Josuttis es verstehen, dass eine ihrer Aufgabe unsicher gewordene und Einfluss verlierende Kirche auf die Karte Identität setzt. Er schreibt: „In der Gesellschaft wird personale Identität gefährdet oder beschädigt, in der Kirche versucht man, gefährdete Identität zu stabilisieren. Die Theolog/innen greifen dabei nicht zuletzt auf die Identitätskonzepte zurück, weil sie mit ihrer Hilfe das gesellschaftlich angegriffene christliche bzw. pastorale Selbstbewußtsein zu fundieren vermögen."[17]

---

15 Ebd., 10.

16 Lange, Ernst, Was nützt uns der Gottesdienst?, in: ders., Predigen als Beruf, München ^{2}1982, 83–95, 85.

17 Josuttis, Manfred, Identität und Konversion, in: Stollberg (Hg.): Identität (Anm. 8), 118–127, 120.

Josuttis kann bei seiner Kritik am Identitätsbegriff vor allem auf die Überlegungen von Henning Luther aus den 80er Jahren verweisen. Luther wollte das bereits damals viel strapazierte Wort Identität nur noch im Zusammenhang mit der bleibenden Fragmentarität christlicher Existenz sehen.[18] Er schrieb: „Das eigentümlich Christliche scheint mir [...] darin zu liegen, davor zu bewahren, die prinzipielle Fragmentarität von Ich-Identität zu leugnen oder zu verdrängen. Glaube hieße dann, als Fragment zu leben und leben zu können."[19]

Josuttis geht noch über Henning Luther hinaus. Es sei selbstverständlich, dass man nur als Fragment leben könne; das Selbstverständliche aber brauche man nicht zum Konzept erheben. Dabei werde, so Josuttis, die Radikalität des System-Wechsels übersehen. Angesichts der neuen Schöpfung *(kaine ktisis;* 2Kor 5,17), angesichts der Existenz des Getauften in Christus könne „weder die Geschlossenheit noch die Gebrochenheit menschlicher Existenz einfach" fortgesetzt werden.[20] In der Taufe geschehe nach dem Zeugnis des Neuen Testaments der „Transitus aus der alten in die neue Welt", die „Konversion aus der alten zur neuen Existenz".[21] Und daraus folgt: „Christ/innen gehören zur Gemeinde der Heiligen, weil sie durch das Werbungswort Gottes aus der Welt des Unheils in den Machtbereich des Heils überführt worden sind."[22] Es gelte: „Wer vom Geist Gottes erfaßt und in die Geschichte Jesu verwickelt ist, dessen fragmentarische Identität partizipiert an der Vollendung des Auferstandenen."[23]

Auf diesem Hintergrund arbeitet Josuttis den Unterschied zwischen *Identität* und *Konversion* heraus. Kurz gefasst:

---

18 Vgl. Luther, Henning, Identität und Fragment. Praktisch-theologische Überlegungen zur Unabschließbarkeit von Bildungsprozessen, in: ders., Religion und Alltag. Bausteine zu einer Praktischen Theologie des Subjekts, Stuttgart 1992, 160–182 [283–293 Anm.].

19 Ebd., 172.

20 Josuttis, Identität (Anm. 17), 123.

21 Josuttis, „Unsere Volkskirche" (Anm. 4), 96.

22 Ebd., 95.

23 Josuttis, Identität (Anm. 17), 126.

„‚Konversion‘ zielt auf Veränderung. ‚Identität‘ will konservieren.“[24] Paulus schreibt: „Nun lebe nicht mehr ich, sondern Christus lebt in mir“ (Gal 2,20). Und Josuttis führt zu diesem Satz aus: „Die neue Existenz, die das Evangelium dem Glauben verleiht, bedeutet nicht einfach die Verlängerung oder Gesundung bisherigen Lebens, sondern dessen gründliche Umstrukturierung.“[25]

Paulus selbst wird für Josuttis zum Beispiel. Er habe eine „personale Transformation“ erfahren, als er kurz vor Damaskus vom Verfolger der Gemeinde zum Apostel wurde (vgl. Apg 9; 22; 26; Gal 1,11–24).[26] Paulus sei den schmerzhaften „Weg vom alten zum neuen Menschen“ gegangen.[27] Dabei sei es charakteristisch, dass Paulus lediglich den alten Menschen, seine Existenz vor der Konversion, begrifflich klar beschreiben kann: „Ich stamme aus dem Geschlecht Israel, Stamm Benjamin, Hebräer von Hebräern!“ (Phil 3,5)[28] Das Neue aber, das Leben *post conversionem*, lasse sich nicht mehr in klare Worte fassen; Paulus sei sich „durch seine Konversion fremd geworden“.[29] Und allgemein gelte: „Für den, den der Schicksalsschlag [!] einer Konversion ereilt hat, ist gefestigte Identität eine Illusion, die allenfalls auf unvorstellbare Weise in der anderen Welt Erfüllung finden wird.“[30] Wenn überhaupt, dann könne nur noch eschatologisch von Identität gesprochen werden – im Blick auf das, was noch nicht ist, aber verheißen ist.

---

24 Josuttis, „Unsere Volkskirche“ (Anm. 4), 97.

25 Ebd., 100.

26 Vgl. Josuttis, Manfred, Segenskräfte. Potentiale einer energetischen Seelsorge, Gütersloh 2000, 65–78 [Von der Identität zur Konversion], hier: 65.

27 Ebd., 68.

28 Vgl. ebd., 69.

29 Ebd., 70.

30 Ebd., 72.

III. Liminalität statt Identität – ein terminologischer Versuch

Manfred Josuttis hat recht. Man würde die biblische Botschaft nicht ernst nehmen, wenn Theologie und Kirche stabilisierende Identitätskonzepte verfassen und dabei den „Trennungsstrich“ „zwischen dem alten und dem neuen Leben“ aus dem Blick verlieren würden.[31]

Aber natürlich gilt ebenso (und das weiß auch Josuttis): Das Leben des Christen ist nicht eindeutig. So klar gibt es weder das Vorher noch das Nachher (nicht einmal dort, wo sich Lebenswenden und Bekehrungen vermeintlich exakt beschreiben und datieren lassen).[32] Der neue Mensch der Taufe bleibt in vieler Hinsicht der alte; wer anderes behauptet, blendet Aspekte des Lebens aus oder lässt Ehrlichkeit vermissen.[33]

Mir scheint es daher problematisch, Identität *oder* Konversion als klare Alternativen voneinander abzuheben. Christliches Leben ist ein *Leben auf der Grenze*: Ein Leben zwischen dem alten Menschen, als den wir uns erfahren, und dem neuen Menschen, der wir sind, dem Sünder und dem Gerechten *(simul iustus et peccator)*, dem Menschen dieses Lebens und dem Menschen, der von Gott her das ist, was er sein wird. Grenze heißt auf Lateinisch „limes“. Ich schlage daher vor, von *Liminalität* zu reden statt von Identität oder Konversion, wenn es darum geht, christliche Existenz zu charakterisieren.

Der Neutestamentler Christian Strecker hat den Begriff der Liminalität aus der Kulturanthropologie aufgegriffen und in seiner Dissertation als einer der ersten in die theolo-

---

31 Ebd., 78.

32 Vgl. z. B. Popp-Baier, Ulrike, Bekehrung als Gegenstand der Religionspsychologie, in: Henning, Christian/Murken, Sebastian/Nestler, Erich (Hg.), Einführung in die Religionspsychologie, UTB 2435, Paderborn u. a. 2003, 94–117.

33 Vgl. auch die sensible religionsphänomenologische Beschreibung des gegenwärtigen Protestantismus bei Clausen, Johann Hinrich, Religion ohne Gewissheit. Eine zeitdiagnostisch-systematische Problemanzeige, in: PTh 94, 2005, 439–454.

gische Theoriebildung gebracht. Der Begriff entstammt der Ritualtheorie und wurde vor allem von dem schottischen Ethnologen und Religionswissenschaftler Victor W. Turner verwendet und ausgebaut. Turner beobachtet, was sich im Ritual ereignet, z. B. bei der Heirat. Da gibt es – sehr vereinfacht – einen Zustand davor: Die Partner leben getrennt; und es gibt einen Zustand danach: Die beiden sind ein Paar. Dazwischen steht das Ritual und markiert den Übergang, die „liminale Phase“, in der sie nicht mehr Single und noch nicht ein Paar sind. Für die Dauer des Rituals sind sie „Schwellenwesen“. Und: „Schwellenwesen sind weder hier noch dort; sie existieren zwischen [engl.: ‚betwixt and between‘] den von Gesetz, Tradition, Konvention und dem Zeremonial fixierten Positionen.“[34]

Nimmt man diese Begrifflichkeit auf, so bedeutet Christsein das Leben in einer auf Dauer gesetzten liminalen Phase, ein Leben im Übergang: in der Welt, doch nicht von ihr, Bürger der Bundesrepublik und zugleich Bürger des Himmelreichs, Mitglieder einer Landeskirche und zugleich Einwohner des neuen Jerusalem. Liminal zu leben, auf der Grenze, ist sicher nicht bequem; und dennoch ist der Ort an der Grenze verheißungsvoll. Das, was ist in dieser Welt und scheinbar unabänderlich gilt, verliert seine determinierende Kraft. Neues kommt in den Blick durch den Gott, der Neues schafft. Aber gleichzeitig hebt der liminale Mensch nicht utopisch ab, sondern bleibt mit beiden Beinen am Boden. Die Erwartung des neuen Jerusalem und der Einsatz für eine bessere Welt schließen sich nicht aus, sondern befruchten sich gegenseitig. Ora *et* labora, vita passiva *und* vita activa geraten ins Wechselspiel, wo der Christenmensch sich nicht stabilisierende Identität konstruiert, sondern liminal lebt.

Liminalität statt Identität – ist damit mehr gefunden als eine neuerlich abstrakte Formel, wie sie so viele Leitbildkonstruktionen kennzeichnet? Wo findet liminales Leben seinen

---

34 Turner, Victor W., Das Ritual. Struktur und Anti-Struktur, Frankfurt/M./New York 1989, 95, zit. nach Strecker, Christian, Die liminale Theologie des Paulus. Zugänge zur paulinischen Theologie aus kulturanthropologischer Perspektive, FRLANT 185, Göttingen 1999, 43.

Haftpunkt? Worauf kann ich zeigen, wenn ich sagen will, wer ich bin, wenn ich liminal lebe? – Zum Beispiel auf biblische Erzählungen.

IV. „Hinneni, hier bin ich" – eine biblische Meditation

In der Bibel zeigt sich immer wieder, wie Menschen zu Grenzgängern werden: durch Gottes Wort und ihre eigene Antwort. Zum Beispiel Abram: Mit einem Wort des HERRN beginnt sein Aufbruch: „Geh aus deinem Vaterland und aus deiner Verwandtschaft und aus deines Vaters Hause in ein Land, das ich dir zeigen will." (Gen 12,1) In geradezu lakonischer Kürze fordert Gott Abram auf, all das zurückzulassen, was Identität vermitteln könnte: Vaterland, Heimat, Familie. Nicht mehr als das Wort Gottes, das Segen und reiche Nachkommenschaft verheißt, hat Abram. Und in erneut äußerster Knappheit heißt es dann: „Da zog Abram aus, wie der HERR ihm gesagt hatte." (Gen 12,4) Wort und Antwort – so geht Abram den ersten Schritt in ein neues und einigermaßen unbehaustes Leben. Wer er ist, erfährt er nicht selbstreflexiv; es wird ihm unterwegs gesagt: „Du sollst nicht mehr Abram heißen, sondern Abraham soll dein Name sein; denn ich habe dich gemacht zum Vater vieler Völker." (Gen 17,5) Abraham entwickelt nicht eigene Identität, JHWH identifiziert ihn durch sein Wort.

Ganz analog werden es auch viele andere erfahren: Jakob, der Israel genannt wird, Mose, der mit seinem Volk aus Ägypten aufbricht, oder jene zwei Brüder, Simon und Andreas, die Fischer waren am Galiläischen Meer. Jesus kam des Wegs, sah die beiden, „und er sprach zu ihnen: Folgt mir nach; ich will euch zu Menschenfischern machen! Sogleich verließen sie ihre Netze und folgten ihm nach." (Mt 4,19f) Simon wird wenig später Petrus genannt, Fels, denn, so sagt Jesus, „auf diesen Felsen will ich meine Gemeinde bauen" (Mt 16,18). Abram/Abraham, Simon/Petrus – zwei, die auf das Wort hin aufbrechen und alte Identität – Vaterland und Fischereigewerbe – hinter sich lassen und sich auf einen reichlich ungewissen Weg begeben.

Unterwegs begegnet Erfüllung der Verheißung. Abraham und Sara wird ein Sohn geboren, Isaak. Aber zugleich bleibt der Weg dunkel und abgründig, unverständlich und immer neu herausfordernd. Als Isaak älter geworden war, rief Gott Abraham erneut beim Namen. Und Abraham antwortete: *Hinneni*, „hier bin ich" (Gen 22,1). Was folgte, war unerhört: Gott befahl, Isaak zu opfern. Auf diesen Befehl antwortet Abraham nicht mit einem *Hinneni*, sondern schweigt und kehrt heim. Als er sich am nächsten Tag dennoch mit Isaak auf den Weg macht, gehen die beiden zunächst schweigend miteinander, bis Isaak das Schweigen bricht und „Mein Vater!" sagt. Abraham antwortet, wie er Gott antwortete: *Hinneni*, „hier bin ich, mein Sohn" (V. 7). Auf dem Berg wird das Opfer vorbereitet – und im letzten Moment durch einen Engel verhindert. „Da rief ihn der Engel des HERRN vom Himmel und sprach: Abraham! Abraham! Er antwortete: Hier bin ich." *Hinneni* – ein drittes Mal (V. 11). Wenn Abraham hier „identisch" bleibt, dann nur so, dass er jeweils gleich auf die Anrede reagiert: auf die Anrede Gottes, seines Sohnes, des Engels des HERRN; dass er offen bleibt und bereit für das, was auf ihn zukommt im Wort Gottes, im Wort des Nächsten.

Wohin führt der Weg derer, die Gott identifiziert und die auf die Anrede Gottes *hinneni* antworten, „hier bin ich"? Sicher nicht in den sicheren Hafen, in dem Gott restlos verstehbar und die eigene Identität gefestigt scheint. Eher führt der Weg an die Grenze – wie bei Abraham zwischen einem in seiner Verheißung faszinierend nahen und in seiner Versuchung abgründig fernen Gott, zwischen „Furcht" und „Glaube", „Furcht und Lachen"[35], wie bei Petrus zwischen Bekenntnis und Verrat, Mut zum Sein und Klage der Verzweiflung.

Emanuel Lévinas kontrastierte Abraham und Odysseus – und mit den beiden Figuren hebräisches und griechisches Denken. Abraham breche ins Ungewisse auf – nur auf Gott

35 Wiesel, Elie, Adam oder das Geheimnis des Anfangs. Legenden und Porträts, aus dem Französischen von Hanns Bücker, Freiburg/Basel/Wien [3]1998, 75.

geworfen. Odysseus hingegen verlasse seine Heimat, mache neue Erfahrungen und kehre dann (natürlich ein wenig verändert) in den Heimathafen zurück. So unterscheiden sich – nach Lévinas – biblische und griechische Menschenbilder und Vorstellungen von Identität: da ist die Heimatlosigkeit des glaubenden Abraham einerseits und die sich selbst behauptende und so sehr neuzeitlich anmutende Subjektivität des Odysseus andererseits.[36] Henning Luther führt diesen Gedanken unter Aufnahme der Metapher vom wandernden Gottesvolk aus dem Hebräerbrief weiter und schreibt: „Nicht drinnen bleiben, bei sich, sondern herausgehen – aus sich, zu den Anderen, sich aussetzen, sich der Fremde und dem Befremdenden, ja der Entfremdung aussetzen – dies ist die Bewegung des wandernden Gottesvolkes."[37]

Das wandernde Gottesvolk bricht auf – und antwortet so auf Gottes Wort. Wort und Antwort – so kann nach dieser biblischen Meditation die Logik biblischer Identifikation beschrieben werden. Gott redet, wir antworten (oder verweigern die Antwort – man denke nur an Adam, der sich im Paradiesgarten vor Gott versteckt; Gen 3,7–9). Gottes Wort fordert heraus, Menschen sagen *hinneni* und stellen sich so in die Geschichte Gottes mit ihnen.[38]

Ich fasse die bisherigen Überlegungen zusammen: Wo christliche Existenz liminal verstanden wird, da geht es nicht um eine Identität, die man haben oder entwickeln kann, da geht es um Gott, der Menschen identifiziert, und um Menschen,

---

36 Lévinas, Emmanuel, Die Spur des anderen. Untersuchungen zur Phänomenologie und Sozialphilosophie, Freiburg/München ²1987, 215f.

37 Luther, Henning, Die Lügen der Tröster. Das Beunruhigende des Glaubens als Herausforderung für die Seelsorge, in: PrTh 33, 1990, 163–176, Zitat: 173.

38 Eine *Nebenbemerkung*: Im täglichen jüdischen Gebet gibt es kein Glaubensbekenntnis, aber doch einen Satz, der den Status eines Credos gewonnen hat: das „Höre Israel" (*„Sch^{e}ma Jisrael"*) aus Dtn 6,4. Es erscheint nicht verwunderlich, dass dieses „Bekenntnis" Israels kein Aussagesatz ist, keine deklaratorische Feststellung, sondern ein Imperativ, eine Aufforderung zum Hören: „Höre Jisrael: ER unser Gott, ER Einer!" (Dtn 6,4 in der Übersetzung nach Buber/Rosenzweig).

die darauf antworten. Dynamisch ist dieses Geschehen, wechselvoll, verheißungsvoll.

Wahrnehmen und greifen lässt sich dieses dynamische Geschehen u. a. in Sprachformen, die das christliche Leben prägen. Für Luther spielten Gebet und Predigt eine besondere Rolle. Er meinte, diese beiden seien die höchsten Ämter in der Christenheit. Daher konkretisiere ich die liminale Logik der Identifikation im Folgenden im Blick auf Gebet (V) und Predigt (VI) und nehme dazu grundlegende sozialphilosophische bzw. entwicklungspsychologische Theorien, die in den Identitätsdiskursen des 20. Jahrhunderts umfangreich Bedeutung erlangten, in meine Überlegungen auf.

V. „Du hast recht" – Identifikation im Gebet

Bonhoeffers berühmtes „Wer bin ich?"-Gedicht aus der Zeit seiner Gefangenschaft wurde oben bereits erwähnt. Es entwickelt sich aus der Spannung zwischen Selbst- und Fremdwahrnehmung – und endet mit folgenden Zeilen: „Wer bin ich? Einsames Fragen treibt mit mir Spott./Wer ich auch bin, Du kennst mich, Dein bin ich, o Gott!"[39] Die Frage nach Identität führt bei Bonhoeffer ins Gebet. Aus dem Um-Sich-Kreisen des „Ich" wird in der letzten Zeile die Anrede an das „Du" Gottes.

Ist das Gebet der hervorgehobene Ort, an dem christliche Existenz Sprache findet und eingeübt wird? Die Frage ist rhetorisch. Überkonfessionell herrscht breiter Konsens in dieser Frage: Vor knapp 100 Jahren meinte etwa Romano Guardini, der katholische Theologe und Religionsphilosoph: „Ohne Gebet wird der Glaube matt, und das religiöse Leben verkümmert. Man kann auf die Dauer kein Christ sein, ohne zu beten – sowenig man leben kann, ohne zu atmen."[40] Und bereits vor etwa 500 Jahren formulierte Martin

39 Bonhoeffer, Widerstand und Ergebung (Anm. 11), 179.

40 Guardini, Romano, Vorschule des Betens, Einsiedeln/Zürich/Köln [5]1956, 16.

Luther: „Nächst dem Predigtamt ist das Gebet das höchste Amt in der Christenheit“.[41]

Was aber geschieht im Gebet, wenn es auf dem Hintergrund der Frage nach Identität, Identifikation und Liminalität betrachtet wird? Im Gebet geht es um eine spezifische Art und Weise der *Interaktion:* um die Interaktion des Menschen mit Gott. Interaktion – dieses Stichwort charakterisiert die sozialphilosophische Theorie zur Konstitution menschlicher Identität George Herbert Meads.[42] Mead geht davon aus, dass sich das „self“ eines Menschen nicht solipsistisch, cartesianisch aus sich heraus konstituiert (so ein ontologischer Identitätsbegriff, der von einer Essenz, einer Substanz oder einem Wesenskern ausgeht), sondern prozesshaft aufgrund von Erfahrungen im Austausch mit anderen entsteht, d. h. durch Kommunikation. Eine Unterscheidung wird dabei für Mead grundlegend: Es gibt ein „Ich“ („I“) und ein „Mich“ („Me“). Mit „Me“ meint Mead die Summe der Haltungen und Meinungen anderer, die ein Subjekt als gültig annimmt. Das „I“ ist die subjektive und kreative Antwort des einzelnen auf das „Me“, das, was „ich“ aus dem mache, was andere über „mich“ denken. Dabei ist das Verhältnis von „I“ und „Me“ dynamisch; es bleibt durch ständig neue soziale Interaktionen in Bewegung.

Auf diesem sozialphilosophischen Hintergrund könnte das Gebet definiert werden als die grundlegende Form der „sozialen Interaktion“ des Menschen mit Gott. Im Gebet geschieht die Aufnahme und Annahme dessen, was Gott über „mich“ gesagt hat („me“), in die eigene Sprache Gott gegenüber („I“). Es geht um eine Formung des „Ich“ im Kontext des Gerichts- und Befreiungswortes Gottes über „mich“. Es entwickelt sich eine Beziehung – und nur in dieser Beziehung (und eben nicht durch die Entfaltung eines Personkerns im Innern!) konstituiert sich das, was das „Ich“ ausmacht. Wie das „Ich“ in der sozialen Interaktion nach Mead veränderlich bleibt, so gilt das auch für das „Ich“ des

41 WA 34/1, 395, 14f.

42 Eine knappe Übersicht findet sich bei Klessmann, Michael, Pastoralpsychologie. Ein Lehrbuch, Neukirchen-Vluyn 2004, 144f.

Beters. Es entsteht nicht ein Identitätskonzept, sondern ein „I", das abhängig bleibt vom „Me", von dem Ruf Gottes, der provoziert, heraus-ruft.[43] Herausgerufen ist der Mensch und dadurch an die Grenze geführt zwischen der erfahrbaren Wirklichkeit seines Lebens und der Wahrheit seines Lebens inmitten dieser Wirklichkeit. Herausgerufen ist er aus dem Kreisen um sich selbst und aus den Versuchen, eigene Identität zu garantieren. Herausgerufen ist er und aufgerufen, den schmerzlichen und zugleich befreienden Satz der Einstimmung zu sagen, der als Grund-Satz des Gebets bezeichnet werden könnte: „Nicht mein, sondern dein Wille geschehe!" (Lk 22,42)

Das Gebet ist in diesem Verständnis nicht nur „Erziehung des Wunsches" – wie Joachim Scharfenberg aus pastoralpsychologischer Perspektive meinte.[44] Das ist es in seiner Konsequenz sicher auch. Es ist aber zunächst *Antwort*, Annahme der Provokation. Luther definierte den Menschen charakteristischerweise so, dass er ihn nicht zum Subjekt der Definition, sondern zum Objekt machte, mit dem von Gott her etwas geschieht: *„hominem iustificari fide"*[45]. Das Gebet ist die Sprachform, in der diese Definition konkret und erfahrbar wird.

Daher auch formulierte der Lutherforscher und systematische Theologe Rudolf Hermann (1887–1962) die Pointe der Rechtfertigungslehre Luthers so, dass er auf das Sprachereignis des Gebets verwies. Im Gebet werde das Geschehen der Rechtfertigung konkret. „Du hast recht", so sage der Mensch, der das Urteil Gottes über sich gelten lässt; dann „liegt in diesem Anerkennen der Gerechtigkeit Gottes bereits alles, Rechtfertigung, Buße und neues Leben, beschlos-

---

43 Das Gebet sei nicht eine „Sprachform der Identität, sondern des Übergangs", so formuliert auch Hans Jürgen Luibl: Des Fremden Sprachgestalt. Beobachtungen zum Bedeutungswandel des Gebets in der Geschichte der Neuzeit, HUTh 30, Tübingen 1993, 38.

44 Vgl. in Aufnahme Scharfenbergs neuerdings Klessmann, Michael, Das Gebet als Erziehung des Wunsches. Eine religions- und pastoralpsychologische Perspektive, in: PTh 94, 2005, 73–82.

45 WA 39/I, 176, 34.

sen."[46] Heinrich Assel schreibt in seiner Hermann-Interpretation: „Promissio als Tatwort Gottes erfordert oratio als Tatwort des Glaubens."[47] Das Gebet macht Menschen zu anderen, ist Sprachform der Verwandlung des Menschen. Im Gebet „wird der neue Mensch ins Dasein gerufen, indem er sich selbst als alter Mensch bekennt."[48]

So beten zu können – dazu braucht es die Gebetsschule des Herrn („Herr, lehre uns beten"; Lk 11,1) und gleichzeitig die gemeinsame Einübung der Getauften im Gottesdienst. Luther meinte: „Man kann und soll wohl überall, an allen Orten und zu jeder Stunde beten; aber das Gebet ist nirgends so kräftig und stark, als wenn der ganze Haufen einträchtig miteinander betet."[49]

Sucht man nach einer Bestimmung, die zum Ausdruck bringt, wie Luther den Gottesdienst verstand, so wird immer wieder aus seiner Predigt zur Einweihung der Schlosskirche zu Torgau zitiert. Luther sagte damals, der Bau sei errichtet, „daß nichts anderes darin geschehe, als daß unser lieber Herr selbst mit uns rede durch sein heiliges Wort und wir umgekehrt mit ihm reden durch unser Gebet und Lobgesang."[50] Die Formel klingt zunächst recht harmlos und nicht übermäßig spezifisch (Wort, Gebet, Lobgesang). Auf dem Hintergrund des bisher Erarbeiteten zeigt sie aber, dass Luther den Gottesdienst ganz vom Geschehen des Gebets her verstand. Und da geht es um Wort und Antwort in einem Sinn, der überhaupt nicht harmlos, sondern existenzverändernd ist. Gottesdienst ist Gebet – und damit ein Geschehen, in dem der Ortswechsel vollzogen, in dem der neue Mensch ins Dasein gerufen und der alte Mensch bekannt wird, in dem Individuen Worte finden für ihren Glauben und sich

46 Rudolf Hermann, zit. nach Assel, Heinrich, Der andere Aufbruch. Die Lutherrenaissance – Ursprünge, Aporien und Wege: Karl Holl, Emanuel Hirsch, Rudolf Hermann (1910–1935), FSÖT 72, Göttingen 1994, 377.

47 Ebd., 380.

48 Ebd., 389.

49 WA 49, 593, 24–26.

50 Aland, Kurt (Hg.), Luther Deutsch, Göttingen [3]1983, Bd. 8, 440.

gleichzeitig die „Gemeinschaft der Heiligen“ über soziale und zeitliche Grenzen hinweg konstituiert, in dem Menschen feiern, was sie sein werden, und damit insgesamt die liminale Existenz des Christen so eingeübt wird, dass sie Leben prägt und formt.[51]

Nicht Sonntags-Matinée ist der Gottesdienst nach Luther, nicht musikalisch umrahmte Bildungsveranstaltung, nicht Wochenendevent neben anderen, sondern eine Feier, in der es „spannend“ wird, weil Gott und Mensch interagieren: Wort und Antwort, Pro-vocatio durch Gott und Einstimmung des Menschen.

Ein Beispiel für die Spannung, die jeder Gottesdienst gestaltet, führe ich vor Augen, indem ich auf das Miteinander zweier Gebetstexte verweise, die beide in ein- und demselben Gottesdienst vorkommen können: das Vorbereitungsgebet und das Sanctus.

Im Vorbereitungsgebet heißt es nach dem Evangelischen Gottesdienstbuch u. a. „Vor Gott erkennen wir, was uns schuldhaft von ihm trennt ...“[52] Der alte Mensch kommt da zu Beginn des Gottesdienstes zur Sprache, der Mensch, der „gesündigt“ hat „mit Gedanken, Worten und Werken“[53].

Später im Gottesdienst stimmen dieselben Christen in das Sanctus ein. Ihre „Herzen“ haben sie im Wechselgesang zu Beginn des Abendmahlsteils (Präfationsversikel) zu Gott er-

---

51 Vgl. Anderson, E. Byron, Worship and Christian Identity. Practicing Ourselves, Collegeville (MN) 2003. Vgl. auch die im christlich-jüdischen Kontext entstandenen Aufsätze von Wahle, Stephan, Identität durch Gebet? Die Selbst-Überschreitung des Menschen durch Gebet im Kontext institutionalisierten Betens in Judentum und Christentum, in: Gerhards, Albert/Henrix, Hans Hermann (Hg.), Dialog oder Monolog? Zur liturgischen Beziehung zwischen Judentum und Christentum, QD 208, Freiburg/Basel/Wien 2004, 128–148, und Doeker, Andrea, Das Gebet als geprägte Sprache. Jüdisches und christliches Gebet als Konstituierung von Identität, in: Gerhards, Albert/Wahle, Stephan (Hg.), Kontinuität und Unterbrechung. Gottesdienst und Gebet in Judentum und Christentum, Studien zu Judentum und Christentum, Paderborn u. a. 2005, 15–61.

52 Evangelisches Gottesdienstbuch, Agende für die EKU und die VELKD, Berlin/Bielefeld/Hannover 2000, 88.

53 Ebd.

hoben. Was dann geschieht, beschreibt Martin Nicol in einer Predigt wie folgt:

> [. . .] beim Abendmahl singen wir das Sanctus, als ob es nichts Besonderes wäre. Wir haben uns daran gewöhnt. Der Pfarrer, die Pfarrerin stimmt den Lobgesang an: „Wahrhaft würdig und recht ist es, billig und heilsam . . ." Der Gesang wächst an, löst sich von der Erde, schwingt sich zum Himmel empor: „Dich preisen die Mächte des Himmels mit einhelligem Jubel." Die Engel singen da, die Mächte des Himmels. Und dann die Aufforderung: „Mit ihnen lass auch unsere Stimmen uns vereinen und ohne Ende bekennen . . ." Da passiert es. Da stimmt die ganze Gemeinde ein in den kosmischen Gesang der Engel. Die ganze Gemeinde: Sie und ich und ungezählte Menschen auf der ganzen Erde. [. . .] Eigentlich absurd: Da singen die Engel – und ich bin dabei. Ein gemischter Chor aus irdischer Gemeinde und Engeln des Himmels.[54]

Im gemeinsamen Sanctus ist, folgt man dieser liturgischen Dramaturgie, der alte Mensch überwunden, und der neue Mensch mischt sich schon jetzt (proleptisch sozusagen) unter den Chor der Engel, steht wie Jesaja vor dem Thron Gottes (vgl. Jes 6), findet sich mitten im Himmel wieder – wie Johannes, der Seher (vgl. Offb 4).

Confiteor *und* Sanctus – beides in ein- und demselben Gottesdienst. Es ist eine Art doppelter Staatsbürgerschaft der Christen, die im Gottesdienst besungen und eingeübt wird: Bürger dieser Erde sind sie *und* Bürger des Himmelreichs. Der Gottesdienst am Sonntag wird zum (kleinen) Grenzverkehr dazwischen.

---

54 Nicol, Martin/Deeg, Alexander, Im Wechselschritt zur Kanzel. Praxisbuch Dramaturgische Homiletik, Göttingen 2005, 170. Vgl. zur Intertextualität des Sanctus auch Deeg, Alexander, Gottesdienst in Israels Gegenwart. Liturgie als intertextuelles Phänomen, in: LJ 54, 2004, 34–52, 39f.

VII. „Amen, ja, so soll es sein" – Identifikation in der Predigt

Für die philosophische und psychologische Diskussion der „Identität" wurde nicht nur George Herbert Meads Interaktionstheorie, sondern vor allem auch Erik H. Eriksons epigenetische Identitätstheorie wichtig. Seine Grundthese: Menschliche Identität entwickelt sich in verschiedenen Stufen (insgesamt acht, vom Säuglingsalter bis ins reife Erwachsenenalter), die jeweils durch psycho-soziale Krisen ausgelöst werden. Jede Krise lässt Identität fraglich werden, wobei Identität für Erikson eine „Grundhaltung" meint, ein „Gefühl", nämlich „das Erlebnis des nunmehr bleibenden So-Seins, das von der persönlichen Vergangenheit [...] zu einer vorstellbaren Zukunft, und von der Vergangenheit der Gemeinschaft [...] zu einer vorhersehbaren und vorstellbaren Wirklichkeit gekonnten Schaffens und ausgefüllter Rollen reicht."[55] Ausgebildet sollte dieses Gefühl bei gelingender Identitätsentwicklung im Jugendalter sein; Identitätskrisen kommen aber auch später noch auf das Individuum zu. Für Erikson ist das „Ich" „das einzig gewisse Moment im Identitätsprozeß".[56] Sein Modell ist daher konzentrisch auf das Ich als Subjekt der Identität bezogen.

Das epigentische Modell Eriksons ist suggestiv. Vor allem kann es mit dem Verweis auf das aktive Ich als Ausgangspunkt und Zielpunkt der Identität klar auf einen Ort verweisen, dem die Verantwortung zugewiesen wird. Und gleichzeitig entspricht es den Erfahrungen von Menschen, die sich als Autoren ihrer – wie auch immer brüchigen – Lebensgeschichte durch verschiedene Krisen hindurch wahrnehmen.

Worauf kann man demgegenüber zeigen, wenn man nicht von Identität, sondern von einer christlich verstandenen Liminalität ausgehen möchte? Wo ist der Ort, der dann aufgesucht werden muss, wenn man weder auf das rettende Ufer eines konzentrisch um sich selbst kreisenden Ichs deuten kann noch

---

55 Erik H. Erikson, zit. nach Klessmann, Pastoralpsychologie (Anm. 42), 143.

56 Schneider-Flume, Die Identität (Anm. 14), 77.

im Strom (vermeintlicher!) postmoderner Diversität versinken will? Die reformatorische Antwort ist einfach und hochkomplex zugleich: Dieser gesuchte Ort ist das *Wort*.

Einfach ist die Antwort, weil ein einzelnes (und nicht einmal lateinisches) Wort genügt, um den Ort zu bestimmen, aus dem heraus sich christliche Existenz (immer neu) konstituiert. Hoch komplex ist die Antwort, weil „Wort" ein schillernder Begriff ist. Folgt man der Differenzierung, die Karl Barth wirkmächtig vortrug, dann ist von einer dreifachen Gestalt des Wortes auszugehen: das fleischgewordene Wort Jesus Christus, das Wort der Heiligen Schrift und das Wort Gottes in der Verkündigung.[57] Diese drei Gestalten des Wortes Gottes können differenziert, aber nicht getrennt werden: Die Verkündigung ist, so Gott will, Gottes lebendiges Wort, das sich auf das Wort der Schrift bezieht und den gekreuzigten und auferstandenen Jesus Christus bezeugt. Greifbar, zugänglich ist zunächst die zweite Gestalt des Wortes Gottes: die *Heilige Schrift*. Sie liegt in den Schriften Alten und Neuen Testaments zwischen zwei Buchdeckeln vor. Martin Luther verweist auf sie und nicht auf das unsichere, von Anfechtung geplagte „Ich", wenn er seine Herkunft und Zukunft als Christ, wenn er „Kraft und Grund der christlichen Existenz"[58] beschreiben will. Er konnte bereits in seinen ersten Psalmenvorlesungen sagen, der Glaubende sei aus dem Muttergrund (der „Matrix") der Schrift geboren: „ex matrice scriptur[a]e nati".[59] In der Römerbrief-Vorlesung beschreibt Luther dann (in Auslegung von Röm 3,4 sowie dem darin aufgenommenen Zitat aus Ps 51,6), wie der Hörer des Wortes in das Wort hinein verwandelt wird und dort Wahrheit findet: „Gott siegt nämlich in seinem Wort, insofern er uns so beschaffen macht, wie sein Wort ist, d. h. gerecht, wahr, weise usw. Und so verwandelt er uns in sein Wort [. . .]" („Vincit enim in verbo suo, dum nos tales facit,

57 Vgl. KD I/1, 89–128 [Das Wort Gottes in seiner dreifachen Gestalt].

58 Ebeling, Gerhard, Evangelische Evangelienauslegung. Eine Untersuchung zu Luthers Hermeneutik, Forschungen zur Geschichte und Lehre des Protestantismus. Zehnte Reihe, Bd. 1, München 1942, 374.

59 WA 4, 234, 17 [in der Auslegung zu Ps 109(110),3b].

quale est verbum suum, hoc est Iustum, verum, Sapiens etc. Et ita nos in verbum suum [...] mutuat."[60])

In dieser Tradition lutherischer Worttheologie entstand 1602 das Lied „Wohl denen, die da wandeln", das die exzentrische Verankerung christlicher Existenz im Wort eindrucksvoll besingt. Cornelius Becker (1561–1604) dichtet: „Mein Herz hängt treu und feste / an dem, was dein Wort lehrt." (EG 295,3) Im dynamischen Wechsel der Weltwirklichkeiten preist Becker die Beständigkeit von Gottes Wort: „Dein Wort, Herr, nicht vergehet, / es bleibet ewiglich, / so weit der Himmel gehet, / der stets beweget sich; / dein Wahrheit bleibt zu aller Zeit / gleichwie der Grund der Erden, / durch deine Hand bereit'." (V. 4)

Christenmenschen (wie auch Jüdinnen und Juden!) haben ihre Heimat im Wort und sind in dieser Hinsicht Lesemenschen, *homines legentes*.[61] Und die Predigt im christlichen Gottesdienst – nach Luther das „höchste Amt in der Christenheit" – hat, so meine ich, im Wesentlichen die eine Aufgabe: mit der Gemeinde die Schrift zu lesen und so hinzuführen zu einer Existenz, die sich „ex matrice scriptur[a]e nati" erfährt. Die Predigt ist dann nicht primär Information über die Bibel oder den christlichen Glauben, nicht primär Kommentar zum Weltgeschehen oder zur kirchlichen, gesellschaftlichen oder politischen Großwetterlage und erst recht nicht abstrahierender Extrakt der Botschaft des Bibelwortes oder des „eigentlich in ihm Gemeinten". Die Predigt ist Annäherung an die Heimat Bibel, die nicht wenigen Christen zur „fremden Heimat" geworden ist.[62]

---

60 WA 56, 227, 2–5; vgl. dazu auch Joest, Wilfried, Ontologie der Person bei Luther, Göttingen 1967, 222–228, bes. 224.

61 Vgl. Huizing, Klaas, Homo legens. Vom Ursprung der Theologie im Lesen, TBT 75, Berlin/New York 1996; Fodor, Jim, Reading the Scriptures: Rehearsing Identity, Practicing Character, in: Hauerwas, Stanley/Wells, Samuel (Hg.), The Blackwell Companion to Christian Ethics, Malden (MA)/Oxford/Victoria (Austr.) 2004, 141–155, und Deeg, Alexander, Pastor legens. Das Rabbinat als Impulsgeber für ein Leitbild evangelischen Pfarramts, in: PTh 93, 2004, 411–427.

62 Die religions- und gemeindepädagogische Aufgabe, die sich hinter dieser Bemerkung verbirgt, erscheint mir gewaltig. Wie kann Gemeinde zu

Martin Luther beschließt den ersten Teil seiner Kirchenpostille, einer Sammlung von „Predigtmeditationen“, mit dem eindringlichen Ruf: „Darumb hyneyn, hyneyn, lieben Christen, und last meyn und aller lerer außlegen nur eyn gerust seyn zum rechten baw, das wyr das blosse, lautter gottis wort selbs fassen, schmecken unnd da bleyben; denn da wonet gott alleyn ynn Zion. AMEN.“[63] Die Predigt – wie jede Schriftauslegung – setzt sich diesem Verständnis Luthers folgend nicht an die Stelle der Schrift, sondern versteht sich als ein Gerüst, mit dessen Hilfe der schon längst fertige (!) Bau der Schrift begangen und bewohnt werden kann in der Erwartung, in diesem Bau dem Gott zu begegnen, der darin Wohnung genommen hat und der aus dem Bau heraus das Wort ergreift. Predigerinnen und Prediger tun so das Menschenmögliche;[64] alles Weitere tut Gott selbst. Er selbst ruft in seinem Wort heraus – und Hörerinnen und Hörer reagieren – so Gott will, indem sie am Ende der Predigt antworten und „Amen“ sagen. „Amen, ja, so soll es sein.“ Der Identifikationsprozess, der das Gebet kennzeichnet, die Logik von Wort und Antwort, prägt daher auch die Predigtrede (weswegen das „Amen“ am Ende der Predigt unbedingt der Gemeinde zurückgegeben werden muss, falls es nicht als Bestätigung des Predigers oder der Predigerin zur mehr oder minder großen Genialität seiner oder ihrer Gedanken gehört werden soll!).

Eine solche Predigt als „Gerüst“ kann in doppelter Hinsicht als *liminal* beschrieben werden. Zum einen deshalb,

---

dem Ort des Lesens werden, der sie nach reformatorischem Verständnis sein müsste!? Inwiefern kann der Religionsunterricht als kreatives, herausforderndes Lesenlernen gestaltet werden? – Eine lektorale und skripturale Bestimmung der Predigt habe ich – Anregungen aus dem Judentum aufnehmend – versucht in: Predigt und Derascha. Homiletische Textlektüre im Dialog mit dem Judentum, APTLH 48, Göttingen 2006, vgl. bes. Kap. 11.

63 WA 56, 227, 2–5.

64 Vgl. zur konkreten Gestaltung einer Predigtrede im Wechselspiel mit dem biblischen Wort die von uns zusammengetragenen und kommentierten Predigt-Moves: Nicol/Deeg, Im Wechselschritt zur Kanzel (Anm. 54), bes. 108–128 [Bibelwort & Kanzelsprache].

weil sie sich als eigene Predigtrede beständig an der Grenze zum Wort der Bibel bewegt. Sie baut Gerüste zum biblischen Wort, eröffnet Zugänge, lässt Neues sehen. Sie liest das Wort mit der Gemeinde, indem sie es groß macht, umkreist, hinterfragt, mit eigenen Worten kon-textualisiert und mit Lebenswirklichkeiten ver-spricht. Sie ist Rede als gemeinsame Lektüre.

Zum andern ist Predigt liminale Rede, weil sie sich an der Grenze zu Gottes eigenem Wort bewegt. So Gott will, wird es geschehen, dass er selbst in, mit und unter dem Wort der Predigt das Wort ergreift. Dass Hören zum Ereignis wird, sich Existenz lichtet und der Grenzverkehr in jene andere Welt und fremde Heimat Bibel stattfindet. „Amen. Ja, so soll es sein", antworten Hörerinnen und Hörer darauf und stimmen ein in die exzentrische, verheißungsvolle, liminale Existenz im Wort.

Identität?

Existenzielle Vollzüge und institutionelle Orte des Selbstwerdens und des Selbstseins

Alexander Deeg/Stefan Heuser
Arne Manzeschke

Der Begriff „Identität“ ist ein echtes Verständigungshindernis. Er wird (zu) viel gebraucht, und oft bleibt dabei unklar, was Menschen eigentlich meinen, wenn sie von „Identität“ reden. Hinzu kommt, dass sich Menschen hinter diesen Begriff vor den Ansprüchen anderer zurückziehen können. Der Begriff „Identität“ ist dann nicht nur unklar, sondern erscheint in seiner inhaltlichen Füllung nicht verhandelbar und bezeichnet so die Grenzen dessen, was man (noch) kommunizieren kann oder will. An Fragen der Identität stoppt der Dialog der Kulturen, der Konfessionen, der Religionen oder einfach die Verständigung im täglichen Zusammenleben. Vielleicht können wir nicht anders, wenn wir unser Zusammenleben als ein Spiel der Kräfte verstehen, in dem wir unser Selbst gegenüber anderen schützen und behaupten müssen. Die Frage ist dann, wie Menschen dazu frei werden, sich mit dem, was zu ihnen gehört und was sie ein Selbst werden und sein lässt, zu artikulieren. Wie muss eine Verständigung aussehen, in der so etwas möglich ist – in der Menschen mit dem nach vorne treten können, was ihre Identität ausmacht?

Diese Frage spitzt sich angesichts des Problems noch zu, dass es in den meisten Identitätsdiskursen – vom Gespräch am Gartenzaun bis hin zur interkulturellen Kommunikation – vor allem darum geht, sich seiner selbst zu vergewissern und dieses Selbst anderen gegenüber zu behaupten. Wer sich auf die Frage nach Identität einlässt, der wirkt an dieser Logik der Selbstvergewisserung und Selbstbehauptung und an der Reglementierung von Erfahrungen auf den Bereich des

Identischen zu Lasten des Nicht-Identischen mit. Das gilt selbst dann, wenn er sich in emanzipatorischer, kritischer und aufklärerischer Absicht an dieses Thema macht. Wer sich im interkulturellen, interreligiösen, ökonomischen und politischen Diskurs auf die Rede von der Identität einlässt, der intensiviert die Schemata, in denen Menschen von sich und anderen denken, und vertieft den Graben, der zwischen Menschen ist – auch wenn das niemals seine Absicht ist. Das Behaupten von „Identität" hat die Tendenz, bloße Gegebenheiten zu registrieren und zu fixieren, und die Differenz von „Eigenem" und „Fremden" in die Verständigung hineinzutragen; eine Differenz, die sich – wenn überhaupt – erst aus der Verständigung ergeben könnte.

Zu der liberalen Konstruktion des Zusammenlebens in westlichen Gesellschaften gehört daher, dass politische Öffentlichkeiten entstehen, in denen Menschen darauf verzichten zu artikulieren, was sie zu denen macht, die sie sind. Was das Selbst von Menschen inhaltlich ausmacht, kommt – mit guten Gründen – selten auf die Tagesordnungen von Politik, Wirtschaft, Kirche und Schule. Was zu Menschen auf eine Weise gehört, dass es ihr Selbst bestimmt, wird weitgehend ins Private verbannt. Gerade wegen dieser Privatisierung des Selbst wird das Thema Identität aber zum Politikum – und zum Problem.[1] Unsere Öffentlichkeiten sind von dieser Privatisierung bedroht, weil sie geradezu davon leben, dass das Selbst von Menschen nicht anonym bleibt, sondern explizit hervortritt – nicht im Sinn von Klatsch und Regenbogenpresse, sondern im Sinn der Frage, welche Erkenntnis von dem, was zum Menschen gehört, das politische Handeln leitet, damit Politik nicht zur bloßen Administration verkommt. Politik lebt nicht von dem Hervortreten fixierter Identitäten, sondern neben fairen Verfahren auch von dem Vorgang der Verständigung über das, was Menschen ein Selbst werden und bleiben lässt. Diese Verständigung richtet

---

1 Vgl. zur Erläuterung dieses dialektischen Vorgangs: MacIntyre, Alasdair, Die Privatisierung des Guten, in: Honneth, Axel (Hg.), Pathologien des Sozialen. Die Aufgaben der Sozialphilosophie, Frankfurt/M. 1994, 163–183.

unser politisches Handeln auf die Gegenstände, um derentwillen wir uns zusammentun.[2]

Identität von Menschen wird im Zusammenleben der Menschen gebildet, aber sie geht nicht in dem auf, was Menschen einander an Selbstsein mitteilen und gewähren. Identität bleibt eine eigenständige, zu den menschlichen Gestaltungsmöglichkeiten quer laufende Größe. Es gehört auch zur Identität, dass Menschen ihr unteilbar Eigenes, ihre Individualität, gegenüber anderen bewahren. Die Identität eines Menschen ist auch nicht einfach mit seiner Identität als öffentlicher Person, als Bürger, deckungsgleich. Es gibt einen Übergang vom Menschen zum Bürger, der ein wichtiger Gegenstand des Nachdenkens und der diskursiven Verständigung ist.[3] Für diesen Übergang ist es unverzichtbar, dass Menschen ihre Identität gegenüber anderen artikulieren. Identität kann nicht unbestimmt und unartikuliert bleiben, wenn Menschen nicht zum Gegenstand von Fremdbestimmung werden oder als unberechenbare Spieler in die Arenen der Politik treten sollen. Das Zusammenleben in Freiheit wurzelt darin, dass Menschen mit ihrer Identität, ihrer spezifischen Besonderheit, hervortreten und dass sie anderen mitteilen, was zu ihnen gehört, was sie mit anderen verbindet und was sie von ihnen unterscheidet. Andernfalls bleibt die Forderung nach Toleranz bloß formal, und Identitäten kommen nicht in ihrer expliziten Unterschiedenheit auf die Tagesordnung.

Identitätsdiskurse stecken in einem Dilemma. Wo jetzt von Identität die Rede ist, müsste man anders reden. Es ist witzlos, mit sich selbst identisch zu sein und in allen Lebenssituationen im Verhältnis zu sich selbst zu bleiben. Soll es

---

2 Vgl. zu diesen Überlegungen Heuser, Stefan, Vom Verwalten zum Handeln. Ethische Impulse zur Wiedergewinnung des Politischen, in: ders./Ulrich, Hans G. (Hg.), Pluralism in Europe – One Law, One Market, One Culture? Proceedings of the Annual Conference of the Societas Ethica in Ljubljana, August 2004, Societas Ethica 3, Münster 2006, 95–103.

3 Vgl. hierzu Appiah, Kwame Anthony, The Ethics of Identity, Princeton 2005, 62ff, dessen Überlegungen ein gutes Beispiel für den liberalen Identitätsdiskurs sind.

denn in der Verständigung mit anderen um Selbstdisziplinierung, Selbstverwirklichung oder Selbstbehauptung gehen – oder nicht doch um die Neugier, die uns dabei leitet, den Anderen in seiner Besonderheit kennen zu lernen – eine Besonderheit, zu der dann auch das Nicht-Identische gehört? Die Fragen, die in Religion, Bildung und Kultur, Ökonomie und Politik, auf nationalen und internationalen Ebenen aufgeworfen werden, zielen auf diese andere Art der Verständigung. Auf eine Verständigung, die nicht in Gewalt gegen sich selbst und gegen andere mündet – und sei es „bloß" die Gewalt, die darin besteht, sich selbst und den Anderen auf ein vorgefasstes Verständnis seiner selbst festzulegen. Es ist die Notwendigkeit und die leicht überhörbare Realität dieser anderen Art der Verständigung neben den dröhnenden Identitätsdiskursen, die sich am Horizont der Debatten und unserer gemeinsamen Arbeit an diesem Buchprojekt abzeichnet. Wir brauchen eine Verständigung über das, wofür der Begriff „Identität" steht und was er wegen seiner metaphysischen Implikationen und seines Gewaltpotenzials kaum jemals leisten kann. Wir müssen, wie Adorno sagt, „mit dem Begriff über den Begriff hinausgehen" und eine Verständigung über diejenigen Vorgänge suchen, durch die Menschen ein Selbst werden und bleiben können. Wir versuchen dies, indem wir im Folgenden zwei Ebenen des Identitätsdiskurses unterscheiden, die institutionelle und die existenzielle (*I* und *II*), und vier Kategorien benennen (*III*). Abschließend zeigen wir anhand eines berühmten Gedichtes von Dietrich Bonhoeffer, wie evangelische Theologie in der Lage ist, die Identitätsdiskurse entscheidend zu transformieren (*IV*).

I. Institutionelle Orte des Selbstwerdens und des Selbstseins

Die – oft als leidvoll erfahrene – Sehnsucht, auf die die Rede von der Identität nur unzureichend antwortet, besteht darin, den Anderen und sich selbst in der je eigenen Besonderheit zu verstehen. Es kann aber nicht darum gehen, diese Sehnsucht wie in Identitätsdiskursen durch wechselseitige Abgrenzung mit dem Ziel des Machtgewinns zu stillen.[4] Zwar liegt es uns nahe, im Sinne der meisten Identitätsdiskurse im anderen Menschen unser *principium individuationis* zu sehen und uns in Abgrenzung von ihm unserer Selbst zu vergewissern. Doch die Besonderung, die ein jeder erfährt, vollzieht sich nicht in einem Schema von „ich" und „nicht ich",[5] sondern von „Ich" und „Du" in einer gemeinsamen Geschichte. Wir formulieren das bewusst nur vorsichtig theologisch. Der Begriff der „Geschichte" hält den Platz nur sehr ungenügend frei für das, was von der „Story" zu sagen wäre, in der Menschen zusammen mit anderen ein Selbst werden.[6] Theologisch wäre demnach zu präzisieren: Das, was uns ein Selbst werden lässt, widerfährt uns in der Begegnung von Ich und Du, bei der, wie Martin Buber sagt, „eines Dritten Stab den Kreis um das Geschehen zieht".[7] Darin steckt die Einsicht, dass wir Menschen nicht einander ausgeliefert sind mit der unabweisbar vorhandenen Not, ein Selbst werden zu müssen und zu bleiben. Menschen müssen ihr Selbst nicht vom Anderen her und gegen den Anderen gewinnen. Da, wo vom Selbst des Menschen die Rede ist, sind Menschen nicht mit sich selbst allein. Da sind sie weder sich selbst noch anderen ausgeliefert. Verständigen wir uns über die Sphäre des Selbst eines Menschen oder einer Gruppe von Menschen, dann reden wir über etwas Geheimnisvolles. Das Selbst ist nichts Innerliches, Fixiertes, sondern ein Vorgang des Werdens, bei dem es darauf ankommt, wie er für Menschen und durch Menschen artikuliert wird.

An dieser Stelle kommen die *Institutionen* ins Spiel. Institutionen wie Ehe und Familie, sowie die Institutionen der Kultur, der Kirche, der Wirtschaft und der Politik, spielen

---

4 Vgl. hierzu Foucault, Michel, Die Ethik der Sorge um sich als Praxis der Freiheit, in: ders., Analytik der Macht, hg. v. Daniel Defert/François Ewald, übs. v. Rainer Ansén u. a., Frankfurt/M. 2005, 274–300.

5 Vgl. Braun, Christina von, Nicht Ich. Logik, Lüge, Libido, Frankfurt/M. [9]1999.

6 In theologischer Perspektive hat besonders Dietrich Ritschl den Begriff der „Story" geprägt; vgl. nur den frühen Beitrag: Ritschl, „Story" als Rohmaterial der Theologie, ThExH 192, München 1976.

7 Buber, Martin, Das Problem des Menschen, Heidelberg 1954, 169.

als Orte der Kommunikation, der Interaktion und der gegenseitigen Zuwendung von Menschen eine besondere, oft sehr ambivalente Rolle bei der Selbstwerdung. Sie sind stets davon bedroht, erstarrte und fixierte Identitätsmuster zu reproduzieren und sind daher selbst immer wieder neu darauf angewiesen, als Orte des artikulierten Werdens wiedergewonnen zu werden. Nach theologischer Definition ist dies geradezu ihr Auftrag: Sie nehmen Menschen aus dem freien Spiel der Kräfte heraus und stellen sie auf diese Weise in die Freiheit, sich zu sich selbst und anderen ausdrücklich zu verhalten. Mit diesem Auftrag sind sie versehen, auch wenn sie ihm allzu oft nicht genügen. Ihr Auftrag ist nicht, bestimmte Identitäten zu reglementieren, sondern das Selbstwerden explizit zu machen, Kontexte der Artikulation dessen zu werden, was Menschen ein Selbst werden und bleiben lässt. In diesem Sinne sind Institutionen wie Arbeit, Ehe, Politik, Kultur und Kirche keine Identitätskonserven, auf die das chaotische und ungeformte Menschenleben abgefüllt werden könnte. Sie sind selbst wiederum mit der Frage konfrontiert, ob sie ihrer kommunikativen Aufgabe gerecht werden, Menschen in die ausdrückliche Begegnung miteinander und mit sich selbst zu führen. Was diese Institutionen von anderen Ordnungsformen unterscheidet, ist, dass sie auf diese Aufgabe hin ausdrücklich ansprechbar und angesprochen sind.

Durch Institutionen als Medien der Selbstwerdung, nicht als Hüter der Selbstdisziplinierung, werden Menschen davor bewahrt, ihr Selbst aus anonymen Prozessen zu empfangen, sich selbst definieren zu müssen und von anderen auf willkürliche Art und Weise manipuliert zu werden. Durch Institutionen wird präsent, worin Menschen ihr Selbst finden und festhalten. Daraufhin sind sie eingesetzt. Dies geschieht durch die verbindliche Ausrichtung auf den anderen Menschen und die damit verbundene kommunikative Praxis. Diese Aufgabenbestimmung von Institutionen kommt ohne die Zuweisung einer gesellschaftlichen Funktion oder einer quasi-metaphysischen Ordnung aus. Sie geschieht in der Aufmerksamkeit auf das, was mit den verschiedenen Institutionen jeweils verheißen und was in der voraussetzungsreichen institutionellen Praxis immer wieder neu zu erkunden ist.

Ein Selbst werden Menschen durch das hindurch, was ihnen widerfährt, aber das Selbst lässt sich nicht aus der Summe der Widerfahrnisse eines Menschenlebens ermitteln. Die kritische Frage ist, ob es noch eine Differenz gibt zwischen einem Selbst, zu dem Menschen andere machen oder das sie selbst verwirklichen wollen, und einem Selbst, das Menschen in, durch und gegen diese Widerfahrnisse werden. Davon hängt es ab, ob das Selbstwerden von Menschen in kommunikativer Freiheit, im Hören und im Mitteilen geschieht oder ob es Zwängen und Gewalt unterliegt. Entscheidend ist hier die Frage, *worin* – an welchen Orten und in welchen Existenzvollzügen – Menschen ein Selbst werden, wie sie dies artikulieren und wie sie darin vom manipulativen Zugriff anderer frei oder zu befreien sind. Denn Menschen sind allezeit davon bedroht, dass andere in ihre Selbstwerdung auf eine Weise hineinregieren, die keinem Menschen zukommt. Auf die Frage des Selbstwerdens und des Selbstbleibens hin müssen Identitätsdiskurse transformiert werden, wenn wir nicht in einem unabsehbaren Kampf der (und um) Identitäten verstrickt werden oder bleiben wollen. Menschen bleiben und werden ein Selbst in der Bindung an institutionelle Orte, durch die sich ihre Selbstwerdung in der Ausrichtung auf andere und in der begrenzten Interaktion mit ihnen vollzieht – mit allen Ambivalenzen, die das mit sich bringt. Es kommt darauf an, dass Menschen nicht im freien Spiel der Kräfte ein Selbst werden, sondern in der Befreiung, die in der Bindung der Selbstwerdung an Institutionen gefunden wird. Die Grundfrage ist, wie Menschen an institutionellen Orten frei werden, ein Selbst zu werden und zu bleiben.

Hinsichtlich dieses Vorgangs der Befreiung zum Selbstwerden und Selbstbleiben sprechen Bibel und Theologie von dem lebendigen Gott, der durch die Institutionen hindurch die Welt daraufhin regiert, dass Menschen in ihr diejenigen werden, die sie in seinem Gedenken sind. Dieser Gott ruft Menschen aus all den Ambivalenzen formalisierter, fixierter und reglementierter Identitäten hinaus dazu, ihr Selbst im Leben mit ihm zu empfangen. Im vielgestaltigen und oft verborgenen Leben mit Gott werden Menschen in ihrer Besonderheit offenbar. Es ist der Kontext, in dem Menschen als die hervortreten, die sie sind. Von diesem Selbst ist zu reden, dieses Selbst gilt es zu erkunden, wenn Identität mehr sein soll als die Summe von fremden und eigenen Konstruktionsleistungen. Mit Gott leben? Das heißt hier zunächst einmal: im Empfangen bleiben und mitzuteilen, was man empfangen hat. Die Selbstwerdung von Menschen ist den Blicken verborgen (vgl. 1Sam 16,7). Von ihr gibt es Mitteilungen, so genannte Zeugnisse, aber keine Tatsachenberichte. Die Institution der Kirche ist in diesem Sinne eine paradigmatische Institution. Sie ist Kreatur des Wortes, das Menschen sich nicht selber sagen, sondern das ihnen durch das hindurch, was sie hören und reden, gesagt ist. In der Kirche teilen Menschen einander mit, was unbedingt weiterzusagen ist und sie ein Selbst werden und bleiben lässt: das Handeln Gottes an ihnen.

II. Existenzielle Vollzüge des Selbstwerdens und des Selbstseins

Auf einer Ebene unterhalb der institutionellen Bindung von Selbstwerden und Selbstsein hat man nach den körperlichen, leiblichen und seelischen Zusammenhängen gefragt, an die Identitätsbildung und Identitätsbewahrung gebunden sind. Es hat sich allerdings als Sackgasse herausgestellt, nach einer Art „Personkern“, einem unverwechselbaren „Wesen“ des Einzelnen zu fragen, das durch die verschiedenen sozialen Systeme hindurch (umweltunabhängig) konstant bleibt. Demgegenüber hat nicht zuletzt die Psychoanalyse die Bindung der Identität an eine Art subjektiven Personkern infrage gestellt. Ist es nicht vielmehr das Un-(oder: Unter-)Bewusste, das Menschen bestimmt? Beruht das „Ich“ vielleicht gar nicht auf einem Wesenskern, sondern ist von vielen Faktoren konstruiert? Und wie verhält sich das Reden vom „Körper“, vom „Leib“ und von der „Seele“ zur Frage nach der „Identität“?

1. *Der Körper*

Die Chance und die Not, das eigene Leben kreativ selbst zu entwerfen und in relativer Freiheit an seiner Ausgestaltung zu arbeiten, sind heute für einen kleinen und privilegierten Teil unserer Weltgesellschaft gegeben. Aus dieser Perspektive erscheint Identität als Ergebnis der je eigenen Konstruktionsbemühung: der geschickten Integration von Rahmenbedingungen und gekonnten Inszenierung des eigenen Ichs als ein Erlebnis durch Erlebnisse.[8] Die Ästhetisierung des Selbst wirkt leicht wie Hedonismus und leichtfertige Selbstgefälligkeit, doch steckt in diesem gesellschaftlichen Trend mehr als nur das: Die „Sorge um sich", die „Selbstsorge" und die damit verbundene und wieder entdeckte „Lebenskunst"[9], erweisen sich bei genauerer Betrachtung als eine Rückkehr an den Ort des Körpers, um nach der cartesianischen Spaltung von Leib und Geist verloren gegangene Teile des Ichs wieder aufzusammeln und zu integrieren. Sowenig wohl der Körper zum Ort der Identität erhoben werden kann, so wenig darf er andererseits bei der Frage nach der Identität des Menschen vernachlässigt werden.[10]

In vielen gegenwärtigen Identitätsdiskursen spielt der Körper eine herausragende Rolle: Am Körper soll Identität *fest*-gestellt werden, mit dem Körper soll Identität artikuliert werden. Hier scheint ein materiales Substrat gegeben, an dem sich Identität über die Zeit ausweisen und bestätigen

8 Vgl. Schulz, Gerhard, Die Erlebnisgesellschaft. Kultursoziologie der Gegenwart, Frankfurt/M./New York [6]1996; ders., Die Kulissen des Glücks. Streifzüge durch die Eventkultur, Frankfurt/M. 2001.

9 Schmid, Wilhelm, Philosophie der Lebenskunst. Eine Grundlegung, Frankfurt/M. 1998; ders., Auf der Suche nach einer neuen Lebenskunst. Die Frage nach dem Grund und die Neubegründung der Ethik bei Foucault, Frankfurt/M. 2000; Foucault, Michel, Die Sorge um sich. Sexualität und Wahrheit Bd. 3, Frankfurt/M. 1986; Nehamas, Alexander, Die Kunst zu leben. Sokratische Reflexionen von Platon bis Foucault, Hamburg 2000.

10 Vgl. dazu auch Ricœurs Satz: „Einen Körper zu besitzen ist das, was eine Person ausmacht"; Paul Ricœur, Das Selbst ist ein Anderer, München 1989, 46.

lässt. Nicht von ungefähr haben körperbezogene Identifikationsmerkmale in der Sicherheitspolitik (biometrische Daten in Personalausweisen) ebenso Konjunktur wie Körperkult (Tattoos, Piercing, Schönheitsoperationen, Bodybuilding) und körperbezogene Impulse in vielen geisteswissenschaftlichen Disziplinen (Feminismus,[11] materialistische Theologie/Philosophie,[12] Kulturwissenschaften). Ob der Körper allerdings der Stoff ist, auf und aus dem man Identität aufbauen und festhalten kann, erscheint fraglich angesichts der Tatsache, dass die körperlichen Markierungen kaum ausreichen, das zu beschreiben, was wir intuitiv mitmeinen, wenn wir von menschlicher Identität sprechen. *Identifizierung* im Sinne einer physikalischen Beschreibung stellt in unserer Denk- und Wahrnehmungstradition kaum ein Problem dar – das lässt sich mit wenigen messbaren Daten auf einem Personalausweis zusammenfassen. Jeder Mensch wäre aber zu Recht empört, wenn man seine *Identität* darauf reduzierte und von seinem (inneren) Wesen, seiner Ausstrahlung und seiner Biografie schwiege.

2. *Der Leib*

Identität in ihrem existenziellen Vollzug wäre deshalb wohl besser am *Leib* des Menschen zu verorten; am Leib, der anders als der Körper nicht die reduktionistische Summe physikalischer Sinnesdaten wie Größe, Gewicht, Geschlecht, Hautfarbe u. ä. umschließt, sondern das, was in der Tradition der Romantik sowie in den Ganzheitslehren[13] des 19.

---

11 Vgl. Butler, Judith, Körper von Gewicht. Die diskursiven Grenzen des Geschlechts, Frankfurt/M. 1997.

12 Vgl. Buchholz, René, Körper – Natur – Geschichte. Materialistische Impulse für eine nachidealistische Theologie, Darmstadt 2001; Schroer, Silvia/Staubli, Thomas, Die Körpersymbolik der Bibel, Gütersloh [2]2005.

13 Vgl. Harrington, Anne, Die Suche nach Ganzheit. Die Geschichte biologisch-psychologischer Ganzheitslehren: Vom Kaiserreich bis zur New-Age-Bewegung, Reinbek 2002.

und 20. Jahrhunderts als *Gestalt*[14] zum Ausdruck gebracht wird und sich an biblische Terminologie anlehnt: „Das ist mein Leib" (1Kor 11,24); „Auferstehen wird ein unverweslicher Leib" (1Kor 15,44). Nicht von ungefähr ist die Rede vom Leib in unserer Sprache ein wenig abhanden gekommen; es fehlt uns die Sprache und die Wahrnehmung, um uns selbst in diesem mehr als Körperlichen zu thematisieren. Aber der Begriff des Leibes[15] scheint doch geeignet, dem gängigen Sprachgebrauch völlig zuwider, den inneren Raum einer Person (z. B. inneres Wesen, Werte, Einstellungen, Geist, Seele) und den äußeren Raum einer Person (z. B. Ausstrahlung, Aura, Auftreten, Äußerung) hinreichend zu beschreiben.

Der Leib, in dem ein Mensch zu seiner Gestalt[16] findet, umfasst seine äußere (körperliche) Erscheinung[17] und ebenso seinen Geist, sein „inneres Wesen", was zusammen seine Persönlichkeit, seine Aura und in der Erstreckung über die Zeit seine (durchaus wechselhafte und doch eindeutig zuordenbare) Identität ausmacht.

Allerdings stellen Begriffe wie Biografie, Geist, Seele, Wesen oder Aura höchstens begriffliche Krücken dar. Sie muten subjektivistisch oder schlimmer noch: esoterisch an.[18] Wir verfügen in unserer Tradition kaum über angemessene Theorien und Termini, sei es, weil sie in aktuellen wissenschaftli-

---

14 Vgl. hierzu Metzger, Wolfgang, Gestalt, in: Historisches Wörterbuch der Philosophie, Bd. 3, Darmstadt 1974, 540–548; Buchwald, Dagmar, Gestalt, in: Ästhetische Grundbegriffe, Bd. 2, hg. von Karlheinz Barck u. a., Stuttgart 2001, 820–862.

15 Vgl. Kamper, Dietmar, Körper, in: Barck, Karlheinz u. a. (Hg.), Ästhetische Grundbegriffe, Bd. 3, Stuttgart 2001, 426–450; ders., „Körper", in: Wulf, Christoph (Hg.), Vom Menschen. Handbuch Historische Anthropologie, Weinheim/Basel 1997, 407–416; Belting, Hans/Kamper, Dietmar/Schulz, Martin (Hg.), Quel Corps? Eine Frage der Repräsentation, München 2002.

16 Vgl. Hentig, Hartmut von, Bildung. Ein Essay, Darmstadt 1996.

17 Vgl. zu einer umfassenden Philosophie des Leibes Schmitz, Hermann, Der unerschöpfliche Gegenstand. Grundzüge der Philosophie, Bonn 1990, bes. 115–205.

18 Zum Problem vgl. Schmitz, Der unerschöpfliche Gegenstand (Anm. 17), bes. 5–34.

chen Diskursen weitgehend ausgemustert wurden oder weil sie aufgrund mangelnder theoretischer Klarheit das Dasein einer Projektionswand führen, an die nach Bedarf angeheftet wird, was gerade beliebt.

3. Die Seele

Die Seele ist nur ein Teil des Menschen und doch so etwas wie der ganze Mensch. Auf mittelalterlichen Darstellungen vom Sterben sind die Seelen der Menschen als Miniaturausgaben dieser selbst zu sehen, die aus dem Körper/Leib des Menschen austreten und ihren Weg ins Gericht gehen. Einer (natur-)wissenschaftlichen Betrachtung ist die Seele heute allenfalls noch in Randdisziplinen wie der Psychoanalyse und Psychosomatik zugänglich – für den „Mainstream" der Medizin besteht nach wie vor Unverständnis und Unzuständigkeit für die Seele – frei nach dem viel zitierten Diktum des Mediziners Rudolf von Virchow (1821–1902): „Ich habe schon viele tausend Leichen seziert, ohne je eine Seele anzutreffen." Demgegenüber liefern Anthropologie, Theologie, Psychologie oder Moralpädagogik seit Jahrhunderten Beiträge zu einem Verständnis der Seele, die jedoch kaum Aufmerksamkeit über die jeweiligen Binnendiskurse hinaus erlangen. Obendrein stehen sie in der Praxis in der Gefahr, einer privatistischen Beliebigkeit übergeben zu werden, wo jede/r mit sich und ihrer/seiner Seele ausmachen möge, was nicht als objektive Daten intersubjektiv kommuniziert werden kann. Sollten wir also die Identität besser an der Seele statt am Körper festmachen? Der Körper ändert sich – von Selbigkeit kann hier nur in einem übertragenen Sinne die Rede sein angesichts der Tatsache, dass ein Körper erwächst, aufblüht und verwelkt, dass er verstümmelt oder verschönt werden kann, dass er aber in jedem Fall sterben muss. Im Gegensatz dazu sprechen wir traditionell von der Seele als einem stets selbst bleibenden Kern eines Menschen. Die Seele lässt sich als ein Kontinuum betrachten.

Der Leib bildet eine Instanz zwischen Körper und Seele; eine Instanz, die zwischen Außenwelt und Innenwelt, zwischen Sein und Bewusstsein vermittelt. Der Leib ist dann der Ort, an dem Geist und Welt inkarnieren, sich einverleiben und hervortreten lassen, was einen Menschen zu dem macht, wer und was er wird und bleibt in dieser konkreten Welt. Der Leib ist aber wesentlich unanschaulich(er) als der Körper und bedient deshalb kaum unser Bedürfnis nach Identität im Sinne einer nicht nur individuell erfahrbaren Selbigkeit, sondern einer intersubjektiv kommunizierbaren, von anderen erkennbaren und erkannten Selbigkeit. Er bietet einen Ort des Übergangs und der Kreuzungen – Übergang von innen nach außen und vice versa, und Kreuzungen des Selbst- und des Fremdbezugs.[19] Aber genau mit diesem Charakter des Übergangs und der Entgrenzung von Innen und Außen, von ich und Anderer scheint der Leib in den aktuellen Identitätsdiskursen, die auf Eindeutigkeit und Ichheit beharren, so unbrauchbar geworden zu sein, dass er auch sprachlich immer mehr aus der Aufmerksamkeit entschwindet.

Sollen wir also von der Seele als dem Ort der Identität sprechen? Einer Seele, die Menschen (zumindest zeitweise) innewohnt und sie zu dem macht, was sie dann ‚eigentlich' sind? Können wir durch die vielen Schichten des Äußeren zum Kern der Dinge und Menschen vordringen, ihre Seele gleichsam herauspräparieren, freilegen und auf solche Weise sichtbar und verstehbar machen? Sehr schön hat Ralph Kunz dieses Problem jüngst auf den Punkt gebracht: „Das Kernproblem bleibt also. Das innerste ‚Etwas' ist im Leib verborgen und offenbart sich nur mittelbar über seine Körperhülle. Es drängt nach aussen in Gesten, Worten oder anderen Formen der Äußerung. Allgemeiner gesagt: Jede Äußerung stammt ursprünglich aus einem Innenraum und wird über einen Zwischenraum durch Zeichenträger in einen anderen Innenraum vermittelt. Seelen wissen von anderen Seelen nur mittels deren Äußerung."[20] Hier wird erneut deut-

19 Vgl. insgesamt Waldenfels, Bernhard, Das leibliche Selbst. Vorlesungen zur Phänomenologie des Leibes, Frankfurt/M. 2000.

20 Kunz, Ralph, Kernprobleme mit der Seele, in: Hermeneutische Blätter 1/2, 2005, 6–11.

lich, dass es bei der Frage nach Identität vor allem um Artikulation geht, um das, was nach außen tritt und von anderen wahrgenommen werden kann.

Ein Problem der ganzen Rede von Identität scheint genau in diesem Punkt zu liegen: Unterstellt man einer einzelnen Person so etwas wie Identität – und es gibt in unserem alltäglichen Sprachgebrauch viele gute Gründe dafür –, dann ist diese wie Charakter, Geist oder Persönlichkeit zunächst eine Art Sammelbegriff für viele verschiedene Eigenschaften, die unter bestimmten Bedingungen ein Ganzes ergeben. Dieses Ganze liegt aber nicht als solches vor; es kann nicht gezählt, gemessen oder gewogen werden, sondern artikuliert sich in bestimmten Situationen, so dass andere Seelen oder Identitäten dieses Ganze erkennen und anerkennen. Dass diese Identität oder Seele aus dem Innern nach Außen tritt (so wie es im Austritt der Seele bei den Toten des Mittelalters ganz plastisch dargestellt ist), ist eher eine metaphorische denn eine anatomische Beschreibung. Das Innere war zur Zeit, als diese Seelenbilder vorgestellt wurden, medizinisch nicht einsichtig. Obduktionen oder Operationen gestorbener Menschen waren verboten. Ebenso wie man Gott in der Weite des Himmels nicht ansichtig wurde, so ließ sich die Seele des Menschen nicht sehen, aber sie musste tief in ihm drin stecken und den Kern seiner Geschöpflichkeit bilden. In der Hirnforschung wird mit den Begriffen „Geist“ oder „Bewusstsein“ nach menschlichen Dispositionen geforscht, die sich als „reduzierte Seelenanteile“ verstehen lassen, doch ob man mit der neurologischen Funktionalität, die sich in Magnetresonanztomographie abbilden lässt, das trifft, was der Begriff Seele will, erscheint mehr als fraglich. Wenn wir heute durch Operationen und bildgebende Verfahren bis tief in die molekularen Strukturen unserer Anatomie eindringen, so werden wir dort genauso wenig die Seele entdecken, wie der Kosmonaut Juri Gagarin bei seinem Flug durchs Weltall Gottes ansichtig wurde.

Wenn wir die Rede vom Innern, das nach Außen drängt als eine metaphorische Redeweise verstehen, dann müssen Vorstellungen wie die von Gagarin oder auch Virchow naiv erscheinen. Das Problem der Identität aber einfach ins Reich des Geistigen zu verlegen und seine materiale Basis zu vernachlässigen wäre allerdings nicht minder leichtfertig.

Aber auch in holistischen Anthropologien kann der Gegensatz von Körper und Geist nicht aufgehoben werden.[21] Das heißt aber: Die Differenz von Körper und Geist lässt sich weder einseitig materialistisch (z. B. d'Holbach im 18. Jahrhundert) noch idealistisch (bes. Descartes im 17. Jahrhundert) auflösen und ebenso wenig holistisch überspielen. Auf das Thema personaler Identität gewendet bedeutet es, dass die Identität einer Person weder im Körper zu finden ist noch im Geist, dass auch ihr Zusammenspiel von Körper und Geist an seinen Schnittstellen (was gerade in der Hirn- und Bewusstseinsforschung untersucht wird) keine hinreichende Beobachtungsfläche bietet, um angemessen etwas über die Identität eines Menschen zu sagen. Die Bezogenheit von Vorgängen der Selbstwerdung und des Selbstseins auf Körper, Leib und Seele von Menschen ist aber unhintergehbar. Wir schlagen vor, dies neben dem institutionellen Ort die existenziellen Vollzüge von Selbstsein und Selbstwerden zu nennen und zu reflektieren. Nicht der Körper, der Leib und die Seele zeigen, wer einer ist, sondern Körper, Leib und Seele sind *Medien der Artikulation von Identität.*

III. Identität im Spannungsfeld von Fixierung, Konstruktion, Formalisierung und Artikulation

Es scheint uns möglich, vier grundlegende Kategorien in der gegenwärtigen Diskussion über „Identität" zu unterscheiden. Das Problem, mit dem die Diskussion ringt, ist nach unserer Ansicht nicht das Verhältnis von einheitlicher Identität und pluralen Identitäten, sondern das Verhältnis von fixierter, konstruierter, formalisierter und artikulierter Identität:

21 Vgl. Harrington, Die Suche nach Ganzheit (Anm. 13).

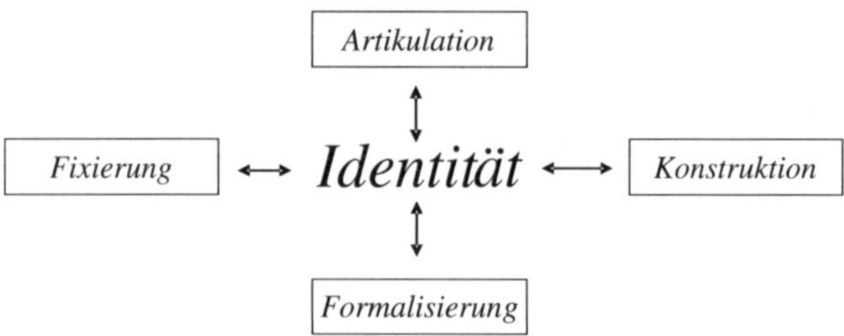

Bei den Kategorien der *Fixierung* und der *Konstruktion* von Identität geht es darum, wie sich die Identität von Menschen verdichtet – bis hin zur Überverdichtung und Festlegung von Identität in institutionellen oder leib-seelischen Zusammenhängen. Identität wird in diesem Kategorienpaar als etwas gesehen, was Menschen bewerkstelligen, herbeiführen oder festhalten können. Der Akzent liegt auf der aktiven Herausbildung *(Konstruktion)* und/oder dem Festhalten *(Fixierung)* von Identität. Fixierung geschieht dort, wo behauptet wird, Identität sei in einen spezifischen Lebenswandel eingelassen und verbinde sich mit einem besonderen Wertesystem. Die Fixierung von Identität birgt die Gefahr, das Leben einzelner und ihr Zusammenleben unbotmäßig zu normieren und in bestimmte Lebensformen hineinzupressen. Das hat nicht nur Bedeutung für die Wahrnehmung von religiösen und weltanschaulichen Fundamentalismen, sondern beispielsweise auch Konsequenzen für die Frage, was „Bildung" zur Herausbildung einer Identität beitragen kann und darf. Kann schulische Bildung mehr sein als eine schlechte Kompensation, wenn ein Mensch von Haus aus keine Identität mitbringt? Wie viel Identitätsbildung gehört überhaupt in die Öffentlichkeit?[22] Wie viel kann und muss demgegenüber der Familie und der Lebenswelt eines Menschen überlassen bleiben? Was soll geschehen, wenn die Lebenswelt als Identitätsquelle wegbricht? Soll dann der Staat Identitäten verordnen?

22 Vgl. zu dieser Fragestellung Roothaan, Angela, Personal Identity and the Question of Culture, in: Heuser, Stefan/Ulrich, Hans G. (Hg.), Pluralism in Europe – One Law, One Market, One Culture?, Münster 2006, 242–253.

Oder soll die Wirtschaft Menschen im Sinne einer „corporate identity“ formen? Fragen wie diese zeigen die ganze Problematik und Abgründigkeit des Diskurses über Identität an.

Bei der Kategorie der *Formalisierung* geht es darum, dass im Zusammenleben unausgesprochen bleibt, was das Selbst von Menschen ausmacht. Der Akzent liegt darauf, dass sich Menschen gerade nicht im kontroversen Medium ihres Selbstseins im Bezug auf existenzielle und institutionelle Zusammenhänge, sondern im allgemeinen und egalisierenden Medium des Rechts begegnen. Auf die Vorteile, aber auch auf die spezifische Problematik dieses liberalen Modells, bei dem sich Menschen als Bürger auf der Ebene des übergreifenden Konsenses, nicht auf der Ebene dessen, was zu ihrem Selbst gehört treffen, wurde bereits oben hingewiesen.

Bei der Kategorie der *Artikulation* von Identität geht es darum, wie Menschen einander mitteilen, was zu ihnen gehört: woraus, womit und woraufhin sie leben. Identität wird in dieser Kategorie als etwas gesehen, was Menschen explizit und auf begrenzte Weise im Kontext von Institutionen und existenziellen Vollzügen widerfährt, und dem sie anderen gegenüber Ausdruck verleihen können. Der Akzent liegt darauf, dass das „Selbst“, das Menschen werden und bleiben, nicht stumm bleibt, sondern mitgeteilt wird.

Zwischen Fixierung, Konstruktion, Formalisierung und Artikulation von Identität spannt sich ein weites Feld unterschiedlicher Formen des Selbstseins und des Selbstwerdens auf. Die Kategorien der fixierten, der konstruierten, der formalisierten und der artikulierten Identität stellen ein kritisches Instrumentarium bereit, mit dem wir uns in diesem Feld bewegen können. An der Unterscheidung zwischen einer fixierten, einer konstruierten, einer unausgesprochenen, formalisierten Identität und einer kommunikativen, in der Begegnung zwischen Menschen aufscheinenden und für die gemeinsame Erkundung offenen Identität lässt sich aber gleichwohl zeigen, wie gefährlich und verheißungsvoll zugleich dieser Begriff in seinem Gebrauch ist. Es kommt auf ein ausgewogenes Verhältnis dieser vier Kategorien unter dem Vorrang der Kategorie der Artikulation an.

Damit bleibt die Aufgabe bestehen, *Identität zu artikulieren* (und eben nicht zu dekretieren bzw. in formaler Abstraktion zum Schweigen zu bringen). Menschen können nicht einfach sie selbst sein, sondern verhalten sich zu sich selbst als solche, die ein Selbst sind und ein Selbst werden. Identität ist etwas, das weder fixiert werden noch unausgesprochen bleiben kann, sondern das zu Menschen dringt und auf Artikulation angewiesen bleibt: Was von dem, der ich bin und die wir sind, wird uns im Medium der Verständigung präsent? Was von dem, der ich werde und die wir werden, kommt zur Artikulation? Was habe ich über mich gehört, was ich mir nicht selber sagen konnte? Teilen wir etwas mit, wenn wir „wir" sagen, das wir nicht ausgehandelt haben, das uns nicht blind widerfährt, sondern das uns anvertraut ist? Solche Fragen führen in den vielgestaltigen Vorgang der Artikulation von Identität, der stets von Fixierung und Formalisierung bedroht bleibt, ohne aber aus deren Zusammenspiel herauszutreten und ohne verschiedene Grade an Verdichtung und Formalisierung auskommen zu können. Die Artikulation von Identität in ausgewogenem Verhältnis von Fixierung und Formalisierung führt in die Verständigung und gegebenenfalls in den Streit; das völlige Schweigen über Identität aber führt in die Indifferenz; die bloße Fixierung von Identität führt in die Etablierung von Freund-Feind-Schemata.

Der spezifisch evangelische Beitrag zu diesem Thema ist die Rede von dem Selbst, das Menschen durch das gewinnen, was Gott an ihnen tut: eine Identität *extra nos*, die wir nicht besitzen, sondern auf die hin wir geschaffen werden. Diese Rede von Identität setzt eine Transformation des Identitätsdiskurses voraus, die eine genuin evangelische Aufgabe im gegenwärtigen Identitätsdiskurs ist und die wir paradigmatisch an Bonhoeffers berühmtem Gedicht „Wer bin ich?" studieren können.

IV. „Dein bin ich" – Zur Transformation des Identitätsdiskurses

In seinem Gedicht „Wer bin ich?" vollzieht Dietrich Bonhoeffer eine eindrückliche Umkehrung der Frage nach Identität, die sich an der Veränderung der Sprachform in der letzten Zeile zeigt:

Wer bin ich?

Wer bin ich? Sie sagen mir oft,
ich träte aus meiner Zelle
gelassen und heiter und fest
wie ein Gutsherr aus seinem Schloß.

Wer bin ich? Sie sagen mir oft,
ich spräche mit meinen Bewachern
frei und freundlich und klar,
als hätte ich zu gebieten.

Wer bin ich? Sie sagen mir auch,
ich trüge die Tage des Unglücks
gleichmütig, lächelnd und stolz,
wie einer, der Siegen gewohnt ist.

Bin ich das wirklich, was andere von mir sagen?
Oder bin ich nur das, was ich selbst von mir weiß?
Unruhig, sehnsüchtig, krank, wie ein Vogel im Käfig,
ringend nach Lebensatem, als würgte mir einer die Kehle,
hungernd nach Farben, nach Blumen, nach Vogelstimmen,
dürstend nach guten Worten, nach menschlicher Nähe,
zitternd vor Zorn über Willkür und kleinlichste Kränkung,
umgetrieben vom Warten auf große Dinge,
ohnmächtig bangend um Freunde in endloser Ferne,
müde und zu leer zum Beten, zum Denken, zum Schaffen,
matt und bereit, von allem Abschied zu nehmen?

Wer bin ich? Der oder jener?
Bin ich denn heute dieser und morgen ein andrer?
Bin ich beides zugleich? Vor Menschen ein Heuchler
und vor mir selbst ein verächtlich wehleidiger Schwächling?

Oder gleicht, was in mir noch ist, dem geschlagenen Heer,
das in Unordnung weicht vor schon gewonnenem Sieg?

Wer bin ich? Einsames Fragen treibt mit mir Spott.
Wer ich auch bin, Du kennst mich, Dein bin ich, o Gott![23]

Bonhoeffer vergleicht in diesem Gedicht zunächst das Bild, das andere von ihm zeichnen, mit dem Bild, das er von sich selbst hat. Diese Eindrücke ergeben weder in der Differenz noch in der Summe das ganze und tatsächliche Bild, mit dem ein Mensch identisch wäre und das Bonhoeffer von sich akzeptieren würde. Es gehört viel geistige und geistliche Widerstandskraft dazu, auf solche Antworten zu verzichten und den „Spott" der verschiedenen Bilder auszuhalten. Auch die Leser dieses Gedichts sind gefordert, die Zeilen Bonhoeffers nicht leichthin mit seiner gänzlich übererforschten Biographie auszufüllen. Der Verzicht auf die Identitätsangebote der anderen und seiner selbst erfordert freilich ein enormes und widerständiges Vertrauen in Gottes Nähe durch alle Anfechtung hindurch. Dafür steht Bonhoeffer nun allerdings mit seinem Leben. Er hat sein Leben in der Erwartung gelebt, dass er das, was er ist, aus den Händen Gottes empfängt. Das rückhaltlose „Dein bin ich, o Gott" ist dann keineswegs als verschobene und projizierte Ersatzidentität zu werten, sondern hier wird ernst genommen, dass Menschen ihr Selbstsein und ihr Selbstwerden durch Existenzialien und Institutionen hindurch im Leben mit Gott gewinnen. Die Pointe des Gedichts besteht darin, dass Bonhoeffer die Frage, wer er ist, nicht freischwebend beantwortet, und auch nicht allein dadurch schon beantwortet sieht, was andere über ihn sagen oder was er selbst von sich hält, sondern dass er sich wie die Beter der Psalmen mit dieser Frage an Gott wendet. Aus dem „einsamen Fragen" wird das Gebet, und von Gott her

23 Bonhoeffer, Dietrich, Wer bin ich?, in: ders., Widerstand und Ergebung. Briefe und Aufzeichnungen aus der Haft, hg. v. Eberhard Bethge, München ²1977, 381f © Gütersloher Verlagshaus, Gütersloh, in der Verlagsgruppe Random House.

kommt Antwort – oft durch die Worte der anderen hindurch, oft genug aber auch gegen sie. Bonhoeffer greift Gottes Antwort nicht vor, aber er verzichtet auch nicht auf die Frage, wer er sei. Er bleibt vielmehr in der Erwartung der Antwort Gottes, dem er sich anvertraut: „Dein bin ich, o Gott!“ Es ist die spiegelbildliche Antwort auf die Selbstvorstellung Gottes in der Einleitung des Dekalogs, Ex 20,2: „Ich bin JHWH, dein Gott“. Indem Bonhoeffer artikuliert, dass er Gott gehört, stimmt er in die Geschichte ein, die dieser Gott mit seinen Geschöpfen hat.

Hier endet das Gedicht. Bonhoeffer verzichtet darauf, seine Person im Licht dieser Geschichte der schöpferischen und befreienden Zuwendung Gottes zu interpretieren. Er lässt das Urteil über sein Selbst bei Gott. Nun sind die Leser gefragt und herausgefordert, das, was sie von diesem Gott, von seinen Geboten und Verheißungen, gehört haben, zu artikulieren. Können sie wie Bonhoeffer ihr Werden und Bleiben in die Hände Gottes legen?

Der spezifische Beitrag der evangelischen, am biblischen Zeugnis orientierten Theologie zum Identitätsdiskurs besteht darin, die Frage, wer ein Mensch ist, neu zu adressieren. Der bestirnte Himmel, die anderen Menschen, die Tiere und Pflanzen, die Welten, die wir konstruieren – sie alle geben auf diese Frage nur verzerrte Antworten. Entscheidend ist es, die Sprachrichtung wie Bonhoeffer zu verändern und von Gott die Antwort zu erwarten, die er schon gegeben hat („Ich habe dich bei deinem Namen gerufen, du bist mein“; Jes 43,1) und noch geben wird („Es ist noch nicht erschienen, was wir sein werden …“, 1Joh 3,2). Diese Antwort des Einen, von der wir herkommen und auf die wir warten, fächert die wundervolle Pluralität der Identitäten auf. Es gab in der evangelischen Theologie immer wieder den Versuch, diese Erwartung abzukürzen und Jesus Christus als eine Art Erkenntnisprinzip des Selbst einzusetzen. Es ist an diesem Punkt heilsam, auf Bonhoeffers Gedicht zu hören. Bonhoeffer behauptet nicht, dass er weiß, wer er ist, weil er Jesus Christus kennt. Er sagt nur, zu wem er gehört: „Dein bin ich, o Gott!“ Er kann so reden, weil er von Christus herkommt, der solches betet. Im Kontext dieser Herkunft bleiben Menschen dabei, ihr Selbst dem Gott entgegenzustrecken, der sich ihrer annimmt. So bleibt „Identität“ in ihrer existenziellen und institutionellen Praxis erwartungsvoll offen für Gottes schöpferische Zuwendung zum Menschen.

Literaturauswahl

ADORNO, THEODOR W., Negative Dialektik, Frankfurt/M. 1975.

ANDERSON, E. BYRON, Worship and Christian Identity. Practicing Ourselves, Collegeville (MI) 2003.

APPIAH, KWAME ANTHONY, The Ethics of Identity, Princeton 2005.

BLOCH, ERNST, Naturrecht und menschliche Würde, Ernst Bloch Gesamtausgabe 6, Frankfurt/M. 1961.

BÜRGER, PETER, Das Verschwinden des Subjekts; Bürger, Christa, Das Denken des Lebens. Fragmente einer Geschichte der Subjektivität, Frankfurt/M. 2001.

BUTLER, JUDITH, Das Unbehagen der Geschlechter, übs. v. Katharina Menke, Frankfurt/M. 2003.

DWORKIN, RONALD, Sovereign Virtue. The Theory and Practice of Equality, Cambridge 2000.

EHM, SIMONE/SCHICKTANZ, SILKE (Hg.), Körper als Maß. Biomedizinische Eingriffe und ihre Auswirkungen auf Körper- und Identitätsverständnisse, Stuttgart 2006.

EICKELPASCH, ROLF/RADEMACHER, CLAUDIA, Identität, Einsichten. Themen der Soziologie, Bielefeld 2004.

ERIKSON, ERIK H., Jugend und Krise. Die Psychodynamik im sozialen Wandel, Stuttgart 1970.

ERIKSON, ERIK H., Identität und Lebenszyklus. Drei Aufsätze, Sonderausgabe, Frankfurt/M. 2003.

FODOR, JIM, Reading the Scriptures: Rehearsing Identity, Practicing Character, in: Hauerwas, Stanley/Wells, Samuel (Hg.), The Blackwell Companion to Christian Ethics, Malden (MA)/Oxford/Victoria (Austr.) 2004, 141–155.

GEPHART, WERNER/WALDENFELS, HANS (Hg.), Religion und Identität. Im Horizont des Pluralismus, stw 1411, Frankfurt/M. 1999.

GIDDENS, ANTHONY, Modernity and self-identity. Self and society in the late modern age, Cambridge 1991.

GIESEN, BERNHARD, Kollektive Identität, stw 1410, Frankfurt/M. 1999.

HAHN, ALOIS/WILLEMS, HERBERT (Hg.), Identität und Moderne, stw 1439, Frankfurt/M. 1999.

HELLEKAMPS, STEPHANIE (Hg.), Ästhetik und Bildung. Das Selbst im Medium von Musik, Bildender Kunst, Literatur und Fotographie, Weinheim 1998.

HOFFMANN, DIETRICH/NEUNER, GERHART (Hg.), Auf der Suche nach Identität. Pädagogische und politische Erörterungen eines gegenwärtigen Problems, Weinheim 1997.

HONNETH, AXEL (Hg.), Kommunitarismus. Eine Debatte über die moralischen Grundlagen moderner Gesellschaften, Frankfurt/M./New York 1993.

KAMBARTEL, FRIEDRICH, Arbeit und Praxis, in: Honneth, Axel (Hg.), Pathologien des Sozialen. Die Aufgaben der Sozialphilosophie, Frankfurt/M. 1994, 123–139.

KEUPP, HEINER/HÖFER, RENATE (Hg.), Identitätsarbeit heute. Klassische und aktuelle Perspektiven zur Identitätsforschung, stw 1299, Frankfurt/M. [2]1998.

KEUPP, HEINER u. a., Identitätskonstruktionen. Das Patchwork der Identitäten in der Spätmoderne, Reinbek 1999.

LÉVINAS, EMMANUEL, Der Andere, die Utopie und die Gerechtigkeit, in: ders., Zwischen uns. Versuche über das Denken an den Anderen, übs. v. Frank Miething, München/Wien 1995, 265–278.

LUTHER, HENNING, Identität und Fragment. Praktisch-theologische Überlegungen zur Unabschließbarkeit von Bildungsprozessen, in: ders., Religion und Alltag. Bausteine zu einer Praktischen Theologie des Subjekts, Stuttgart 1992, 160–182.283–293 (Anm.).

LYOTARD, JEAN-FRANÇOIS, Der Widerstreit, übs. v. Joseph Vogl, München [2]1987.

MACINTYRE, ALASDAIR, Der Verlust der Tugend. Zur moralischen Krise der Gegenwart, übs. v. Wolfgang Rhiel, Frankfurt/M. 1987.

MACINTYRE, ALASDAIR, Die Privatisierung des Guten, in: Honneth, Axel (Hg.), Pathologien des Sozialen. Die Aufgaben der Sozialphilosophie, Frankfurt/M. 1994, 163–183.

MANDRY, CHRISTOF, Ethische Identität und christlicher Glaube. Theologische Ethik im Spannungsfeld von Theologie und Philosophie, Mainz 2002.

MARQUARD, ODO/STIERLE, KARLHEINZ (Hg.), Identität, München 1979.

MEAD, GEORGE HERBERT, Geist, Identität und Gesellschaft aus der Sicht des Sozialbehaviorismus, stw 28, mit einer Einl. v. Charles W. Morris, Frankfurt/M. [10]1995.

MEHLHAUSEN, JOACHIM (Hg.), Pluralismus und Identität, Veröffentlichungen der Wissenschaftlichen Gesellschaft für Theologie 8, Gütersloh 1995.

NOLLMANN, GERD/STRASSER, HERMANN (Hg.), Das individualisierte Ich in der modernen Gesellschaft, Frankfurt/M./New York 2004.

OERTEL, HOLGER, „Gesucht wird: Gott?" Jugend, Identität und Religion in der Spätmoderne, Gütersloh 2004.

PRIDDAT, BIRGER, Arbeit an der Arbeit. Verschiedene Zukünfte der Arbeit, Marburg 2000.

QUANTE, MICHAEL, Personale Identität, Paderborn 1999.

RICOEUR, PAUL, Das Selbst als ein Anderer, übs. v. Jean Greisch, München 1996.

RICOEUR, PAUL, Geschichte und Wahrheit, übs. v. Romain Leick, München 1974.

ROOTHAAN, ANGELA, Personal Identity and the Question of Culture, in: Heuser, Stefan/Ulrich, Hans G. (Hg.), Pluralism in Europe – One Law, One Market, One Culture?, Münster 2006.

SAUTER, GERHARD, Mensch sein – Mensch bleiben, Anthropologie als theologische Aufgabe, in: Fischer, Hermann (Hg.), Anthropologie als Thema der Theologie, Göttingen 1978, 71–118.

SCHNEIDER-FLUME, GUNDA, Die Identität des Sünders. Eine Auseinandersetzung theologischer Anthropologie mit dem Konzept der psychosozialen Identität Erich H. Eriksons, Göttingen 1985.

SCHREINER, MARTIN (Hg.), Vielfalt und Profil. Zur evangelischen Identität heute, Neukirchen-Vluyn 1999.

SIEFER, WERNER/WEBER, CHRISTIAN, Ich. Wie wir uns selbst erfinden, Frankfurt/New York 2006.

SPAEMANN, ROBERT, Glück und Wohlwollen. Versuch über Ethik, München [3]1993.

STOLLBERG, DIETRICH (Hg.), Identität im Wandel in Kirche und Gesellschaft, FS Richard Riess, Göttingen 1998.

TAYLOR, CHARLES, Quellen des Selbst. Die Entstehung der neuzeitlichen Identität, stw 1233, Frankfurt/M. 1996.

ULRICH, HANS G., Selbst-Sein – Selbst-Werden in ethischer Perspektive, in: Concilium 36, 2000, 239–248.

ULRICH, HANS G., Wie Geschöpfe leben. Konturen evangelischer Ethik, EThD 2, Münster 2005.

WELLMER, ALBRECHT, Adorno, Anwalt des Nicht-Identischen. Eine Einführung, in: ders., Zur Dialektik von Moderne und Postmoderne. Vernunftkritik nach Adorno, Frankfurt/M. 1985, 135–166.

WOLF, ERNST, Sozialethik. Theologische Grundfragen, hg. v. Theodor Strohm, Göttingen 1975.

Autorinnen und Autoren

Lars Allolio-Näcke, Dr. phil., geb. 1975, ist Diplom-Psychologe und wissenschaftlicher Angestellter am Lehrstuhl für Altes Testament II an der Universität Erlangen-Nürnberg.

Christoph Baumgartner, Dr. theol., geb. 1969, ist Universitätsdozent für Ethik an der Theologischen Fakultät der Universität Utrecht.

Alexander Deeg, Dr. theol., geb. 1972, ist wissenschaftlicher Mitarbeiter am Lehrstuhl für Praktische Theologie der Universität Erlangen-Nürnberg.

Detlef Dieckmann-von Bünau, Dr. theol., geb. 1970, ist wissenschaftlicher Assistent für Hebräische Bibel/Altes Testament am Institut für Evangelische Theologie an der Freien Universität Berlin.

Theo K. Heckel, Prof. Dr. theol., geb. 1962, ist außerplanmäßiger Professor für Neues Testament an der Universität Erlangen-Nürnberg und arbeitet als Pfarrer in Geretsried.

Julia Helmke, Dr. theol., geb. 1969, ist Beauftragte für Kunst und Ökumene in der Evangelisch-Lutherischen Kirche Hannover.

Ruth Hess, geb. 1975, ist Assistentin am Lehrstuhl für Dogmatik und Philosophiegeschichte der Christkatholischen und Evangelischen Theologischen Fakultät der Universität Bern.

Stefan Heuser, Dr. theol., geb. 1971, ist wissenschaftlicher Assistent am Lehrstuhl für Ethik an der Theologischen Fakultät der Universität Erlangen-Nürnberg.

Joachim Kunstmann, Prof. Dr. theol., geb. 1961, ist Professor für Religionspädagogik an der Pädagogischen Hochschule Weingarten.

Arne Manzeschke, Dr. theol., geb. 1962, ist Pfarrer und wissenschaftlicher Assistent an der Kulturwissenschaftlichen Fakultät der Universität Bayreuth.

Stefan Scholz, Dr. theol., geb. 1971, ist wissenschaftlicher Mitarbeiter beim Elitestudiengang „Ethik der Textkulturen“ der Universitäten Augsburg und Erlangen-Nürnberg.

Karin Ulrich-Eschemann, Prof. Dr. theol., geb. 1945, ist Professorin für Religionspädagogik und Didaktik des Evangelischen Religionsunterrichts an der Universität Erlangen-Nürnberg.